es 1316
edition suhrkamp
Neue Folge Band 316

Franz Kafka hat Robert Walser geschätzt wie keinen anderen zeitgenössischen Autor. Eine Äußerung Walsers zu Kafka liegt jedoch nicht vor, wiewohl er Kafka gekannt haben muß. Einen direkten Einfluß des einen auf den anderen gibt es nicht – außer vielleicht in einem Punkt: die strukturelle Ähnlichkeit zwischen Kafkas *Der Prozeß* und Walsers *Jakob von Gunten,* auf die Hans Dieter Zimmermann hinweist, könnte ein Beleg dafür sein, daß der ältere Walser dem jüngeren Kafka Vorbild war. In vier Annäherungen vollzieht sich die vorliegende Untersuchung. Die erste kommt über einen Vergleich zweier Texte zu dem unterschiedlichen poetischen Verfahren der beiden Autoren. Die zweite Annäherung führt die Vergleiche fort, diesmal von antiken und biblischen Mythen mit den Neuformulierungen von Kafka und Walser. Die dritte Annäherung bringt ausführliche Interpretationen von *Der Prozeß* und des *Jakob von Gunten;* vom poetischen Verfahren führt sie zur poetischen Weltsicht der Autoren, die dann in der vierten Annäherung in größerem Zusammenhang erörtert wird: innerhalb der Tradition, in der die beiden stehen, der religiösen, der philosophischen, der poetologischen.
Die Untersuchung endet mit einem Ausblick auf die Situation von Literatur und Philosophie nach der Jahrhundertwende: »Die Entstehung der Moderne aus dem Geiste der Mystik und der Rationalität.« Kafkas und Walsers Werke sind demnach als individuelle Antworten auf eine allgemeine Fragestellung der Zeit, die immer noch die unsre ist, zu lesen.
Hans Dieter Zimmermann ist Professor für neuere deutsche Literatur an der Universität Frankfurt.

Hans Dieter Zimmermann
Der babylonische Dolmetscher
Zu Franz Kafka und Robert Walser

Suhrkamp

edition suhrkamp 1316
Neue Folge Band 316
Erste Auflage 1985
© Suhrkamp Verlag Frankfurt am Main 1985
Erstausgabe
Alle Rechte vorbehalten, insbesondere das der Übersetzung,
des öffentlichen Vortrags
sowie der Übertragung durch Rundfunk und Fernsehen,
auch einzelner Teile.
Satz: Leingärtner, Nabburg
Druck: Nomos Verlagsgesellschaft, Baden-Baden
Umschlagentwurf: Willy Fleckhaus
Printed in Germany

1 2 3 4 5 6 – 90 89 88 87 86 85

Inhalt

Vorwort:
Weg und Ziel 9

Erste Annäherung

1. Kafka und Walser 18
1.1. In der Rennbahn 18
1.2. Auf der Galerie 20
1.3. Der verlorene Sohn 27
1.4. Der Weg zum Bahnhof 36
1.5. Der Unheimliche 41

Zweite Annäherung

2. Walser 50
2.1. Dunkle Helligkeit 50
2.2. Saul und David 55
3. Kafka 61
3.1. Der Turmbau zu Babylon 61
3.2. Der Jäger Gracchus 66
4. Kafka und Walser
   Die Struktur der Mythen 72

Dritte Annäherung

5. Kafka 79
5.1. Der Prozeß 79
5.2. Das Gericht 93
5.3. Schuld und Scham 108
5.4. Verführung und Betrug 117
5.5. Beweisführung und Bezauberung 124
5.6. Vor dem Gesetz 130
6. Walser 136
6.1. Die Dienerschule 136
6.2. Das Erziehungsprogramm 143
6.3. Absage an die Welt 151
6.4. Abrahams Zeiten und die Indier 159
6.5. Herr Benjamenta 170
6.6. »Man irrt sich stets, wenn man große Worte in den Mund nimmt« 176

Vierte Annäherung

7. Kafka 186
7.1. Kafka und das Judentum 186
7.2. Kafka als Philosoph 215
8. Walser 244
8.1. Walser und das Christentum 244
8.2. Walsers Poetik 262
9. Kafka und Walser
   Zeitgenossen 278

Ausblick

10. Die Entstehung der Moderne aus dem
    Geiste der Mystik und der Rationalität 283

Anhang: Robert Walser, Die deutsche Sprache 306

Anmerkungen 308
Bibliographie 323
*Register der erwähnten Werke
von Kafka und Walser* 329

Mé ženě Heleně

»Ich und einige andere meines Schlages sind der Zeit, worin wir uns umhertrieben, wie Vögel im Käfig, die Flügel nervös an die Stäbe schlagend, vorausgeeilt.«

                                            Robert Walser (*Brentano II*)

»Ich bin nicht von der allerdings schon schwer sinkenden Hand des Christentums ins Leben geführt worden wie Kierkegaard und habe nicht den letzten Zipfel des davonfliegenden jüdischen Gebetsmantels noch gefangen wie die Zionisten. Ich bin Ende oder Anfang.«

                                              Franz Kafka (*Das vierte Oktavheft*)

»In bezug auf die Sprache gehört es mit zu ihrer Schönheit, daß sie sich, wenn sie versagt, wirksam zeigt, im Verstummen zu verstehen zu geben fähig sei, sie sei da.«

                                              Robert Walser (*Mutter und Kind*)

»Es ist nicht mitteilbar, weil es nicht faßbar ist, und es drängt zur Mitteilung aus demselben Grunde.«

                                              Franz Kafka (*Das vierte Oktavheft*)

Vorwort
Weg und Ziel

Franz Kafka und Robert Walser: daß ich beide Autoren hier nebeneinanderstelle, heißt nicht, daß ich sie gleichsetze. Und wenn ich sie miteinander vergleiche, hat das einzig zum Ziel, ihre Besonderheit hervorzuheben. Denn sie sind in ihrer Art unvergleichlich, und um ihre Art geht es, um ihre Eigenart. Doch ist in dieser Eigenart nicht nur ihre Individualität zu erkennen, nicht nur Persönliches; gerade dann, wenn diese Individualität so stark ausgeprägt ist wie bei Kafka und Walser, wird in ihr Allgemeines sichtbar. Nur Spießer meinen, Schriftsteller beschäftigten sich ihr Leben lang mit nichts anderem als ihren persönlichen Problemen.

In der individuellen Weltsicht der beiden wird die Welt erkennbar. In ihrem Werk zeigt sich bei aller Unterschiedlichkeit ihre Zeitgenossenschaft, ihre Zugehörigkeit zu und ihre Anteilnahme an der Zeit, die immer noch die unsre ist; Anteil allerdings nicht, wie oft angenommen wird, als Beschäftigung mit der Tagesaktualität, sondern als individuelle Antwort auf eine allgemeine Fragestellung. Diese allgemeine Fragestellung können wir erst aus der individuellen Antwort rekonstruieren, die Welt der beiden Autoren können wir erst aus ihrer Weltsicht erkennen, zumindest dann, wenn wir uns nicht klüger dünken als die Autoren, wenn wir nicht meinen, unsere Weltsicht sei die einzig richtige. Wenn wir neugierig sind, können wir zu einer neuen Erkenntnis kommen, zu einer Erkenntnis der Individualität und des Allgemeinen gleichermaßen, die wir derart miteinander verknüpft nirgendwo anders finden als im Werk der Dichter.

Wollen wir zu dieser neuen Erkenntnis gelangen, müssen wir freilich zwei Haltungen dem literarischen Text gegenüber vermeiden, die weit verbreitet sind, denn diese beiden Haltungen führen zu einer Überlegenheit des Interpreten über den Text, die ihn daran hindern kann, die Eigenart des Textes zu erkennen.

Diese Überlegenheit – und das wäre die erste der beiden Haltungen – kann in der wissenschaftlichen oder ideologischen Weltsicht des Interpreten begründet sein. Ist der Interpret Anhänger der Psychoanalyse oder des Marxismus, um nur zwei Richtungen zu nennen, dann vertritt er in der Regel die Meinung, seine Sicht der Welt sei die allein gültige. Den literarischen Text interpretiert er folgerichtig gemäß seiner Weltsicht; er sucht in ihm nur deren Bestätigung; in der Regel findet er sie auch, denn eine selektive Wahrnehmung läßt ihn nur das sehen, was ihn bestätigt. Der Text wird so zum Beleg der Richtigkeit der Weltanschauung des Interpreten; die »relative Wahrheit« des Textes kann auf diese Weise verlorengehen zugunsten der »absoluten Wahrheit« des Interpreten, also zugunsten dessen eigener relativer Wahrheit, die er für die absolute hält.

Die zweite Haltung, die zu einer Dominanz des Interpreten über den Text führt, bedarf der wissenschaftlichen Legitimation nicht. Hier ist der Interpret sich selbst genug. Er hält sich für berechtigt, den Text auf seine eigenen Wünsche und Vorstellungen, Gefühle und Assoziationen hin zu interpretieren, d.h., er nimmt den Text zum Anlaß, mehr oder weniger verstellt von sich zu sprechen. Es ist eine Art Egozentrismus, der auch eine wissenschaftliche Rechtfertigung findet in einer bestimmten Richtung der Rezeptionsästhetik. Wenn die »Polyvalenz«, die Mehrdeutigkeit des Textes, so aufgefaßt wird, als könne jeder Leser jede ihm genehme Bedeutung in den Text hineintragen, als sei der Text nichts anderes als ein leeres Gefäß, dann ist der Willkür des Interpreten keine Grenze gesetzt.

Beide Spielarten der Interpretation – und jede Lektüre ist gewissermaßen Interpretation – sind m. E. berechtigt, nur halte ich sie nicht für legitime Methoden der Literaturwissenschaft. Die zuletzt genannte, die freie Assoziation zum Text, steht jedem Leser offen; sie gehört sicher zu den stärksten Reizen, die Belletristik dem Leser bietet. Eine Literaturwissenschaft läßt sich jedoch auf dieser Haltung nicht begründen. Die zuerst genannte Spielart, die von einer wissenschaftlichen Schule ausgeht, einer nicht-literaturwissenschaftlichen Schule, etwa einer philosophischen, psychologischen, soziologischen, theologischen, sieht im literarischen Text einen Untersuchungsgegenstand unter anderen, den sie nach den Gesichtspunkten ihrer Wissenschaft betrachtet. Dieses Vorgehen, ist es plausibel begründet und folgerichtig durchgeführt, wird sicher eine wertvolle Ergänzung der Literaturwissenschaft sein, zur Literaturwissenschaft selbst jedoch gehört es nicht, sondern – eben der Schule entsprechend, aus der es kommt – zur Philosophie, Psychologie, Soziologie, Theologie.

Ein Beispiel: Der Psychoanalytiker, der die Texte Kafkas oder Walsers untersucht, geht entsprechend den Verfahrensweisen seiner Wissenschaft vor. Die Rollenverteilung ist zugleich eine Wissens- und Machtverteilung: der Arzt weiß mehr als der Patient, er hat aufgrund seines Wissens die Macht, den Patienten zu definieren, ihn, unter Umständen sogar sein ganzes Leben, zu bestimmen. Der Arzt lernt im Patienten nur einen konkreten Fall kennen, den er in seine wissenschaftliche Systematik einordnet.

Der Literaturwissenschaftler sollte dagegen einem Gesprächspartner ähneln, der dem anderen Gesprächspartner gleichberechtigt gegenübertritt, ihm zuhört, genau zuhört, um von ihm vielleicht etwas Neues zu erfahren. Genaugenommen tritt der Literaturwissenschaftler sogar mit einem Wissensdefizit an den Text heran, also mit einer Art Unterlegenheit dem Text gegenüber. In manchen Interpretationen führt dies zur Unterwerfung des Interpreten unter den Text – also dem Gegenteil der Unterwerfung des Textes unter den Interpreten; diese Unterwerfung kann soweit gehen, daß der Interpret die Weltsicht des Autors übernimmt und als allein gültige verkündet. Dies ist eine nicht seltene Art von Fan-Begeisterung auf literarischem Gebiet. Immerhin wird hier die Sicht des Autors herausgestellt, also dessen relative Wahrheit, wenn sie auch als absolute ausgegeben wird.

Natürlich muß der Literaturwissenschaftler philologische Kenntnisse besitzen, also Kenntnisse der Sprache, der Literaturgeschichte, der Kulturgeschichte, der Geschichte überhaupt. Mit dem »Wissensdefizit« des Literaturwissenschaftlers meine ich: der Interpret weiß, bevor er an den Text herantritt, noch nicht genau, was der Autor im Text ausdrücken will. Darin besteht gerade das Ziel seiner Untersuchung: was ist die Absicht des Autors, was ist die Aussage des Textes, ist es ihm gelungen, seine Absicht zu verwirklichen, was ist die relative Wahrheit des Textes? Hier hat der Literaturwissenschaftler sein ihm eigenes Untersuchungsfeld. Erst wenn die relative Wahrheit des Textes erfaßt ist, werden weitere Untersuchungen, psychologische, soziologische etc. möglich.

Meine Absicht in dieser Untersuchung ist es, die relative Wahrheit des Textes zu erfassen, soweit das möglich ist. Ich sehe mich dabei in der Tradition der Hermeneutik. Friedrich Schleiermacher hat zwei Grundregeln der Hermeneutik aufgestellt, deren Aktualität Peter Szondi bekräftigt hat; es sind Anleitungen, die helfen wollen, die Bedeutung des Textes aus dem Text selbst und aus der Vorstellungswelt des Autors herauszuarbeiten:

»*Erster Kanon.* Alles, was noch einer näheren Bestimmung bedarf in einer gegebenen Rede, darf nur aus dem dem Verfasser und seinem ursprünglichen Publikum gemeinsamen Sprachgebiet bestimmt werden. *Zweiter Kanon.* Der Sinn eines jeden Wortes an einer gegebenen Stelle muß bestimmt werden nach seinem Zusammensein mit denen, die es umgeben.«[1]

Besser wäre es, die Reihenfolge umzudrehen; der zweite Kanon geht doch zeitlich dem ersten voraus: zuerst lese ich die Bedeutung der Worte aus dem gegebenen Text heraus, erst dann, etwa wenn ich Schwierigkeiten mit der Deutung habe, gehe ich über zu anderen Texten des Autors, erst danach zu Äußerungen seiner Zeitgenossen. Immer aber vergleiche ich Text mit Texten:

Auch die Biographie des Autors ist ein Text. Das Leben des Autors können wir erst dann in Beziehung zu seinem Werk setzen, wenn es in Worten festgehalten ist, sei es in dessen eigenen Worten, sei es in den Worten von anderen, sei es in unseren eigenen Worten. Niemals vergleichen wir das Leben mit dem Werk, immer vergleichen wir ein bereits unter einem bestimmten Aspekt formuliertes Leben, also einen Text, mit einem anderen Text, dem Werk. Das Leben ist in diesem Zusammenhang nicht das begrifflose Unmittelbare, auf das wir alles zurückführen könnten, es ist immer schon ein gedanklich Geordnetes. So kommt es, daß wir immer, wenn wir meinen, wir verglichen das Leben des Autors mit dem Werk des Autors, eine bestimmte Sicht seines Lebens mit einer bestimmten Sicht seines Werkes vergleichen. Wieder ein Beispiel aus der Psychoanalyse: der Psychoanalytiker formuliert zuerst unter *seinen* Gesichtspunkten das Leben Kafkas, dann setzt er diese

Sicht, *seinen* Text, mit den Texten des Autors in Beziehung. Sein Text der Biographie des Autors bestimmt das Ergebnis seiner Untersuchung, ja, das Ergebnis wird in der Formulierung der Biographie fast schon vorweggenommen.

Die Schwierigkeit des Verstehens von literarischen Texten ist allzuoft ein Freibrief für die Willkür der Interpreten und die gedankliche Ungenauigkeit der Interpretation. Ein genaues Vorgehen, wie Schleiermacher in seiner Hermeneutik es vorschrieb, wie die Strukturalisten es in ihren Entwürfen vorschlugen, mag nicht immer möglich sein; das wird sich aber erst herausstellen, wenn die Regeln angewandt werden. Auch die Schwierigkeit der Texte wird dann nicht verschwinden, aber wir werden genauer sagen können, worin sie denn besteht. Ich schlage deshalb noch fünf Punkte in Ergänzung der zwei Grundregeln Schleiermachers vor, die Fehler vermeiden helfen sollen, Fehler, wie sie jeder etwa in der Sekundärliteratur zu Kafka finden kann:

1. *Unterschied von Anlaß und Text.* War ein Ereignis aus dem Leben des Autors Anlaß zur Niederschrift des Textes – etwa Verlobung, Entlobung etc. –, so ist der Text noch lange nicht mit diesem Ereignis identisch, also auch noch nicht mit diesem Ereignis »erklärt«. Der Text kann weit darüber hinausführen, so daß der Anlaß nichts anderes war als ein Auslöser, der mit dem Text selbst nichts mehr zu tun hat. Der Text konstituiert sein eigenes Bedeutungsfeld.

2. *Unterschied von Biographie und Text.* Verwendet der Autor eigene Erfahrungen in einem Text, so ist dieser Text noch nicht ohne weiteres autobiographisch; die biographische Herkunft eines oder mehrerer Elemente des Textes »erklärt« diese noch nicht. Es kommt darauf an, auf welche Weise diese Elemente in der Struktur des gesamten Textes verarbeitet sind.

3. *Unterschied von Element und Struktur.* Einzelne Elemente des Textes sagen noch nichts über die Struktur des gesamten Textes, in der sie ihren Platz haben. Einzelne Elemente dürfen deshalb nicht isoliert behandelt werden. Gerade solche Elemente, die in die Deutungsabsicht des Interpreten *nicht* passen, müssen besonders beachtet werden, weil sie eine Korrektur der Deutung notwendig machen könnten.

4. *Unterschied der verschiedenen Bedeutungsebenen.* Bietet ein Text verschiedene Bedeutungsebenen an, sind alle zu be-

rücksichtigen und zu gewichten. Eine Bedeutungsebene – etwa eine psychologische – ist nicht ohne weiteres als Alternative zu einer anderen – etwa einer theologischen – zu betrachten. Zwei Bedeutungsebenen müssen einander nicht ausschließen. Die »wörtliche« Bedeutung und die »übertragene« Bedeutung bedingen einander. Mehrdeutigkeit darf nie mit Beliebigkeit verwechselt werden; mehrere Bedeutungen müssen jeweils genau beschrieben werden, etwa in der Art der Theologie des Mittelalters, die einen »vierfachen Schriftsinn« annahm, also vier einander nicht ausschließende, sondern einander überlagernde, genau abgegrenzte Bedeutungsebenen. Als Beispiel galt das Wort (Signifikant) »Jerusalem«, das folgende Bedeutungen (Signifikate) hatte: 1. wörtliche (buchstäbliche) Bedeutung – der geographische Ort; 2. übertragene (mystische oder allegorische) Bedeutung – die christliche Kirche; 3. moralische Bedeutung – die Seele des Christen; 4. anagogische Bedeutung – das himmlische Jerusalem, der himmlische Ort Gottes.

5. Unterschied zwischen verschiedenen Texten desselben Autors. Wenn ein Text des Autors eine bestimmte Bedeutung zum Ausdruck bringt, folgt daraus nicht, daß alle Texte des Autors diese Bedeutung besitzen. Beispiel: Wenn Kafkas Erzählung *Das Urteil* die Vater-Sohn-Beziehung behandelt, heißt das noch nicht, daß alle Texte Kafkas von den Schwierigkeiten des Sohnes mit dem Vater handeln. Das müßte erst eine Untersuchung aller Texte nachweisen.

Im Mittelalter glauben die meisten Menschen an die Aussagen der Theologie, heute glauben die meisten Menschen an die der Psychologie. Damals deutete man psychische Beziehungen theologisch – die Liebe zwischen den Menschen etwa als Sinnbild der Liebe zwischen Gott und den Menschen –, heute deutet man religiöse Beziehungen gerne psychologisch – die Liebe zu Gott etwa als Sinnbild der Liebe zwischen den Menschen. Wenn heute viele Menschen die psychologischen Aussagen über die theologischen stellen, ist das der Ausdruck ihres Standpunktes, es ist ihre relative Wahrheit, die absolute Wahrheit ist es gewiß nicht.

Wären uns von Kafka und Walser nur die Daten ihrer Biographie bekannt, würden wir uns heute nicht mit ihnen befassen. Schwierigkeiten mit den Eltern haben viele, Krankheiten suchen viele heim. Kafkas Leben, Walsers Leben, wie schwer es auch für sie war, es ist nicht der Grund unseres Interesses an ihnen. Der Grund sind diese merkwürdigen Texte, die sie hinterlassen haben. Erst sie rufen unser Interesse wach, deshalb sind sie der eigentliche Untersuchungsgegenstand der Literaturwissenschaft. Die Frage nach dem Leben der Schriftsteller, die solche merkwürdigen Texte schrieben, geht von den Texten aus und führt wieder zu den Texten zurück.

Die Untersuchung der Texte muß also im Mittelpunkt der literaturwissenschaftlichen Arbeit stehen, die Beschreibung ihres Aufbaus und ihrer Aussage. Hierzu können die Begriffe nützlich sein, die in der neueren Linguistik seit Ferdinand de Saussure entwickelt wurden. Sie waren mir jedenfalls dienlich, wenn ich sie auch in der Niederschrift meiner Untersuchung meistens beiseite gelassen habe. Sie haben mich angeregt, gerade in der Definition, wie sie von Strukturalisten für die Textanalyse vorgeschlagen wurden, etwa von Roland Barthes[2] und Manfred Titzmann[3], aber ich habe sie in dieser Arbeit nicht beibehalten.

Und dies aus einem doppelten Grund. Einmal hätte die Definition der Begriffe in einigen Fällen eines Aufwandes bedurft, der größer gewesen wäre als der Nutzen, den die Begriffe dann in der Arbeit selbst gebracht hätten. Zum andern – und das war ausschlaggebend – konnte ich in der Untersuchung des literarischen Textes die Begriffe nicht mehr in ihrer ursprünglichen Definition anwenden. Sie dienen ja in der Linguistik der Beschreibung des Aufbaus von einzelnen Sätzen, ich aber habe es mit einer Vielzahl von Sätzen zu tun, also mit komplizierteren und umfangreicheren Texten, z. B. Romanen. Hier hatte ich nur die Wahl, entweder Satz für Satz zu analysieren und mich in einem Gestrüpp von Einzelheiten zu verlieren. Oder den Sinn des Romans im Auge zu behalten und die Begriffe nach ihrem heuristischen Nutzen neu zu formen. Letzteres habe ich getan, dabei aber eine geläufige Begrifflichkeit eingesetzt, etwa wörtliche und sinnbildliche Bedeutung anstelle von Denotation und Konnotation. An dem Begriffspaar, das ich trotz dieser Bedenken beibehalten habe, mag man die Schwierigkeiten und den Nutzen dieser Terminologie ermessen; es ist das Begriffspaar »Syntagma« und »Paradigma«.

Das Verhältnis von individuellem Sprachgebrauch und vorhandener Sprache, von Text und Zeichensystem wird von zwei Operationen bestimmt: zum einen von der *Selektion*, also der Auswahl der Zeichen aus dem vorhandenen Zeichensystem, zum andern von der *Kombination*, also ihrer Anordnung und Verknüpfung im Text. *Paradigma* und *Syntagma* erfassen diese beiden Operationen, Paradigma die der Selektion, Syntagma die der fortlaufenden Verknüpfung im Satz.

Nehmen wir als Beispiel einen Satz: »Ein Mann fährt Fahrrad.« Dann ist die Abfolge des Satzes von »Ein« bis »Fahrrad« die syntagmatische Achse des Satzes. Der Satz hat aber auch eine paradigmatische Achse, die erst ersichtlich wird, wenn wir überlegen, welche Worte hier ausgewählt und welche weggelassen wurden. Zum Beispiel: »Mann«. An seiner Stelle könnte auch eine andere Bezeichnung eines männlichen Wesens stehen, sagen wir »Kerl« oder »Bursche«.

Die syntagmatische Achse ist also der vom Anfang zum Ende fortschreitende Aufbau des Satzes, die paradigmatische Achse meint dagegen die Selektion der Zeichen, die in bestimmten semantischen Relationen zueinander stehen. Diese semantische Relation wird ihrerseits bstimmt durch *Äquivalenz* (Bedeutungsähnlichkeit) und *Opposition* (Bedeutungsunterschied).

Die Begriffe Syntagma und Paradigma dienen – wie gesagt – der Beschreibung einzelner Sätze. Ich habe sie in dieser Arbeit übertragen auf einen ganzen Text. Aber ich beschreibe nicht den ganzen Text, sondern nur die Handlung, die der Text erzählt. Und genaugenommen auch nicht die Handlung, sondern lediglich deren Reduktion, also deren Vereinfachung; ich ziehe die Handlung auf einige wichtige Stationen zusammen.

Zunächst teile ich die Handlung eines Erzähltextes in Sequenzen ein, die einen festen Anfang haben, mit dem sie notwendig beginnen müssen, und ein festes Ende, mit dem sie notwendig enden müssen. Beispiel sei *Die Heimkehr des verlorenen Sohnes*, die ich in dieser Arbeit an Texten Kafkas und Walsers genauer untersuche. Der Beginn der Sequenz ist der Auszug des Sohnes; um heimkehren zu können, muß der Sohn zunächst einmal ausziehen. Das Ende der Sequenz ist die Rückkehr mit Begrüßung durch den Vater, Verzeihung und Fest. Schwieriger als die Benennung der beiden Enden der Sequenz ist die Benennung der Stationen, die dazwischenliegen. Hier muß der Interpret Entscheidungen treffen. Er wird sich nach dem richten, was der Text ihm anbietet. Erzählt der Text ausführlich, wird er viele Handlungseinheiten festsetzen, erzählt er gerafft, weniger. Freilich kann sich der Interpret irren. Doch wenn er sich und dem Leser sein Vorgehen bewußt macht, kann er sich selbst und der Leser ihn besser kontrollieren.

Mit den Begriffen Syntagma und Paradigma beschreibe ich in dieser Arbeit also nicht den Satzbau, sondern den Handlungsaufbau. Durch diese Übertragung vom Satzbau auf die Handlung haben die Begriffe einiges von ihrer ursprünglichen Schärfe verloren, doch der Nutzen, den sie bringen, ist erheblich. Mit ihrer Hilfe gelingt es, die Eigenart des Kafkaschen Handlungsaufbaus, die den Interpreten so viele Schwierigkeiten bereitet, zu beschreiben – und die des Walserschen Handlungsaufbaus ebenfalls.

Die vorliegende Arbeit vollzieht sich in vier Annäherungen an das Werk von Kafka und Walser. Die erste Annäherung geht aus von dem Verhältnis, in dem die beiden zueinander standen; leider haben wir hierzu nur Äußerungen Kafkas, Walser hat sich darüber ausgeschwiegen. Der Vergleich eines kurzen Textes von Kafka mit einem von Walser, der ihm zum Vorbild gedient haben könnte, führt zum unterschiedlichen poetischen Verfahren der beiden.

Die zweite Annäherung setzt die Vergleiche fort, diesmal Vergleiche von Texten der beiden mit ihren biblischen oder antiken Vorlagen. Vor dem Hintergrund dieser Vorlagen tritt das Neue des poetischen Verfahrens und der Weltsicht der beiden Autoren besonders deutlich hervor. Die dritte Annäherung beinhaltet die ausführliche Untersuchung zweier Romane: von Kafka *Der Prozeß* und von Walser *Jakob von Gunten*. Die Ergebnisse dieser Untersuchung werden dann in der vierten Annäherung in einem größeren Zusammenhang erörtert: innerhalb der Traditionen, in der die beiden Autoren stehen, der religiösen, der philosophischen, der poetologischen.

Der Ausblick am Schluß will den zeitgenössischen Horizont von Kunst und Philosophie umreißen, in dem Kafka und Walser gelebt und gearbeitet haben. Er bestätigt die Vermutung, daß die beiden in ihrem Werk originelle Antworten auf eine allgemeine Fragestellung ihrer Zeit, unserer Zeit, gegeben haben.

Erste Annäherung

1. Kafka und Walser

1.1. In der Rennbahn

Franz Kafka hat Robert Walsers Werke gekannt und geschätzt wie die keines anderen zeitgenössischen Autors. Max Brod berichtet darüber:

»Manchmal kam er unerwartet in meine Wohnung gestürzt, nur weil er etwas Neues, Großartiges gefunden hatte. So ging es mit Walsers Roman-Tagebuch ›Jakob von Gunten‹, so mit kleineren Prosastücken Walsers, den er ungemein liebte. Ich erinnere mich, wie er Walsers Skizze ›Gebirgshallen‹ mit ungeheurer Lustigkeit, entzückt, ja geradezu saftig vortrug. Ich war allein mit ihm, aber er las wie vor einem Publikum von Hunderten. Er unterbrach manchmal: ›Jetzt aber höre mal, was nun kommt.‹ – Eine besondere Redewendung kostete er aus, es machte ihm Freude, sie oft zu wiederholen.«[4]

Daß Robert Walser Arbeiten Kafkas gekannt hat, ist anzunehmen, geäußert hat er sich nicht dazu.[5] Ein Brief Kafkas an den Prager Versicherungsdirektor Eisner gibt Zeugnis von dieser Bekanntschaft (Briefentwurf wahrscheinlich von 1909). Kafka schreibt dort:

»Walser kennt mich? Ich kenne ihn nicht, ›Jakob von Gunten‹ kenne ich, ein gutes Buch. Die anderen Bücher habe ich nicht gelesen, teils durch Ihre Schuld, da Sie trotz meines Rates ›Geschwister Tanner‹ nicht kaufen wollten. Simon ist, glaube ich, ein Mensch in jenen ›Geschwistern‹. Läuft er nicht überall herum, glücklich bis an die Ohren, und es wird am Ende nichts aus ihm als ein Vergnügen des Lesers?«[6]

Kafka urteilt hier so entschieden über Simon aus den *Geschwistern Tanner,* daß man vermuten könnte, er habe den Roman doch gelesen. Er sieht sogar Ähnlichkeiten zwischen sich und Simon Tanner:

»Natürlich laufen auch solche Leute, von außen gesehen, überall herum, ich könnte Ihnen, mich ganz richtig eingeschlossen, einige aufzählen, aber sie sind nicht durch das Geringste ausgezeichnet als durch jene Lichtwirkung in ziemlich guten Romanen.«[7]

Simon Tanner wiederum hat Ähnlichkeit mit seinem Autor, so daß hier von Kafka über Simon Tanner eine Verbindung zu Robert Walser hergestellt wird. Doch von welcher Ähnlichkeit spricht Kafka? Jedenfalls nicht von einer charakterlichen oder psychologischen, wie Voreilige meinen könnten. Er sieht ihre Zeitgenossenschaft und innerhalb dieser Zeitgenossenschaft ihre Ähnlichkeit als eine Verspätung:

»...es sind Leute, die ein bißchen langsamer aus der vorigen Generation herausgekommen sind, man kann nicht verlangen, daß alle mit gleichmäßigen, regelmäßigen Sprüngen den regelmäßigen Sprüngen der Zeit folgen.«[8]

Ihre Ähnlichkeit entsteht also dadurch, daß sie aus dem üblichen Gang der Zeit herausfallen; durch diese Abweichung gewinnen sie einen anderen Blickpunkt. Sie fallen aus dem Gang der Zeit heraus; sehen sie deshalb besser? Nein, anders, sagt Kafka in einem Bild von der Rennbahn. Der Blick des Reiters vom rennenden Pferd erfasse den ganzen gegenwärtigen Rennbetrieb, dessen »wahrhaftiges Wesen«, dessen »Einheit«. Wer aber vom Pferd herabgefallen sei, für den habe »der Gesamtblick scheinbar gewonnen«. Scheinbar! In Wirklichkeit aber nicht. Er sieht zwar genauer, aber er sieht nur Details: »Im Publikum sind Lücken, die einen fliegen, andere fallen.« Zwischen den Einzelheiten stellt er Beziehungen her, doch das sind nur »flüchtige Relationen«, also oberflächliche, die nicht das Wesen ergreifen.

Der vom Pferd gestürzte Reiter, der Gescheiterte, der auf dem Grase liegt »wie ein Wurm«, sieht nicht besser; er wird für sein Scheitern nicht belohnt. Er sieht nur Einzelheiten. Das »wahrhaftige Wesen« des Rennbetriebs, so meint Kafka, sieht nur der, der mitten im Rennen darinnen ist, der also eigentlich gar nichts sieht. Doch er ist darin, deshalb hat er die Einheit, wenn er sie auch nicht sieht. Wer draußen ist, sieht, doch er sieht nur Einzelheiten und hat die Einheit verloren.

Das ist die Sicht Franz Kafkas, nicht die Robert Walsers. In dem Aufsatz *Über den Charakter des Künstlers* schreibt Walser:

»Immer dicht vor dem Sturze stehend sind ihm die äußeren Erfolge wie Liebkosungen, die man satt hat und die Mißerfolge wie Streiche, die nicht treffen. Da er das Edle und Schöne nur im Ganzen erblickt, so lebt er auch in das Ganze hinein.«[9]

Hier ist der Künstler jenseits von Erfolg und Mißerfolg, die ihn nicht treffen; auch er ist »auf das Ganze« aus, und gerade darin ist sein Unterschied zu den anderen begründet, sein Außenseitertum: daß er das Ganze erfassen will, genauso wie der Herabgefallene bei Kafka, der die Einheit verloren hat, doch zu ihr hinstrebt. Aber bei Walser haben die, die darinnen sind im Betrieb, nicht die Einheit; der Künstler als Außenseiter hat sie auch nicht, aber er erstrebt sie. Dabei sind ihm die Kleinigkeiten nicht, wie bei Kafka, unzusammenhängende Einzelheiten, er sieht in ihnen zumindest die Möglichkeit des Zugangs zum Großen. Walser:

»Er muß den großen Appetit spüren, Appetit auf das Kühne und Reizende. Wie? Wenn ihn der Reiz nicht mehr reizt? Was dann? Wer, wer hilft ihm, zu erglühen? Den Übergang finden ins Unermessene? Das Kleinste mit dem Größten zu verbinden?«[10]

Das Kleinste mit dem Größten zu verbinden, ist seine Absicht; das Kleine ist also nicht hinderlich, sondern förderlich. Aber das Ganze ergreifen zu wollen, heißt auch, das Ganze zu riskieren, seine Existenz aufs Spiel zu setzen: »daher sieht man ihn scherzen mit seiner Existenz und spielen mit seinen Gefühlen.« Und:

»So sehen wir ihn fort und fort einzig nur auf sich selbst angewiesen und vestehen daher zuweilen seine Fröhlichkeit, aber auch seinen Gram nicht; und wir brauchen ihn ja auch nicht zu verstehen. Ist er echt, dann ist er ein Phänomen.«[11]

Ganz auf sich selbst gestellt sind beide, Kafka und Walser, beide »echt« und insofern »Phänomene«. Und schwer verständlich sind sie auch. Wir aber wollen sie verstehen; gerade das Schwierige reizt zur Deutung; gerade die Radikalität ihres Lebens und Arbeitens, die Unbedingtheit, mit der sie zu Werke gingen, erscheint uns als Mitteilung, zu der wir den Schlüssel erst finden müssen.

1.2. Auf der Galerie

Bei der ersten literarischen Veröffentlichung Kafkas, dem Bändchen *Betrachtung*, das kurze Prosastücke sammelte, lag der Vergleich mit Walser noch näher als bei den späteren, in denen Kafkas Eigenart deutlich zu Tage trat. Doch zu Anfang schrieb noch Franz Blei: »Kafka ist nicht Walser, sondern wirklich ein junger Mann aus Prag, der so heißt.«[12] Und Robert Musil sah in einer Rezension von Walsers *Geschichten* und Kafkas *Betrachtung* in Kafka den »Spezialfall des Typus Walser«: »daß hier (bei Kafka) die gleiche Art der Erfindung in traurig klingt wie dort (bei Walser) in lustig.«[13]

Walsers *Geschichten* waren 1914 im Kurt-Wolff-Verlag in Leipzig erschienen, seine *Aufsätze* dort schon 1913; 1915 folgten im selben Verlag *Kleine Dichtungen*. Kafkas *Betrachtung* erschien 1913 ebenfalls bei Kurt Wolff, ebenso 1913 *Der Heizer*. *Das Urteil* publizierte Max Brod in dem von ihm herausgegebenen Jahrbuch für Dichtkunst *Arkadia* gleichfalls 1913 bei Kurt Wolff. In diesem Jahrbuch erschienen auch Beiträge Walsers, der sich in einem Brief vom 31. V. 1913 aus Bellalay im Berner Jura, wo er damals bei seiner Schwester wohnte, bei Max Brod bedankte: »In der ›Arkadia‹ sind schöne Sachen von Ihnen und von anderen Autoren, und es freut mich, auch einer derjenigen zu sein, die in diesem Griechengarten lustwandeln.«[14]

Wir haben also gute Gründe für die Annahme, daß Robert Walser die Publikationen Kafkas aus dem Jahre 1913, jedenfalls die *Betrachtung*, den *Heizer* und *Das Urteil* gekannt hat. Mit Max Brod, Kafkas bestem Freund, korrespondierte Walser über lange Jahre hin. Brod rezensierte Walsersche Arbeiten, lobte ihn und druckte ihn, doch sah gerade er die Differenz zwischen den beiden. In seiner Besprechung von Kafkas *Betrachtung* schrieb er schon: »An Altenberg und Walser erinnert nichts als die Größenproportion der Stücke, das Zeilenquantum, nichts anderes.«[15] Daß Max Brod letztlich recht hatte, und nicht Franz Blei oder Robert Musil, zeigt jeder Vergleich der beiden Autoren, auch der zwischen einem Prosastück Kafkas, das von Walser beeinflußt sein soll, und dem Walserschen Stück. Karl Pestalozzi vermutet, daß Kafkas *Auf der Galerie* – in *Ein Landarzt* 1919 gedruckt, wahrscheinlich vor Februar 1917 entstanden – »eine Art Kontrafaktur« zu Walsers *Ovation* sei, die im Band *Aufsätze* 1913 erschienen war.[16]

Robert Walsers *Ovation* beginnt mit einer Leser-Anrede »Stell dir, lieber Leser, vor . . .«, die dann dreimal wiederholt wird.[17] Wir können den kurzen Text in vier Abschnitte einteilen, die jeweils von dieser Leser-Anrede »stell dir ... vor« eingeleitet werden. Innerhalb dieser Abschnitte wird dieselbe Situation beschrieben, allerdings mit Modifikationen, die eine Erweiterung und eine Steigerung bewirken. Es ist dies eine für Walser typische Konstruktion, die einer Rondo-Form, könnte man sagen, was schon früh Kritiker wie Musil erkannt haben. Musil sagt dazu in der erwähnten Rezension, daß

»die Gravität wirklicher Verhältnisse plötzlich an dem Faden einer Wortassoziation weiterzurieseln beginnt; nur daß diese Assoziation bei Walser nie rein verbal, sondern immer auch eine der Bedeutung ist, so daß die Gefühlslinie, der er gerade folgt, sich hebt wie zu einem großen Schwung, ausweicht und befriedigt schaukelnd in der Richtung einer neuen Verlockung weitergeht.«[18]

Im vorliegenden einfachen Beispiel kreist die Assoziation um eine einzige Bedeutung, die im Titel genannt wird: »Ovation«. Immer wieder neue Wörter und Bilder werden herbeigerufen, damit diese Bedeutung immer wieder aufs neue ausgesprochen werden kann. Durch die Wiederholung der Leser-Anrede und durch die Wiederholung der Bedeutung in bedeutungsähnlichen Wörtern entsteht diese Kreisbewegung: der Bedeutungskomplex »Beifall« wird umkreist, eingekreist. Dadurch ergibt sich auch der Eindruck der Leichtigkeit, da keines der Worte endgültig ist, fixiert ist, sondern weggehoben und durch neue ersetzt wird.

Walser beginnt mit »stürmischem Jubel« und »schönstem Beifall« (1. Abschnitt), setzt fort mit »Beifallskundgebungen«, »die Hagelschauern ähnlich« sind »gleich dem rieselnden Regen regnet es Blumen«, »Beifall wie eine Woge« (2. Abschnitt), dann folgen »Goldene, wenn nicht diamantene Jubelstimmung wie ein sichtbarer göttlicher Nebelhauch«, »Kränze werden geworfen, Bucketts« (3. Abschnitt) und schließlich: »Die Wangen glühen, die Augen leuchten, die Herzen zittern, und die Seelen fließen in süßer Freiheit, als Duft, im Zuschauerraum umher« (4. Abschnitt).

Es ist also ein einziger Bedeutungskomplex, zu dem immer neue Worte und Bilder »assoziiert« werden. Dabei wird auf eine Steigerung hingearbeitet: vom »schönsten Beifall« am Anfang bis zu einem Zustand am Schluß, in dem die Menschen aufgelöst als Duft im Zuschauerraum umherzuschweben scheinen. Durch die Bilder wird die Kraft von Naturgewalten herbeigerufen (Hagel, Regen, Nebel, Woge), mit denen der Jubel verglichen wird.

Nach der durch die Leser-Anrede hergestellten Beziehung zwischen dem Erzähler des Textes und dem Leser wird innerhalb der erzählten Handlung eine weitere Beziehung, nämlich die zwischen dem Publikum und der umjubelten Künstlerin, aufgezeigt. Der Leser wird zudem mit dem zweiten »Stelle dir vor, daß du selber mit hingerissen seiest«, in die Handlung hineingezogen. Die Künstlerin beantwortet den Beifall des Publikums und wirft ihm »Kusshand« und »Dankesgeste« zu; das Publikum wird als Kind, als »kleines, liebes, artiges Kind« geschildert. Während hier eine wechselseitige Beziehung angenommen wird, in der die Künstlerin nimmt und gibt genauso wie das kindliche Publikum, das ihre Kunst und ihre Dankesgesten empfängt und dafür Beifall gibt, ist die Beziehung zwischen einem »schwärmerischen Baron« aus dem Publikum und der Künstlerin einseitig: er steht zu ihren Füßen am Rand der Bühne und reicht ihr, die nun »Kind« genannt wird, einen Tausendmarkschein, den sie »verächtlich dem Geber« zurückwirft. Das »Kind« Publikum und das »Kind« Künstlerin, rücken auf eine Stufe, in der kindliche Freude mit überschwenglichen Gefühlen, aber nicht mit Geld beantwortet wird, einem schlechten Ersatz für Küsse und »süße Gebärden«. Im Publikum und in der Künstlerin können wir gleichermaßen das Kind erkennen, das gefallen will und das für seine Artigkeit überschwenglich mit Zärtlichkeiten belohnt werden will. So wird in diesem kleinen Text ein kindlicher Wunsch zum Ausdruck gebracht, der auch Erwachsenen wohl bekannt ist: gefallen wollen und Gefallen finden, einander gefallen in wechselseitig sich steigernder Zustimmung.

Nun zu Kafkas Text *Auf der Galerie;* er hat zwei Teile, die durch eine ungewöhnliche syntaktische Konstruktion gebildet werden.[19] Sie besteht aus zwei langen Sätzen, die jeweils mit einem umfangreichen Nebensatz beginnen, einmal mit »wenn . . .«, einmal mit »da . . .«, denen ein kurzer Hauptsatz folgt. In den Hauptsätzen wird das Verhalten des Galeriebesuchers geschildert, in den Nebensätzen die Situation in der Manege eines Zirkus. Es ist jeweils dieselbe Situation und doch eine andere. Dieselbe, weil jedesmal eine Kunstreiterin auf ihrem Pferde im Kreise herumreitet, von dem Chef bzw. dem Direktor mit der Peitsche angeleitet. Und doch, welch ein Unterschied, der mit großer Schärfe hervorgetrieben wird. Im ersten Teil ist die Kunstreiterin »hinfällig, lungensüchtig« auf »schwankendem Pferd«, der Chef ist »erbarmungslos« und treibt sie »monatelang« (!) ohne Unterbrechung im Kreis herum; es ist eine nicht endende Bewegung, die »in die immerfort weiter sich öffnende graue Zukunft« sich fortsetzt, vom Beifallsklatschen der Hände begleitet, »die eigentlich Dampfhämmer sind«. Es ist also eine erbarmungslose Situation, zuvörderst für die kranke Reiterin, aus der es keinen Ausweg gibt und die kein Ende hat. Die zeitliche Begrenzung entfällt, was einen die Wahrscheinlichkeit übersteigenden Zustand hervorruft: »monatelang«, ja bis in die »graue Zukunft« kreist die Zirkusreiterin in der Manege; das ist unmöglich in der Realität. Als Leser dürfen wir diese Beschreibung also nicht »beim Wort« nehmen; sie ist, müssen wir annehmen, »symbolisch« gemeint.

Anders die Zirkus-Situation im zweiten Teil. Ihr fehlt nicht nur das Signal für das Unwahrscheinliche, sie wird auch freundlich geschildert. Eine Situation, wie wir sie im Zirkus erleben könnten: eine schöne Dame, der »Direktor«, diesmal nicht der »Chef«, ist ihr gegenüber extrem unterwürfig und fürsorglich, »als wäre sie seine über alles geliebte Enkelin«. Er bewundert sie, hebt sie vom Pferd, küßt sie. Und sie teilt »ihr Glück mit dem ganzen Zirkus«. Also Glück und Ende hier, Elend und kein Ende im ersten Teil. Die Art der Beziehung zwischen Direktor und Reiterin wird hier umgedreht gegenüber der im ersten Teil: hier ist der Direktor der Reiterin unterworfen, dort war die Reiterin dem Direktor unterworfen; das führt auch zu einem Wechsel der Eigenschaften: »erbarmungslos« wird zu »hingebungsvoll« und »lungensüchtig« zu »schön«, negative werden also durch positive Eigenschaften ersetzt.

Zwei Situationen, in denen das Verhalten des Galeriebesuchers konträr ist: im ersten Teil würde er »vielleicht« – also sicher ist es nicht – in die Manege springen und »Halt!« rufen; im zweiten Teil »legt« er – es ist also sicher – sein Gesicht auf die Brüstung der Galerie und weint, »ohne es zu wissen«. Der zweite Teil beginnt mit: »Da es aber nicht so ist.« Der erste

Teil wird damit zurückgewiesen, was schon als »unwahrscheinlich« gekennzeichnet war, eben wegen der endlosen Bewegung, wird ausdrücklich als nichtig bezeichnet. Was der zweite Teil schildert, das ist. Und das ist doch eine freundliche Situation, von Liebe und Fürsorge getragen.

Warum weint aber dann der Galeriebesucher und auch noch »ohne es zu wissen«? Mir scheint das Verhalten des Galeriebesuchers der Schlüssel zur Deutung. Da er weint, ist auch diese zweite Situation keine glückliche, doch er weiß es nicht: der äußere Anschein macht es ihm schwer, das zu erkennen, was tatsächlich vor sich geht. Die übertrieben gezeichnete Unterwürfigkeit des Direktors könnte genauso wie das Verhalten des Galeriebesuchers im ersten Teil darauf hinweisen, daß auch hier, im zweiten Teil, eine große Tat, eine Befreiung, nötig wäre. Doch zu dieser Tat, zu dieser Befreiung, kommt es im zweiten Teil nicht, weil der äußere Anschein dem Galeriebesucher die Erkenntnis des wahren Zusammenhangs unmöglich macht. Wäre das Verhalten des Zirkusdirektors so extrem schlecht, die Reiterin so extrem elend, wie im ersten Teil angenommen, würde die Erkenntnis ins Auge springen, daß hier ein Unrecht geschieht, und die Entscheidung zur Tat »vielleicht« folgen. Doch da es nicht so ist, sitzt der Galeriebesucher »wie in einem Traum versinkend«, also ohne klares Bewußtsein und ohne Wissen, und weint.

Auch hier ist die Situation des Kindes zu sehen – und das mag der einzige Punkt sein, der sich zum Vergleich mit Walsers Text anbietet. Der Beifall, die Ovation ist bei Kafka ganz nebensächlich, während der Beifall, das gegenseitige Gefallen von Künstler und Publikum, bei Walser im Mittelpunkt steht. Doch die Beziehung von Chef und Reiterin bei Kafka erinnert an die des Barons und der kindlichen Künstlerin bei Walser. Auch bei Kafka ist die Reiterin als Kind ausdrücklich bezeichnet: sie könnte »die Enkelin« des Direktors sein, und sie ist »die Kleine«. Das Verhalten des Direktors ist das eines fürsorglichen Vaters, wenn auch das Wort Vater von Kafka hier nicht ausgesprochen wird. Im ersten Teil wird das Kind vom peitschenschwingenden Vater so erbarmungslos unterdrückt, daß die Tat der Befreiung leichter ist als im zweiten Teil, in dem der Vater übertrieben fürsorglich tut, es aber nicht ist, weshalb das Kind weint. So könnten wir diesen Text lesen.

Und es wäre dann doch eine Ähnlichkeit vorhanden zwischen Walser und Kafka, die Karl Pestalozzi in seinem Vergleich der Texte nicht erkannte: In beiden Texten sehe ich kindliche Situationen, einmal als Wunschtraum euphorisch ausgeführt bei Walser und einmal als Angsttraum durchgeführt bei Kafka. Das wäre der Unterschied, den Musil benennt: Hier erscheint als »lustig«, was dort »traurig« ist. Allerdings hat Kafka den Wunschtraum auch durchgeführt, im zweiten Teil seiner Geschichte nämlich, in der die Fürsorglichkeit des Vaters dem Kinde gegenüber ausgemalt ist. Bei Walser hinwiederum ist es nicht die Fürsorglichkeit, an der ihm liegt, sondern das Gefallen-Finden und die gefühlvolle Zärtlichkeit.

Nun wäre es gewiß voreilig, diese Einsicht in die beiden Texte bereits als Einsicht in das Gesamtwerk zu nehmen; es ist ein Einblick, der durch weitere ergänzt werden muß. Und es wäre ebenso voreilig, aus diesen Texten *nur* die kindliche Situation herauszulesen. In beiden Texten ist eine weitergehende Absicht deutlich, die ins Allgemeine zielt. Bei Walser die Beschreibung eines so tatsächlich möglichen Ereignisses, die »Momentaufnahme« eines Beifallssturms im Theater, in der das Glück eines erfüllten Augenblicks aufleuchtet, der mehr ist als nur kindlicher Wunschtraum. Bei Kafka dagegen die Beschreibung eines Ereignisses, das durch die Art der Beschreibung auf eine andere Ebene gehoben wird, von der der »wörtlichen« Bedeutung auf die der »übertragenen« Bedeutung, einen Vorgang, den wir bei ihm immer wieder beobachten können. Die »wörtliche« Bedeutung ist die Beschreibung des Ereignisses »Zirkusreiterin in der Manege«. Durch die nicht endende Bewegung bis in »die graue Zukunft« hinein wird diese »wörtliche Bedeutung« auf die Ebene der sinnbildlichen Bedeutung gehoben: da solche endlose Zeit in der Realität unmöglich ist, signalisiert ihre Erwähnung eine symbolische Bedeutung. »In der Manege endlos im Kreise herumreiten«, wird zum Sinnbild der Ausweglosigkeit; es gibt keinen Ausweg, weil es kein Ende gibt.

1.3. Der verlorene Sohn

An einem weiteren Beispiel will ich die Besonderheit der beiden Autoren demonstrieren; das Beispiel bietet sich an, weil es jeweils die Neufassung einer alten Geschichte ist. Bei Walser ausdrücklich als *Die Geschichte vom verlorenen Sohn* überschrieben und als »lehrreiche Geschichte« zu Anfang benannt.[20] Es ist das Gleichnis Jesu vom verlorenen Sohn aus dem Lukas-Evangelium.[21] Kafkas kurze Geschichte aus dem Nachlaß, die ebenfalls diese biblische Erzählung zu zitieren scheint, erhielt vom Herausgeber Max Brod den Titel *Heimkehr*.[22] Wir haben also drei Erzählungen miteinander zu vergleichen: die Vorlage des Evangelisten Lukas, die Neuformulierung Walsers und Kafkas Erzählung von der Heimkehr eines »verlorenen« Sohnes. Beginnen wir mit der Erzählung des Evangelisten Lukas.

Lukas berichtet im 15. Kapitel, daß Jesus zum Unwillen der Pharisäer und Schriftgelehrten auch die Sünder aufnahm, mit ihnen redete und aß. Sein Verhalten zu erläutern, erzählte Jesus zwei Gleichnisse. Das vom verlorenen Schaf, das der Hirte sucht und über dessen Heimfinden er sich freut, wird sogleich in seiner übertragenen Bedeutung erklärt. Wir haben hier ein gutes Beispiel für wörtliche Bedeutung, das ist eben die Geschichte vom verlorenen Schaf, und die sinnbildliche Bedeutung dieser Geschichte: »Also wird auch Freude im Himmel sein über einen Sünder, der Buße tut, vor neunundneunzig Gerechten, die der Buße nicht bedürfen.«

Derselben sinnbildlichen Bedeutung dient die Geschichte vom verlorenen Sohn. Demnach hatte ein Mann zwei Söhne; der jüngste ließ sich auszahlen, zog in die Welt hinaus und verpraßte alles, während der älteste brav zu Hause blieb und seine Pflicht tat. Als der jüngste voll Reue zurückkehrte, begrüßte ihn der Vater freudig und gab für ihn ein Fest; der älteste war zornig darüber und wurde vom Vater beschwichtigt. Ich habe jetzt in eigenen Worten die Handlung dieser Erzählung wiedergegeben; genauer gelingt eine Erfassung des Handlungsablaufs, wenn ich ihn in einzelne Handlungseinheiten einteile und deren zeitliche Abfolge aufzeichne; so entsteht eine Handlungssequenz. Ich richte mich dabei möglichst genau nach dem Text der Erzählung.

Die Handlung (Aktion) wird von Handelnden (Aktanden) getan oder erlitten. Da wir hier zwei wichtige Aktanden haben, die beiden Söhne des Mannes, erfasse ich die Handlung dieser beiden Aktanden.[23] (In Klammern die Absätze des Kapitels 15 des Evangeliums, in dem die betreffende Handlung erzählt wird.)

Der jüngste Sohn:

(12)	(13)	(13)	(14)
Auszahlen	Auszug	Verprassen	Armut
(15,16)	(16,17)	(18,19)	
Erniedrigung	Hunger	Entschluß zur Heimkehr	
(20)	(20)	(21)	(22)
Rückkehr	Begrüßung durch den Vater	Reue	Geschenke des Vaters
(23)	(24)		
Fest	Verzeihung		

Der älteste Sohn:

(25)	(26)	(27)	(28)
Rückkehr vom Felde	Frage nach Ursache des Festes	Antwort	Zorn
(29,30)	(31)		(32)
Vorwürfe gegen den Vater	Beschwichtigung durch den Vater		Begründung durch den Vater

Wir sehen, daß zuerst die Handlung mit dem jüngsten Sohn als Aktanden, dann die mit dem ältesten erzählt wird; in der des ältesten wird dann unter »Vorwürfe« eine Rückwendung vollzogen, in der kurz das erwähnt wird, was der älteste tat in der Zeit der Abwesenheit des jüngsten: das ließe sich als die Negation der Handlungseinheiten des jüngsten Sohnes bezeichnen, also als »Nicht-Auszahlen«, »Nicht-Auszug« etc. Die sinnbildliche Bedeutung der Geschichte wird im Kapitel 24 zum Abschluß der Handlung des jüngsten mitgeteilt und in Kapitel 32 zum Abschluß der Handlung des ältesten Sohnes noch einmal. Die Geschichte ist ein Gleichnis, dessen Lehre ganz ausdrücklich genannt wird. Die Lehre ist das Ziel der Geschichte, die Geschichte selbst hat allein dienende Funktion, sie soll nicht einen Handlungsablauf um seiner selbst willen vorführen, sondern *nur* um der sinnbildlichen Bedeutung willen. Es geht hier nicht um Mitteilungen über die Schafzucht oder das

Familienleben, sondern einzig und allein um das Seelenheil: »Denn dieser mein Sohn war tot und ist wieder lebendig geworden; er war verloren und ist gefunden worden.«

Die Darlegung des Aufbaus dieser biblischen Erzählung wird uns bei der Untersuchung der Walserschen und Kafkaschen Erzählungen im weiteren Verlauf nützlich sein. Sie hat uns Gesichtspunkte an die Hand gegeben, die einen genaueren Vergleich ermöglichen: zur Handlung – welche Handlungseinheiten werden übernommen, welche nicht, werden neue hinzugefügt? –, zur Erzählweise (Narration) – in welcher Perspektive wird die Handlung erzählt und bewertet –, zum Verhältnis von wörtlicher und sinnbildlicher Bedeutung.

Zunächst zu Robert Walsers *Die Geschichte vom verlorenen Sohn*. Im ersten Satz knüpft Walser ausdrücklich an die alte Geschichte an, er nennt sie und er ironisiert sie. Der ironische Vorgang ist leicht zu beschreiben: Walser kehrt das Verhältnis von wörtlicher und sinnbildlicher Bedeutung um. Er behauptet, nur weil es einen Vater mit zwei Söhnen gegeben habe, die »glücklicherweise vollständig voneinander abstachen«, habe die »lehrreiche Geschichte« zustande kommen können. Er behauptet also, daß die unmittelbare Bedeutung der Geschichte der Ausgangspunkt gewesen sei, während es ursprünglich genau umgekehrt war: die sinnbildliche Bedeutung stand von vorneherein fest als die Lehre. Ihr dienten die Geschichten vom verlorenen Schaf und vom verlorenen Sohn. Das ist ein gewichtiger Unterschied: in der Bibel steht die Glaubenslehre fest; alles, was erzählt wird, dient ihr, führt zu ihr hin. Wenn diese Lehre entfällt, die eine Deutung präsentiert, bleibt die simple Geschichte übrig, über deren neue Deutung wir uns erst verständigen müssen. Die christliche Deutung entfällt, folglich bleibt Walser nur eine in der Geschichte selbst angelegte: die des Verhältnisses der beiden Söhne zum Vater, die er nun wörtlich nimmt, wo sie doch symbolisch gemeint war. Und er ergreift als Erzähler ausdrücklich Partei für denjenigen der beiden Brüder, der in der Bibel vernachlässigt wurde: für den älteren Sohn. Walser wechselt die Erzählperspektive: der ältere ist ihm wichtiger als der jüngere, der im Gleichnis größere Bedeutung hatte, und er ist ihm sympathischer.

Die Ebene der Erzählweise wird im ersten Satz des ersten Absatzes deutlich markiert, die beiden letzten Absätze (11,

12) nehmen sie wieder auf. Im 11. tritt der ältere Sohn gewissermaßen aus der Handlung heraus auf die Ebene der Narration: er begegnet dem Erzähler, der im 12. Absatz die Bewertung des älteren Sohnes übernimmt, sich also vollends mit ihm identifiziert. Der ältere Sohn wünscht dort, daß die Geschichte vom verlorenen Sohn »lieber nie geschrieben worden wäre«, also daß sie, die doch gerade wieder erzählt wurde, rückgängig gemacht, ausgelöscht werden sollte. Die erzählte Geschichte wird hier vom Helden zunichte gemacht, er versucht es, doch der Versuch kann nicht gelingen: er wäre nicht der Held der Erzählung, die er zunichte machen will, wenn er sie zunichte machen könnte. Walser handhabt hier ein Erzählprinzip, das an die »romantische Ironie« erinnert, wie wir sie etwa bei E.T.A. Hoffmann finden: das ironische Reflektieren des Erzählens bis hin zum Sich-Selber-Aufheben des Erzählten.

Der Erzähler schließt sich dann dem älteren Sohn insofern an, als er die Lehre der Geschichte zurückweist: es handle sich keineswegs um eine »angenehme und erbauliche Geschichte«. Er ist »vom Gegenteil überzeugt«. Während der ältere Sohn die Geschichte selbst zunichte machen will, dreht der Erzähler die mit der Geschichte überlieferte Lehre um: er verkehrt sie in ihr Gegenteil.

Nachdem ich so weit die Erzählweise skizziert habe, nun zum Handlungsablauf. Walser erzählt die Handlung beider Handelnder fast gleichzeitig, indem er immer wieder das, was für den einen positiv ist, als für den anderen negativ darstellt (in Klammern die durchnumerierten Absätze).

		(1)	(2)
Jüngerer Sohn →	A)	Leichtlebigkeit	Hinausgehen
Älterer Sohn →		solider Lebenswandel	Daheimbleiben

(2,3)	(4)	(5)
Herumvagabundieren	Rückzug	Reue
Pflicht erfüllen	unmöglicher Rückzug	Reue

(5)	(6,7)		(8)
Wunsch zurückzukehren	Liebe finden	B)	Freude auslösen
Wunsch fortzulaufen	keine Liebe		
(8)	(8)		(8)
Zu Füßen des Vaters werfen	Tränen des Vaters		Glanz

C)

(9)	(9)
Wunsch: Gegenstand der Freude	Zerlumpt sein

(9)	(9)	(9)
Zu Füßen werfen	Sünder sein	Verlorener Sohn
(9)		(10)
Genuß : Versagung	D) Alle →	Zufriedenheit
(10)	Älterer Sohn →	Unzufrieden
Vergnügen	(10)	(11)
	Fröhlichkeit	Sanft gestorben
mißvergnügt	ungefreut	Unzufriedene lebt noch

Den Handlungsverlauf, wie Walser ihn konzipiert, sehen wir hier deutlich vor uns. Im wesentlichen übernimmt er ihn aus der Vorlage: Auszug, Sündigen, Rückkehr, Verzeihung, Freude und auch die Unzufriedenheit des zu Hause gebliebenen älteren Sohnes. Dessen Handlungsstrang wird jedoch weiter ausgeführt; zuvor nicht erzählte Einheiten werden jetzt erzählt: Pflicht erfüllen zu Hause und der Wunsch wegzugehen sowie der Wunsch, auch so herzlich empfangen zu werden wie der andere Sohn. Dabei fügt Walser eine Reihung von Gegensätzen zusammen: hier der leichtlebige, dort der solide Sohn etc. Immer werden die beiden gegeneinandergesetzt, die gesamte Handlungssequenz hindurch, die vom Weggang bis zur Rückkehr des jüngeren Sohnes reicht, also bis Absatz 7. Im Absatz 8 wird *nur* die Handlung des jüngeren Sohnes erzählt, die des älteren wird hier ausgespart; im Absatz 9 tritt dann nur der ältere mit seinem Wunsch auf, es möge ihm genauso ergehen wie dem jüngeren, was ihm aber »ein für allemal versagt« bleibt. In Absatz 10 wird dann der ältere Sohn nicht mehr mit dem jüngeren konfrontiert, sondern mit allen anderen Menschen im Haus. Jetzt steht er allein gegen alle, was in dreimaliger Wiederholung betont wird. In Absatz 11 greift der Erzähler wieder stärker ein: alle sind sanft gestorben, der Unzufriedene aber lebt noch. Dieser Unzufriedene, dessen Unzufriedenheit die anderen überlebte, steigt jetzt aus der Handlungs- in die Erzähl-Ebene hinauf; anders formuliert: der Erzähler wird in die Handlung hineingezogen als eine Figur, die dem älteren Sohn begegnet. Durch diesen Erzählvorgang wird die starke Einbeziehung des Erzählers in das Erzählte hervorgehoben, seine Anteilnahme an dem Unzufriedenen, ja seine Identifikation mit diesem.

An der Übersicht über den Handlungsablauf können wir auch erkennen, wie streng die Erzählung komponiert ist. Was auf den ersten Blick als leichte spielerische Aneinanderreihung, nicht frei von Willkür erscheint, wie manchmal Walser vorgeworfen wurde, stellt sich bei genauerer Betrachtung als klar gegliederte Konstruktion heraus: auf einen längeren Teil A, der beide Handelnden parallel führt, folgt ein kürzerer Teil B, der nur den jüngeren Sohn zeigt, dann ein Teil C, der nur den älteren zeigt, wobei B die Wirklichkeit, also das, was dem jüngeren Sohn passiert, und C den Wunsch vorführt, also dieselbe Behandlung, die der ältere Sohn sich wünscht. Der Schlußteil D bringt eine Zusammenfassung der Konfrontation und eine Erweiterung, insofern jetzt der ältere allen anderen im Haus gegenübergestellt wird. Der 12. und letzte Absatz enthält die Bewertung des Erzählers, er knüpft an den ersten Satz des ersten Absatzes an, in dem der Erzähler bereits von der »lehrreichen Geschichte« sprach; damit wird die Geschichte auf der Erzählebene, auf der sie begann, abgeschlossen.

Zusammenfassend: Walser hält sich an den Handlungsablauf, doch verschiebt er die Perspektive auf den älteren Sohn, was zu einer Verlängerung von dessen Handlungssequenz führt. Dadurch wird die Anteilnahme für diesen deutlich: Walser ergreift Partei für den ungerecht Behandelten. Wieder ist es eine kindliche Situation: der Vater gibt dem Kind nicht Zärtlichkeit und Zuneigung, obwohl das Kind es verdient hätte. Das Kind ist hier nicht, wie die Künstlerin in der euphorisch ausgemalten *Ovation*, »Gegenstand so großer Freude« (Absatz 9). Der Wunsch, »daß ihm alle Liebe naturgemäß wie wild entgegenkäme« (Absatz 7) wird offen ausgesprochen, doch der Wunsch bleibt »für immer versagt« (Absatz 9).

Hier tritt auch die Verbindung von Unterwerfung und Liebe auf, die für andere Texte Walsers so bedeutsam ist: wirft der Sohn sich zu Füßen des Vaters, muß der ihn weinend aufheben. Die Unterwerfung hat die Zuwendung zur Folge, die eine Handlungseinheit zieht die andere nach sich wie Ursache und Wirkung: zuerst Unterwerfung unter den anderen, damit dann der andere Liebe gibt. Hier bleibt der Vater die Liebe schuldig. Walser interessiert diese Geschichte offensichtlich nur unter diesem Aspekt; der biblische Rahmen, die christliche Lehre ist entfallen. Dafür baut Walser eine neue Bedeutung auf: die Darstellung eines besonderen Mangels an väterlicher Zuneigung auf der Ebene der wörtlichen Bedeutung führt zu einer Verallgemeinerung auf der Ebene der sinnbildlichen Bedeutung: rechtschaffenes Verhalten wird nicht belohnt, der Gerechte findet keine Gerechtigkeit.

Kommen wir zu Kafkas Neufassung der alten Geschichte, zu *Heimkehr*. Kafka wählt eine Ich-Erzählperspektive: das Ich ist der heimkehrende Sohn. Eine andere Sicht als diese lernen wir im Text nicht kennen. Wir sind also ganz auf das angewiesen, was der Sohn sagt; wir erfahren nur seine Bewertung des Ereignisses; seine Unsicherheit wird die unsrige.

Kafka wählt nur einen kurzen Ausschnitt aus der Handlungsfolge, zwei Handlungseinheiten: Rückkehr und Ankunft, wobei die Rückkehr nicht erzählt wird; sie ist bereits vollzogen, als die Erzählung einsetzt: »Ich bin zurückgekehrt...«, beginnt der Text. Die Ankunft dagegen wird sehr detailliert geschildert, d.h., sie untergliedert sich wiederum in kleinere Handlungseinheiten wie »Zur Tür gehen«, »Anklopfen« etc.

| Rückkehr | Ankunft   (An die Tür   (Hinein-
| | Durch den Hof gehen -->klopfen) -->   gehen) -->
| | └──────────────→   keinen Mut → von der Ferne→
| | horchen

→ (Begrüßung)
→ vor der Tür zögern

Wir sehen, daß die Handlungseinheit »Ankunft«, die als Sequenz wiederum in kleinere Handlungseinheiten zerfällt, nicht vollendet wird: was mit »Zur Tür gehen« beginnt, sollte mit »Hineingehen« und »Begrüßung« enden (hier in Klammern). Doch der Handelnde zögert hineinzugehen, er bleibt vor der Tür stehen in einem Selbstgespräch. Obwohl es zuvor heißt, »ich bin angekommen«, muß bezweifelt werden, daß er angekommen ist, denn er steht als Fremder vor der Tür. Es ist »Ankunft« und »Nicht-Ankunft« zugleich, also die ambivalente Realisation einer Handlungseinheit, ein für Kafka typisches Verfahren und einer der wichtigsten Gründe für die Schwierigkeit der Interpretation seiner Texte.

Sehen wir die beiden Kafkaschen Handlungseinheiten im Zusammenhang der gesamten Sequenz »Heimkehr des verlorenen Sohnes«, dann erkennen wir, was er alles ausspart: »Weggehen«, »Erniedrigung«, »Hunger«, »Reue« entfallen. Da der Sohn zurückgekehrt ist, ist er auch ausgezogen. Das »Weggehen« wird also von der »Rückkehr« impliziert. Alles andere aber fehlt: warum er wegging, was er unterwegs tat, ob er Schuld auf sich lud, ob er bereut, warum er zurückkehrt. Über all das läßt der Evangelist Lukas uns nicht im unklaren. Seine Handlungssequenz ist vollständig, bei ihm ist alles wohlbegründet, weil eine Einheit die nächste nach sich zieht. Also nicht nur durch die deutlich von Lukas ausgesprochene Lehre wird der Sinn der Handlung mitgeteilt, sondern auch durch die vollständige Realisation und die eindeutige Realisation der Handlungssequenz.

Bei Kafka dagegen ist sie höchst unvollständig. Er hat nur zwei Einheiten herausgegriffen, er hat sie aus ihrem Zusammenhang gerissen und zusätzlich eine der beiden ambivalent realisiert, so daß die Unsicherheit des Lesers sich auch dann einstellte, wenn sie durch das Selbstgespräch des Ich-Erzählers nicht hervorgerufen würde. Einerseits ist der Ich-Erzähler sicher: es *ist* das Haus seines Vaters, er *ist* der Sohn des Landwirts. Andererseits ist er höchst unsicher – »ich bin sehr unsicher« –: »alles ist kalt«; er hat es »teils vergessen«, teils ist es ihm »unbekannt«; er kommt sich »nutzlos« vor; je länger er zögert, desto »fremder« ist er.

Die Ambivalenz von »Ankunft« und »Nicht-Ankunft« muß ernst genommen werden, auch wenn das auf einen Widerspruch hinauszulaufen scheint. Der Sohn ist angekommen, daran bleibt kein Zweifel, *und* er ist nicht angekommen. Da, wo er zu Hause ist, ist er eigentlich nicht »zu Hause«, nicht heimisch. Das »zu Hause« hat einmal eine wörtliche und einmal eine übertragene Bedeutung im Sinne von »Sich-Heimisch-Fühlen«. Aufgrund dieser doppelten Bedeutung löst sich der Widerspruch von »Ankunft« und »Nicht-Ankunft« auf. Im Hause seines Vaters ist der Sohn ein Fremder. In der Küche sitzen die, die zum Hause gehören, die darinnen sind, der Ich-Erzähler steht alleine draußen. Zwischen ihm und denen drinnen gibt es keinen Kontakt, so nahe sie sich auch sind. Die Tür nur trennt sie, aber die Tür ist verschlossen. Und die drinnen wollen ihr »Geheimnis wahren« genauso wie der draußen.

Es ist hier wieder von der Situation des Kindes die Rede, diesmal von einer, in der es gar nicht erst zum Kontakt mit dem Vater bzw. der Familie kommt. Kafkas Verhältnis zu seiner eigenen Familie fällt uns sogleich ein – er konnte tagelang schweigend in ihr zubringen –, so wie uns zuvor bei Walsers Text dessen »lieblose« Kindheit einfiel. Sicher sind diese wichtigen Erfahrungen der Autoren, nämlich die das ganze Leben prägenden Kindheitserfahrungen, in ihren Texten enthalten, doch ihre Texte sind nicht auf diese Erfahrungen zu reduzieren. Sowohl bei Walser als auch bei Kafka wird die individuelle Erfahrung verallgemeinert zur menschlichen Erfahrung schlechthin: ihr Leben wird ihnen zum Stoff, an dessen Gestaltung sie mehr verdeutlichen als nur ihr eigenes Leben. Im Prozeß der Gestaltung vollzieht sich der Weg vom Individuellen zum Allgemeinen. Wie sie die Welt erfahren, so sehen sie die Welt. Die Welt!

1.4. Der Weg zum Bahnhof

Beide Autoren, Kafka und Walser, sehen sich als »verlorene Söhne«. Das kann auf die Familie bezogen werden, dann ist es die Situation des Kindes innerhalb der Familie, das kann auf die Gesellschaft bezogen werden, dann ist es die Position des einzelnen in der Gesellschaft, das kann auf Philosophie oder Religion bezogen werden, dann ist es die Stellung des Menschen in der Welt. Die Geschichte vom verlorenen Sohn ist eine ursprünglich religiöse Geschichte, ein Gleichnis, das von der Beziehung des Menschen zu Gott spricht, ein tröstliches Gleichnis; auch wer verloren zu sein scheint, der wird gefunden, auch wer Sünden begeht, der wird nicht bestraft, sondern mit Freuden aufgenommen. Bei Kafka und Walser fehlt die religiöse Lehre; dadurch entfällt der alte Bezugsrahmen des Gleichnisses; ein neuer Sinn, eine neue Bedeutung, wird konstruiert, und das geschieht bei beiden auf unterschiedliche Weise.

Walser nimmt als Erzähler in der Erzählung Stellung gegen die »lehrreiche Geschichte«, er entkleidet die Lehre ihres religiösen Charakters – davon fällt kein Wort – und verkehrt sie in ihr Gegenteil. Sünde wird verziehen, hieß es zuvor, bei Walser heißt es: Wohlverhalten wird nicht belohnt, Ungerechtigkeit herrscht. Die Meinung des Erzählers ist bei Walser nicht immer so eindeutig auszumachen wie hier. In einem späteren Text zum Thema »Der verlorene Sohn« scheint die Bewertung des Erzählers widersprüchlich. Die Schwierigkeit der Interpretation Walserscher Texte stellt sich meist auf der Ebene des Erzählers, oft wegen einer in sich widersprüchlich erscheinenden Bewertung des Erzählten durch den Erzähler oder wegen einer zur allgemein verbreiteten Ansicht in Widerspruch stehenden Bewertung. Das Problem der Walserschen Texte ist häufig ein Problem des Erzählens, seltener eines der Handlung, die oft einfach, allzu einfach zu sein scheint.

Kafka dagegen hält sich als Erzähler meist zurück, er gibt kaum eine die Handlung bewertende Sicht, nach der der Leser sich richten könnte. Der Erzähler Kafka verschwindet oft in der Handlung wie hier in unserem Beispiel als Ich-Erzähler oder sonst als »personaler« Erzähler, der ganz in der Perspektive eines der Handelnden, des K. etwa, erzählt, also nicht mehr zu wissen vorgibt als dieser Held, der oft unsicher ist wie der Heimkehrer hier. Deshalb konzentriert sich die Interpretation auf die Handlung. Die Schwierigkeit der Interpretation der Kafkaschen Texte stellt sich meist auf der Ebene der Handlung, wie wir bereits gesehen haben: eben wegen einer unvollständigen Handlungssequenz oder wegen nicht eindeutig realisierter Handlungseinheiten. Der Interpret versucht sich dann oft dadurch zu helfen, daß er die fehlenden Handlungseinheiten ergänzt und die zweideutigen eindeutig macht.

Gerade an der Geschichte des Evangelisten Lukas können wir sehen, welche Geschichten wir, die Leser, gerne hören und lesen wollen, trainiert durch die Lektüre vieler solcher Geschichten: wir wollen eine vollständige und übersichtliche Handlung und eine klare »Moral von der Geschichte«. Bei Kafka ist schon die Handlung schwierig, so daß die Frage nach der »Moral«, die dann verstärkt auftritt – »Was hat denn das zu bedeuten?« – erst recht schwer zu beantworten ist. Bei Walser scheint die Handlung oft einfach, aber die Art des Erzählens und des Bewertens macht nicht nur die Frage nach der »Moral der Geschichte« schwierig, sondern wirkt auf die Handlung zurück: »Wozu dann das Ganze?«

Unsere, der Leser, Erwartung ist auf eine bestimmte Struktur von Handlung und Erzählung und Erklärung gerichtet, auf eine Struktur, die moderne Autoren gerne negieren oder doch problematisieren. Die Gefahr eines Mißverständnisses ist dann gegeben, wenn wir Leser uns die erwünschte Struktur bilden, auch wenn sie der Autor uns absichtlich vorenthält, dann eben gegen die Intention des Autors und des Textes. Was der Autor unvollständig läßt, komplettieren wir, wo er die Nicht-Eindeutigkeit wählt, wollen wir das Eindeutige. So erhalten wir doch noch die Geschichte, die wir haben wollen; nur ist es dann unsere Sicht, die wir uns wieder einmal bestätigt haben, und nicht die des Autors, die wir doch kennenlernen wollten.

Heinz Politzer hat zu Beginn seines Kafka-Buches ein schönes Beispiel für diese Art der Interpretation gegeben, das ich kurz erläutern will.[24] Es ist ein kleiner Text aus dem Nachlaß Kafkas, der dort den Titel *Kommentar* trägt und von Brod den Titel *Gibs auf* erhalten hat. Die Handlung: ein Mann eilt am frühen Morgen in einer ihm noch wenig bekannten Stadt zum

Bahnhof. Er ist unsicher, welchen Weg er nehmen soll, trifft aber glücklicherweise auf einen Schutzmann, den er fragt: »Er lächelte und sagte: ›Von mir willst du den Weg erfahren?‹ ›Ja‹, sagte ich, ›da ich ihn selbst nicht finden kann.‹ ›Gibs auf, gibs auf‹, sagte er und wandte sich mit einem großen Schwunge ab, so wie Leute, die mit ihrem Lachen allein sein wollen.«

Eine Geschichte, die nach Deutung ruft: warum benimmt sich der Schutzmann so merkwürdig? Ist dieser Schutzmann ein normaler Schutzmann? Wenn nicht, was ist er dann? So die Fragen, die sich stellen und die – je nach der Sicht des Interpreten – beantwortet werden, wie Politzer vorführt. Wer Historiker ist, könnte in der Stadt der kleinen Erzählung Prag sehen, in der Kafka als deutschsprechender Jude unter den Deutschen und den Tschechen ein Fremder war. Wer Soziologe ist, könnte im Schutzmann ein Symbol der österreichischen Bürokratie sehen, die die Menschen unterdrückte. Wer Psychologe ist, könnte im Schutzmann Kafkas Vater sehen, der seinem Sohn im Wege stand. Wer Theologe ist, könnte im Schutzmann einen Vertreter Gottes sehen, der den Mann vom falschen Weg, auf dem er ist, abbringen will. Wer Existentialphilosoph ist, könnte in der Geschichte die Lehre sehen, daß jeder seinen Weg in sich selber finden muß und nicht durch andere usw. So viele Sehweisen, so viele Interpretationen; so viele Weltanschauungen, so viele Bestätigungen.

Wie entstehen diese unterschiedlichen Deutungen, die ja nicht nur auf der Willkür der Interpreten beruhen, sondern durch die kleine Geschichte hervorgerufen werden, so als sei sie ein Spiegel, in dem jeder, der hineinschaut, sich selber sieht bzw. seine Einstellung zur Welt? Es ist zunächst eine alltägliche Handlung, die nicht weiter zur Deutung reizte: ein Mann geht zum Bahnhof, er ist unsicher, fragt nach dem Weg, ein Schutzmann antwortet ihm. Die Handlungssequenz könnte so zu Ende gehen: der Schutzmann weist den Weg, der Mann findet zum Bahnhof. Ende. Kein Problem der Deutung. Wodurch entsteht das Deutungsproblem? Durch die unvollständige Handlungssequenz, sie wird nicht zu Ende gebracht, und durch eine nicht eindeutige Handlungseinheit, nämlich das vom Üblichen abweichende Verhalten des Schutzmannes. Das ist uns rätselhaft, das Rätsel verlangt nach Lösung. Hier ist eine Stelle, die nach symbolischer Deutung ruft, da sie innerhalb der Handlung rätselhaft bleibt: eine Stelle, die nach einer Erklärung auf der Ebene des Symbolischen verlangt.

2. Sinnbildliche
 Bedeutung   <————————————— Verhalten des Schutzmanns
1. Wörtliche |————+————+————————+—>——+——————+———>
 Bedeutung Weg zum   Unsicher- Frage (Antwort) (Ankunft am
            Bahnhof   heit   Bahnhof)

Wir sehen, daß die Handlungssequenz nicht zu Ende geführt wird. Mit der Antwort des Schutzmannes wird die wörtliche Bedeutung gewissermaßen vernichtet: So verhält sich kein Schutzmann, sein Verhalten muß etwas anderes bedeuten; es muß eine sinnbildliche Bedeutung haben. Die Geschichte ist also nur auf der Ebene der sinnbildlichen Bedeutung zu lesen. Mit dem Verhalten des Schutzmannes wird alles, was bis dahin erzählt wurde, verändert. Es muß neu gelesen werden, es muß anscheinend symbolisch gelesen werden. Doch welche symbolische Bedeutung hat die Geschichte? Weder wird die Handlung zu Ende gebracht noch wird eine symbolische Bedeutung mitgeteilt. Die Geschichte ist angelegt wie ein Gleichnis, doch die Lehre fehlt; es ist ein Gleichnis ohne Lehre. Wie im Gleichnis des Evangelisten ist die Geschichte ganz ihrer sinnbildlichen Bedeutung untergeordnet, doch diese wird nicht mitgeteilt, so daß wir nichts in der Hand haben: keine wörtliche, keine sinnbildliche Bedeutung. Eine allgemeine Lehre, eine Glaubenslehre, eine Weltanschauung fehlt. So kommt es, daß die Interpreten auf ihre eigene Weltanschauung rekurrieren, um der Geschichte einen Bezugsrahmen zu geben. Sie ersetzen den Schutzmann durch »Vater«, »Gott«, »Bürokratie«, »den anderen«, sie ersetzen den Mann durch »Kafka«, »den Menschen in der Habsburger Monarchie«, »den Menschen schlechthin«, damit ein »Sinn« daraus wird. Tun sie recht damit, entspricht das der Intention des Textes oder tun sie unrecht, sind sie in eine Falle gegangen?

Ich meine, wer den Text symbolisch auffüllt, bevor er das besagte Problem der Interpretation erkannt hat, handelt naiv. Naiv darf ein Leser sein, aber nicht ein Interpret. Und er handelt falsch, weil er die Irritation des Textes zudeckt, statt sie aufzudecken. Kafka will durch diese Art von Texten offensichtlich etwas sagen, was er auf keine andere Weise sagen konnte. Daher die immense Anstrengung beim Schreiben solcher Texte; eine Spielerei war es ihm nicht. Wenn diese Texte vom Üblichen abweichen, dürften auch ihre Mitteilungen vom Üblichen abweichen. Wer also rasch mit einer biographischen, psychologischen, soziologischen, theologischen etc. Deutung zur Hand ist, kommt mit dem Üblichen und geht an den Texten vorbei, die ihm nur Anstoß seiner eigenen Überlegungen sind. Diese Interpreten täuschen ihre Leser, sicher nicht mit Absicht, doch sie täuschen ihre Leser, weil sie ihnen nicht die Ansicht Kafkas ausbreiten, wie sie behaupten, sondern ihre eigene am Beispiel von Kafkas Test. Wer zu Kafka selbst vordringen will, muß dessen Texte genau lesen. Gerade auf die Punkte, die vom Üblichen abweichen, muß er achten, weil gerade in ihnen Kafkas vom Üblichen abweichende Mitteilung enthalten sein muß.

Wenn die kleine Erzählung keine wörtliche Bedeutung mitteilt und wenn sie keine sinnbildliche Bedeutung mitteilt, weist sie auf sich selbst zurück: die Art ihrer Konstruktion wird zum Problem. Der Leser wird auf den Text zurückverwiesen, den er sonst selbstverständlich rezipiert; dessen Konstruktion wird ihm bewußt gemacht dadurch, daß die übliche Art des Verstehens scheitert.

In dieser Konstruktion ist aber auch eine Handlungsstruktur enthalten, die wir erkennen können, wenn wir sie auch noch nicht zu deuten wissen, ja, die wir gerade dann als Struktur erkennen, wenn wir sie nicht sogleich mit einer symbolischen Bedeutung bedecken: der Weg zu einem Ziel ist nicht zu finden, Hilfe gibt es nicht. Über die Bedeutung dieser Struktur ist nach der Lektüre eines Textes noch nichts zu sagen. Der nächste Schritt der Untersuchung muß deshalb sein, von diesem einen Text Kafkas auf andere überzugehen, um zu einer breiteren Materialbasis zu gelangen; dann erst läßt sich feststellen, ob die Art der Konstruktion sich wiederholt und welche Bedeutung diese Struktur haben könnte. Die Frage nach der Bedeutung, nach der von Kafka intendierten Bedeutung, wird also erst ernsthaft gestellt und beantwortet werden können nach dem Studium zahlreicher, ja, möglichst aller Äußerungen Kafkas. Doch zunächst noch ein Beispiel für die Schwierigkeiten der Interpretation von Texten Robert Walsers.

1.5. Der Unheimliche

Robert Walsers Prosastück *Der verlorene Sohn,* seine zweite Aufnahme des biblischen Themas, ist kaum als Erzählung zu bezeichnen.[25] Eine Handlung wie noch in *Die Geschichte vom verlorenen Sohn* erzählt er hier nicht; nur Bruchstücke verschiedener Handlungen gibt es; dazwischen nimmt die Beurteilung und Bewertung des Erzählers breiten Raum ein; sie ist beherrschend. Aber von Erzähler ist kaum zu sprechen, wenn keine Handlung erzählt wird, eher von Essayist. Seine erste Publikation nannte Walser *Aufsätze;* auch dies ist eher ein Aufsatz als eine Erzählung, doch vielleicht ist der Text am besten »Prosastück« zu nennen, eine Bezeichnung, die Walser ebenfalls gebrauchte; das ist neutral und trifft recht gut diese Art von Texten, die zwischen Erzählung und Aufsatz zu situieren sind.

 Die Gattung »Prosastück« gibt dem Autor einen Freiraum, den ihm herkömmliche, durch ihre Tradition festgelegte Gattungen nicht böten, einen Freiraum, den er absichtsvoll für seine Pläne nutzen kann. Sicher sind die kurzen Prosastücke auch durch den Zwang der Publikation in Zeitungen und Zeitschriften entstanden, doch bei einem so eigenwilligen, dem Erfolg gegenüber mißtrauischen Autor wie Walser könnte das der einzige Grund nicht gewesen sein, der ihn zum Schreiben so vieler Prosastücke gebracht hätte. Gerade der Blick auf Kafka, dessen Eigenart sich wohl auch am stärksten in seinen »Prosastücken« offenbart, vor allem den aus dem Nachlaß edierten, belegt es: diese Kurz-Prosa erlaubt alle möglichen Mischformen zwischen essayistischer Reflexion und Erzählung.

 Zum Bauplan des Prosastücks *Der verlorene Sohn:* Ich teile es in sieben Abschnitte, die nicht alle den Absätzen in der Druckfassung entsprechen. Abschnitt 1 beginnt mit »Ich traf den ›unvergleichlichen Unheimlichen‹ wieder an, den ich für einen netten, brauchbaren Menschen halte.« Hier ist nicht vom bekannten verlorenen Sohn die Rede, sondern von einem unbekannten »Unheimlichen«. In den weiteren Sätzen dieses Abschnittes erfahren wir nichts mehr über ihn. Abschnitt 2 erst setzt wieder ein mit: »Indem ich mit Vergnügen wiederhole, daß ich vom nächtlich durch die Straßen ziehenden Un-

heimlichen einen keinesfalls ungünstigen Begriff habe ...«
Also Wiederholung des Einsatzes und nunmehr tatsächlich
Informationen über den »Unheimlichen«.

Der dritte Abschnitt ist der Beginn des 2. Absatzes: »Ich
komme auf den bekannten biblischen verlorenen Sohn zu
sprechen ...« Hier endlich kommt der Titel zu seinem Recht:
anscheinend ohne Übergang setzt ein neues Thema ein. Abschnitt 4 beginnt mitten in diesem zweiten Absatz, wieder ein
neues Thema, wieder ein biblisches: »Eine andere alttestamentarische Gestalt ist dagegen nichts weniger als eine Glünggifigur. Diese Figur heißt Saul ...« Der wiederum anscheinend
unmotivierte Übergang zu Saul und David wird begründet
durch den schweizerischen Dialektausdruck »Glünggi«, was
soviel wie empfindsamer Schwächling heißt. Der Bedeutungsunterschied zwischen dem »Unheimlichen« und dem »verlorenen Sohn« und jetzt »Saul und David« ist offensichtlich,
doch wird diese Opposition, dieser Bedeutungsunterschied,
durch eine Äquivalenz, eine Bedeutungsähnlichkeit, überspielt. Glünggi ist das gemeinsame Dritte, das tertium comparationis könnten wir sagen: Der Unheimliche ist *kein*
Glünggi, der verlorene Sohn ist *ein* Glünggi, Saul ist *kein*
Glünggi. Durch diesen »Glünggi« werden sie also vergleichbar, und in diesem »Glünggi« wird Walsers eigentliches
Thema erkenntlich, also gerade an der Abweichung vom üblichen Sprachgebrauch, besonders deutlich durch den Dialekt-Ausdruck, der die biblischen Figuren und den »Unheimlichen« zusammenbringt.

Abschnitt 5 dann, der aus dem 3. Absatz besteht, bringt zwei
kleine Liebesabenteuer des Ich-Erzählers; wiederum scheint
kein Zusammenhang zu dem Vorangegangenen vorhanden zu
sein. Abschnitt 6, zugleich Absatz 4, nimmt das Thema des
»Unheimlichen« wieder auf, von dem in den Abschnitten 3, 4
und 5 nicht die Rede war: »Der Unheimliche, für den Sie vielleicht eine Spur Sympathie übrig haben ...« Wiederum wie in
Abschnitt 2 folgen Charakterisierungen, zum Teil widersprüchliche. Der Text endet mit Abschnitt 7, das ist Absatz 5,
in dem der »Unheimliche« nun ausdrücklich mit dem verlorenen Sohn zusammengebracht wird, wie das auch im Abschnitt
zuvor schon geschehen war. Dort hieß es, auch der »Unheimliche« sei »eine Art verlorener Sohn« – es handelt sich also um

eine Gleichstellung mit dem biblischen verlorenen Sohn. Hier am Schluß wird der Unterschied zwischen beiden deutlich: der biblische verlorene Sohn konnte bereuen, *das* Unheimliche unserer Zeit dagegen sei, »daß keiner mehr etwas bereuen will«. Keiner will ein Glünggi sein, »auch ich nicht«.

Ein Überblick des Text-Ablaufs:
1. *»Der Unheimliche« (nicht* charakterisiert)
   Zigarrenkauf; Erwartung der Menschen; »Herrische werden weich«
2. *»Der Unheimliche«* I (charakterisiert)
   jung und alt, nicht gut und nicht schlecht, kein Glünggi; Löffelgeschichte
3. *»Der verlorene Sohn«* I (charakterisiert)
   Glünggi, Weichling, kein Schneid
4. *»Saul und David«*
   »herbeizog und fortjagte«
5. *»Liebesabenteuer«* des Ich
   »Hinknien«, »Anbeten«
6. *»Der Unheimliche«* II (charakterisiert)
   »bösartige Gutherzigkeit«, Pech und Glück
7. *»Der verlorene Sohn«* II
   Verlorener Sohn bereut vs. Ich bereute nicht

Das ist, wie gesagt, nur ein Überblick, keine genaue Aufschlüsselung des Textes, die wohl nützlich wäre, würde sie Satz für Satz vorgenommen, jedoch zu umfangreich würde; für den Zweck unserer Untersuchung mag der Überblick genügen. Er erschließt uns die syntagmatische Struktur des Textes. In der Tat ist in den Sätzen, die manchen vielleicht »wahllos« aneinander gereiht erscheinen, eine »Wahl« zu erkennen, eine Ordnung, wobei offen bleibt, inwieweit diese Ordnung eine bewußte Auswahl aus dem vorhandenen Zeichensystem der Sprache ist oder nicht. Wir bilden ja alle wohlgeordnete Sätze, wenn uns auch deren grammatikalische Ordnung meist nicht bewußt ist. Von sprachlicher Ordnung werden wir also reden können – unabhängig davon, ob sie demjenigen, der sie befolgt, bewußt ist oder nicht.

Zur syntagmatischen Struktur: Der Text beginnt, wie gesagt, mit dem Einsatz des Themas, das aber nicht im ersten Abschnitt behandelt wird, sondern erst im zweiten aufgenommen wird; ausdrücklich wird der »Unheimliche« dann charakterisiert, danach kommen die Vergleiche: 1. mit dem verlorenen Sohn, 2. mit Saul und David, 3. mit dem Ich-Erzähler (dies allerdings nicht ausdrücklich). Doch der Ich-Erzähler, der stark für den Unheimlichen Partei ergreift, der immer mit der Nennung des »Unheimlichen« um Sympathie für ihn wirbt, stellt sich, wie im Schluß-Abschnitt explizit wird, in eine Reihe mit ihm. Denn nach den drei Vergleichen folgt eine Wiederaufnahme des Themas, die widersprüchliche Charakterisierung des »Unheimlichen«, die mit einer Zusammenführung am Schluß beendet wird. Es ist also wieder »ein wohl komponiertes« Stück Prosa!

Die Zusammenführung der drei, des Unheimlichen, des verlorenen Sohns und des Ich-Erzählers am Schluß bietet uns einen Zugang zur paradigmatischen Struktur des Textes, also zu der dem Text zugrundeliegenden Struktur. Syntagmatisch meint hier das geordnete Nacheinander der Sätze, den Aufbau, die »Komposition«.

Paradigmatisch meint hier die Ordnung, die dem Text zugrundeliegt, die gewissermaßen unter der Oberfläche der syntagmatischen Struktur liegt. Der Unheimliche unterscheidet sich vom verlorenen Sohn; ein Merkmal wird genannt, das die beiden aber auch vergleichbar macht: der eine hat es, der andere hat es nicht. Der verlorene Sohn ist ein »Glünggi«, ein Schwächling, der Unheimliche nicht. Nun kommen Saul und David dazu, die beide ebenfalls keine Schwächlinge sind, aber zugleich sich vom Unheimlichen unterscheiden. In dieser Abwesenheit des Merkmals Schwächling sind sie einander ähnlich, unterschieden sind sie, weil Saul und David mutig und entschlossen sind, der Unheimliche dagegen unentschieden ist, »indifferent«. Er ist weder jung noch alt, weder gut noch böse. Saul und David sind auch unterschieden vom Ich-Erzähler, der seine »wenigen Liebesabenteuer« nur als Schwärmereien erlebt hat: einmal kniete er vor einer fremden Frau, einmal betete er eine an. Im Merkmal Schwächling ist der Ich-Erzähler wieder dem verlorenen Sohn ähnlich, ebenso in dem Merkmal »unterwürfig«, denn beide unterwerfen sich mit einer quasi-religiösen Gestik dem Vater bzw. der Frau. Der Unheimliche wiederum ist dem Ich-Erzähler ähnlich, beide können nicht bereuen im Gegensatz zum verlorenen Sohn.

Der verlorene Sohn	Der Unheimliche	Ich	Saul	David
Jüngling	Jüngling		Mann	Jüngling
Schwächling	kein Schwächling		kein Schwächling	kein Schwächling
verlorener Sohn	verlorener Sohn			
bereuen	---	nicht bereuen	---	---
entschieden	unentschieden		entschieden	entschieden
Glück	kein Glück	kein Glück	Glück	Glück

Hier sind einige wichtige Merkmale zusammengestellt, in denen die Figuren des Textes einander ähnlich sind oder nicht. Der verlorene Sohn und der Unheimliche sind einander recht ähnlich, doch vermag der verlorene Sohn kein Schwächling zu sein, das heißt aber auch, daß er »zu schwächlich« ist, »Schwächlichkeiten« zu offenbaren, wie es am Schluß heißt. Er ist nicht in der Lage zu bereuen, was ihn auch um die Belohnung des Bereuens bringt: die Zuneigung. Diese Abhängigkeit von »Unterwerfung« und »Zuneigung finden« kennen wir schon. Hier wird sie auch im 1. Abschnitt genannt: »daß Herrische, Rechthaberische urplötzlich zu weichen Nachgiebigen, milden Entgegenkommenden werden.« In diesem Punkt ist auch der Vergleich zu Saul und David gegeben: Saul ist herrisch, David ist ihm untertan, doch ist eine Umkehr dieser Abhängigkeit möglich. Der Knecht David macht mit seinem Gesang den Herrn Saul zum Knecht: zum Knecht der Musik und seiner eigenen Gefühle. Und auch in der Beziehung des Ich zu den verehrten Damen ist die Abhängigkeit festgehalten, allerdings eine ganz einseitige: zur »Geschäftsinhaberin« ist er höflich (1. Abschnitt), zur »Frau von vierzig« (Abschnitt 2) ist der Unheimliche in gewisser Weise unterwürfig – er leckt ihren Kaffeelöffel heimlich ab –, und vor der einen Unbekannten kniet das »Ich« hin, die andere betet es an (Abschnitt 5).

Ich → Geschäftsinhaberin
Unheimliche → Frau von vierzig

Ich   → 1. Dame
Ich   → 2. Dame

Die Ähnlichkeit in allen diesen Beziehungen ist auffallend: alle sind einseitig – die Zuwendung wird von der Frau nicht beantwortet – und unterwürfig. Höflichkeit ist noch die sanfteste, aber auch eine Distanz schaffende Gestik; den Kaffeelöffel ablecken ist eine Geste, in der sich der Unheimliche erniedrigt (»süße Sünde«), schließlich sind »hinknien« und »anbeten« religiöse Unterwerfungsgesten, die ebenfalls die Distanz betonen. In diesen Beziehungen zu Frauen ist also nicht nur die Einseitigkeit auffallend, sondern auch die Distanz schaffende Unterwerfung. Allerdings ist es eine Distanz, die, je größer sie ist, desto mehr nach befreiender Überwindung verlangt: je herrischer der Herr bzw. die Frau, um so befreiender dann seine bzw. ihre Milde.

Wenn die Einseitigkeit der Beziehung zur Zweiseitigkeit wird, die Unterwerfung zum »Verständnis« führt, dann entsteht das Glück, von dem es am Schluß heißt: »Glücklichsein übersteigt, übertrifft ja alle Schwäche und Stärke. Das Glück ist das Zitterndste und zugleich Festeste.« Das Glück übertrifft auch die Stärke von Saul und David, deren Mut der Erzähler zuvor so bewunderte. »Saul war kein Glünggi, David ebensowenig« – sie fürchteten sich nicht vor ihren Gefühlen und nicht vor dem anderen. In der Beziehung zwischen Saul und David wird ein erfülltes zweiseitiges Verhältnis dargestellt. Der anschließende Abschnitt läßt vermuten – genauso wie die Beschreibung des David, dem »es nicht an Schönheit und Schmiegsamkeit fehlte«, der »geradezu schurkischschön« war –, daß hier sogar eine erotische Beziehung angedeutet wird. Der anschließende Abschnitt beginnt: »Ich erlebte bisher sehr wenig. Eines der wenigen Liebesabenteuer...« Warum die sonst unbegründete Wendung zu den eigenen »Liebesabenteuern«, wenn nicht zuvor auch von einem »Liebesabenteuer«, nämlich zwischen Saul und David, die Rede war?

Die erotische Komponente in der Beziehung zwischen Mann und Jüngling, zwischen Frau und Jüngling, wird durch die religiöse Komponente ergänzt: das Glücklichsein, von dem am Schluß gesprochen wird, übertrifft »alle Schwäche«, also die des Ich und des Unheimlichen und des verlorenen Sohnes, und alle »Stärke«, also die des Saul und des David. Abschnitt 1 enthält eine anscheinend wieder unmotivierte Bemerkung über Gott; es heißt dort:

»Der Wind verhält sich still; die Menschen schauen mich an, als erwarteten sie etwas von mir, und ich lasse mich aufs gelassenste von den Augen anschauen, deren Strahl mich poliert, hobelt, abrundet, glättet. Meiner Meinung nach gehört es mit zur Annehmlichkeit des Lebens, die Gegenwart als das Auge Gottes zu empfinden, wobei ich Ihnen die Versicherung vor die Füße lege, daß mich eine gewisse Religiosität so sprechen läßt. Der Weltmann oder der Fromme, was keine Unvereinbarkeit zu sein braucht, glaubt nicht an ›Verhängnisse‹, doch da fällt mir auf einmal wieder etwas ganz anderes ein, nämlich daß Herrische, Rechthaberische urplötzlich zu weichen Nachgiebigen, milden Entgegenkommenden usw. werden können.«

Hier spricht der Ich-Erzähler von »Religiosität«, wenn auch in einer ironischen Formulierung, die die Unterwürfigkeit des verlorenen Sohnes dem Vater gegenüber, des Menschen Gott gegenüber auf die Beziehung des Erzählers dem Leser gegenüber überträgt: »Ihnen«, das ist der Leser, dem der Erzähler nicht sich, aber die Versicherung seiner Religiosität vor die Füße legt. Ernsthaft und unmittelbar ist nicht davon zu sprechen, nur ironisch vermittelt, doch gesprochen wird davon: die alte religiöse Bedeutung der Geschichte tritt auf diese Weise hervor, wie sehr auch sonst die alte Geschichte entstellt ist.

Wenn er auch die alte Geschichte hier stark verändert hat, so nimmt Walser doch anders als in der ersten Geschichte *Die Geschichte vom verlorenen Sohn* in *Der verlorene Sohn* die alte Lehre wieder auf: wer sich erniedrigt, wird erhöht werden, wer sich unterwirft, wird Verständnis finden. Diese genuin christliche Lehre liegt dem Text zugrunde und vielen anderen Texten Walsers auch. Immer dann, wenn in Walsers Texten die Handlungseinheit »Unterwerfung« die Handlungseinheit »Verständnis« oder »Zuneigung« zur Folge hat oder haben sollte, und immer dann, wenn das »Sich Erniedrigen«, »Sich kleinmachen« zur »Erhöhung« zur eigentlichen »Größe« führen sollte, macht Walser von einer Struktur Gebrauch, die ursprünglich eine christliche Botschaft mitteilt; ob sie auch bei Walser eine christliche Botschaft trägt, bedarf weiterer Untersuchung.

In dieser Geschichte *Der verlorene Sohn* kann diese Struktur jedenfalls die Eltern-Kind-Beziehung meinen (Vater – verlorener Sohn), die Frau-Mann-Beziehung (Ich – Damen), die Mann-Jüngling-Beziehung (Saul – David) und die Gott-Mensch-Beziehung. Die letztere könnte als sinnbildliche Bedeutung des Verhältnisses von Vater und Sohn gelesen werden, also ganz so wie ursprünglich beim Evangelisten Lukas, wenn auch nicht so einfach und eindeutig. Und ohne die Gewißheit der Erfüllung!

Walsers Figuren »erniedrigen« sich, aber sie werden nicht »erhöht«, sie »unterwerfen« sich, aber sie finden kein »Verständnis«. Weil sie sich nicht klein genug machen, weil sie nicht genug bereuen? »Das Unheimliche unserer Zeit scheint mir möglicherweise darin bestehen zu können, daß keiner mehr etwas bereuen will ...« Nicht *der* Unheimliche, sondern *das* Unheimliche: die Verallgemeinerung ist hier vollzogen, vom Problem des Selbst auf das Problem der Zeit, in der wir leben.

Die Schwierigkeit der Interpretation von Robert Walsers Texten hat das vorliegende Beispiel vor Augen geführt. Es ist einmal die »Willkür« der Geschichte, deren syntagmatische Ordnung erst bei genauerer Betrachtung sich erschließt. Es ist zum andern die paradigmatische Struktur, die mehrere Deutungen ermöglicht – ganz ähnlich wie bei Kafka, wenn auch die Struktur hier eine andere ist. Auch hier jedoch wären verschiedene Deutungen derselben Struktur möglich: der Psychologe könnte sie sexuell deuten und in Walser einen – wie geschehen – Masochisten sehen, der sich lustvoll unterwirft, oder auch einen frauenscheuen Homosexuellen, der zu seiner Homosexualität zu bekennen sich fürchtet; der Soziologe könnte die Herr-Knecht-Dialektik darin erkennen und die – wie geschehen – lustvolle Unterwerfung des Kleinbürgers unter das Kapital; der Kulturkritiker könnte darin die Klage über die Schlechtigkeit der heutigen Welt sehen, die nicht mehr Halt und Orientierung bietet; der Theologe könnte darin die Verlorenheit des modernen Menschen sehen, der fernab von Gott lebt.

Bei Walser wie bei Kafka wird es nötig sein, die Materialbasis unserer Untersuchung zu erweitern, also weitere Texte heranzuziehen, um in Konstanz und Variation dieser Texte die

Struktur der Werke genauer erfassen zu können und weitere Anhaltspunkte dafür zu gewinnen, welche Bedeutung diese Struktur uns mitteilen will.

Zweite Annäherung

2. Walser

2.1. Dunkle Helligkeit

Eine Schwierigkeit der Deutung Kafkas wie Walsers habe ich bisher übergangen: die Widersprüche oder scheinbaren Widersprüche, letztere nur nenne ich Paradoxa, auf die wir bei beiden gleichermaßen treffen. Schon der Unheimliche wurde auf diese anscheinend widersprüchliche Weise von Walser charakterisiert: er sei steinalt und blutjung, er sei der Gute, der nicht gut, der Schlechte, der nicht schlecht sei, und er sei von einer »bösartigen Gutherzigkeit«.

Ist er nun alt oder jung, eines von beiden muß er doch sein, das eine schließt das andere aus. Ein Widerspruch? Hier löst er sich auf bei genauerer Betrachtung: er »sieht aus, als sei er steinalt und blutjung«. Er sieht so aus, ist es aber nicht. Zeilen später heißt es von ihm: »der Unheimliche gehört zu den kontinuierlichen Jünglingsfiguren«. Er ist also ein »Jüngling«, ein gewissermaßen noch unfertiger, schüchterner Mann, gleichgültig, wie alt er wirklich ist: »innerlich« ist er ein Jüngling, »äußerlich« ist er an Jahren schon darüber hinausgewachsen; also er ist jung und alt zugleich, wobei »jung« und »alt« nicht dasselbe meinen. Das »jung« meint einen »inneren«, das »alt« einen »äußeren« Zustand.

Auch »der Gute, der nicht gut, der Schlechte, der nicht schlecht ist«, läßt sich als Paradoxon, als scheinbarer Widerspruch, auflösen. Der Unheimliche ist nicht vollkommen gut und nicht vollkommen schlecht, er ist ein Mittleres, wie es ausdrücklich heißt: der »unmittelbare Mittlere«. Hier ist also eine Skala anzunehmen, an deren einem Ende »absolut gut«, an deren anderem Ende »absolut schlecht« steht. Der Unheimliche ist weder das eine, noch das andere, sondern ein Drittes, das in der Mitte liegt, ein »Mittleres«. Dieses Mittlere wird wohl auch mit »bösartiger Gutherzigkeit« bezeichnet. Der Unheimliche ist ein Lauer, Unentschiedener, Indifferenter, das ist ein Zustand, den Walser fürchtete, vor dem er sich mit allen Mitteln zu hüten suchte. In *Über den Charakter des Künstlers* schreibt er:

»Aber wachsen muß er, nie so geradezu ›gut‹ muß er es haben, sonst stirbt er in jene für ihn vernichtende, erstickende Reihenfolge von Sattheiten hinein. Durst und Hunger, mit einem Wort: Appetit muß er haben.«[26]

Auch in dieser Haltung steckt ein ursprünglich christliches Moment: Die Satten, Selbstzufriedenen werden das Himmelreich nicht erlangen, auch nicht die Reichen, nicht die Hochmütigen, nicht die Pharisäer. Wer aber arm ist und demütig, dem wird der Weg bereitet sein. Das Elend, das Leid, vor dem wir uns doch gemeinhin fürchten, wird unter diesem Aspekt erstrebenswert. So verstehen wir auch viele Paradoxa Walsers, die uns zunächst unverständlich sind: z. B. wenn er sich über das Elend freut, ja geradezu entzückt darüber ist. Es ist ihm letztlich förderlich, was zunächst hinderlich scheint; es bringt ihn voran als Mensch, als Künstler, als Christ. Die christliche Denkweise, die eine christliche Lebensweise fordert, wird auf den Künstler übertragen: er muß leiden, um zu seinem schöpferischen Ziel zu gelangen. Eine Denkweise, die in ihrer Struktur auch bei entschiedenen Atheisten anzutreffen ist, ob sie es nun wissen oder nicht.

Ein Beispiel aus dem Walserschen Prosastück *Frau Wilke*: Der Ich-Erzähler, ein Dichter, mietet in einem entlegenen, vormals vornehmen, jetzt verfallenen Haus ein Zimmer, in dem er ein Selbstgespräch führt:

»Still ist es hier wie in einer Höhle. In der Tat: hier kann ich mich verborgen fühlen. Mein inniger Wunsch scheint in Erfüllung gegangen zu sein. Das Zimmer ist, wie ich sehe oder zu sehen glaube, sozusagen halbdunkel. Dunkle Helligkeit und helle Dunkelheit schwimmen hier herum. Das finde ich höchst lobenswürdig. Laß sehen! Bitte, inkommodieren Sie sich keineswegs, mein Herr. Die Sache eilt durchaus nicht. Nehmen Sie sich Zeit, so viel Sie wollen! Hängt hier nicht die Tapete stellenweise in traurigen, wehmütigen Fetzen an der Wand herunter? Ganz gewiß! aber gerade das entzückt mich, denn ich liebe einen gewissen Grad von Zerlumptheit und Verwahrlosung sehr. Die Fetzen können ruhig hängen bleiben; um keinen Preis gestatte ich, daß sie weggenommen werden, da ich in jeder Hinsicht mit ihrer Existenz einverstanden bin.«[27]

Die Zerlumptheit und Verwahrlosung des Zimmers erschreckt ihn nicht, im Gegenteil, sie entzückt ihn. Walsers Vorliebe ist in der christlichen Tradition gar nicht so abseitig, wie es zunächst erscheint. Wenn auch selten praktiziert, so ist doch häufig gepredigt worden, was hier einer – ohne zu predigen – auf seine Weise praktiziert. Also bleibt bei genauerer Betrachtung kein Widerspruch, genausowenig bei der Spielerei mit den Gegensätzen »dunkel« und »hell«, die einander ausschließen, aber von Walser zusammengekoppelt werden: dunkle Helligkeit, helle Dunkelheit. Es ist eine Spielerei: der Raum ist eben »halb dunkel«, wie es vorher heißt; also wieder hat er auf einer Skala mit extremen Werten den mittleren Wert solchermaßen benannt.

Mehr Schwierigkeiten machten uns der »innige Wunsch«, sich »verborgen« zu fühlen. Das entlegene verfallene Haus ist eine »Höhle«, in der sich der Dichter verbergen kann. Er flieht die Stadt und die Menschen und geht in die Einsamkeit. Dies zu verstehen, ist nicht schwierig; es wäre im übrigen auch auf eine christliche Denk- und Lebensweise zurückzuführen: sich aus dem Getriebe der Welt in die Einsamkeit der Natur – das Haus liegt am Stadtrand – zurückziehen als »Eremit«. Schwierigkeiten entstehen erst im weiteren Verlauf des Textes: der Dichter sucht zwar die Einsamkeit, er leidet aber auch unter ihr. Dies scheint kein Paradoxon, es scheint ein Widerspruch zu sein, weil es nicht aufzulösen ist. Einerseits auch hier der Wunsch, unter Menschen »Gefallen« zu finden – denken wir an *Ovation* –, andererseits der Wunsch, fernab der Menschen allein zu sein. Der eine Wunsch könnte die Folge des anderen sein: weil er erfolglos ist, zieht er sich zurück. Doch der Wunsch, erfolgreich zu sein, wird bei Walser immer wieder blockiert vom Wunsch, klein und unscheinbar zu sein, so daß er manchmal sogar dem Erfolg aus dem Wege geht. Der Widerspruch ist da: Gefallen wollen einerseits und Mißtrauen gegen die, die in der Öffentlichkeit Gefallen finden. Und: der Wunsch nach Kontakt zu anderen Menschen, doch die Angst vor diesem Kontakt, dessen Folge die Einsamkeit ist: »Einsam sein: eisiger, eiserner Schrecken, Vorgeschmack des Grabes, Vorbote mitleidlosen Todes. O, wer selber einsam war, dem kann jemandes anderen Einsamkeit unmöglich fremd sein.«

Dies stellt der Dichter aber erst nach dem Tode der alten Frau

Wilke fest; seine Zimmerwirtin und er lebten beide einsam in derselben Wohnung; er bemerkte die Frau erst richtig, als sie bereits tot war. Die Wohnung wird zum Grab, die Einsamkeit zum Vorboten des Todes. In der Tat wird eine paradigmatische Struktur offenbar, die mit zwei oppositionellen Polen arbeitet: hier der Tod, dort das Leben, hier das verfallene Haus, dort der tröstliche Wald, hier die Einsamkeit, dort freundliche Stimmen, hier die »Verzweiflung«, dort »schönere Gedanken«. So sehen wir auf einmal, daß das verfallene Haus voll »Moder« zum Ort der Verzweiflung wird und zum Ort des Todes. Das Entzücken des Ich-Erzählers über diesen Ort zu Beginn der Erzählung muß uns jetzt wieder merkwürdig erscheinen: ist es eine Sehnsucht nach dem Tode?

Haus	versus	*Wald*
Vergangenheit		(Zukunft)
Verfallenheit		(Wachsen)
Verwahrlosung		wundervoll
Höhle		(Im Freien)
Halbdunkel		(hell)
Moder		Schönheiten
Einsamkeit		Stimmen
Verzweiflung		Trost
»Alles tot, leer, hoffnungslos«		»sollst du gesund und munter werden«
↓		↓
Tod		*Leben*

Das Haus ist kein Ort des Todes, eher ein Vorort, ein Vorraum des Todes, von »Vorgeschmack«, von »Vorbote« spricht der Erzähler. Das Haus bereitet auf den Tod vor, so wie andererseits der Wald auf das Leben hinführen will. Das Haus, am Stadtrand und am Waldrand zugleich gelegen, ist ein Durchgangsort zwischen Leben und Tod. Und nach diesem Durchgangsort scheint der Erzähler dieser Geschichte sich zu sehnen, nach einem Ort, der es ihm erlaubt, zwischen dem gefürchteten Tod einerseits und dem verachteten Weltleben andererseits einen Ruheplatz zu finden. Es ist allerdings nicht der erhoffte Ruheplatz, weil in ihm die Verzweiflung wächst und die Angst vor dem Tode, so daß der Erzähler schließlich in den Wald entflieht.

Der Wald bietet das, was das Haus nicht bietet und was die Stadt nicht bietet, er ist der einzig tröstliche Ort: er gibt Zuspruch und Trost. Die Bäume sprechen mit freundlichen Stimmen. Die Bäume, nicht Menschen! Nach dem Trost, den die Bäume spenden, folgt der Absatz:

»In die Gesellschaft, d. h. dorthin, wo sich die Welt zusammenfindet, die die Welt bedeutet, ging ich nie. Ich hatte dort deshalb nichts zu suchen, weil ich erfolglos war. Leute, die unter Leuten keinen Erfolg finden, haben bei Leuten nichts zu suchen.«

Die Bäume sind Ersatz für die Menschen, doch können sie die Menschen nicht ersetzen. Endet diese Erzählung auch freundlich – »das Leben faßte mich bei der Schulter an und schaute mir mit wunderbarem Blick in die Augen« –, so ist die Struktur des Scheiterns doch festgelegt: die Natur kann trösten, doch den Kontakt zu anderen Menschen kann sie nicht ersetzen. Der Erzähler, der am Schluß das Haus verläßt, in dem er einsam war und in dem die einsame Frau Wilke starb, ist nach wie vor einsam. Er wird wieder in solchen Häusern und Zimmern landen, aus denen er in den Wald fliehen wird.

Wenn die Bäume auch zu ihm sagen: »Nicht in die finstere Meinung darfst du fallen, daß auf der Welt alles hart, falsch und böse sei. Komm nur oft zu uns; der Wald meint es gut mit dir.« – So widerrufen sie mit dem zweiten Satz, was sie mit dem ersten gesagt haben. Denn meint nur der Wald es gut mit ihm und sonst niemand auf der Welt, dann ist die Welt »hart, falsch und böse«. In einer solchen Welt will und kann er keinen Erfolg haben.

Walsers Absage an die Welt ist eine Absage an die zivilisierte Welt, die Welt der Menschen, die Kultur; dieser zivilisierten Welt stellt er eine andere Welt entgegen: den Wald, die Bäume, die Natur, hier wie in anderen Texten.[28] Die Natur ist die allen sichtbare, jederzeit erreichbare Gegen-Welt zur Kultur. Walsers totale Absage an diese Kultur ist keine Absage an die Welt überhaupt, sondern nur an den Teil der Welt, für den die Menschen verantwortlich sind: das Getriebe der Welt, die Eitelkeit der Welt im alten Sinne, im christlichen Sinne. Es ist keine Ablehnung der Schöpfung, denn in der Natur, in der diese Schöpfung zum Ausdruck kommt, sieht er die Gegenwelt zur Kultur, das trostreiche Refugium. Das ist ein alter Topos, christlich ursprünglich, ist er in der Aufklärung des 18. Jahrhunderts von Rousseau modifiziert, aber neu befestigt worden: Natur contra Kultur. Dieser alte Gegensatz findet sich in der Struktur vieler Texte Walsers wieder.

Doch die eigentliche Bedrohung, die wahre Gefährdung kommt bei Walser nicht aus der Kultur, sie kommt von innen. Sie ist unaufhaltsam und letztlich unbegründet, grundlos, aber abgrundtief. Dafür ein weiteres Beispiel.

2.2. Saul und David

Die biblische Geschichte von Saul und David, in *Der verlorene Sohn* kurz erzählt, hat Walser ein zweites Mal erzählt, diesmal ausführlicher unter dem Titel *Saul und David*.[29] Wie wenig er auf das einmal Erzählte festgelegt ist, zeigten schon die zwei Fassungen des verlorenen Sohnes; greift er auch ein Thema ein zweites oder drittes Mal auf, was er gerne tut, so ist die Wiederholung des Themas keineswegs eine Wiederholung der alten Geschichte.

Auch in *Saul und David* wird die Handlung aus dem 1. Buch Samuel des Alten Testaments aufgegriffen. Saul, der den Unwillen Gottes erregt hat, wird von einem bösen Geist heimgesucht, so heißt es dort: »ein böser Geist von Gott« macht ihn unruhig. Er läßt daraufhin den »rüstigen«, »streitbaren«, »verständigen« und »schönen« David kommen, damit er ihm auf der Harfe vorspiele. David dient Saul, Saul »gewann ihn sehr lieb und er ward sein Waffenträger.« »Wenn nun der Geist Gottes über Saul kam, so nahm David die Harfe und spielte mit seiner Hand; so erquickte sich Saul, und es ward besser mit ihm, und der böse Geist wich von ihm.«

Walser ist schon in seiner ersten Fassung in der Struktur dieser Handlung geblieben. Saul, der mächtige Herrscher, befahl den jüngeren schönen David zum Gesang, der Gesang Davids wirkte befreiend auf ihn. Wenn wir die Bezeichnungen, mit denen die beiden Figuren charakterisiert werden, zusammenstellen, erkennen wir die Ähnlichkeit zwischen Samuels Geschichte und Walsers erster Fassung in *Der verlorene Sohn*.

Samuel	*Walser*
Saul	Saul
von Gott abgewandt	– – – –
vom bösen Geist besessen	mit sich selbst zerfallen
Herrscher	Herrscher
tapfer	(tapfer)
——	aggressiv
(rührungsfähig)	rührungsfähig
David	David
jung	jung
rüstig	(rüstig)
schön, – – – –	schön, <u>schurkischschön</u>
streitbar	furchtlos
verständig	(verständig)
——	<u>Schurke</u>
Künstler	Künstler

Ich habe die Worte des Textes untereinander geschrieben; wo eine Ähnlichkeit implizit, aber nicht explizit ausgedrückt ist, habe ich sie in Klammern gesetzt; wo eine vergleichbare Eigenschaft fehlt, steht ein Strich, auf der anderen Seite habe ich die Eigenschaft durch Unterstreichen hervorgehoben. Diese Striche markieren die Unterschiede zwischen Samuel und Walser. Die biblische Begründung von Sauls unglücklichem Zustand fehlt bei Walser, von Gott ist nicht die Rede. Der Zustand selbst wird beibehalten, aber neu formuliert: was früher »vom bösen Geist besessen« war, ist jetzt »mit sich selbst zerfallen«. Saul wird von widerstrebenden Regungen zerrissen: einerseits will er von Musik gerührt werden, andererseits verwünscht er ihre »Rührungsfähigkeit«; er zieht die Musik herbei und jagt sie fort zugleich, heißt es. Daher auch seine Aggressivität gegen David im Unterschied zur alten Geschichte: der Künstler ruft dieselbe ambivalente Haltung hervor wie die Kunst. Dies auch eine Erklärung dafür, daß David als »Schurke« bezeichnet wird. Die Haltung Sauls zu David, zum Sänger und zum Gesang, ist zugleich die Haltung, die er zu sich selbst einnimmt: er will gerührt werden und fürchtet sich vor Rührung. Wir sehen hier wieder, daß die Beziehung zwischen den Figuren zugleich eine Beziehung des Ich zu seinem

Selbst ist, zu Strebungen seiner selbst. Wie Saul sich zu sich selbst verhält, nämlich ambivalent, so verhält er sich auch zu David: ambivalent.

Bei aller Ähnlichkeit zwischen Samuels und Walsers Geschichte bestehen zwei wichtige Unterschiede. Einmal entfällt der alte Begründungszusammenhang – die Strafe Gottes –, der auch nicht durch einen neuen ersetzt wird. So erscheint Sauls Zustand »grundlos«. Zum andern wird Sauls unglücklicher Zustand zwar beibehalten, aber neu beschrieben: als ambivalentes Verhalten. Beide Unterschiede greifen in die Handlung und in die Erzählweise der alten Geschichte ein. Die erste Handlungseinheit Samuels, der Unwillen Gottes, läßt Walser weg; das ist ein erheblicher Eingriff in die Handlungssequenz, der die folgenden Handlungseinheiten ihrer Begründung beraubt. Das bringt auch die alte Lehre zum Verschwinden, die Gehorsam gegen Gott verlangte und mit schweren Strafen gegen Ungehorsam drohte. Die Neuformulierung des unglücklichen Zustands von Saul greift dagegen nicht in den Handlungsablauf ein, sondern sucht ihn zu erhalten. Durch die Neuformulierung kann die alte Handlungseinheit aufrecht erhalten werden: aus dem bösen Geist, an den heute kaum jemand glaubt, wird ein »mit-sich-selbst-Uneins-sein«, eine seelische Krankheit, die heute jeder für möglich hält. In der Bezeichnung dieser Handlungseinheit und ihrer Bewertung, überhaupt in der Charakteristik der Figuren, ist die Arbeit des Erzählers zu erkennen.

Deutlicher noch tritt der Erzähler in der zweiten Fassung von Samules Geschichte in *Saul und David* hervor: als Berichter und Bewerter. »Wenn ich ›mürrisch‹ sage, so klingt das, als wenn ich zu kleinlich von dem Manne rede«, sagt der Erzähler sogleich zu Anfang und bringt seine Bewertung dem Leser zu Bewußtsein. Es ist, als sähe er Saul und David von außen und versuche deren Inneres in immer neuen Ansätzen zu erfassen. Im zweiten Absatz setzt der Erzähler diese Reflexion seiner Bewertung mit einer Reihe von Fragen fort: »Warum trauert er? Will ihm das Leben nicht mehr schmecken?« etc. Er sieht, daß Saul traurig ist, und sucht die Gründe herauszufinden. Dadurch problematisiert der Erzähler auch die Handlungssequenz, die hier ebenfalls unvollständig ist; auch hier fehlt als Begründung von Sauls Schwermut die göttliche Strafe.

Warum also ist Saul traurig?

In Absatz 9 läßt der Erzähler erkennen, daß er tatsächlich eine Szene beschreibt, ein Bild: David spielt vor Saul. Das Bild stammt von Rembrandt: »Die unheimliche Art, wie beide Männer einander entgegengestellt sind und sich mit den Augen durchbohren, ist von Rembrandt herrlich dargestellt worden.«

Zur syntagmatischen Ordnung des Textes: Auch dieser Text ist wohl komponiert in seinem Ablauf. Absatz 1 beginnt mit der Ortsangabe und der Kennzeichnung des Erzählerstandpunkts. Von Absatz 1 bis 5 wird dann in einer Reihung bedeutungsähnlicher Wörter nach dem Walserschen Prinzip von Wiederholung und Variation Sauls Zustand beschrieben. In Absatz 6 ruft Saul nach David. In Absatz 7 und 8 hat der Erzähler die Perspektive auf David gerichtet, der jetzt in scharfem Kontrast zu Saul charakterisiert wird, gewissermaßen als dessen Gegenteil. Absatz 9 nennt dann das Rembrandtsche Bild, das die beiden bis dahin getrennt geführten Figuren zusammenbringt; Absatz 10 setzt dies fort. In Absatz 11 beginnt das Harfenspiel, das »zu sprechen scheint«; es spricht bis Absatz 14. Hier wird der Kontrast zwischen Saul und David aufgenommen und einer Aufhebung zugeführt. Absatz 15 beendet die Erzählung mit der alten Frontstellung zwischen Saul und David: Saul wirft den Speer auf David, David aber lacht. Er will weiterhin das Leben wagen. Saul bleibt »wahnsinnig« zurück.

Eine Zusammenstellung der Wörter, die der Charakteristik des Saul dienen (Absatz 1 bis 5) und der des David (Absatz 7 und 8), zeigt uns die paradigmatische Struktur des Textes.

Saul	*David*
Fürst	Künstler
mürrisch	jugendschön
schwermütig (zweimal)	vergißt sich im Spiel
ärgerlich	lauernd
grämlich	klug
krank (zweimal)	kein Kind mehr
finster	weitblickend
traurig	kühn
leidet	tapfer
unzufrieden	schlau

überdrüssig	schön
müde	gewandt
übersättigt	vorsichtig
unglücklich	unerschrocken
alt	lächelnd
schweigend	mutig
grübelnd	hohe Sinnesart
schrecklich	Kraft
beleidigt	Anmut
gefürchtet	
nicht beliebt	

Das ist keine Interpretation der Charaktere der beiden Figuren; alle Wörter sind dem Text entnommen; eine Interpretation muß von diesen Wörtern ihren Ausgang nehmen. Wenn wir sie jedoch derart geordnet vor uns sehen, wird die Interpretation der Charaktere fast überflüssig. Was könnte die Interpretation hierzu sagen, was nicht schon durch die Wörter selbst und deren Gegenüberstellung bezeichnet wird? Saul wird durch eine Reihe von Wörtern charakterisiert, die alle verschiedene Aspekte desselben Bedeutungskomplexes meinen, der am besten durch die zweimalige Nennung von »krank« und »schwermütig« zum Ausdruck kommt. David ist dagegen nicht gleichermaßen einlinig charakterisiert. Er steht zunächst in Opposition zu Saul als der Junge, Schöne, Lächelnde, Anmutige; er ist das Gegenteil von Saul; aber da sind auch noch Bedeutungen, die nicht mit »Jugend« und »Anmut« äquivalent sind: »schlau« und »klug«, »tapfer« und »kühn«. Aus drei Bedeutungskomplexen ist der »Charakter« von David, der ja aus nichts anderem als den Bezeichnungen im Text besteht, zusammengefügt: 1. Jugend und Schönheit, 2. Klugheit und Vorsicht, 3. Kühnheit und Gewandtheit. Diese Kombination macht ihn, den vom Herrscher abhängigen Künstler, diesem überlegen, der ganz seiner Schwermut verfallen ist. Saul ist nicht Herr seiner selbst, deshalb ist er auch nicht Herr Davids, der sich allerdings vor ihm in acht nimmt. Davids Gesang bringt diese wechselseitige Abhängigkeit zum Ausdruck:

> Fürst – Diener
> Fürst – Künstler
> Ich – Selbst

Es ist die Abhängigkeit von – allgemein gesprochen – Herr und Knecht, die dialektische Abhängigkeit, die hier in der paradigmatischen Struktur festgehalten wird in einer wenigstens doppelten Bedeutung: als Verhältnis des überlegenen Menschen zum unterlegenen Menschen, also als *zwischenmenschliche* Beziehung, und als Verhältnis des Ich zu seinem Selbst, also als *innermenschliche* Beziehung. Saul ist einerseits der Herr Davids als dessen Fürst, David ist andererseits der Herr Sauls als schöner und kluger Sänger. David ist Herr seiner selbst und deshalb Saul überlegen. Saul ist schließlich nur dem äußeren Anschein nach Herr, in Wirklichkeit ist er David unterlegen, ist er nicht Herr seiner selbst. Saul ist der Kunst Davids verfallen, und er ist seiner Schwermut verfallen. Seine Aggressivität, der Speerwurf am Schluß, ist ein Zeichen seiner Hilflosigkeit. Seine Aggressivität kann David nicht treffen; er bleibt unverletzt, äußerlich und innerlich. In der zwischenmenschlichen Beziehung und in der innermenschlichen zugleich ist von der Rolle der Kunst die Rede, und das dürfte die dritte Bedeutung dieser Struktur sein. David ist Sänger und Harfenspieler, David ist Künstler. Er verkörpert die befreiende Kraft der Kunst gegenüber Aggressivität und gegenüber Schwermut, wie sie Saul darstellt. Absatz 14 sagt ausdrücklich, daß es hier um das Verhältnis des Ichs zu sich selbst geht:

»Meinst Du, daß ich mich vor Dir fürchte? Ich fürchte mich vor nichts als vor dem Unheil, das in mir selbst ist. Diese Töne sagen Dir die Wahrheit. Doch Du hast ja gewollt, daß ich hierher trete und spiele. Die Kunst ist gut, und die Wahrheit tönt süß, nur muß man sie nicht hassen, sondern willkommen heißen. Man muß nicht die edlen Regungen und die weichen Stimmen töten wollen und den Haß leben lassen. Damit tötet man sich selbst, rottet das eigene Leben aus. Man muß Geduld haben, denn auf ihr ruht alles. Wer sich mit sich selbst aussöhnt, verbündet sich mit allen andern, und dann gibt es keinen Gegner mehr. Wenn alle sich mit sich selbst verständigt haben, so hat niemand mehr einen Gegner. Dann ist alles versöhnt, und der Friede ist gesichert. Es gibt nur einen einzigen Feind; der ist überall und nirgends, es sieht ihn niemand, er ist nicht fühlbar und daher auch nicht angreifbar. Doch wird ihn jeder bekämpfen und besiegen lernen, der die Pflicht fühlt, mit sich selbst zu kämpfen. Außer uns gibt es nichts Feindliches für uns, es wäre denn, daß wir unwillig sind, weil uns die Natur Grenzen gezogen hat . . .«

Wer wird hier noch eine Reduktion auf eine psychologische Deutung (etwa »Homosexualität«) oder soziologische Deutung (etwa »Kleinbürger«) wagen? Die Verallgemeinerung, die hier zum Ausdruck kommt, umfaßt mehr: das ausgeglichene Verhältnis des Ichs zu sich selbst und das freundschaftliche Verhalten der Menschen zueinander, wobei das zweite vom ersten abhängig ist.

Die Hoffnung, die hier entworfen wird, fanden wir bereits in den anderen Texten Walsers: Verständnis für andere, Verständnis für sich selbst. Allerdings scheitert diese Hoffnung auch hier wieder: Saul bleibt, wie er war, zurück, so wie zuvor der Dichter in *Frau Wilke*, der Unheimliche in *Der verlorene Sohn* am Schluß blieben, was sie am Anfang waren. Das Bewußtsein ihrer Lage, vom Ich-Erzähler ausgesprochen, und die Hoffnung einer Lösung, ob nur angedeutet oder ausgeführt, kann ihnen letztlich nicht helfen: »Der König ist wahnsinnig«, heißt es hier am Schluß.

Der Künstler, der einzig helfen könnte, kann letztlich doch nicht helfen. So ist auch der wohlgesinnte, wagemutige David am Ende gescheitert. Doch er wird weiterhin die Heiterkeit seiner Kunst entfalten, die ihre Helligkeit gerade dadurch gewinnt, daß sie einem so düsteren Hintergrund abgerungen ist.

3. Kafka

3.1. Der Turmbau zu Babylon

Die Eigenart des poetischen Verfahrens von Robert Walser, die Eigenart seiner Weltsicht haben wir an seinen Texten besonders gut dann erkannt, wenn wir sie mit alten Texten vergleichen konnten, die ihnen als Vorlage dienten: an den Veränderungen nämlich, die Walser vorgenommen hatte. Ähnliches ist auch für Kafka zu erwarten. Während in *Heimkehr* der biblische Vorläufer nicht ausdrücklich genannt war, so gibt es doch einige Erzählungen aus dem Nachlaß, die ein biblisches oder ein antikes Vorbild zitieren. Sehen wir uns diese Kafkaschen Neuformulierungen alter Erzählungen an.

Ich beginne mit *Das Stadtwappen*, in dem Kafka die Geschichte vom Turmbau zu Babylon neu erzählt.[30] Der Handlungsablauf der alten Erzählungen im 1. Buch Moses ließe sich etwa folgendermaßen zusammenfassen: 1. Vertrag Gottes mit den Menschen, 2. Bruch des Vertrags durch die Menschen, 3. Planung des Turmbaus, 4. Durchführung des Turmbaus, 5. Eingreifen Gottes, 6. Sprachverwirrung, 7. Ende des Baus, 8. Neuer Vertrag Gottes mit den Menschen.[31]

In dieser Handlungssequenz mit acht Einheiten wird exemplarisch die Beziehung Gottes zu den Menschen vorgeführt: der Gehorsam der Menschen gegen Gott bringt ihnen dessen Schutz; ihr Aufbegehren gegen Gott trägt ihnen schwere Strafe ein; das Aufbegehren ist besonders verwerflich, wenn die Menschen wie Gott sein wollen; der Turm sollte bis zum Himmel reichen, also den Ort Gottes annektieren.

Kafka verändert nun sowohl den Handlungsablauf als auch die sinnbildliche Bedeutung des Erzählten; genauer: da Kafka in den Handlungsablauf eingreift, verändert er auch die sinnbildliche Bedeutung. Von den acht Handlungseinheiten der alten Version realisiert Kafka nur zwei, nämlich »3. Plan des Turmbaus« und »6. Sprachverwirrung«. Der Plan des Turmbaus wird also gar nicht erst in die Tat umgesetzt, wie in der alten Version, die nur kurz mit »beim babylonischen Turmbau« von Kafka zitiert wird. Vor allem aber fehlen Beginn und Ende der Sequenz, nämlich der Vertrag Gottes mit den Menschen, der überhaupt erst einen Rahmen für die Handlung herstellt und sie verständlich macht. Der Handlungszusammenhang, nämlich die Sequenz der acht Einheiten mit Anfangs- und End-Einheit, liefert zugleich den Begründungszusammenhang. Entfällt der Handlungszusammenhang, entfällt auch der Begründungszusammenhang, der »Sinn« der Geschichte. Die Geschichte wird von Kafka unvollständig erzählt und dadurch »sinnlos«.

Doch auch die Handlungseinheiten, die Kafka erzählt, verändert er, und zwar realisiert er in allen Fällen die Negation oder die Antithese der von der alten Formulierung erzählten Position oder These:

Alte Version		*Neue Version*
These	vs.	Antithese
Sprache		Sprachverwirrung
Sprachverwirrung		Dolmetscher

Streit nachher	Streit vorher
Vorantreiben des Baus	Vernachlässigen des Baus
»Sinnvoller« Bau	»Sinnloser« Bau
Eingreifen Gottes	Abwesenheit Gottes

Die Antithese entsteht bei Kafka zum Teil dadurch, daß die Reihenfolge des Handlungsablaufs verändert wird. Ist in der alten Version die Sprachverwirrung das Ergebnis des Turmbaus als Strafe Gottes, so ist bei Kafka die Sprachverwirrung von Anfang an da, und zwar ohne Begründung, d. h., es geht ihr keine Handlungseinheit voraus, die sie begründete. Deshalb »Sprache vs. Sprachverwirrung«. Andererseits ist die Sprachverwirrung – die in der alten Version der Grund für den Abbruch des Baus war – in der neuen Version ohne Folge, denn sie wird durch Dolmetscher behoben. Obwohl Verständigung möglich ist und allseits Ordnung herrscht, gibt es Streit. Der Streit entsteht jedoch nicht als Folge der Sprachverwirrung nach dem Turmbau, sondern als Folge der Eifersüchteleien vor dem Turmbau, beim Bau der Arbeiterstadt.

Hier wird der »sinnvolle« Bau der alten Version durch den »sinnlosen« Bau von Kafka konterkariert. Die Arbeiterunterkünfte sind die notwendige Voraussetzung des anschließenden Turmbaus. Doch wegen des Streits beim Bau der Unterkünfte kommt man nicht zum Turmbau. Schließlich erkennt »die zweite oder dritte Generation die Sinnlosigkeit des Himmelsturmbaus«, heißt es ausdrücklich. Das Ziel, das durch den Bau der Unterkünfte erreicht werden sollte, ist sinnlos. Also ist es gar kein Unglück, wenn es nicht zum Turmbau kommt. Da die Unterkünfte aber gebaut wurden, damit der Turm gebaut werden kann, ist auch deren Bau sinnlos. Folglich sind die Streitigkeiten um die schönsten Unterkünfte, die bis »zu blutigen Kämpfen« führen, ebenfalls sinnlos. Also ist in dieser Stadt alles sinnlos.

Kafka hat die Handlungseinheiten der alten Geschichte in seiner Version als Antithesen zu dieser realisiert, wenn er sie realisiert hat. Durch den Wegfall des Handlungsrahmens – Vertrag mit Gott – wird die Geschichte sinnlos. Aber auch die realisierten Handlungseinheiten führen zu dieser, offen ausgesprochenen »Sinnlosigkeit«.

Was realisiert wurde, ist folgender abstrahierter Handlungsablauf: der Weg zu einem Ziel wird geschaffen. Der Weg sind die Arbeiterunterkünfte, das Ziel ist der Turmbau. Bereits den Weg zu bauen, macht so viele Schwierigkeiten, daß man nicht zum Ziel kommt. Erreichte man aber das Ziel, wäre auch damit nichts gewonnen.

In vielen Texten Kafkas – von den kleinsten wie dem schon erwähnten *Gibs auf* bis zu den umfangreichsten wie *Das Schloß* – treffen wir auf diese Handlungsfolge von Weg und Ziel, die immer so vorgeführt wird, daß das Ziel nicht erreichbar ist, ob es nun sinnvoll ist oder nicht. Bereits den Weg zu finden, macht Schwierigkeiten genug. Wie sehr sich der jeweilige Held auch strebend bemüht, es gibt keine »Erlösung«.

In *Das Stadtwappen* wird die einzige Möglichkeit eines Auswegs genannt: der Weltuntergang.

»Alles was in dieser Stadt an Sagen und Liedern entstanden ist, ist erfüllt von der Sehnsucht nach einem prophezeiten Tag, an welchem die Stadt von einer Riesenfaust in fünf kurz aufeinanderfolgenden Schlägen zerschmettert werden wird. Deshalb hat auch die Stadt die Faust im Wappen.«

Der letzte Satz zitiert das Wappen der Stadt Prag, doch auch hier in einer ins Gegenteil verkehrten Bedeutung. Das Prager Wappen zeigt eine mit einem Schwert bewaffnete Hand, die aus dem Stadttor sich reckt, also das Zeichen der Wehrhaftigkeit und des Schutzes. Aus dem Schutz wird bei Kafka die Zerstörung.

Dasselbe Ende wie *Das Stadtwappen* hat die Kafkasche Version des *Poseidon*.[32] Hier wird die alte Version nicht nur im Namen des Helden zitiert, sondern auch mit einem Satz: »Am meisten ärgerte er sich ..., wenn er von den Vorstellungen hörte, die man sich von ihm machte, wie er etwa immerfort mit dem Dreizack durch die Fluten kutschiere.«

Das ist die alte, aus der Antike überlieferte Version: Poseidon, der Gott des Meeres, der mit seinem Dreizack die Weltmeere durchfährt. Kafkas Version realisiert wieder die von der alten Version nicht realisierte Alternative, aus dem »Herrn des Meeres« wird ein »Sklave des Meeres«, aus dem »Reiten übers Meer« wird ein »Sitzen unterm Wasser«, aus dem »freien Umherschweifen« ein »an-einen-Ort-Gefesselt-Sein«.

Innerhalb der Kafkaschen Version tauchen dann scheinbare

oder echte Widersprüche auf: Poseidon hat genug Hilfskräfte, aber sie sind ihm keine Hilfe; er will eine andere Arbeit, aber im Grund will er doch keine andere Arbeit. Auch Poseidons einzige Hoffnung, der Weltuntergang, ist keine Hoffnung.

Erst beim Weltuntergang wird er »knapp vor dem Ende nach Durchsicht der letzten Rechnung noch schnell eine kleine Rundfahrt« machen können. Also: erst wenn die Welt untergeht, wird er die Welt bereisen können. Oder schärfer: erst wenn es die Welt nicht mehr gibt, wird Poseidon sie in Ruhe betrachten können. Dies impliziert: Solange es die Welt gibt, hält sie uns so gefangen, daß wir sie nicht recht betrachten können. Dies liefe schon auf eine Verallgemeinerung der Aussage des Textes hinaus, eine Verallgemeinerung, die davon ausgeht, daß mit den neuen Versionen, die Kafka von den alten Geschichten erzählt, auch sinnbildliche Bedeutungen geliefert werden, die allerdings andere sind als die alten und nicht so offen zutage liegen wie diese.

Doch sind sie leichter zu entschlüsseln, als es zunächst den Anschein hat. Die »Sehnsucht nach dem prophezeiten Tag« des Untergangs der Welt in *Das Stadtwappen* und in *Poseidon* ist kein grausamer Witz, wie es zunächst erscheinen mag, sondern ebenfalls ein mythologisches Zitat, und zwar aus der jüdischen Tradition. Der messianische Gedanke tritt »stets in engster Verbindung mit Apokalyptik« auf, wie Gershom Scholem feststellt.[33] Apokalypsen sind Offenbarungen des »bei Gott verborgenen Wissens über das Ende der Welt«. Die alten Propheten haben dieses Weltende offen verkündet (der »prophezeite Tag«), in den Apokalypsen wird es zum Geheimnis.

Die messianische Erwartung des Judentums hat zwei Seiten: einmal die utopische, die ja auch weitgehend außerhalb des Judentums, nicht zuletzt durch jüdische Denker, bekannt geworden ist, also die Erwartung einer neuen und besseren Welt; zum andern aber auch die katastrophale Erwartung vom Untergang der bestehenden Welt, was außerhalb des Judentums weitgehend unbekannt zu sein scheint. Doch ist es vollkommen plausibel, daß zuerst die alte Welt untergehen muß, damit sodann die neue, die messianische Welt erstehen kann.

Gershom Scholem: »Der jüdische Messianismus ist in seinem Ursprung und Wesen, und das kann gar nicht stark genug betont werden, eine Katastrophentheorie.... Der Tag des Herrn, von dem Jesaja spricht (etwa in Kapitel 2 und 4), ist ein Tag der Katastrophe und wird in Visionen beschrieben, die diese Katastrophalität aufs schärfste unterstreichen. Wie jener Tag des Herrn, an dem die bisherige Geschichte zu Ende geht, an dem die Welt bis in ihre Fundamente erschüttert wird, sich zu jenem (am Anfang desselben Kapitels Jesajas verheißenen) ›Ende der Tage‹ verhält, an dem das Haus des Herrn aufgerichtet sein wird auf dem Gipfel der Berge und die Völker zu ihm strömen, darüber erfahren wir nichts.«[34]

Gerade die positive Seite des Messianismus, der Aufbau der neuen Welt, wird in diesen alten Schriften nicht ausgeführt, dagegen immer wieder die negative Seite, die Destruktion der jetzigen Welt. Hier stellt sich Kafka nicht gegen die Überlieferung, hier formuliert er keine Antithese, hier steht er innerhalb der Überlieferung, der jüdischen Überlieferung, wenn er von der Hoffnung auf den Weltuntergang spricht. Demnach wäre dies nicht, wie es christliche Leser interpretieren könnten, eine paradoxe Formulierung allein, sondern in ihr steckte – in der Paradoxie – die messianische Hoffnung.

Um keine Mißverständnisse aufkommen zu lassen: ich will nicht behaupten, daß Kafka ganz in der jüdischen Tradition steht, also seine Texte die Geschichten dieser Tradition einfach übernahmen. Aufgrund des bisher Untersuchten läßt sich nur in *einem* Punkt – die negative Seite der messianischen Erwartung – eine Übereinstimmung zwischen den Texten jüdischer Überlieferung und den Kafkaschen finden. Am Beispiel von *Das Stadtwappen* haben wir gerade gesehen, daß er ansonsten gegen die Überlieferung seine Neuformulierung vornimmt.

3.2. Der Jäger Gracchus

Auch *Der Jäger Gracchus* ist ein mythologisches Zitat[35]: es ist die Sage vom »wilden Jäger«, der zu seinen Lebzeiten Frevelhaftes getan hat und deshalb nach seinem Tode keine Ruhe finden kann, bis er erlöst wird. *Der fliegende Holländer*, bekannt durch Richard Wagners Oper, bringt einen ähnlichen Handlungsablauf.

Kafka erzählt wiederum nur einen Teil der Handlungssequenz. Es fehlt die Anfangseinheit – also Frevel und Schuld –, und es fehlt die Schlußeinheit – also Erlösung von der Schuld. Daß er Schuld auf sich geladen habe, wird vom Jäger ausdrücklich verneint: von allen Menschen geschätzt, habe er ein rechtschaffenes Leben geführt; doch Erlösung kann er nicht finden. Am Schluß sagt er: »Mein Kahn ist ohne Steuer, er fährt mit dem Wind, der in den untersten Regionen des Todes bläst.«

Von Erlösung ist nicht einmal die Rede, während Schuld immerhin erwähnt, aber verneint wird. Hier ist zu unterscheiden zwischen dem Weglassen einer Handlungseinheit – das träfe in diesem Fall auf die Erlösung zu – und dem Negieren einer Handlungseinheit – das träfe auf die Schuld zu. So wird doch die erste Handlungseinheit »frevelhaftes Verhalten« realisiert, allerdings negativ, also deren Alternative: »*kein* frevelhaftes Verhalten«. Während die letzte Einheit überhaupt nicht – weder positiv, noch negativ – realisiert wird. Demnach sähe die Handlungssequenz der überlieferten Sage vom Wilden Jäger vereinfacht so aus: 1. Schuld, 2. Strafe, 3. Erlösung. Die des Kafkaschen Jägers sähe dagegen so aus: 1. Keine Schuld, 2. Strafe, 3. bleibt leer. Unverändert übernommen wird also die Strafe, die den wilden Jäger zwingt, ruhelos nach dem Tode umherzuirren; es ist eine Strafe ohne Schuld, zumindest ohne menschliches Schuldbewußtsein, es ist auf jeden Fall eine Strafe ohne die Möglichkeit einer Erlösung. Die mittlere Handlungseinheit bleibt also bestehen, ist jedoch der ihr vorangehenden Begründung und der ihr folgenden Auflösung beraubt.

Der Jäger ist tot und nicht tot. Dieser Widerspruch kann nicht aufgelöst werden. Tot ist er, denn er ist auf dem Weg ins Jenseits, doch er ist auch wieder nicht tot, denn er irrt auf der Welt umher. Dieser Widerspruch wird schon in der mythologischen Tradition, also in der alten Formulierung der Geschichte, aufgestellt. Doch in der alten Formulierung ist dieser Zustand ein vorübergehender und nur als solcher zu verstehen: es ist der Übergang vom einen – dem Leben – zu dessen Gegenteil – dem Tod. Gerade dieser Übergang wird aber von Kafka festgehalten als andauernder Zustand: der Jäger ist tot und nicht-tot zugleich, und dies nicht vorübergehend, sondern »endlos«. Die Handlung wird nicht beendet. Erst dadurch entsteht der unauflösbare Widerspruch!

»Sind Sie tot?« fragt der Bürgermeister. »Ja«, sagt der Jäger, schränkt es aber ein: »wie Sie sehen«; ein Toter kann ja wohl nicht sprechen. Deshalb der Bürgermeister: »Aber Sie leben doch auch.« »Gewissermaßen«, sagt daraufhin der Jäger, »gewissermaßen lebe ich auch.« Dann kommen die beiden Bilder, mit denen Kafka den Übergang vom Leben zum Tode beschreibt: als die Fahrt mit dem Todeskahn, der sein Ziel verfehlt hat und nun umherirrt; das ist ein Zitat der griechischen Überlieferung (Charon). Und schließlich als die Treppe zum Jenseits, auf der Gracchus sich herumtreibt, aber die er nicht hinter sich bringen kann (dies könnte ein Zitat der jüdischen Überlieferung sein, aus dem 1. Buch Moses: Jakob sieht im Traum die Himmelsleiter, auf der die Engel hinauf- und heruntersteigen). Gracchus ist in diesem Zwischenreich festgehalten: er ist tot, also lebt er nicht mehr; er lebt noch »gewissermaßen«, also ist er nicht tot.

Leben und Tod stehen in der semantischen Beziehung eines kontradiktorischen Widerspruchs, d. h., das eine schließt das andere aus: wenn nicht Leben, dann Tod. Der logische Satz vom ausgeschlossenen Dritten gilt hier: entweder tot oder lebendig, ein Drittes gibt es nicht. Gegen diesen logischen Grundsatz verstößt Kafka hier (und anderswo): Gracchus ist nicht lebendig und ist nicht tot. Der Jäger ist etwas Drittes, was den Übergang von Leben zu Tod meint. Aus der kontradiktorischen Opposition – zwei einander ausschließende Bedeutungen – wird eine konträre Opposition, eine gleitende Skala mit einem Zwischenwert, eine Antonymie.[36] Ähnlich ist schon Walser vorgegangen: kontradiktorische Oppostition – »hell« oder »dunkel« – hat er in konträre verwandelt, auf deren Skala er einen Zwischenwert bildete – »helldunkel«. In diesem Fall bei Kafka ist der Zwischenwert nur als vorübergehender möglich: eine Zwischenstation zwischen Leben und Tod. Kafka aber macht den Übergang zu einem »endlosen« Zustand. Die Geschichte hat kein Ende; damit wird sie um ihren alten »Sinn« gebracht, zumindest um den »Sinn« der alten Sage vom Wilden Jäger. Ein anderer alter »Sinn« dagegen könnte gerade durch diesen endlosen Übergang vom Leben zum Tod ausgesprochen werden, wiederum einer, der auf die messianische Erwartung hindeutet: erst nach dem Erscheinen des Messias werden die Toten ihre eigentliche Ruhe finden. So ist ja auch Christus nach seinem Kreuzestod ins Reich der Toten hinabgestiegen, um die Toten zu erlösen. Der Jäger Gracchus findet also, legen wir diese Deutung an, die immerhin seinen unglücklichen Zustand erklären könnte, so lange keine Ruhe, bis der Messias erscheinen wird.

Das Schweigen der Sirenen nimmt eine Geschichte der griechischen Antike auf, eine Episode aus der *Odysee*.[37] Um dem verführerischen Gesang der Sirenen zu entgehen und damit seinem Untergang, stopfte Odysseus seinen Gefährten Wachs in die Ohren; er selbst läßt sich an den Schiffsmast binden, damit er zwar die Sirenen hören, aber ihnen nicht folgen kann. Seine List rettet ihm und seinen Gefährten das Leben. So berichtet es Homer.

Diese alte Formulierung wird von Kafka im zweiten Satz seiner neuen Formulierung zitiert: »Um sich vor den Sirenen zu bewahren, stopfte sich Odysseus Wachs in die Ohren und ließ sich am Mast festschmieden.« Kafka verändert im Zitat bereits die alte Fassung. Er zieht die beiden Schutzmittel gegen die Sirenen – Fesseln und Ohren-Verstopfen – zusammen und läßt Odysseus beide Mittel an sich selbst erproben. In der alten Fassung mußten die Gefährten das Schiff führen, weshalb sie nicht gefesselt werden konnten, und Odysseus wollte den Gesang hören, weshalb er sich kein Wachs in die Ohren stopfte.

Kafka abstrahiert also im Zitat die alte Fassung, indem er beide Schutzmittel gegen Sirenen an einem Helden demonstriert. Wichtig ist die Frage: gibt es einen Schutz vor den Sirenen? Angeblich existieren zwei Mittel, die nun ausprobiert werden. Der demonstrative Charakter der Erzählung wird durch den Einleitungssatz, der dem bereits zitierten Satz vorausgeht, betont: »Beweis dessen, daß auch unzulängliche, ja kindische Mittel zur Rettung dienen können:« Der Doppelpunkt weist auf die nun folgende Beweisführung.[38] Die bringt zunächst das erwähnte mythologische Zitat. Dann folgt Kafkas erste Version der Episode, die recht ausführlich ist, verglichen mit seiner zweiten Version, die kurz als »Anhang« angefügt ist.

Sowohl die erste als auch die zweite Version lassen den Handlungsablauf der Sequenz vollständig bestehen: jedesmal muß Odysseus mit seinem Schiff der Bedrohung durch die Sirenen zu entgehen suchen, jedesmal mit den gleichen genanntten Mitteln, jedesmal gelingt es ihm. Wir haben hier also im Unterschied zu den vorhergehenden Erzählungen Kafkas keine unvollständige Handlungssequenz. Wir treffen jedoch wieder auf die antithetischen Setzungen: die von Homer genannten Mittel, später »Mittelchen« geheißen, helfen überhaupt nicht. Der Gesang der Sirenen ist schrecklich in der Homerschen Formulierung, bei Kafka ist ihr Schweigen noch schrecklicher. Und diesmal schweigen sie. Odysseus ist bei Homer der listenreiche Fuchs, bei Kafka der naive Tölpel.

Doch trotz aller Umkehr – Schutzmittel werden zu Nicht-Schutzmitteln, Gesang als Bedrohung wird zu Schweigen als Bedrohung, List wird zu Dummheit – kann Odysseus sich retten. Genauer: gerade deswegen! Odysseus bemerkt ihr Schweigen nicht. Er glaubt, sie sängen, er aber hörte wegen des Wachses in seinen Ohren ihren Gesang nicht und sei so der Gefahr entronnen. Und so entrinnt er tatsächlich der Gefahr. Ja, die Sirenen bewundern ihn, der für sie verführerisch wird, und sie wären vernichtet worden, wenn sie Bewußtsein gehabt hätten, heißt es. Also wieder die Antithese: die Verführerischen wären verführt worden, die Untergang Bringenden wären untergegangen.

Damit ist die erste Version Kafkas abgeschlossen, die in allen Punkten eine Antithese zur alten Formulierung brachte, nur in zwei, allerdings wichtigen Punkten nicht: an der Bedrohung durch die Sirenen hält Kafka fest, und an der Möglichkeit der Rettung hält er ebenfalls fest. Doch welche Rettung?

Die Rettung kann nicht aus Klugheit kommen – wie bei Homer –, es gibt im Grunde kein Mittel zur Rettung, sie kann nur aus Dummheit kommen, aus der Unwissenheit um den eigentlichen Sachverhalt, so daß man durch einen Irrtum, durch einen glücklichen Zufall gerettet werden kann. Die planvoll eingesetzten Mittel helfen nichts. Im Gegenteil.

Dies wird in der zweiten Version insofern revidiert, als hier die Naivität des Odysseus wieder in ihr Gegenteil verkehrt wird: Odysseus ist hier doch listenreich, denn er hat seine Naivität nur vorgespielt. Aber solche Klugheit ist »mit Menschenverstand nicht mehr zu begreifen«. Sie übersteigt das Maß, das durch den menschlichen Verstand gesetzt ist, so daß wir wieder auf die erste Version zurückverwiesen werden. Diese ist die menschliche, die zweite ist die »übermenschliche«, sie bedarf »übermenschlicher« Kraft, also einer Kraft, über die Menschen nicht verfügen. Die einzige Hoffnung auf Rettung für die Menschen scheint die in der ersten Version angegebene. Das entspricht auch den zahlreichen »Beweisführungen« anderer Erzählungen Kafkas, z. B. der Romane *Das Schloß* und *Der Prozeß*: wie sehr sich der Held auch bemüht, welche wohlüberlegten Mittel auch immer er einsetzt, er kommt nicht zum Ziel, nicht zur Rettung, nicht zur Lösung seines Problems.

In absichtlicher Umkehr eines christlichen Wortes aus der Bergpredigt – »Wer sucht, der findet« – sagt Kafka: »Wer sucht, der findet nicht. Wer nicht sucht, der wird gefunden.«[39] Man könnte sagen: eine christliche Sentenz wird in eine jüdische umgedreht, vom Wort des Erlösers zum Wort von der nicht-erlösten Welt. Die Umkehr wird nicht streng durchgeführt, denn sonst müßte es heißen: wer nicht sucht, der findet. Es wird abgewandelt: der wird gefunden. Damit wird der Suchende bzw. Nicht-Suchende um seine Aktivität gebracht, nur passiv erleidet er. »Er wird gefunden«, das heißt, er ist von anderen gesucht und gefunden worden. Auf ihn, auf sein Handeln, kommt es gar nicht an. Dieses »er wird gefunden« kann als Rettung, aber auch als Untergang gedeutet werden. Welche Seite der Alternative »er wird gefunden« bedeutet, bleibt offen. Josef K. in *Der Prozeß* ist auch von seinen Henkern gefunden worden.

Noch ein Beispiel: *Prometheus,* ein kurzer Text Kafkas aus dem Nachlaß, keine Erzählung, sondern eine kleine Abhandlung.[40] »Von Prometheus berichten vier Sagen«, beginnt dieser Text, also wie eine wissenschaftliche Untersuchung, die in ihrer »Metasprache« die Prometheus-Sage erörtert. Kafka reiht dann die vier Versionen aneinander, die jeweils in einem Satz erzählt werden. Die erste Version ist die überlieferte antike, die drei folgenden sind von Kafka erfundene. Die erste Version gibt die alte Formulierung wieder, in der Prometheus für seinen Verrat an den Göttern eine ewige Strafe erhält: am Kaukasus festgeschmiedet, muß er erleiden, daß ein Adler seine immer wieder wachsende Leber frißt. Allerdings verschweigt Kafka die letzte Handlungseinheit der alten Erzählung, die Befreiung des Prometheus durch Herakles und seine Erlösung durch Cheiron.

Kafkas eigene Versionen verändern den Handlungsablauf nicht, sie fügen ihm jedoch jeweils eine neue Handlungseinheit hinzu, die gewissermaßen an die Stelle der alten Erlösung treten. In der ersten Version Kafkas: Prometheus wird mit dem Felsen eins. In der zweiten Version: der Adler, die Götter, er selbst, alle vergessen. In der dritten Version: die Götter, der Adler werden müde, die Wunde schließt sich müde. Alle drei Versionen Kafkas haben also eines gemeinsam: sie fügen eine neue Handlungseinheit hinzu, die die endlose Strafe beendet, aber ohne Erlösung. Hier setzt er also wiederum eine Antithese zur alten Fassung. In allen Versionen Kafkas kommt die Prometheus-Sage an ihr Ende. Ihr Erklärungsversuch kommt damit aber auch an sein Ende: Kafka vernichtet die Geschichte und mit der Geschichte ihren Begründungszusammenhang. Kafka schließt seine kleine Abhandlung mit dem Satz: »Die Sage versucht das Unerklärliche zu erklären. Da sie aus einem Wahrheitsgrund kommt, muß sie wieder im Unerklärlichen enden.«

4. Kafka und Walser
Die Struktur der Mythen

Kafka nimmt die alten mythologischen Erzählungen ernst. Er parodiert sie nicht, er erklärt sie nicht. Er fühlt sich ihnen nicht überlegen. Er sieht sie in der Nähe des Wahrheitsgrundes, in den er sie wieder zurückführen will. Dadurch ist er den wissenschaftlichen oder ideologischen Erklärungsversuchen dieser mythologischen Erzählungen überlegen. Denn diese sind ihrem Gegenstand, den sie zu erklären suchen, nur scheinbar überlegen. In Wirklichkeit tun sie mit ihren Mitteln nichts anderes als der Gegenstand, den sie untersuchen: sie bilden Erklärungsversuche.

In seinem Aufsatz *Die Struktur der Mythen* zählt Claude Lévi-Strauss die Erklärung, die Sigmund Freud zum antiken Ödipus-Mythos geliefert hat, einfach als weitere Version dem Mythos hinzu:

»Das von Freud in ›ödipeischen‹ Ausdrücken aufgeworfene Problem ist zweifellos nicht mehr die Alternative zwischen Autochthonie und zweigeschlechtlicher Fortpflanzung (wie im alten Ödipus-Mythos).

Aber es geht immer noch um die Frage, wie einer aus zweien entstehen kann: wie kommt es, daß wir nicht einen einzigen Erzeuger haben, sondern eine Mutter und dazu noch einen Vater? Man wird nicht zögern, Freud nach Sophokles zu unseren Quellen des Ödipus-Mythos zu zählen. Ihre Versionen verdienen dieselbe Glaubwürdigkeit wie andere, ältere und dem Anschein nach ›authentischere‹.«[41]

Freud war sicherlich nicht der Meinung, daß er den vorhandenen Versionen des Ödipus-Mythos lediglich eine weitere Version hinzufügte. Er glaubte wohl, die abschließende »metasprachliche« Erklärung des Mythos geliefert zu haben. In diesem Punkt ist Kafka solchen wissenschaftlichen Erklärungsversuchen voraus: Er dünkt sich nicht klüger als der Mythos. Er weiß, daß er nur eine weitere Version des Mythos schafft, indem er die Möglichkeiten des Mythos erprobt.

Dies geschieht in einer erstaunlichen Nähe zu strukturalistischem Vorgehen: Kafka sieht die dem Mythos zugrundeliegende Logik und legt sie bloß, indem er mit ihren Oppositionen spielt. Im Grunde bleibt er mit seinen Aussparungen von Handlungseinheiten und mit seinen Antithesen ganz in der Struktur des vorhandenen Mythos: die »Leerstelle« in der Handlungssequenz ist nur als solche zu erkennen, wenn sie in der Struktur des vorhandenen Mythos gesehen wird. Und die von Kafka jeweils gesetzte Antithese setzt die These voraus, die wiederum nur eine Seite einer Alternative ist. Die Alternative ist an den entscheidenden Stellen der Handlung immer gegeben: singen oder schweigen die Sirenen, rettet sich Odysseus oder rettet er sich nicht? Die Formulierung kann immer nur eine Seite der Alternative erzählen: das Singen und die Rettung oder das Singen und der Untergang oder das Schweigen und die Rettung oder Schweigen und Untergang. Diese Möglichkeiten werden von der Struktur vorgegeben, sie sind vorhanden, auch wenn jeweils nur eine Möglichkeit erzählt werden kann. Wenn Kafka also die andere nicht realisierte Möglichkeit erzählt, bleibt er innerhalb der Struktur.

Das scheint ihm bewußt gewesen zu sein, denn im Tagebuch schreibt er über Antithesen:

»Sicher ist mein Widerwillen gegen Antithesen. Sie kommen zwar unerwartet, aber überraschen nicht, denn sie sind immer ganz nah vorhanden gewesen; wenn sie unbewußt waren, so waren sie es nur am äußersten Rande. Sie erzeugen zwar Gründlichkeit, Fülle, Lückenlosigkeit, aber nur so wie eine Figur im Lebensrad; unseren kleinen Einfall haben wir herumgejagt.«[42]

So wird auch der »kleine Einfall« der alten Geschichte »herumgejagt«, also nach allen seinen Möglichkeiten hin erprobt. Dabei bleibt Kafka jedoch nicht stehen; hier setzt seine dem alten Erklärungsversuch entgegengesetzte Bemühung ein. Der Erklärungsversuch will mit vielen Worten das Unerklärliche erklärlich machen. Kafka dagegen will mit knappen Worten diesen Versuch als Versuch kenntlich machen und so das mit Worten zugedeckte Unerklärliche wieder herausstellen.

Kafka greift in den syntagmatischen Ablauf der alten Geschichte ein, Walser dagegen – wie wir gesehen haben - läßt ihn weitgehend bestehen. Walser ersetzt einzelne Bedeutungen durch andere in einer paradigmatischen Substitution. Als Beispiel kann noch einmal *Saul und David* dienen. Die lange Reihe von Wörtern, die Saul charakterisieren, sind alle Bezeichnungen, die denselben Bedeutungskomplex meinen: »Schwermut« als Krankheit. Dieselbe Bedeutung durch verschiedene Wörter zu bezeichnen ist ein von Walser bevorzugtes Verfahren, das zu jenem Bedeutungsaufbau seiner Texte führt, den ich Wiederholung und Variation genannt habe.

Fassen wir die Szene von Saul und David in einem Satz, so wie sie von Rembrandt in ein Bild gebracht wurde: »Der junge schöne David singt vor dem alten schwermütigen Saul.« In diesem Satz ersetzt Walser einzelne Wörter durch andere, bedeutungsähnliche: »schön« durch »anmutig« und »jugendschön«; aber er gibt auch eine neue Bedeutung: »kühn«, die er wieder durch verschiedene bedeutungsähnliche Wörter beschreibt wie »mutig« und »tapfer«. Sauls »schwermütig« wiederum wird durch »grämlich«, »finster« etc. ersetzt. Auch die »Krankheit« selbst ist eine paradigmatische Ersetzung, sie ist die neue Bezeichnung für das alte »vom bösen Geist Besessensein«. Walser läßt den Handlungsablauf, wie er in dem Satz enthalten ist, unangetastet: David singt vor Saul, der eine jung, der andere alt, der eine Künstler, der andere Herrscher. Der syntagmatische Ablauf bleibt bestehen. Die paradigmatischen Ersetzungen führen jedoch zu einer neuen Beschreibung und Bewertung der alten Geschichte durch den Erzähler. Die alte Handlung wird neu erzählt.

Kafka würde diese Geschichte, in einem Satz zusammengefaßt, folgendermaßen erzählen: »Der schöne und nichtschöne David singt und singt nicht. Ob ihm jemand zuhört, ist ungewiß, ob er was bewirkt, auch.«

Kafka würde in die Handlungskette eingreifen, in den syntagmatischen Ablauf. Die Handlungssequenz bliebe unvollständig – etwa die befreiende Wirkung des Gesangs könnte fehlen oder doch in Frage gestellt sein –, und einzelne Handlungseinheiten könnten widersprüchlich realisiert werden: singt nun David oder singt er nicht, also ist das ein schöner Gesang oder ein häßliches Pfeifen?

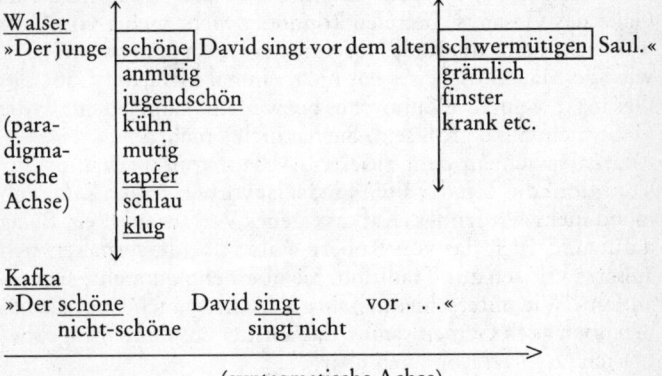

In Kafkas *Josefine, die Sängerin oder Das Volk der Mäuse* schreibt ein Erzähler, der offensichtlich zu diesem Volk der Mäuse gehört, über eine herausragende Künstlerin dieses Volkes, eben die Sängerin Josefine. Nur ist nicht klar, ob sie tatsächlich singt oder nur pfeift wie alle Mäuse auch. Der Erzähler ist sich selbst nicht darüber im klaren, weshalb er diese Problematik während der gesamten Erzählung hin- und herwälzt. Der Erzähler gehört als Maus zu den anderen Mäusen der Handlung, steht also nicht über der Handlung. Orientierung weiß er uns, den Lesern, nicht zu geben: »Wir sind doch ganz unmusikalisch; wie kommt es, daß wir Josefines Gesang verstehn oder, da Josefine unser Verständnis leugnet, wenigstens zu verstehen glauben.« Und:

»Ist es denn überhaupt Gesang? Trotz unserer Unmusikalität haben wir Gesangsüberlieferungen; in den alten Zeiten unseres Volkes gab es Gesang; Sagen erzählen davon und sogar Lieder sind erhalten, die freilich niemand mehr singen kann.«[43]

Ist es denn überhaupt Gesang? David singt vor Saul, Josefine singt vor den Mäusen: die Übertragung der Handlung vom erhabenen Herrscher-Milieu ins armselige Milieu der Mäuse bringt die Handlung schon um ihre alte Stilebene: sie rutscht vom »Erhabenen« ins »Groteske«. Die befreiende Wirkung der Kunst, Heilung vom bösen Geist, das stand in Samuels Geschichte; David als ein von Gott Ausersehener konnte dies und anderes vollbringen. David bei Walser hatte noch die Gabe des Gesangs, befreien konnte er nicht mehr, von Gott war nicht mehr die Rede. Josefine bei Kafka piept womöglich wie alle Mäuse auch, sie hat nicht einmal mehr die Gabe des Gesangs; wenn ihre Zuhörer es bezweifeln, kann jedenfalls die Gabe nicht allzu groß sein. Sie hat nichts mehr.

Kafka spricht in dem zitierten Absatz vom Verhältnis zur Tradition: die Zeit der alten Lieder ist vorbei, singen kann niemand mehr wie früher. Kafkas eigenes Verfahren ist ein Beleg dafür und auch das von Robert Walser; beide verhalten sich äußerst kritisch zur Tradition. Sie übernehmen nicht, sie verändern. Wie unterschiedlich ihre Verfahren auch sind, sie haben doch auch Gemeinsames, das ich hier zusammentrage, bevor ich zu ihren Romanen übergehe:

1. Beide verändern die Geschichte, jeder auf seine Weise, der eine – Kafka – eher syntagmatisch im Handlungsablauf; der andere – Walser – eher paradigmatisch im Erzählen.

2. Dieser Eingriff bringt die alte sinnbildliche Bedeutung der Geschichte zum Verschwinden, zumal bei beiden – in den bisher erwähnten Beispielen – der alte Begründungszusammenhang entfällt: das religiöse Verhältnis von Gott und Menschen. Daß der alte Rahmen entfällt, die Gewißheit verloren ist, heißt aber noch nicht, daß das religiöse Denken bei beiden verschwunden wäre. Es zeigt sich in Bruchstücken von Erzähler-Äußerungen bei Walser (die Gegenwart als Auge Gottes) oder in Bruchstücken von Handlungsteilen bei Kafka (die messianische Erwartung); es zeigt sich aber auch in bestimmten Strukturen des Denkens, die allerdings meistens ihrer alten religiösen Botschaft entkleidet sind: dabei scheint Walser stärker von der christlichen Tradition abhängig zu sein als Kafka

von der jüdischen. Das wird genauer zu überprüfen sein.
3. Die poetischen Verfahren der beiden Autoren führen zur Bewußtmachung, zur Reflexion überlieferter Strukturen des Erzählens. Gerade durch den Verstoß gegen die üblichen Regeln der Anwendung der Struktur machen sie die Struktur selbst bewußt. Dadurch wird die Art, wie wir gewöhnlich erzählen, wie wir gewöhnlich denken und sprechen, problematisiert. Das ist eine erkenntniskritische Position und eine sprachkritische, die beide mit anderen Schriftstellern und Philosophen unseres Jahrhunderts teilen.
4. In Auseinandersetzung mit den verbreiteten Mythologien bilden beide ihre eigenen »Mythologien« aus. Ich meine mit Mythologien Erzählungen, die aus vollständig und eindeutig realisierten Handlungssequenzen bestehen, aus denen der Erzähler für den Leser eine Lehre ableitet, eine Erklärung.

Geschichten erzählen zum Zwecke der Erklärung: wir Leser sind begierig danach. Wir suchen Unterhaltung, die uns die leere Zeit füllt, und Belehrung, die uns Orientierung im Unübersichtlichen bietet. So greifen wir auch nach den Erzählungen dieser beiden Autoren. Und wir finden Geschichten, die derart erzählt sind, daß sie die herkömmlichen Erklärungsversuche in Frage stellen, Geschichten, die uns anregen, neue Erklärungsversuche anzustellen, ja, die uns dazu bringen, die Fragwürdigkeit aller Erklärungen in Rechnung zu stellen.

Und doch: Haben die beiden Autoren auch das herkömmliche naive Erzählen zerbrochen, so schimmern durch ihr raffiniertes Erzählen Erklärungsversuche hindurch, wenn auch solche von anderer Art als üblich, jedenfalls von höherem Reflexionsgrad. Es scheint unmöglich zu erzählen, ohne irgendeine Erklärung zu bieten oder doch eine hervorzurufen.

Die Struktur ihrer Texte, die sich uns nach und nach erschließt, scheint Erklärungsversuche anzuzeigen. Bei *Walser:* der Gegensatz von Natur und Kultur, die Absage an das Getriebe der Welt, das Sich-selbst-Erniedrigen, das die Erhöhung nach sich ziehen soll, eine »Coincidentia oppositorum«, in der das unendlich Kleine mit dem unendlich Großen zusammenfällt; schließlich die Abhängigkeit der Kunst von der Krankheit, des Gesanges vom Leid. Bei *Kafka:* die messianische Erwartung, ihre apokalyptische Seite übersteigert, die totale Finsternis der Welt, das Labyrinth der Welt, in dem nicht

Weg, nicht Ziel zu finden sind – »der Weg ist unendlich« – und in dem doch nichts so dringlich gesucht wird wie der Weg zum ersehnten Ziel; auch bei ihm eine »Coincidentia oppositorum«, in der die Negation in die Position umkippt. Bei *Walser:* der erlösungsbedürftige einzelne. Bei *Kafka:* die erlösungsbedürftige Welt.

Dritte Annäherung

5. Kafka

5.1. Der Prozeß

Die Struktur von Kafkas Romanen öffnet sich uns unter dem gleichen Aspekt, unter dem wir einige seiner Erzählungen betrachtet haben. Auch *Der Prozeß* ist die Neuformulierung einer bereits formulierten Geschichte, wenn auch keiner literarischen, sondern einer in den juristischen Gesetzen festgelegten und in der Rechtspraxis durchgeführten: des Gerichtsverfahrens. Dieses übliche Gerichtsverfahren wird in *Der Prozeß* als bekannt vorausgesetzt, ja, es wird immer wieder zitiert, gerade um die Besonderheit des »Prozesses« von K. hervorzuheben, der eine eklatante Abweichung von diesem üblichen Gerichtsverfahren darstellt, weshalb er sowohl den Helden des Romans, K., als auch uns, die Leser des Romans, beunruhigt. »K. lebte doch in einem Rechtsstaat, überall herrschte Friede, alle Gesetze bestanden aufrecht, wer wagte, ihn in seiner Wohnung zu überfallen?«[44]

Das, was K. passiert, ist nicht nur in unserem üblichen Verständnis von Gerichtsverfahren etwas Außergewöhnliches, es ist auch innerhalb des Handlungsfeldes des Romans etwas Außergewöhnliches. Die Abweichung vom üblichen Gerichtsverfahren, die K.s »Prozeß« darstellt, ist Thema des Romans selbst. Noch am Schluß, auf dem Weg zu seiner Hinrichtung, erkennt K. diesen Unterschied von staatlicher Gerichtsbarkeit und derjenigen, der er unterworfen ist. Er begegnet erstaunlich vielen Polizisten. In einem später von Kafka gestrichenen Passus fragt sich K. sogar, ob er nicht jetzt noch versuchen sollte, »den Prozeß auf das Gebiet der Staatsgesetze« hinüberzuspielen (222). In der jetzigen Fassung tritt diese Möglichkeit auch noch in Gestalt der Polizisten an K. heran, doch er weiß wohl, daß sein »Prozeß« von anderer Art ist als der der »Staatsgesetze«, denn er selbst ist es, der den Polizisten zu entkommen sucht: ». . . fing K. zu laufen an, die Herren mußten trotz großer Atemnot auch mit laufen.«(193)

Diese im Roman deutlich markierte Unterscheidung von

staatlicher Gerichtsbarkeit und K.s »Prozeß« erschwert jene Deutung des Romans, die im *Prozeß* eine Darstellung staatlicher Gerichtsbarkeit sehen will. Der *Prozeß* zielt nicht auf die politische Realität. Er ist keine negative Utopie, etwa in der Art des Romans *1984* von George Orwell, er ist keine Kritik am totalitären Staat.

K. sitzt an seinem Stammtisch in der »Weinstube« ausschließlich mit Juristen zusammen, mit Advokaten und Staatsanwälten der staatlichen Gerichtsbarkeit (202). Der Staatsanwalt Hasterer ist sogar sein Freund, sein einziger Freund; er duzt sich mit ihm. Zu Anfang, als er verhaftet wird, will K. Hasterer anrufen. Das sei sinnlos, sagt ihm der Aufseher. K. ruft nicht an und versucht auch später nicht mehr, Hasterer zu Hilfe zu rufen. Hasterer erfährt vom »Prozeß« nichts. Die staatliche Gerichtsbarkeit kann in diesem »Prozeß« nicht helfen.

Andererseits wird dieser »Prozeß« nicht nur gegen K. geführt, es ist also nicht nur seine private Angelegenheit. In den Gerichtskanzleien begegnet K. anderen Angeklagten (57). Bei Huld lernt er einen anderen Klienten dieses Advokaten kennen, den Kaufmann Block. (149). Und K. ist nicht der einzige, der von diesem »Prozeß« weiß; es ist also auch nicht die andere Deutung möglich, die in K.s »Prozeß« die Halluzinationen, die Tagträume, die Angstträume eines einzelnen sieht. Die Vermieterin in der Pension, Frau Grubach, ist Zeuge der Verhaftung, die also offensichtlich nicht in K.s Einbildung vor sich geht. Der Onkel erfährt davon und bringt K. sofort zu einem Anwalt, eben dem Advokaten Huld. Ein Klient der Bank, ein Fabrikant, bietet K. unaufgefordert Hilfe an; er rät ihm, den Gerichtsmaler Titorelli aufzusuchen. Innerhalb des fiktionalen Handlungsfeldes des Romans wird also K.s »Prozeß« als reale Handlung akzeptiert.

Das sind Gesichtspunkte, die uns daran hindern sollten, schlimme Fehler bisheriger Interpretation zu wiederholen:
1. Innerhalb des fiktionalen Handlungsfeldes des Romans wird deutlich getrennt zwischen »üblicher« staatlicher Gerichtsbarkeit und K.s »Prozeß«.
2. K.s »Prozeß« ist weder ein Verfahren, dem in diesem Roman alle Menschen unterworfen sind, noch eines, dem nur einer allein, eben K., unterworfen ist; es gibt mehrere Ange-

klagte, aber nicht alle Figuren des Romans sind angeklagt.
3. »Der Prozeß« ist in diesem Roman keine Handlung, die sich nur in der Vorstellung des Helden K. vollzieht; sie hat also nicht den Status des Traums oder der Halluzination. Auch andere Figuren des Romans wissen, ohne vorher von K. informiert zu sein, von dem Verfahren; halten sie es auch für etwas Außergewöhnliches, so halten sie es doch nicht für etwas Unmögliches.

Das sind die Vorgaben des Textes, die wir ernst nehmen müssen.

Auf welche Weise unterscheidet sich nun K.s »Prozeß« vom üblichen Gerichtsverfahren? Einen ersten Einblick gibt uns wieder der Vergleich der Handlungssequenzen. Ein übliches Gerichtsverfahren könnte folgende Handlungseinheiten umfassen: 1. Vergehen, 2. Schuld, 3. Verhaftung, 4. Verhör, 5. Anklage, 6. Verteidigung, 7. Gerichtsverhandlung, 8. Urteilsspruch, 9. Revision, 10. Bestätigung des Urteils, 11. Vollstreckung des Urteils. Die Sequenz beginnt notwendig mit einem Vergehen gegen die Gesetze, das erst das Gerichtsverfahren in Gang setzt, und endet notwendig mit Urteil und Vollstreckung des Urteils, wodurch erst das Verfahren abgeschlossen ist; auch wenn irrtümlich ein Vergehen angenommen wurde, sollte dieser Irrtum im Urteil aufgedeckt werden als Freispruch des Angeklagten.

Sehen wir uns K.s »Prozeß« an. Er beginnt, wie auch der Roman, mit der Verhaftung, also erst mit Station 3. Ein Vergehen wird auch im nachhinein nicht erzählt; K. ist der Meinung, er sei unschuldig; das Gericht dagegen wird von der Schuld des Angeklagten angezogen, sagen die Wächter (11). Also Vergehen oder nicht, Schuld oder nicht? Auch die Verhaftung ist eigentlich keine Verhaftung, denn K. bleibt auf freiem Fuß und geht nach wie vor seiner Arbeit als Prokurist in der Bank nach. »Da Sie aber noch frei sind ...«, stellt erstaunt Fräulein Bürstner fest (27). Auch das Verhör ist schließlich kein übliches Verhör. K. trifft im Untersuchungszimmer eine Versammlung von Männern an, die ihn an eine »politische Bezirksversammlung« erinnerte, trügen die Männer nicht »Feiertagsröcke« (37). K. wird vom Untersuchungsrichter nicht verhört; K. hält vielmehr eine Anklagerede gegen dieses korrupte Gericht. So fehlt auch die Anklage; niemand sagt, wessen K. denn nun angeklagt ist, also ist auch die Verteidigung erschwert, zumal im Gerichtsverfahren Eingaben der Verteidigung nicht berücksichtigt werden. K. hat einen Verteidiger, der ihn nicht verteidigen kann. Zu einer Gerichtsverhandlung kommt es erst gar nicht, dagegen zu einem Disput mit dem »Gefängniskaplan« (179), dem Angeklagte oder Verurteilte doch erst im Gefängnis begegnen. Ein Urteilsspruch erfolgt nicht, jedenfalls erfährt K. nichts davon, eine Revision ist also auch nicht möglich. Doch vielleicht ist ein Urteil gefällt worden, von dem K. nichts weiß, oder wurde er ohne Gerichtsurteil hingerichtet? Denn das ist das einzig sichere an diesem »Prozeß« K.s: die Hinrichtung am Schluß! Alles andere ist unsicher, wird aber gerade wegen dieses entschiedenen und schrecklichen Schlusses um so mehr zum Deutungsproblem. Was so schrecklich endet, dem muß doch etwas vorausgegangen sein: ein Verbrechen K.s oder – eines des Gerichts.

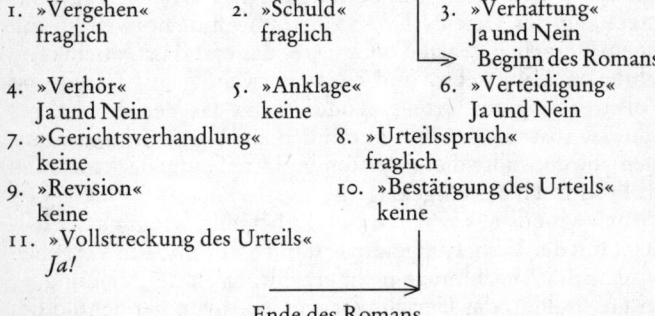

Beim Vergleich des K.schen Prozesses mit der Handlungssequenz, wie sie von einem üblichen Gerichtsverfahren eingehalten wird, finden wir nicht nur die Abweichungen, sondern auch die Schwierigkeiten der Deutung. Wieder hat Kafka die Handlungssequenz unvollständig realisiert. Die Stationen 9. und 10. fehlen völlig, d. h., sie werden nicht einmal erwähnt; es fehlen aber auch 5. »Anklage« und 7. »Gerichtsverhandlung«, d. h., sie finden im Roman nicht statt. Und wieder sind die realisierten Einheiten der Handlung bis auf eine – die Hinrichtung am Schluß – nicht eindeutig realisiert: ob es ein »Vergehen« (1) oder eine »Schuld« (2) gibt, bleibt unklar. Aber auch das, was klar zu sein scheint – »Verhaftung«, »Verhör«, »Verteidigung« – wird wieder aufgehoben: es trifft zu und es trifft nicht zu. Wieder also wird die Geschichte »zerstört«; um so dringlicher wird die Suche nach einer sinnbildlichen Bedeutung dieser Handlung. Wenn dies *nicht* ein üblicher Prozeß ist, was ist es *dann*?

Auch diese Handlungssequenz, diese auf wenige wichtige Stationen reduzierte Handlung, wie ich sie in den elf Einheiten vorgeschlagen habe, läßt sich unter syntagmatischem und paradigmatischem Aspekt lesen. Gerade die unvollständige Sequenz und die nicht immer eindeutige Realisation einzelner Einheiten weist den Interpreten, der doch »verstehen« will, was er liest, aus der syntagmatischen Horizontale in die paradigmatische Vertikale. Ist das Vergehen des Angeklagten unklar, ist seine Schuld unklar, aber kommt es doch zu seiner Verhaftung, welche Art von Vergehen, welche Art von Schuld liegt dann hier vor?

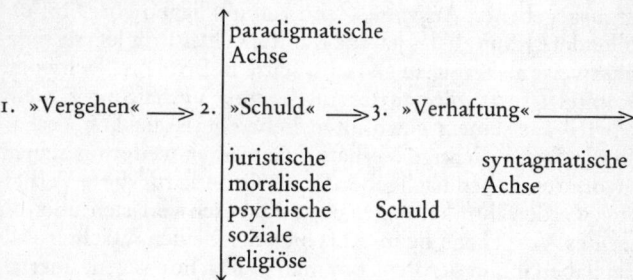

Auf der paradigmatischen Achse wird die Deutung gesucht, indem »Schuld«, die offensichtlich keine herkömmlich juristische ist, innerhalb anderer Kategorien als der juristischen gesucht wird: als moralische, psychische, soziale oder religiöse. Die Gefahr besteht hier, daß eine, wenn auch wichtige Einheit des Textes sich verselbständigt. Sie wird aus dem Text isoliert und so behandelt, als enthalte sie die Bedeutung des gesamten Textes. Sie ist aber nur ein Element in der Struktur des gesamten Textes. Bedeutung verleiht ihr erst der »Kontext«, nämlich der Zusammenhang, in dem sie steht.

Im Beispiel *Gibs auf* wurde der »Schutzmann« auf solche Weise behandelt; er wurde aus dem Text herausgelöst und mal als »Vater«, mal als »Bürokratie«, mal als »Gott« »symbolisch« aufgefaßt.

Der Text sagte jedoch mehr als nur dieses Symbol: er brachte die Schwierigkeit zum Ausdruck, einen Weg zu finden, um zu einem Ziel zu gelangen, was ein erfolgloses Unterfangen zu sein scheint, siehe des Schutzmannes »Gibs auf!«. In diesem Zusammenhang des Textes hat der Schutzmann seinen Platz, der gar nicht so bedeutend ist, wie es den Anschein hat, wenn man ihn aus dem Zusammenhang des Textes herausnimmt.

Ich will deshalb auch hier auf den Zusammenhang des Textes achten: auf den Erzählablauf des Romans, also auf den syntagmatischen Aufbau des *gesamten* Textes, wie er sich dem Leser in der Lektüre nach und nach erschließt. Es wird auch hier ohne Vereinfachungen nicht abgehen, da der Text zu umfangreich ist, als daß ich ihn Satz für Satz analysieren könnte; das würde den Rahmen dieser Untersuchung sprengen.

Ich halte mich an die Folge der Kapitel der von Max Brod herausgegebenen Ausgabe. Zehn Kapitel liegen vor, fünf unvollendete Kapitel; das jetzige Kapitel 5 (Der Prügler) sei möglicherweise als Kapitel 2 gedacht, schreibt Brod im Nachwort.

Kapitel 1 setzt mit der überraschenden Verhaftung K.s ein. K. wird aus seinem gewohnten Leben gerissen. Die Verhaftung ist keine richtige Verhaftung, weil er weiterhin seinem gewohnten Leben nachgehen kann; Gründe für diese Verhaftung werden ihm keine genannt; K. beschwert sich über die Art des Vorgehens beim Aufseher der beiden Wächter; alle drei haben ihn in der Pension, man muß schon sagen, überfallen. Die gesamte weitere Handlung ist damit abgesteckt: K. will die Anklage erfahren, und er erfährt sie nicht; er fühlt sich schuldlos, und das Gericht verfolgt ihn trotzdem.

Das 1. Kapitel hat noch einen zweiten Teil, in dem K. sich bei seiner Wirtin, Frau Grubach, für das Benehmen der Wächter entschuldigt und sich zugleich nach einer Mieterin, Fräulein Bürstner, erkundigt. Im dritten Teil folgt ein Gespräch mit Fräulein Bürstner, die er in sein Gerichtsverfahren einweiht; K. küßt und umarmt am Schluß das widerstrebende Fräulein.

Das 2. Kapitel bringt die »Erste Untersuchung«, zu der K. telefonisch bestellt wird. Den Ort erfährt er, den Zeitpunkt nicht. In einem Mietshaus der Vorstadt, im 5. Stock, findet K.

den Untersuchungsraum, obwohl er nicht nach diesem, sondern dem »Tischler Lanz« fragte, den es nicht gibt; Lanz heißt ein Neffe der Wirtin, Hauptmann Lanz, der am Abend K.s Rendez-vous mit Fräulein Bürstner durch Klopfen an die Tür störte. Auch hier im 2. Kapitel kommt es zu einem Gespräch K.s mit einer Frau, einer Waschfrau, die später im Untersuchungszimmer K.s Rede stört, weil sie von einem Manne umarmt wird.

Im 3. Kapitel sucht K. ohne Vorladung dasselbe Untersuchungszimmer auf, das leer ist. Die Waschfrau, die Frau des Gerichtsdieners, wie sich herausstellt, bietet sich ihm an, wird aber dann von einem Studenten, mit dem sie offensichtlich ein erotisches Verhältnis hat, zum Untersuchungsrichter getragen, der sie ebenfalls begehrt. Hier steht nun der merkwürdige Satz: »K. ging ihnen langsam nach, er sah ein, daß das die erste zweifellose Niederlage war, die er von diesen Leuten erfahren hatte.« (53) Die erste Niederlage erleidet K. in seinem »Prozeß«, weil ihm die Frau des Gerichtsdieners, die er gar nicht besonders attraktiv findet, von einem Mitglied des Gerichts weggenommen wird!

Hier spätestens fällt auf, was der weitere Verlauf des Textes bestätigt: der Kontakt mit dem obskuren Gericht ist *immer* gekoppelt mit einem Kontakt zu Frauen! Das war schon im 1. Kapitel so, das mit der Verhaftung begann und mit der Umarmung des Fräulein Bürstner endete. Das war im 2. Kapitel so, das Gespräch mit der Waschfrau stand am Beginn, und die große Rede K.s vor dem Untersuchungsrichter wird auf ihrem Höhepunkt von der Umarmung der Waschfrau durch einen kreischenden Mann unterbrochen (44). Hier im 3. Kapitel ist es die Begegnung K.s mit der Waschfrau bzw. der Frau des Gerichtsdieners und mit ihrem Liebhaber, dem Studenten. Im zweiten Teil dieses Kapitels führt der Gerichtsdiener, also der Mann der begehrten Frau, K. in die Gerichtskanzleien auf dem stickigen Dachboden. Die Koppelung Gerichtskontakt – Kontakt mit Frauen setzt sich fort.

Im 4. Kapitel spricht K. mit einem Fräulein Montag, der Freundin von Fräulein Bürstner, durch die er wieder Kontakt zu Fräulein Bürstner erlangen will. Er erhält ihn nicht mehr, aber ihm zehnten und letzten Kapitel wird der Weg der Henker, die K. rechts und links eingehakt haben, von K. selbst bestimmt: er folgt Fräulein Bürstner durch die Stadt, bis sie in einer Seitengasse verschwindet. Im 5. Kapitel entdeckt K. in einer Rumpelkammer der Bank die beiden Wächter, die ihn verhaftet haben; sie sind nackt und werden von einem »Prügler« mit Schlägen bestraft.

Im 6. Kapitel ist der Besuch K.s beim Advokaten zugleich sein Besuch bei dessen »Pflegerin« Leni. Statt dem Gespräch des Onkels mit dem Advokaten und dem Kanzleidirektor zu lauschen, tändelt K. im Arbeitszimmer des Advokaten mit Leni; er zeigt ihr ein Foto seiner Freundin Elsa; er küßt sie; er bemerkt selbst den Zusammenhang von Frauen und Gericht: »Ich werbe Helferinnen, dachte er fast verwundert, zuerst Fräulein Bürstner, dann die Frau des Gerichtsdieners und endlich diese kleine Pflegerin, die ein unbegreifliches Bedürfnis nach mir zu haben scheint.« (95)

Die Koppelung Frau – Gericht wird hier noch durch einen Austausch verstärkt: während K. Leni im *Arbeitszimmer* des Advokaten umarmt, verhandelt der Advokat Huld vom Bett aus im *Schlafzimmer;* es ist der Austausch von Schlafzimmer durch Arbeitszimmer, ein syntagmatischer Austausch. An zwei Sätzen, in die ich diese Handlung zusammenfasse, ist das leicht zu erkennen:

»K. küßt Leni im *Arbeitszimmer*. Huld arbeitet im *Schlafzimmer*.«

syntagmatischer Tausch

»Schlafzimmer« wäre eigentlich im ersten Satz am Platze, und »Arbeitszimmer« im zweiten. Eine andere Beziehung besteht zwischen der Wohnung der Frau des Gerichtsdieners und dem Untersuchungszimmer:

Vorzimmer:Untersuchungszimmer::Frau:Richter

Das Vorzimmer verhält sich zum Untersuchungszimmer wie die Frau zum Richter. Die Frau lebt nämlich im Vorzimmer zum Untersuchungszimmer, der Weg zum Untersuchungszimmer führt an ihrem Bett vorbei. Der Richter sah sie dort, als er nach der Arbeit in der Nacht aus dem Untersuchungszimmer kam. Das Untersuchungszimmer gehört zu ihrer Wohnung. Die Gesetzbücher auf dem Tisch des Untersuchungsrichters, K. kann sie einsehen, sind übrigens pornographische Hefte. Im 7. Kapitel trifft K. ebenfalls in einer Mietskaserne der Vorstadt auf dem Dachboden den Gerichtsmaler Titorelli. Der Zugang bzw. Ausgang seines Zimmers geht über sein Bett. Mädchen stehen kichernd hinter der Tür und warten, daß K. sich auszieht, damit er gemalt wird (134).

In diesem 7. Kapitel trifft K. beim Advokaten erneut auf Leni. Auch sein letzter Besuch des Advokaten im 8. Kapitel ist zugleich ein Besuch Lenis, die diesmal noch von einem anderen Klienten umworben wird: von Block, der dem Advokaten zugleich zu Füßen fällt.

Hier tritt die enge Koppelung Advokat – Leni in einer Szene besonders deutlich hervor. Block kniet und küßt dem Advokaten die Hand, so, wie er zuvor Leni geküßt hat:

»Leni wußte wahrscheinlich genau, wie man dem Advokaten beikommen könne, sie zeigte auf die Hand des Advokaten und spitzte die Lippen wie zum Kuß. Gleich führte Block den Handkuß aus und wiederholte ihn, auf eine Aufforderung Lenis hin, noch zweimal. Aber der Advokat schwieg noch immer. Da beugte sich Leni über den Advokaten hin, der schöne Wuchs ihres Körpers wurde sichtbar, als sie sich streckte, und strich, tief zu seinem Gesicht geneigt, über sein langes weißes Haar.« (165)

Block unterwirft sich liebedienerisch sowohl Leni als auch dem Advokaten, der Huld, also Zuneigung heißt. Leni streichelt den Advokaten, wie sie Block gestreichelt hat; die Wendung »der schöne Wuchs ihres Körpers« betont das Erotische dieser Szene.

Block : Leni : : Block : Huld

Die Homologie, die strukturelle Ähnlichkeit der Beziehungen ist offensichtlich. Block verhält sich zu Leni ähnlich wie zu Huld. Auch in der dem obigen Zitat folgenden Erzählung Lenis kommt das zum Ausdruck: sie berichtet, wie brav sich Block dem Advokaten unterworfen hat, indem er sich ihr unterworfen hat (166/167).

Auch in den unvollendeten Kapiteln tritt die Koppelung Gericht – Frauen hervor, auch hier werden sie regelmäßig syntagmatisch miteinander verknüpft, eben durch ein Nacheinander in der Handlung, was auf eine tiefere paradigmatische Beziehung hinweist, wie sie in den Homologien zutage tritt. Im ersten unvollendeten Kapitel »Zu Elsa« ist K. zu seiner Freundin Elsa eingeladen und zur gleichen Zeit zum Gericht vorgeladen. Er fährt zu Elsa, ist aber unterwegs unsicher, ob er dem

Kutscher nicht doch die Adresse des Gerichts anstelle der von Elsa genannt hat (198). Wieder also eine Homologie:
K. : Gericht : : K. : Elsa

Das Verhältnis K.s zum Gericht wird hier wieder parallel zum Verhältnis mit einer Frau gesetzt. Auch im unvollendeten Kapitel »Staatsanwalt« tritt die Koppelung Gericht – Frauen auf, obwohl der Staatsanwalt Hasterer, K.s Freund, zur staatlichen Gerichtsbarkeit gehört und nicht zum obskuren Gericht. Hasterer hat eine Freundin, Helene, die ganz ähnlich »schamlos« (205), willig, attraktiv und abstoßend zugleich ist wie etwa die »Waschfrau«. Im Namen »Helene« ist möglicherweise sogar eine Ähnlichkeit zu »Leni« angelegt: »Lena« ist die Kurzform von »Helena«. Auch im unvollendeten Kapitel »Das Haus« wird sogleich nach der Beschreibung des »Hauses« des Gerichts die Erinnerung an die Gäste der Pension wachgerufen: K. sieht Fräulein Bürstner, »die Arme um zwei Herren« gelegt (209).

Von Anfang bis Ende der Erzählung also werden diese beiden Beziehungen miteinander gekoppelt; durchweg in der Art einer Homologie zwischen Beziehungen zu Frauen und Beziehungen zum Gericht, wobei das erste Mal dem Zweiten, das zweite Mal dem Ersten vorangeht. Die Reihenfolge steht nicht fest, aber die Regelmäßigkeit, mit der beide Beziehungen zusammen auftreten, spricht für eine Implikation: Kontakt zu Frauen ⟵⟶ Kontakt zum Gericht.

Der Kontakt zu Frauen ist also nicht nur homolog dem Kontakt zum Gericht, der Kontakt zu Frauen impliziert auch den Kontakt zum Gericht und umgekehrt; eine wechselseitige Implikation liegt vor, eine denkbar enge Verbindung. Es gibt nur eine einzige Ausnahme: das 9. Kapitel »Im Dom«. Hier begegnet K. an einem Ort, an dem er bisher nicht war, der deshalb aus den anderen Orten herausgehoben ist, ja schon als Ort des Gottesdienstes, als »Dom«, aus der Topographie der Stadt herausgehoben ist, dem Gefängniskaplan, der ihm die Erzählung »Vor dem Gesetz« vorträgt. Hier ist niemand sonst anwesend, der hinkende Kirchendiener entfernt sich. Am religiösen Ort disputiert K. mit einem Geistlichen über »das Gesetz«. Über dieses Kapitel, das eine Sonderstellung einnimmt, will ich gesondert sprechen.

Zunächst will ich den Aufbau des Romans anhand zweier

Übersichten zusammenfassen, die weitere Einsicht in die paradigmatische Struktur geben. Die erste Übersicht liefert die Topographie des Romans: es sind die Schauplätze der Handlung (Tafel 1). K. stammt vom Lande, seine Familie lebt noch dort: Mutter, Onkel, Vetter. Der Vater ist früh gestorben, der Onkel war Vormund. Eine Cousine lebt wie K. in der Stadt. Sie erfuhr in der Bank von K.s Prozeß, schrieb dem Onkel, der daraufhin in die Stadt fuhr. Nur solche Figuren der Handlung, die ein Wissen vom »Prozeß« K.s haben oder zum Gericht selbst gehören, habe ich in dieser Übersicht verzeichnet.

In der Stadt lebt K. vor allem an drei Orten: in der Pension, wo er ein möbliertes Zimmer bewohnt, in der Bank, wo er als Prokurist arbeitet, in der Bierstube, wo er seinen Stammtisch hat.

Das obskure Gericht residiert an einem Ort, der scharf von K.s Wohn- und Arbeitsplatz getrennt ist: in den übervölkerten, verkommenen Mietskasernen der Vorstadt. Der Gerichtsmaler wohnt dort, der Advokat, die Kanzleien sind dort und das Untersuchungszimmer. K. muß dorthin gehen, um mit dem Gericht in Kontakt zu kommen: mal wird er vorgeladen, mal geht er freiwillig; zum Advokaten schleppt ihn der Onkel; zum Maler schickt ihn ein Klient der Bank, ein Fabrikant. Das Gericht schickt aber auch seine Boten aus zu K.s Wohn- und Arbeitsplatz: die Wächter und den Aufseher in seine Wohnung, die Wächter und den Prügler in die Bank, die Henker in seine Wohnung. Den Kaplan im Dom trifft er, nachdem er von der Bank dorthin geschickt wurde; doch zuvor rief ihn auch Leni an; nachdem sie von dem bevorstehenden Besuch im Dom hörte, sagte sie: »Sie hetzen dich.« (173) Die vom Gericht wissen also vom Besuch. Ein Ort liegt jenseits von Stadt und Vorstadt: der Steinbruch, die Stätte der Hinrichtung.

Die Topographie der Handlung ist klar gegliedert: sie unterscheidet das Gericht schon durch seinen Schauplatz vom »normalen« Leben K.s. Der Ort seiner Geburt, das Land, liegt hinter ihm, der Ort seines Todes, der Steinbruch außerhalb der Stadt, liegt vor ihm. In der Handlung des Romans ist K.s Leben eingespannt zwischen »Stadt« und »Vorstadt«, zwischen »Alltag« und »Gericht«, ein »Doppelleben«, das mit seiner Verhaftung zu Beginn des Romans einsetzt und mit seiner

Hinrichtung am Schluß des Romans endet.

Diese zwei getrennten Handlungsbereiche des Romans erkennen wir auch aus der Übersicht aller handelnden Figuren, die ich den Schauplätzen zugeordnet habe, an denen K. ihnen begegnet (Tafel 2). Die Figuren im Bereich »normales Leben« reagieren durchaus »normal«, also so, wie wir es erwarten, die im Bereich »Gericht« reagieren durchweg ungewöhnlich, also wie wir es nicht erwarten. In K.s Erstaunen und in seinem Zorn über dieses ungewöhnliche Verhalten markiert der Erzähler deutlich den Unterschied zwischen beiden Handlungsbereichen.

Der Prozeß vollzieht sich also in zwei Handlungsbereichen, die an zwei unterschiedlichen Handlungsorten zu erkennen sind: an Stadt und Vorstadt, wobei der eine Bereich auch in den anderen hineinwirken kann; das Gericht kann in der Stadt wirksam werden; umgekehrt geschieht das nicht. Dadurch wird der eine Bereich, der des Gerichts, dem anderen übergeordnet. Die Handlungsbereiche sind weiterhin an den unterschiedlichen Aktanden zu erkennen, vor allem aber an den voneinander abweichenden Regeln der Handlung. Daß die Regeln des zweiten Handlungsbereichs »Gericht« andere sind als die normalen, erfahren wir Leser und K. Aber wie sie nun wirklich sind, darüber erhalten wir nur widersprüchliche Informationen.

Der Erzähler weiß zwar alles von K., auch was dieser denkt und wünscht, aber er weiß nicht viel mehr als K., d.h., er teilt uns Lesern nicht mehr mit. Dadurch sind wir Leser fast ganz auf die »Perspektive« K.s angewiesen: dessen Informationen sind unsere, dessen Vermutungen sind unsere, also auch dessen Unsicherheit. Zunächst wenigstens. Denn letztlich sind wir natürlich klüger als K. Wir wissen, daß er der Held eines Romans ist, dessen Autor uns bekannt ist. Wir wissen, daß in der Art, wie der Autor die Handlung seines Helden aufbaut und erzählt, eine bestimmte Absicht zum Ausdruck kommt: die Intention des Textes. Diese Intention teilt der Autor uns jedoch nicht explizit mit, wie wir an Erzählweise und Handlungsaufbau feststellen mußten, sie ist in der Konstruktion des Textes impliziert. Sie aufzudecken bedarf weiterer Anstrengung.

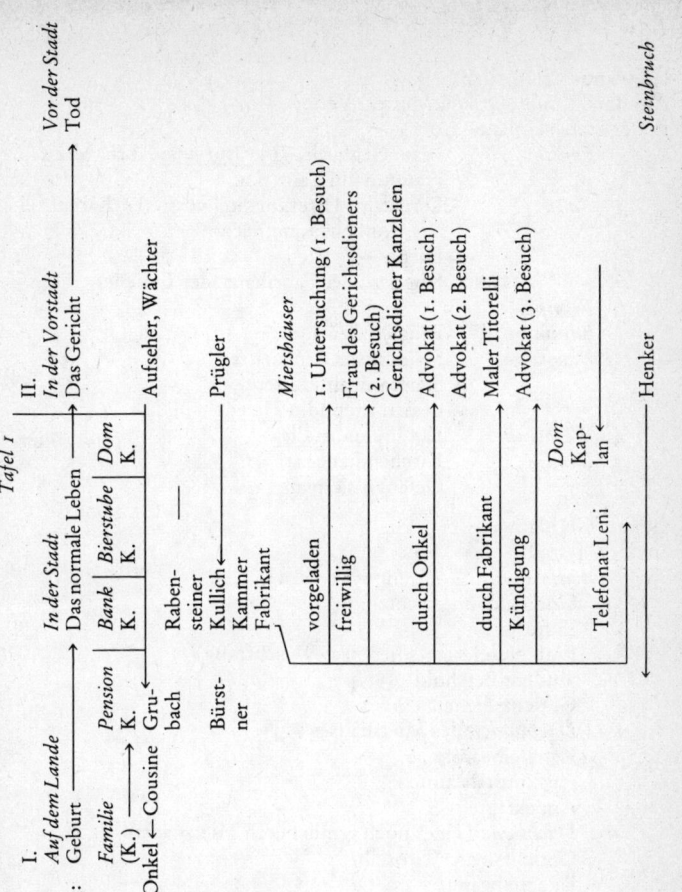

Tafel 2

I: Das normale Leben
Auf dem Lande: Onkel, Mutter, Vetter
In der Stadt: Cousine Erna
  1. *Pension:*   Frau Grubach, <u>Frl. Bürstner</u>, Frl. Montag, Hauptmann Lanz u.a.
  2. *Bank:*   Direktor, Direktor-Stellvertreter Rabensteiner, Kullich, Kammer
                          Diener
                          Kunden: der Fabrikant, der Italiener
     Rumpel-
     kammer: Prügler, Wächter
  3. *Bierstube:*   Stammtisch der Juristen,
                        Staatsanwalt Hasterer,
                        dessen Freundin <u>Helene</u>
  4. *Weinstube:*   K.s Freundin <u>Elsa</u>
  5. *Dom:*   Kirchendiener
                        Gefängniskaplan

II. Das Gericht
In der Vorstadt:
    1. *Mietshaus,* Wohnung im 5. Stock
       Untersuchungsrichter
       Zuhörer
       <u>Frau des Gerichtsdieners</u> (»Waschfrau«)
       Student Berthold
       Gerichtsdiener
    2. *Dachboden* des Mietshauses
       Kanzleibeamte
       Auskunftsbeamte
       Angeklagte
    3. *Dachboden* eines noch ärmlicheren Mietshauses
       Gerichtsmaler Titorelli
       Kanzleibeamte
       <u>Mädchen</u>
    4. *Im selben Viertel*
       Advokat Huld
       Kanzleidirektor
       <u>Leni</u>

Vor der Stadt
    Steinbruch: Henker

5.2. Das Gericht

Die Beschreibung des syntagmatischen Ablaufs des Textes, wie skizzenhaft sie auch war, hat uns schon zu Einblicken in die paradigmatische Struktur geführt: es gibt zwei deutlich getrennte Handlungsbereiche – »Alltagsleben« und »Gericht« –, und es gibt eine Ähnlichkeit in den Beziehungen K.s zum Gericht und zu Frauen. Die Regeln des Gerichts werden erläutert, allerdings höchst unvollkommen; ich habe noch nicht davon gesprochen. Besonders im umfangreichen 7. Kapitel erhalten wir einige Informationen: zu Beginn in den vom Erzähler referierten Darlegungen des Advokaten über Nutzen und Nutzlosigkeit von Eingaben bei Gericht und gegen Ende in den Ausführungen des Gerichtsmalers Titorelli über die Möglichkeit und Unmöglichkeit des Freispruchs. Von beiden Gesichtspunkten – dem Verhältnis der beiden Handlungsbereiche zueinander und den Regeln des zweiten Handlungsbereichs – muß ich ausführlicher sprechen. Zunächst zu den beiden Handlungsbereichen.

Auch im Roman *Das Schloß* arbeitet Kafka mit dem Unterschied zweier Handlungsbereiche, nur ist dort der erste Handlungsbereich »Alltagsleben« von niemandem vertreten als vom Helden K. selbst, alle anderen Figuren gehören zum Dorf des Schlosses, zu dem Ort, der von besonderen Regeln bestimmt wird, die nicht nur abweichen von denen des »Alltags«, sondern die auch unbekannt sind oder schwer durchschaubar. Mitteilungen über diese Regeln machen sie nicht einsichtiger, sondern eher noch undurchsichtiger. Genauso ist es in *Der Prozeß*, wenn auch dort K. nicht alleine steht: er lebt in der »Alltagswelt« der Stadt mit anderen, das Gericht kommt zu ihm. K. in *Das Schloß* ging zum Dorf des Schlosses hin.

Es gibt andere Beispiele in der Literatur für diese Art der Konstruktion: ein alltäglicher Handlungsbereich wird mit einem anderen Handlungsbereich konfrontiert, dessen Regeln von diesem abweichen. Die Gattung des phantastischen Romans bietet Beispiele genug: Texte, in denen dieser zweite Handlungsbereich nicht als Halluzination oder Traum gekennzeichnet wird, in denen ihm innerhalb der Fiktionalität des Textes dieselbe Realität zugestanden wird wie dem alltäglichen Handlungsbereich, solche Texte könnten mit Kafkas Romanen verglichen werden. Der Vergleich könnte Kafkas Verfahren erhellen, weshalb ich einen Autor heranziehen will, der ebenfalls mit zwei Handlungsbereichen gearbeitet hat: E. T. A. Hoffmann.

Hoffmann ist verschiedentlich mit Kafka verglichen worden, aber noch nicht, so weit ich sehe, unter dem hier interessierenden Gesichtspunkt. Ein Vergleich wird gewöhnlich zwischen ähnlichen Motiven vorgenommen, etwa zwischen Hoffmanns Affengeschichte *Nachricht von einem jungen Manne* und Kafkas *Bericht für eine Akademie*, den ein Affe erstattet. Kurz davon.

Hoffmann schreibt eine Satire auf den bürgerlichen Kunstgeschmack; der von den Bürgern bewunderte Affe, ein Klaviervirtuose, ist in Wirklichkeit ein Banause.[45] Die Geschichte ist ganz in der Tradition der Fabel gehalten: eine »Tiergeschichte«, die keine wörtliche Bedeutung hat – es geht nicht um das Verhalten der Tiere –, sondern eine symbolische, das Verhalten des Tieres steht für ein bestimmtes menschliches Verhalten. Dieses Verhalten zu kritisieren, ist das Ziel der Satire.

Kafka geht ähnlich vor[46]: ein Affe, der seinen Entwicklungsgang schildert vom wilden Tier zum bewunderten Varieté-Künstler, steht für den Menschen, dessen großartiger Entwicklungsgang vom Wilden zum Kulturträger ähnlich dürftig erscheint; also wieder fungiert der Affe sinnbildlich für den Menschen. Die Satire Kafkas zielt jedoch nicht auf eine soziale Gruppe, die Bürger, wie die Hoffmanns, sie geht ins Allgemeine: auf das menschliche Leben überhaupt, dessen Mangel an Freiheit, die Suche nach einem »Ausweg«.

Kafka hat nicht hier, sondern in *Die Verwandlung* die Gattung der Fabel zerbrochen.[47] Blieb der Weg des Affen vom Urwald über Hagenbecks Zoo zum Varieté noch fast im Rahmen des Wahrscheinlichen, konnte sein Weg noch als Metapher für den des Menschen gelesen werden, so ist es in *Die Verwandlung* nicht mehr so leicht möglich, die Käfergeschichte als Tierfabel zu lesen. In der Tierfabel wird die »Tiergeschichte« zur »Menschengeschichte«, zum Sinnbild menschlichen Verhaltens. In *Die Verwandlung* kommt es zur Vermischung. Das Tier lebt als Tier unter Menschen, die über sein Tiersein erschrecken; es ist eine Tier- und Menschengeschichte zugleich. Hier wird die Tierhaftigkeit nicht als kurzfristiges und durchsichtiges Symbol gesetzt wie in der Fabel. Was dort nur eine »übertragene« Bedeutung hatte – das Tier war nicht »wörtlich« gemeint, nur »symbolisch« –, das wird jetzt ganz wörtlich genommen: das Leben eines Käfers als Käfer. Und auch dies wird nicht als unterhaltsame Tiergeschichte dargeboten, in der Tiere dem Menschen nahegebracht werden, indem sie vermenschlicht werden. Das Leben des Käfers wird von Kafka vielmehr mit dem Bewußtsein des Menschen geschildert, der Käfer ist: Gregor Samsa ist beides zugleich, als Körper ein Käfer, als Bewußtsein ein Mensch, der sein Käfersein als Fremdsein erlebt.

In *Die Verwandlung* haben wir zwei Handlungsbereiche, und damit wären wir wieder beim Thema. Die Verwandlung Gregors in den Käfer ist der Einbruch eines zweiten Handlungsbereichs in den ersten, der bestehen bleibt. Die Familie lebt weiter wie immer, d.h., sie versucht es, denn sie ist gezwungen, ihr »alltägliches« Leben zu leben und zugleich mit ihrem höchst »ungewöhnlichen« Sohn zusammenzuleben. Die säuberliche Trennung der zwei Bereiche nach Handlungsorten gelingt auch hier nicht ganz: der Käfer Gregor kriecht aus seinem Zimmer ins Wohnzimmer der Eltern, ganz so wie die Wächter vom Gericht aus der Vorstadt in die Pension K.s in die Stadt kommen.

Zwei Handlungsbereiche hat E.T.A. Hoffmann in seinem ersten Märchen von 1813 *Der goldene Topf* besonders klar durchgeführt[48]: den Alltag in Dresden einerseits und die sagenhafte Welt von Salamandern und Schlangen andererseits. Lindhorst ist einerseits Archivar in Dresden, andererseits ein Salamander im Geisterreich; in seine Tochter Serpentina, eine Schlange, verliebt sich der Student Anselmus. Anselmus durchläuft eine Entwicklung aus der beschränkten Enge des bürgerlichen Dresden – für die der Konrektor Paulmann etwa steht – in das Reich der poetischen Phantasie. Zu Beginn in Dresden wohnhaft, hat er am Schluß das sagenhafte Atlantis als Wohnort erreicht.

Der Erzähler läßt keinen Zweifel daran, daß er das Geisterreich für real und die Bürger, die meinen, es seien Hirngespinste, für beschränkt hält. Beide Handlungsbereiche gelten im

Roman als real: das alltägliche Dresden und das sagenhafte Atlantis. Doch hat das zweite einen anderen Realitätsgrad als das erste: einmal ist es dem ersten übergeordnet, es umfaßt das erste, enthält die Prinzipien, die das erste bestimmen, zum andern ist es schwerer zu erfassen als das erste, das vor aller Augen steht. Der zweite Bereich ist nicht jedem offen, nur besonders Begabten wie dem Poeten Anselmus steht er offen, dem aber müssen auch erst die Augen geöffnet werden, und der zweite Handlungsbereich ist schwer in Worte zu fassen, was der Erzähler in der letzten Vigilie des *Goldenen Topfes* reflektiert. Doch daran kann kein Zweifel sein, daß Hoffmann im zweiten Handlungsbereich etwas höchst Reales sieht, also gerade das, was die Welt im Innern zusammenhält. Der Lauf der Welt wird von den guten und bösen Geistern bestimmt, die für Kräfte wie die Liebe und das Denken stehen, für Güte und Bosheit. Liegt bei Kafka in den zwei Handlungsbereichen etwas Ähnliches vor? Ist auch bei ihm im zweiten Handlungsbereich die Darstellung von Kräften zu sehen, von denen er meint, daß sie das alltägliche Leben der Menschen, den ersten Handlungsbereich, leiten?

Die Schwierigkeit der Deutung entsteht durch die Vermischung zweier Gattungen, bei Kafka und bei Hoffmann; Hoffmann machte es allerdings im Untertitel seines *Goldenen Topfes* kenntlich: »Ein Märchen aus der neuen Zeit«, d.h. ein Märchen, das hier und heute spielt. Er wollte etwas Neues schaffen: ein »Märchen« mit aller Freiheit und Symbolträchtigkeit phantastischer Gestaltung und zugleich eine Geschichte von heute, also aus der heutigen bzw. Hoffmanns damaliger Realität. Diese »unreine Gattung«, die aus der Vermischung von »realistischer Geschichte« und »phantastischem Märchen« in der Romantik entstand, brachte zwar eine Annäherung der phantastischen Welt an die alltägliche Realität, es brachte aber auch die alltägliche Realität ein gut Stück um ihren Realitätsgehalt, indem es sie dem Phantastischen annäherte. Hoffmann reflektiert das am Schluß von *Der goldene Topf* in der letzten Vigilie: der Erzähler geht zum Archivarius Lindhorst, also zu einer von ihm erzählten Figur; der Archivarius, der eigentlich ein Feuer-Salamander ist, hilft ihm, seinem »Erfinder«, Atlantis zu beschreiben. Eine phantastische Figur des Romans hebt Hoffmann derart mit dem im heutigen Berlin oder Dresden lebenden Erzähler auf eine Realitätsstufe. Das heißt, nicht nur der Salamander wird als »real« unterstellt, das heißt auch, den Erzähler als »phantastisch« anzusehen. Die Schwierigkeit der Deutung besteht bereits bei Hoffmann, obwohl er genug Hinweise gibt, wie die beiden Handlungsbereiche einzuschätzen sind.

Wie viele Interpreten halten seine phantastischen Figuren lediglich für Halluzinationen der Helden oder für Allegorien des Erzählers? Hier liegt im ersten Fall das Mißverständnis darin, daß die ganze Erzählung als »realistische Geschichte« gelesen wird; dann ist alles »Phantastische« Phantasterei, also Einbildung des Helden. Im zweiten Fall liegt das Mißverständnis darin, daß die Erzählung als Märchen gelesen wird, in dem alles nur Symbol ist für anderes. Den ersten Fall müssen wir als Fehler ausschalten, den zweiten müssen wir modifizieren: der erste Handlungsbereich ist durchaus »realistisch« zu lesen, der zweite Handlungsbereich zwar »symbolisch«, aber nicht in dem Sinne, daß er keine Realität meint. Er meint eine Realität, die aber nicht anders als durch diese »Symbole« auszusprechen ist, wenn sie überhaupt auszusprechen ist.

Der erste Handlungsbereich ist die Alltagswelt, der zweite eine andere Welt, die der alltäglichen übergeordnet ist, die sie umfaßt. Sie hat den höheren Realitätsgrad, doch sie ist schwer zu erfassen, wie eben die Wahrheit, die hinter der Welt der Erscheinungen liegt, schwer zu fassen ist. Hinter der Alltagswelt verbirgt sich ein anderes, schwer Durchschaubares, das nicht weniger real, sondern realer ist als dieser Alltag! Das gilt, meine ich, für Kafka genauso wie für Hoffmann. Wenn auch Hoffmanns Vorstellung von der Welt eine andere ist als die Kafkas, so machen doch beide von demselben poetischen Verfahren Gebrauch, um ihre Welt-Vorstellung darzustellen: die Kräfte, die ihrer Meinung nach in der Welt wirksam sind, werden durch eine Handlung in einem Handlungsbereich mit besonderen Regeln in der Erzählung dargestellt.

Die Abweichung vom alltäglichen Leben, die den Helden so erstaunen läßt, soll auch uns Leser erstaunen machen, weshalb der Erzähler uns ganz an die Perspektive des Helden bindet. Wir sollen von der Oberfläche alltäglicher Gewohnheiten auf das unter dieser Oberfläche Verborgene hingelenkt werden; die Unterbrechung des Alltags des Helden soll eine Unterbrechung unserer alltäglichen Seh- und Denkgewohnheiten herbeiführen, damit wir die Augen endlich öffnen und mehr sehen als gewöhnlich. Deshalb sind die Regeln des zweiten Handlungsbereichs in *Der Prozeß* so scharf als vom Gewohnten abweichend markiert. Und sie werden so undeutlich mitgeteilt, damit wir genauer hinzusehen gezwungen sind. Aber auch weil das, was da mitgeteilt werden soll, schwer mitzuteilen ist, wenn es überhaupt mitgeteilt werden kann. Jedenfalls entzieht es sich dem gewohnten Ablauf unserer Geschichten, wie wir schon gesehen haben, und der üblichen Logik unseres Denkens, wie wir weiterhin sehen werden.

K. wird zu Beginn des Romans aus seinem Bett gerissen, so wie der Reiter vom Pferd geworfen wurde, der in der Rennbahn mit den anderen sich abhetzte. Denken wir an dieses Bild, das Kafka, angestoßen von Robert Walsers Figur des Simon Tanner, im Brief an Direktor Eisner gab.[49] Wer mitten im Rennen ist, sieht nichts. Wer herausgerissen wird, sieht; doch er sieht so viel wie der Wurm, der auf dem Bauch im Grase kriecht: unzusammenhängende Einzelheiten. So sieht der aus seinem Alltagstrott herausgeworfene K. das Gericht!

Zu Anfang erfährt K. einiges von den Wächtern, die sich allerdings als »niedrige Angestellte« vorstellen. Der Aufseher schon spricht geringschätzig von deren »Geschwätz«. Er gibt keine Auskunft über das Gericht, dagegen empfiehlt er K., »denken Sie weniger an uns und an das, was mit Ihnen geschehen wird, denken Sie lieber mehr an sich« (16). Ein Rat, den K. nicht befolgt. Hätte er ihn befolgen können, da doch das Gericht so in sein Leben eingegriffen hatte, daß »an sich denken« gleichbedeutend wurde mit »an das denken, was das Gericht ihm antut«?

»Das Gericht hat eine eigentümliche Anziehungskraft, nicht?« sagte Fräulein Bürstner zu K. (27). In der Tat, die Faszination des Gerichts – für den Leser genauso wie für K. – ist erheblich, nicht nur wegen der Geheimnistuerei, hinter die K. kommen will, auch daß er anscheinend unschuldig ist und das Gericht anscheinend ungerecht, ist für K. immer wieder Anlaß, sich selbst ins rechte Licht zu setzen und das Gericht anzugreifen: K. als der zu Unrecht verfolgte, der um Sympathie oder doch um Verständnis wirbt, bei den Frauen, bei Gericht selbst in der »ersten« und letzten Untersuchung. Das Gericht lädt ihn zwar vor, aber K. geht danach freiwillig zum Gericht hin. Als ihm der Fabrikant die Adresse des Gerichtsmalers gibt, läßt K. alles stehen und liegen, um zu ihm zu eilen.

Die Faszination des Gerichts ist eine von Abstoßen und Anziehen zugleich, ganz so wie die Faszination der Frauen auf K. Das Gericht ist widerwärtig: die äußere Erscheinung der Wächter, der Zuhörer der Untersuchung, des Richters, der Kanzleibeamten, des Malers. Alle sind von einem abstoßenden Äußeren: schmutzig oder fett oder aufdringlich oder gierig oder obszön. Besonders stark ist diese abstoßende Wirkung des Gerichts in der Prügelszene.

Und doch ist es gerade dieses Abstoßende, das dann auch wieder anziehend wirkt, weil es dazu verleitet, genauer hinzusehen, weil es einlädt, sich mit ihm gemein zu machen. Es ist immer auf Komplizenschaft und Kumpanei aus; K. wird dazu verführt »teilzunehmen«. Und immer wieder tut er es, um es danach zu bereuen. So kauft er etwa dem Maler die Bilder ab, die ihm gar nicht gefallen und alle dasselbe darstellen. Übrigens sind auch die Räumlichkeiten des Gerichts von derselben Faszination: schmutzig, stickig, ärmlich und doch anziehend. Sie locken K. hinein, doch ist er nachher froh, wieder draußen zu sein.

K.s Beziehung zum Gericht, zu den Figuren des Gerichts, zu den Räumen des Gerichts ist von starker Emotionalität, die von einander widersprechenden Regungen hervorgerufen wird: von Abstoßen und Anziehen zugleich. Die Figuren und die Räumlichkeiten des Gerichts sind den Figuren und Räumlichkeiten des Alltagslebens von K. entgegengestellt in einer Umkehr der sozialen Rangordnung. Steht K. als Prokurist relativ weit oben auf der sozialen Skala, so stehen die Figuren in den Mietskasernen relativ weit unten auf der sozialen Skala.

soziale Oberschicht		soziale Unterschicht
Gutbürgerliches Milieu K.s		Proletarisches Milieu des Gerichts

Die abstoßende Wirkung des Gerichts ist zum Teil durch den sozialen Unterschied begründet; je größer der Abstand, der ja aus der Sicht des braven Bürgers K. geschildert wird, um so tiefer der Fall des Helden. K.s Fall von der Höhe des Prokuristen in die Niederung des Bettlers in Vorstadt-Vierteln bezeichnet die enorme Erniedrigung, zu der das Gericht ihn zwingt bzw. zu der er sich bringt; beides zugleich scheint ja zuzutreffen. Nehmen wir eine soziale Skala an:

Oben
|<———————————————————————————

Direktor   Vize-Direktor   *Prokurist K.*   Staatsanwalt   Advokat
Hasterer

Kanzleidirektor   Untersuchungsrichter   Kanzleibeamter
                                                              Unten
———————————————————————————>|

Gerichtsdiener   »Waschfrau«   Wächter   *Angeklagter K.*

K. rutscht an das Ende der sozialen Rangordnung, weil er als Angeklagter des Gerichts sogar den Wächtern unterlegen ist, die über ihn verfügen können und mehr wissen als er.

Die Gegenwelt des Gerichts als zweiten Handlungsbereich bildet also Kafka nicht mit Figuren aus Märchen oder Sagen, wie das Hoffmann tat, sondern aus alltäglichen Figuren, die jedoch eine Umkehr der im ersten Handlungsbereich gültigen Regeln des sozialen Milieus verkörpern: vom Gutbürgerlichen zum Armselig-Proletarischen, vom Sauberen zum Schmutzigen, vom Offenen zum Verschlagenen, vom Zuverlässigen zum Hinterhältigen, kurzum von der Bank in der City zu den Mietskasernen der Vorstadt.[50] K. hat zwei Plätze in der sozialen Ordnung: einen angesehenen als Prokurist im ersten Handlungsbereich, einen geringen als Angeklagter im zweiten Handlungsbereich. Der Abstand zwischen beiden Plätzen markiert seine Erniedrigung.

Der zweite Handlungsbereich wird als soziale Gegenwelt des Milieus des ersten Handlungsbereichs konstruiert: das sagt noch nichts über seine Bedeutung aus, so wenig wie die Feststellung, daß Hoffmann Salamander und Schlangen als Figuren benutzt, etwas über deren spezifische Bedeutung bei Hoffmann besagt. Kafka benutzt das soziale Milieu der Vorstadt als Gegenwelt, er gibt ihm die Figuren, den Ort, das Dekor, doch besagt dies noch nichts über die Bedeutung dieses Dekors. Allerdings wird mit diesem »realistischen« Material, das »phantastischen« Zwecken dient, die Irritation des Lesers verstärkt. Die irritierende Abweichung des zweiten vom ersten Handlungsbereich erzeugt Kafka mit drei Mitteln:

1. Dem als deutliche Gegenwelt gezeichneten sozialen Milieu der Vorstadt.
2. Der Ortsverlagerung des Gerichts in diese Vorstadt, so daß eine merkwürdige Mischung von sozialer Armut und juristischer Machtvollkommenheit entsteht.
3. Durch die Regeln dieses besonderen Gerichts, die ungewöhnlich und undurchschaubar sind.

Das Gericht hat seine eigene Hierarchie, und K. trifft immer nur mit den allerniedrigsten Chargen zusammen; es gibt viele höhere Ränge; wie es da oben ist, weiß K. nicht; ob die oben wissen, was die unten tun, ist unwahrscheinlich. Das läßt K.s Prozeß hoffnungslos erscheinen. Der Onkel zitiert, bevor er K. zum Advokaten bringt, das »Sprichwort«: »Einen solchen Prozeß haben, heißt ihn schon verloren haben.« (85) K.s Prozeß scheint verloren, was gerade die beiden ausführlichsten Darlegungen des Gerichtsverfahrens im 7. Kapitel bestätigen, die des Advokaten über Eingaben bei Gericht und die des Malers über den Freispruch.

Damit komme ich zu den Regeln des zweiten Handlungsbereichs; zuerst zu den Eingaben.

Die Aussagen des Advokaten sind widersprüchlich (99ff.). Ich fasse den Anfang seiner Argumentation zusammen:

1. Die erste Eingabe sei wichtig.
2. Manchmal werde sie jedoch nicht gelesen.
3. Sie werde dann später gelesen.
4. Doch werde sie »gewöhnlich« verlegt oder gehe verloren.
5. Gehe sie nicht verloren, werde sie auch nicht gelesen.
6. Die erste Eingabe könne zudem, da die Anklage nie bekannt sei, nur zufällig etwas enthalten, was wichtig sei.

Aus diesen Darlegungen läßt sich der Schluß ziehen, der den ersten Satz widerruft: die erste Eingabe ist *nicht* wichtig. Einmal enthält sie nichts von Bedeutung, zum andern liest sie eh keiner. Es kommt also auf spätere Eingaben an, falls die jemand liest. Der Nutzen der Verteidigung ist also höchst fragwürdig; sie wird nur geduldet, und auch das ist umstritten. Ihre niedrige Stellung wird durch den Raum, den man ihr zuwies, dokumentiert: die Äquivalenz von Räumlichkeit und Status wird hier im Text explizit genannt:

fensterlose Kammer ≈ niedriger Status der Verteidigung

Der logischen Konsequenz, die Verteidigung für völlig unnötig zu halten, wird allerdings auch widersprochen. Der Verteidiger, der die Anklage nicht kennt, an Verhören und Verhandlungen nicht teilnehmen darf, dessen Eingaben nicht gelesen werden, der also keinerlei rechtliche Funktion hat, habe dennoch eine Aufgabe: die persönlichen Beziehungen zu pflegen. Aha, denkt der geduldige Leser, Protektion immerhin, auch Korruption möglicherweise, aber es tut sich doch etwas. Natürlich ist das wieder falsch. Auch hier wird die einmal getroffene Aussage widerrufen: man kann zwar die Beamten beeinflussen, doch kann man dem Einfluß nicht trauen:

1. Die »Beamten« nehmen die fremde Ansicht gern an.
2. Sie geben »für den nächsten Tag einen Gerichtsbeschluß, der gerade das Entgegengesetzte enthält« (102).

Das ist ein kontradiktorischer Widerspruch: entweder sie nehmen die Ansicht an und fassen einen entsprechenden Beschluß *oder* sie nehmen ihn nicht an und fassen einen entgegengesetzten Beschluß. Da sie den entgegengesetzten Beschluß fassen, sind sie nicht zu beeinflussen.

Doch auch hier kann sich der Denkprozeß nicht beruhigen: von Negation zu Negation der Negation schreitet er fort, und er könnte bis ins Unendliche fortschreiten auf diese Weise. Das ist sicher eine Bewegung, die Kafka beabsichtigte: »die Rangordnung und Steigerung des Gerichts sei unendlich und selbst für den Eingeweihten nicht absehbar.« (103) Die Rangordnung des Gerichts geht ins *Unendliche*, die Ordnung ist selbst dem Eingeweihten nicht absehbar, um wieviel weniger dem Uneingeweihten.

Stimmt diese Mitteilung des Advokaten? Alle Mitteilungen über das Gericht tragen immer dieses Fragezeichen mit sich; immer sind es Äußerungen von einzelnen, die nur unzureichend informiert sind; auf solche Äußerungen sind wir – K. und wir Leser – angewiesen. Ich meine, diese Mitteilung des Advokaten stimmt, sie wird bestätigt durch andere Äußerungen im Roman, die des Malers, die des Kaplans, und sie wird durch eine Erzähl- und Gedankenfigur Kafkas in diesem Roman und andernorts bestätigt, eine Figur, die uns begreiflich machen will, was uns so unbegreiflich ist: die programmierte Erfolglosigkeit. Der Suchende, der den Weg nicht findet, aber das Ziel weiß – wie jener Mann auf dem Weg zum Bahnhof in *Gibs auf* –, der Heimkehrer, der vor der Tür steht, aber nicht eintritt, also auch das Ziel nicht erreicht – wie in der Version der Geschichte vom verlorenen Sohn –, es ist immer wieder die nämliche Struktur mit ihren Variationen, die uns die Erzählungen im Handlungsablauf bieten. Dieses »Der Weg ohne Ziel« ist die typische Erzählfigur Kafkas, die entsprechende Denkfigur Kafkas, ebenfalls ein Weg ohne Ziel, ist die Negation einer Aussage und die Negation dieser Negation und wiederum die Negation dieser Negation etc. Es ist eine Denkfigur, die auf eine endlose Spirale hin angelegt ist, insofern die Negation der Negation nicht zur Position zurückführt, wenigstens in vielen Fällen nicht, sondern sich fortsetzt, indem die Negation wiederum zu einer Aussage wird, die negiert wird etc.

Unser Beispiel: Die Verteidigung laut 7. Kapitel:

Position	1a) *Negation*	1b) *Negation von 1a)*
Die erste Eingabe ist wichtig	Sie wird nicht gelesen	Später wird sie doch gelesen

1c) *Negation von 1b)*		<u>*Konsequenz:*</u> *Negation der Position*
Sie geht verloren		Die erste Eingabe ist nicht wichtig

<u>*Konsequenz:*</u> Frage nach dem Nutzen der Verteidigung.

I *Position*	II *Negation*	III *Negation von II*
Die Verteidigung ist nützlich	Die Verteidigung ist nicht gestattet	Sie ist geduldet
IV *Negation von III*	*IVa*	*IVb*
Sie kann nicht im Verfahren tätig werden	Sie kennt nicht die Anklage	Sie kann nicht am Verhören teilnehmen etc.
V *Negation von IV*	VI *Negation von V*	
Die Verteidigung kann in persönlichen Beziehungen wirken	Persönliche Beziehungen bewirken das Gegenteil des Beabsichtigten	

VII *Negation von VI*
   Die Beamten holen
   sich doch Rat beim
   Verteidiger

VIII *Negation von VII*
    Die Beamten nehmen
    keinen Rat an

An dieser Stelle der Negationen, die doch letztlich alle zum Ausdruck bringen, daß Verteidigung nutzlos ist, setzt eine Kette von Negationen ein, die die Fragwürdigkeit des Gerichts selbst zum Gegenstand haben. Die Beamten haben den Kontakt zur Bevölkerung verloren, sie kennen sich nicht aus, sie dürfen nur kleine Aspekte des Verfahrens beachten:

»Das Verfahren vor den Gerichtshöfen sei aber im allgemeinen auch für die unteren Beamten geheim, sie können daher die Angelegenheiten, die sie bearbeiten, in ihrem ferneren Weitergang kaum jemals vollständig verfolgen, die Gerichtssache erscheint also in ihrem Gesichtskreis, ohne daß sie oft wissen, woher sie kommt, und sie geht weiter, ohne daß sie erfahren, wohin.« (103)

Ist also die Verteidigung schon nutzlos, so ist das Gerichtsverfahren selbst sinnlos, wenn niemand der für das Verfahren verantwortlichen Beamten tasächlich verantwortlich ist. Innerhalb des Gerichts wiederholt sich so, was außerhalb des Gerichts – bei K., beim Advokaten – schon beunruhigend genug war: auch die Beamten des Gerichts wissen nichts Genaues, auch sie sind trotz immenser Anstrengung – sie arbeiten oft Tag und Nacht – nicht in der Lage, das Verfahren zu durchschauen, in das sie verwickelt sind. Die Unwissenheit und Machtlosigkeit, die das Gericht bei denen hervorruft, die mit ihm zu tun haben, wiederholt sich innerhalb des Gerichts: auch dort herrschen Unwissenheit und Machtlosigkeit, auch die Beamten sind Objekte eines Verfahrens, nicht Subjekte. Mögen die einzelnen Beamten auch egoistisch und korrupt sein, so sind sie doch nicht böswillige Täter, die für dieses Gerichtsverfahren verantwortlich zu machen wären. Es ist ein »Organismus«, riesig, undurchschaubar, selbstbewegt, der unbeirrbar seinen Gang geht, weshalb der Advokat empfiehlt:

»Nur keine Aufmerksamkeit erregen! Sich ruhig verhalten, selbst wenn es einem noch so gegen den Sinn geht! Einzusehen versuchen, daß dieser große Gerichtsorganismus gewissermaßen ewig in der Schwebe bleibt und daß man zwar, wenn man auf seinem Platz selbständig etwas ändert, den Boden unter den Füßen sich wegnimmt und selbst abstürzen kann, während der große Organismus sich selbst für die kleinen Störungen leicht an einer anderen Stelle – alles ist doch in Verbindung – Ersatz schafft und unverändert bleibt, wenn er nicht etwa, was sogar wahrscheinlich ist, noch geschlossener, noch aufmerksamer, noch strenger, noch böser wird.« (104)

Böse ist er, der Organismus, wenn wir – K. und wir Leser – dem Advokaten trauen dürfen: *geschlossen* auch, d.h., es gibt keine Möglichkeit herauszukommen, *aufmerksam*, d.h. nichts entgeht ihm, *streng*, d.h., Nachsicht ist nicht zu erwarten.

Die Geschlossenheit, Aufmerksamkeit, Strenge und Boshaftigkeit dieses »Organismus« und seine Undurchschaubarkeit hat Kafka in der Metapher vom Gericht zum Ausdruck gebracht, und zwar eines Gerichts, das vom üblichen Gericht erheblich abweichen mußte, um die Eigentümlichkeit dieses »Organismus« verkörpern zu können, dem K. – und nicht nur K. – ausgeliefert ist, ohne seine Gesetze zu kennen. Die Göttin der Gerechtigkeit, die Titorelli malen soll, ist zugleich die Siegesgöttin. »Das ist keine gute Verbindung«, sagt K. (126). Der Sieg dieser Gerechtigkeit über die Angeklagten ist schon von Anfang an ausgemacht, weshalb sie zugleich auch noch als Göttin der Jagd erscheint: sie jagt den Angeklagten. »Sie hetzen dich«, sagt Leni (173). Einen Freispruch gibt es nicht, wie Titorelli in der uns nun bekannten Argumentationsweise erläutert; er fügt Negation an Negation (131).

Demnach gibt es drei Möglichkeiten des Freispruchs: die »wirkliche Freisprechung«, die »scheinbare Freisprechung«, die »Verschleppung«, von denen keine tatsächlich zu verwirklichen ist. »Scheinbarer Freispruch« und »Verschleppung« sind zudem gar keine Freisprüche. Titorelli nennt sie auch Arten »der Befreiung«. Nur am »wirklichen Freispruch« kann K. gelegen sein. Den zu erreichen, gibt es kein Mittel, »wahrscheinlich« aber reicht die Unschuld des Angeklagten. Das wäre einfach und gut: der Angeklagte ist unschuldig, der Angeklagte wird deshalb freigesprochen. Dieser Fall ist dem Gerichtsmaler, der »unzählbare Prozesse« verfolgt hat, nicht bekannt geworden: er hat keinen »einzigen wirklichen Freispruch erlebt«. Nur »alte Legenden«, die von Gerichtsfällen berichten, enthalten »sogar in der Mehrzahl wirkliche Freisprechungen« (133). Da es Legenden sind, ist jedoch ihr Wahrheitsgehalt zweifelhaft; und wenn sie wahr wären: diese

Freisprüche sind in alter Zeit vorgekommen. Bleibt der »scheinbare Freispruch«, angeblich ist er durch Beeinflussung der Richter –, die, wie es an anderer Stelle hieß, gar nicht zu beeinflussen sind – zu erlangen. Dann ist der Angeklagte aber nur scheinbar, nur »zeitweilig frei«, also nicht frei. Die unteren Richter, die Titorelli kennt, haben gar nicht das Recht zum Freispruch. Bleibt die »Verschleppung«, die leider den Nachteil hat, daß der Angeklagte doch von Zeit zu Zeit zu Verhören geladen wird, also das Verfahren wie üblich weiterläuft. Das ist also auch keine Befreiung; d. h. es gibt kein Entrinnen!

Position	Negation	
»Freispruch« →	kein Freispruch	
	»scheinbarer Freispruch« →	kein Entrinnen
	»Verschleppung« →	kein Entrinnen

Der »Freispruch« ist nicht möglich, es gibt keinen Freispruch, auch »scheinbarer Freispruch« und »Verschleppung« fallen unter diese Negation »kein Freispruch«, was der Gerichtsmaler in seinen Darlegungen bestätigt.

Ein Gerichtsmaler gibt hier Auskunft, ein Künstler, einer, der nicht zum Gericht selbst gehört, aber Kontakt zu unteren Richtern hat. Zuvor gab Advokat Huld Auskunft, der zu der nur geduldeten einflußlosen Verteidigung gehört, also ebenfalls nicht zum Gericht. Auch seine Bekannten bei Gericht sind nur untere unwissende Beamte. Der Kaplan im Dom, der dritte, von dem K. ausführlichere Auskunft erhält, ist ebenfalls kein Richter. Er ist »Gefängniskaplan«, betreut also die Gefangenen; immerhin scheint er unter den dreien dem Gericht noch am nächsten zu sein. Doch K. erhält nie Auskunft von einem Richter des Gerichts, nicht einmal von dem untersten Untersuchungsrichter, der seine »erste Untersuchung« leitet.

Der Gerichtsmaler Titorelli trifft zwei wichtige Unterscheidungen für die Hierarchie des Gerichts: nur »das oberste Gericht« ist das entscheidende, das aber ist »für Sie, für mich, für uns alle ganz unerreichbar« (136). Und er unterscheidet weiterhin zwischen dem Gericht und dem Gesetz. Das Gesetz ist ihm unbekannt, Huld ist es unbekannt, dem Untersuchungsrichter scheint es unbekannt, das zerfledderte Gesetzbuch, in dem dieser während der »Ersten Untersuchung« blätterte, war ein pornographisches Heft.

Demnach sähe die Hierarchie des Gerichts so aus, daß K. als Angeklagter ganz unten steht, daß die anderen, außerhalb des Gerichts Stehenden wie Huld und Titorelli über ihm stehen als Kontaktpersonen des Gerichts, daß über diesen wiederum die untersten Dienstboten des Gerichts stehen, über denen die untersten Beamten, über denen dann höhere bis zum »obersten Gericht«, das unerreichbar weit oben ist und über dem noch »das Gesetz« steht, das niemand kennt, jedenfalls niemand, den K. kennt.

Wissen	Macht			
			Das Gesetz	
			Das oberste Gericht	
			Das mittlere Gericht	
			Das untere Gericht	
Unwissen			Das unterste Gericht	
			Das Untersuchungsgericht	
			Gefängniskaplan	
			Kanzleidirektor	
	Macht- zuwachs		Kanzleibeamte	
			Henker	
			Prügler	
			Aufseher	
			Wächter	
			Gerichtsdiener	Frau des Gerichtsdieners
		Außerhalb des Gerichts	Gerichtsmaler	Mädchen
			Advokat	Leni
			Angeklagte: K., Block	
Unwissen	Ohnmacht			

— = Informanten von K.

Bis zum »Untersuchungsgericht« dringt K. in seiner »Ersten Untersuchung« (2. Kapitel) vor, darüber hinaus gelangt er nie. Die Figuren, die ihm Auskunft geben, sind Außenstehende oder unterste Bediente des Gerichts. Daß das Gericht deutlich gegliedert erscheint, wird – meine ich – ein wichtiger Gesichtspunkt sein bei der Beantwortung der immer noch offenen Frage nach der Bedeutung des Gerichts. Die Gliederung von unten nach oben ist die eines Zuwachses an Macht; der in der Hierarchie höher Stehende hat Macht über die ihm Unterstehenden – die Wächter über K., der Prügler über die Wächter, der Advokat über K. Doch der Zuwachs an Wissen ist nicht vorhanden: alle, die wir kennenlernen, sind letztlich gleichermaßen unwissend. All ihre Kenntnisse reichen nicht an das unerreichbare »oberste Gericht«, niemand kennt »das Gesetz«. Also: zwar Macht in gestuftem Zuwachs, aber kein eigentliches Wissen. Es gibt nur das ganze Wissen über »das Gesetz«, das hier niemand hat, oder gar keins.

5.3. Schuld und Scham

Bei der beschriebenen Eigenart des Gerichts ist die Frage, ob der Angeklagte – hier K. – unschuldig ist oder nicht, fast unerheblich. Der Organismus arbeitet unberührt von dieser Frage, die auch gar nicht von den unwissenden Angeklagten und untersten Bedienten des Gerichts beantwortet werden könnte. Diese Frage könnte nur von dem obersten Gericht beantwortet werden, das einzig das Wissen dazu hat.

K. selbst hält sich für unschuldig, und soviel scheint sicher, daß er kein Verbrechen im üblichen Sinne begangen hat. Er hält sogar die Überlegung, ob er denn schuldig sei oder nicht, schon für ein halbes Eingeständnis von Schuld, weshalb er sie von sich weist (109). Und zu Titorelli bekennt er freudig, freudig, weil ihm endlich jemand zuhört, daß er unschuldig sei (128). K. weiß aber inzwischen schon, daß das am Verlauf des Gerichtsverfahrens nichts ändert. Titorelli dagegen macht ihm Hoffnung: »Da Sie unschuldig sind, wäre es wirklich möglich, daß Sie sich allein auf ihre Unschuld verlassen. Dann brauchen Sie aber weder mich noch irgendeine Hilfe.« (131)

Wer unschuldig ist, müßte freigesprochen werden – davon hat aber Titorelli noch nie gehört. Entweder ist die Frage nach Schuld oder Unschuld vor diesem Gericht völlig unerheblich, oder alle Menschen sind vor diesem Gericht schuldig. In gewisser Weise ist beides der Fall: alle sind schuldig, weil die Frage Schuld oder Unschuld unerheblich ist, also auch die, die unschuldig sind, werden wie Schuldige behandelt, also alle sind schuldig vor diesem Gericht. Doch mit seinem zweiten

Satz hat Titorelli Recht: Hilfe braucht K. nicht, und zwar aus dem einfachen Grunde, den er dem Gespräch mit dem Advokaten hätten entnehmen können, weil es keine Hilfe gibt. Niemand hat die Möglichkeit, auf das Gericht einzuwirken. Deshalb ist K. im Irrtum, wenn er weiterhin nach Hilfe sucht und deshalb zu Titorelli rennt.

Wenn auch die Frage nach Schuld oder Unschuld vor diesem Gericht als unsinnig erscheint, so könnte sie doch über den vom Roman abgesteckten Rahmen hinaus auf den Autor ausgedehnt werden und als sinnvoll erscheinen. Viele Interpreten haben ja immer wieder gefragt: ist in *Der Prozeß* nicht doch von Schuld die Rede, und zwar von einer Schuld Kafkas, nicht K.s? K. ist im fiktionalen Feld des Romans einerseits unschuldig im Sinne üblicher Gerichtsbarkeit, andererseits schuldig im Sinne des obskuren Gerichts, von dem jeder wie ein Schuldiger behandelt wird. Und Kafka? Stellt er vielleicht in diesem obskuren Gericht ein eigenes Schuldbewußtsein dar, nicht ausdrücklich, aber doch versteckt?

Die auffallende Koppelung von Kontakt zu Frauen und Kontakt zum Gericht, auf die wir im syntagmatischen Ablauf des Romans gestoßen sind, könnte einen Anhaltspunkt für diese Vermutung liefern. Die Koppelung ist nicht nur durch ein Nacheinander charakterisiert: Kontakt zum Gericht ist auch Kontakt zu Frauen und umgekehrt; eine wechselseitige Implikation liegt also vor; sie ist auch häufig durch eine Homologie, durch die Ähnlichkeit der Beziehungen, gekennzeichnet.

    K.   : Waschfrau : : K.   : Gericht
    Block : Leni   : : Block : Huld

Die Waschfrau zieht K. an und stößt ihn ab wie das Gericht. Block unterwirft sich Leni wie Huld. Die Reihenfolge der Begegnungen K.s mit Frauen und dem Gericht in den Kapiteln 1 und 2 etwa liest sich wie ein zwanghafter Ablauf, in dem das eine immer das andere zur Folge haben muß. Es ist wie ein Kreislauf, in den K. gebannt ist, in dem er immer herumrennt, aus dem er nicht herauskommt.

I. 1. K. umarmt Fräulein Bürstner – Störung durch Hauptmann *Lanz*

    2. K. sucht Tischler *Lanz* auf.

II.	3. K. hält Verteidigungsrede – Störung durch Umarmung der Waschfrau
	4. K. sucht Waschfrau auf
III.	5. K.s Werben um die Waschfrau – Störung durch den Studenten, den Diener des Richters
	6. K. sucht Gerichtskanzleien auf

I.	Kontakt zu Frauen → Störung durchs Gericht → Aufsuchen des Gerichts
II.	Kontakt zum Gericht → Störung durch Frauen → Aufsuchen der Frauen
III.	Kontakt zum Frauen → Störung durchs Gericht → Aufsuchen des Gerichts

Als K. Fräulein Bürstner umarmt, stört ein Hauptmann Lanz im Nebenzimmer durch Klopfen das Paar. Als K. danach das Untersuchungsgericht sucht, fragt er nicht nach dem Gericht, sondern nach einem von ihm erfundenen Tischler Lanz. Er nennt den Tischler absichtlich nach dem Hauptmann. Warum? Sucht K. den Hauptmann, eine Respektperson auf, um sich zu verteidigen? Fühlt er sich schuldig wegen der Umarmung des widerstrebenden Fräuleins? Tatsächlich ist ja sein Verhör vor dem Untersuchungsrichter dann kein Verhör, sondern eine Verteidigungsrede bzw. ein Angriff gegen das Gericht. Er fühlt sich in die Rolle des Angeklagten versetzt, obwohl er doch nichts getan hat, als das Fräulein zu umarmen? Deshalb klagt er das Gericht an? Wenn dem so ist: seine Rede wird gerade von dem unterbrochen, was sie verdecken will, von heftigen Umarmungen der Waschfrau durch einen kreischenden Mann.

Warum sucht K. danach *ohne* Vorladung das Gerichtsgebäude wieder auf? Um diese Waschfrau zu treffen, die sich ihm auch prompt anbietet? Doch wieder stört ihn eine Respektperson bei seinem Werben: der Student, Diener des Richters, schleppt die Frau zum Richter. Daraufhin sucht K. mit dem Mann dieser Frau das Gericht bzw. die Gerichtskanzleien auf; er versetzt sich in die Lage des Mannes dieser Frau und will wieder vor Gericht den Eingriff des Gerichts anklagen bzw. sich rechtfertigen.

Besteht also K.s »Schuld« darin, daß er sexuellen Kontakt zu Frauen haben will, er diesen Kontakt aber als schmutzig empfindet und er sich durch Vorwürfe von Autoritätspersonen gestört fühlt, vor denen er sich rechtfertigen will oder muß? Und ist darin das Problem des Autors Kafka zu sehen?

Das Gericht wäre demnach nicht identisch mit sexuellem Kontakt, sondern das eine – der Kontakt – zöge das andere nach sich: als Vorwürfe und Selbstvorwürfe. Dabei würde der Schmutz des Gerichts auf den moralischen Schmutz dieser Kontakte hindeuten – hier läge also eine syntagmatische Vertauschung vor.

1. Der Kontakt zu Frauen ist *»schmutzig«*. 2. Das Gericht ist *»schmutzig«*.

Überhaupt ließe sich dann, würden wir die syntagmatische Vertauschung – wenn sie denn vorläge – rückgängig machen, der Handlungsablauf des Romans leichter lesen: denn dann würde die Koppelung von Gerichtskontakt und Frauenkontakt zu einem »sinnvollen« Nacheinander. »Sinnvoll« insofern, als jetzt der Kontakt zu Frauen den ihm folgenden Kontakt zum Gericht begründen würde in der Art einer Kausalität: *weil* Kontakt zu Frauen, *deshalb* Kontakt zum Gericht.

Läge tatsächlich eine syntagmatische Vertauschung vor wie im bereits erwähnten Beispiel:

1. Leni küßt K. im *Arbeitszimmer*. 2. Der Advokat arbeitet für K. im *Schlafzimmer*.

dann ließe sich das leicht rückgängig machen:

1. Leni küßt K. im Schlafzimmer. 2. Der Advokat befaßt sich mit K.s Prozeß im Arbeitszimmer.

Bei genauerer Analyse der betreffenden Stelle im 6. Kapitel erscheint das schlüssig: der Advokat, der Onkel, der Kanzleidirektor, sozusagen ein Familienrat, zerbrechen sich den Kopf über den mißratenen K., der im Nebenzimmer das Dienstmädchen küßt. Dieses Dienstmädchen hat eine Haut zwischen zwei Fingern, die solcherart zusammengewachsen sind, und ihre Hände sind wie »Krallen«; sie hat also etwas »Teuflisches«, denn Teufel haben Krallen und Häute zwischen den Fingern (96).

Auch im 1. Kapitel fände diese Vermutung, es handle sich um eine syntagmatische Vertauschung, eine Bestätigung: K.s Werben um Fräulein Bürstner zieht die »Verhaftung« nach sich, hieße die Reihenfolge, würden wir sie umdrehen. Also wieder führte eine Umkehr der syntagmatischen Reihenfolge zu einer »sinnvollen« Handlung. Bestätigt wird das durch die Ausführung von Frau Grubach (24). Frau Grubach beobachtet demnach das Verhalten von Fräulein Bürstner genau, deren Männer-Kontakte vor allem, sie ist ihr »verdächtig« (24), sie will die Pension »rein« erhalten. Daraufhin fühlt K. sich angegriffen: »Die Reinheit ... wenn sie die Pension rein erhalten wollen, müssen Sie zuerst mir kündigen.« (24)

Frau Grubach als Untersuchungsrichterin, die den Verdächtigen beobachtet! Das Vergehen wird auch genannt: Vergehen gegen die »Reinheit«; das Gegenteil von Reinheit ist Schmutz: die Reinheit der Enthaltsamkeit oder der Schmutz des sexuellen Kontakts?

Enthaltsamkeit: Reinheit: Sexueller Kontakt: Schmutz

Fräulein Bürstner ist hier verdächtig, K. jedoch ebenfalls. K.s Verlangen nach Fräulein Bürstner bringt seinen »Prozeß« in Gang, immer vorausgesetzt, die Vermutung ist richtig. Klaus Wagenbach meint, daß im Namen »Bürstner« eine obszöne Bedeutung anklinge (»bürsten« als vulgärer Ausdruck für Geschlechtsverkehr).[51] Es gibt eine weitere Bestätigung für den engen Zusammenhang von Fräulein Bürstner und K.s »Prozeß«: »das Verhältnis zu Fräulein Bürstner schien entsprechend dem Prozeß zu schwanken.« (108/9) Also wieder die wechselseitige Abhängigkeit des einen vom andern; das Verhältnis zu Fräulein Bürstner hängt vom Prozeß ab und – können wir hinzufügen – der Prozeß vom Verhältnis zu Fräulein Bürstner.

»Die Verachtung, die er früher für den Prozeß gehabt hatte, galt nicht mehr. Wäre er allein in der Welt gewesen, hätte er den Prozeß leicht mißachten können, wenn es allerdings auch sicher war, daß dann der Prozeß überhaupt nicht entstanden wäre. Jetzt aber hatte ihn der Onkel schon zum Advokaten gezogen, Familienrücksichten sprachen mit; seine Stellung war nicht mehr vollständig unabhängig von dem Verlauf des Prozesses, er selbst hatte unvorsichtigerweise mit einer gewissen unerklärlichen Genugtuung vor Bekannten den Prozeß erwähnt, andere hatten auf unbekannte Weise davon erfahren, daß Verhältnis zu Fräulein Bürstner schien entsprechend dem Prozeß zu schwanken – kurz, er hatte kaum mehr die Wahl, den Prozeß anzunehmen oder abzulehnen, er stand mitten darin und mußte sich wehren. War er müde, dann war es schlimm.« (108/9)

Wäre K. allein auf der Welt, hätte er den Prozeß mißachten können. Aus Rücksichten auf andere, die Familie, Verwandte, Bekannte mußte er sich so verhalten, daß er keine Vorwürfe auf sich zieht. Der Onkel bringt ihn zum Advokaten, bei Frau Grubach muß er sich entschuldigen, vor den Direktoren und Kollegen in der Bank muß er sich in acht nehmen: Hier ist das alltägliche Leben des ersten Handlungsbereichs. Die soziale Kontrolle, unter die er sich gestellt sieht, wäre der Grund für seinen »Prozeß«. »Der Prozeß«: das wären dann die Selbstvorwürfe K.s und die Vorwürfe anderer gegen K., die im zweiten Handlungsbereich dargestellt würden. Die Selbstvorwürfe äußerten sich als *Scham,* die Vorwürfe der anderen als *Schuld.*

Die Schuld, die K. als Vorwürfe der anderen spürt, kann er relativ leicht zurückweisen. Er fühlt sich unschuldig. Er empört sich gegen das ungerechte Verhalten des Gerichts. Er kämpft nicht um seine Unschuld, er kämpft darum, aus den Fängen des Gerichts freizukommen. Es gelingt ihm nicht: er wird hingerichtet. Gegen die Gerichtspersonen kann K. sich leicht empören. Sie sind schmutzig und gierig, sie sind ebenfalls auf sexuellen Kontakt aus, ja, sie treten ihm sogar als Konkurrenten entgegen: auf derselben Ebene des »Schmutzes«, überlegen nur durch ihre Macht, nicht durch ihre »Reinheit«.

Bei Hasterer, K.s Freund, ist das schon angedeutet: Hasterers Helena erinnert an K.s Elsa und an Hulds Leni. Huld ist K.s Konkurrent um die »Huld« Lenis; der Untersuchungsrichter ist der Konkurrent, der ihm die Waschfrau wegschnappt, so daß er seine »erste Niederlage« erleidet. Diese Figuren, die gierig, korrupt und schmutzig sind, sind selbst »schuldig«. Sie können K. nicht schuldig sprechen. Deshalb wehrt sich K. nicht so sehr gegen den Vorwurf der Schuld als vielmehr gegen die Zudringlichkeiten dieser Figuren. Er will sich von ihnen befreien. Es geht nicht um Schuld, sondern um *Freiheit.* Doch es gibt keine Freiheit, also sucht K. einen *Ausweg,* wie der Affe im *Bericht für eine Akademie;* der Ausweg des Affen war nur scheinbar ein Ausweg; für K. gibt es gar keinen Ausweg: er wird hingerichtet.

Bleibt die *Scham.* Die Scham überlebt nicht nur die Schuld, sie überlebt auch gewissermaßen K. Der Schluß des Romans lautet: »›Wie ein Hund!‹, sagte er, es war, als sollte die Scham ihn überleben.« (194) Dieser ganze Vorgang des Gerichtsverfahrens, die Erniedrigung, der Schmutz rufen die Scham bei K. hervor, der nach Reinheit strebt, aber im Schmutz zu leben gezwungen war, ja, den der Schmutz noch anzog.

Ist hier also von Kafkas Schuld und Scham die Rede? Ja und Nein. *Ja:* das zeigt ein Blick in sein Tagebuch, das durchaus mit dem Roman vergleichbare Textstellen aufweist, gerade im Jahre 1913, zur Zeit der ersten Entlobung von Felice Bauer, zur Zeit der Entstehung des Romans. *Nein:* Die persönliche Erfahrung führt in der Formulierung Kafkas zu einer Weltsicht, zu seiner Weltsicht.

Zunächst zum Ja. Unter dem 21. Juli 1913 schreibt Kafka:

> »Ich elender Mensch! Nur das Pferd ordentlich peitschen! Ihm die Sporen langsam einbohren, dann mit einem Ruck herausziehn, jetzt aber mit aller Kraft sie ins Fleisch hineinfahren lassen. Was für Not!«[52]

Es ist eine Art Prügelszene wie »Der Prügler« im Roman: das Pferd wird hier bestraft, offensichtlich als Stellvertreter, denn am 14. August heißt es: »Es ist das Gegenteil eingetroffen. Es kamen drei Briefe (von Felice). Dem letzten konnte ich nicht widerstehn. Ich habe sie lieb, soweit ich dessen fähig bin, aber die Liebe liegt zum Ersticken begraben unter Angst und Selbstvorwürfen.«[53] Die Selbstvorwürfe in einer ausweglosen Situation, die ihn vor ein Dilemma stellt: er will Felice heiraten, und er kann sie nicht heiraten. Heiratet er sie nicht, macht er sich entsetzliche Vorwürfe, heiratet er sie, wird er unglücklich und sie auch.

> »Folgerungen aus dem ›Urteil‹ für meinen Fall. Ich verdanke die Geschichte auf Umwegen ihr. Georg geht aber an der Braut zugrunde. Der Coitus als Bestrafung des Glückes des Beisammenseins. Möglichst asketisch leben, asketischer als ein Junggeselle, das ist die einzige Möglichkeit für mich, die Ehe zu ertragen. Aber sie?«[54]

Die Erzählung *Das Urteil,* Felice Bauer gewidmet, endet mit dem Todesurteil des Vaters, das der Sohn Georg, dem es gilt, prompt befolgt. Doch nicht am Vater, wie die Interpreten meistens meinen, an der Braut ist Georg zugrunde gegangen, wie Kafka schreibt. Und der »Coitus als Bestrafung«: auch dies eine andere Deutung als die übliche. Der Coitus ist nicht der Grund für die Bestrafung, sondern er ist die Bestrafung.

Der Grund dagegen ist das »Glück des Beisammenseins«, wohl doch nichts Strafenswertes, sollte man denken. Die Implikation von Frauen und Gericht, von Sexualität und Schuld, die wir im Roman festgestellt haben, scheint für Kafka jedenfalls nicht die übliche zu sein, in der sexueller Kontakt Schuld nach sich zieht. Bei ihm wird gerade etwas Gutes, etwas Unschuldiges – Beisammensein – zum Grund für Strafe. Dann muß auch der »Schmutz« der Frauen und des Gerichts anders gedeutet werden: er ist Teil der Strafe.

Unter dem 23. Juli 1913 schreibt Kafka im Tagebuch:

»Die geplatzte Sexualität der Frauen. Ihre natürliche Unreinheit. Das für mich sinnlose Spiel mit dem kleinen Lenchen. Der Anblick der einen dicken Frau, die zusammengekrümmt in einem Korbstuhl, den einen Fuß auffällig zurückgeschoben, irgend etwas nähte und mit einer alten Frau, wahrscheinlich einer alten Jungfer, deren Gebiß auf einer Seite des Mundes immer in besonderer Größe erschien, sich unterhielt. Die Vollblütigkeit und Klugheit der schwangeren Frau. Ihr Hinterer mit geraden abgeteilten Flächen förmlich facettiert. Das Leben auf der kleinen Terrasse. Wie ich ganz kalt die Kleine auf den Schoß nahm, gar nicht unglücklich über die Kälte.«[55]

Die Unreinheit der Frauen und ein *Lenchen*, das er kalt auf den Schoß nimmt, wie K. im Roman die *Leni!* Auch die Faszination der Frauen im Roman, die K. anziehen und abstoßen zugleich, ihre an Prostituierte erinnernde Willigkeit findet eine parallele Textstelle im Tagebuch vom 19. November 1913:

»Ich gehe absichtlich durch die Gassen, wo Dirnen sind. Das Vorübergehen an ihnen reizt mich, diese ferne, aber immerhin bestehende Möglichkeit, mit einer zu gehn. Ist das Gemeinheit? Ich weiß aber nichts Besseres, und das Ausführen dessen scheint mir im Grunde unschuldig und macht mir fast keine Reue. Ich will nur die dicken älteren, mit veralteten, aber gewissermaßen durch verschiedene Behänge üppigen Kleider. Eine Frau kennt mich wahrscheinlich schon. Ich traf sie heute nachmittag, sie war noch nicht in Berufskleidung, die Haare lagen noch am Kopf an, sie hatte keinen Hut, eine Arbeitsbluse wie Köchinnen, und trug irgendeinen Ballen, vielleicht zur Wäscherin. Kein Mensch hätte etwas Reizendes an ihr gefunden, nur ich.«[56]

Ich muß einen Moment innehalten, um das Verfahren, das ich jetzt anwende, zu erläutern: ich habe nicht den Roman mit Kafkas Leben verglichen, ich habe vielmehr den Roman mit Äußerungen Kafkas über sein Leben, also einen Text Kafkas mit einem anderen Text Kafkas verglichen: Kafkas im Roman formulierte Weltsicht mit Kafkas im Tagebuch formulierter Weltsicht. Dabei habe ich eine strukturelle Ähnlichkeit festgestellt: Kafka sieht sein eigenes Leben unter demselben Gesichtspunkt wie das Leben seiner Romanfiguren. Das ist nicht weiter verwunderlich: er sieht sein eigenes Leben in dem Rahmen, in dem er die ganze Welt sieht.

Ich habe also nicht *meine* oder eine andere – psychologische, soziologische, moralische etc. – Sicht von Kafkas Leben mit *seinem* Roman verglichen, sondern seine eigene. Das ist wichtig; denn ich will ihm keine fremde Interpretation überstülpen, sondern seine eigene kennenlernen. Die Äquivalenz von Sexualität und Schmutz und die Implikation von enger Verbindung zu Frauen und Schuldgefühlen, die ich im Text des Romans festgestellt habe, sind also auch im Text des Tagebuchs zu finden. Doch welche Funktionen haben diese Äquivalenzen und diese Implikation innerhalb der Weltvorstellung von Kafka? Seine persönliche Erfahrung führt über die »persönliche Formulierung« dieser Erfahrung zur Formulierung seiner Weltsicht; sie führt vom Persönlichen zum Allgemeinen.

Deshalb nun zu meiner Behauptung, der Roman stelle mehr dar als nur ein persönliches Problem Kafkas. Schon das Tagebuch enthält mehr als nur Aufzeichnungen zum privaten Leben Kafkas, es enthält genauso Notizen über literarische, soziale, religiöse und philosophische Probleme. So heißt es kurz nach dem letzten Zitat noch vor dem Eintrag des 13. August 1913: »Roskoff ›Geschichte des Teufels‹: Bei den jetzigen Karaiben gilt ›der, welcher in der Nacht arbeitet‹, als der Schöpfer der Welt.«[57] Der Teufel als Schöpfer der Welt! Und unter dem 21. August 1913: »Ich habe heute Kierkegaards ›Buch des Richters‹ bekommen. Wie ich es ahnte, ist sein Fall trotz wesentlicher Unterschiede dem meinen sehr ähnlich, zumindest liegt er auf der gleichen Seite der Welt. Er bestätigt mich wie ein Freund.«

Kafka findet seine eigene Weltsicht bestätigt durch die Kierkegaards, wie er sie in dessen religionsphilosophischem Werk antrifft. Bereits vor der Lektüre Kierkegaards hat Kafka seine Weltanschauung ausgebildet, sie ist also nicht erst durch die Begegnung mit Kierkegaards Werk entstanden, wiewohl sie durch dieses bestätigt und weitergebildet wurde. Die zahlreichen, vor allem religionsphilosophischen Notizen in den Oktavheften, 1917 und 1918 niedergeschrieben, wurden ebenfalls durch die Lektüre Kierkegaards angeregt, zeigen aber Kafka als eigenständigen Denker von hohem Rang, wenn auch als einen religionsphilosophischen Denker wie Kierkegaard; dazu in einem gesonderten Kapitel später.

Kafkas Weltsicht ist deshalb auch nur religionsphilosophisch zu formulieren, wie wir sehen werden; aus dieser Sicht muß auch *Der Prozeß* gedeutet werden, er *muß*, wenn wir Kafkas eigene Sicht erfahren wollen, und er muß, weil nur aus dieser Sicht der gesamte Roman sich erschließt; es ist der gemeinsame Aspekt, unter dem Kafka sowohl sein eigenes Leben gesehen hat als auch das Leben K.s im Roman. Nur ist diese Sicht im Roman implizit in dessen Struktur enthalten, während sie im Tagebuch und den Oktavheften explizit zu Tage tritt. Ich greife deshalb zu diesen Aufzeichnungen, um die dem Roman implizite Struktur, die ich herausgearbeitet habe, mit den expliziten Äußerungen zu erklären.

5.4. Verführung und Betrug

Die Bemerkung Kafkas im Tagebuch über den Teufel als Schöpfer der Welt ist keine kuriose Lesefrucht, sondern eine Bemerkung, die an Kafkas eigene Weltvorstellung heranführt; deshalb hält er sie fest. Er sieht in der Welt, in der wir leben, vor allem eine Verkörperung des Bösen, so daß die Vermutung, diese Welt sei nicht von Gott, sondern vom Teufel geschaffen worden, sich ihm aufdrängt. Diese Welt, in der wir leben: Kafka ist der Ansicht, daß es auch noch andere Welten gibt. Dazu ein Eintrag vom 4. Dezember 1913:

»Wunderbare, gänzlich widerspruchsvolle Vorstellung, daß einer, der zum Beispiel um drei Uhr in der Nacht gestorben ist, gleich darauf, etwa in der Morgendämmerung, in ein höheres Leben eingeht. Welche Unvereinbarkeit liegt zwischen dem sichtbar Menschlichen und allem andern! Wie folgt aus einem Geheimnis immer ein größeres! Im ersten Augenblick geht dem menschlichen Redner der Atem aus. Eigentlich müßte man sich fürchten, aus dem Haus zu treten.«[59]

Ich sehe in dieser und ähnlichen Äußerungen Kafkas eine Möglichkeit der Deutung des Romans, die einzige Möglichkeit, die dessen Struktur vollständig erklären kann; es ist eine religiöse Deutung, doch nicht irgendeine, sondern die, die Kafka vertritt. Sie ist deshalb so schwer für uns zu erfassen, weil sie von den üblichen Vorstellungen abweicht, vor allem von den christlichen, und weil sie so schwer mitzuteilen ist. »Wie folgt aus einem Geheimnis immer ein größeres!« Die Regeln des Gerichts im Roman sind letztlich nicht zu erfassen, das, was sichtbar vor Augen liegt, verbirgt nur weitere Geheimnisse.

Die Hierarchie des Gerichts, die vom niedrigsten zum höchsten Gericht führt, hat eine Ähnlichkeit zu der religiösen Vorstellung der »Hierarchie der Welten«; es ist die einzige Vorstellung, die der Konzeption des Gerichts im Roman so ähnlich ist, daß sie dessen Merkwürdigkeiten zu erklären vermag: die unterste Gerichtsinstanz, der K. unterworfen ist, wird überstiegen von anderen Instanzen, die unerreichbar sind: »ein höheres Leben«. Zu diesem höheren Leben versuchen wir Menschen zu gelangen, wie K. zum hohen Gericht vorzudringen versucht, doch sind wir ganz in der Enge und Dunkelheit des niedrigen Lebens gefangen, wie K. vom niederen Gericht festgehalten wird. Die Vertreter dieses niederen Gerichts sind deshalb nicht besser als K. selber, sie sind Vertreter des Bösen, die sich zwischen K. und das hohe Gericht stellen; auch wenn sie selbst vielleicht nicht böse sind, so sind sie doch Werkzeuge des Bösen. Jedenfalls sind sie *nicht* Vertreter des hohen Gerichts, schon gar nicht des Gesetzes, das sie nicht kennen, wie K. es nicht kennt.

Unwissenheit, Irrtum, Schwäche, Sünde sind die Merkmale von K. und dieser Gerichtsvertreter gleichermaßen. Nur in einem Merkmal gibt es einen wichtigen Unterschied: sie scheinen mächtiger als K., K. kämpft gegen sie.

»Eines der wirksamsten Verführungsmittel des Bösen ist die Aufforderung zum Kampf. Es ist wie der Kampf mit Frauen, der im Bett endet«, heißt es in den Oktavheften.[60] Das Böse verführt; der Kampf gegen das Böse ist ein Verführungsmittel; wer gegen das Böse kämpft, über den hat es schon Gewalt, wie sich an K.s Kampf ablesen läßt; auch hier wieder die Implikation vom Kampf gegen das Böse – im Roman K.s Kampf gegen das niedere Gericht – und Verführung durch Frauen.

Bevor ich mich auf einige dieser Notizen der Jahre 1917 und

1918 berufe, noch eine Rechtfertigung meines Vorgehens. Der Roman entstand 1913, also vier bis fünf Jahre vor diesen Notizen; trotzdem, meine ich, können diese Notizen zur Deutung des Romans herangezogen werden. Einmal sind sie, wenn auch spätere, so doch authentische Äußerungen Kafkas, die dem Roman näherliegen als alle anderen möglichen Deutungen, die nicht von ihm stammen; zum andern sehe ich in ihnen Ausformulierungen von Überlegungen, die viel früher einsetzen, und zwar bereits vor dem Roman *Der Prozeß*.

Schon 1911 interessierte sich Kafka für die Theosophie, also für eine bestimmte religiöse mystische Tradition; seine eigenen Absichten haben – wie ich noch zeigen werde – am ehesten eine Nähe zur Theosophie, und zwar zu theosophischen Gedanken, wie sie zeitweise im Judentum aufgetreten sind. Das Tagebuch bringt unter dem 28. März 1911 Eintragungen zu Rudolf Steiner, der damals noch Theosoph war und später die Anthroposophie begründete. Macht Kafka sich auch über die schwärmerischen Anhänger Steiners lustig, so besucht er doch dessen Vorträge; er suchte sogar Steiner selbst im Hotel auf, um ihm die sehr ernsthafte, zuvor genau überlegte Frage zu stellen, wie er sein Leben weiterführen solle; sogar von Ähnlichkeiten »hellseherischer Zustände«, wie Steiner sie beschrieben habe, und Zuständen, wie er sie beim Schreiben erlebe, spricht Kafka.[61] Das ist ganz ernst gemeint, die Literatur nimmt Kafka immer sehr ernst. Leider ist Steiners Antwort im Tagebuch nicht verzeichnet. Auch hier treffen wir wieder auf die Unvollständigkeit des syntagmatischen Ablaufs: Kafka fragt Steiner um Rat, doch dessen Antwort fehlt.

Auch das Jahr 1913 bringt im Tagebuch Aufzeichnungen, die eine anhaltende Beschäftigung mit religiösen Gedanken belegen. Vor der bereits zitierten Äußerung vom 4. Dezember steht:

»Die Furcht vor Narrheit. Narrheit in jedem geradeaus strebenden, alles andere vergessen machenden Gefühl sehn. Was ist dann die Nicht-Narrheit? Nicht-Narrheit ist, vor der Schwelle, zur Seite des Einganges bettlerhaft stehn, verwesen und umstürzen. Aber P. und O. sind doch widerliche Narren. Es muß Narrheiten geben, die größer sind als ihre Träger. Dieses Sichspannen der kleinen Narren in ihrer großen Narrheit ist vielleicht das Widerliche. Aber erschien den Pharisäern Christus nicht in gleichem Zustand?«[62]

Also die Erwähnung von Christus im Zusammenhang einer Situation, die der des Mannes vom Lande in »Vor dem Gesetz« im Roman erstaunlich entspricht: er steht bettlerhaft vor der Schwelle, bis er stirbt! Das ist Nicht-Narrheit; oder doch Narrheit? Und das, was Narrheit genannt wird, ist Nicht-Narrheit? Der 16. Dezember verzeichnet das Zitat: »Der Donnerschrei des Entzückens der Seraphim.«[63] Hier spricht Kafka von der Hierarchie der Welten, und zwar der der Engel. Die Seraphim stehen auf der höchsten Stufe aller Engel; sie stehen nahe am Thron Gottes, den sie schauen dürfen; deshalb ihr Entzückensschrei. Nur diese höchsten Engel der oberen von drei Engel-Hierarchien dürfen das, wonach der Theosoph sich sehnt: Gott auf seinem Thron schauen.

Die Hierarchie der Welten, auch der himmlischen Welten, ist eine in Judentum und Christentum seit der Spätantike geläufige Vorstellung. Ein Beispiel aus der *Weltchronik* des Nürnbergers Melchior Schedel von 1493, der die drei Engel-Hierarchien gemäß der Tradition beschreibt.[64] Die oberste Hierarchie besteht demnach aus Seraphim, Cherubim, Thronengel: »Die ersten betrachten gottes gottheit, die andern sein kraft, die dritten sein gleichheit. in dem ersten libet gott als die lieb, in dem andern erkennt er als die wahrheit, in dem dritten sitzt er als die gleichheit.« Die mittlere Hierarchie besteht aus den »Herrschengel«, »Fürstengel«, »Gewaltengel«: »die ersten regiren die ambt der engel, die andern pflegen der obern des volcks, die dritten zwingen der teufel macht.« Schließlich die untere Hierarchie, die aus den »Kraftengeln«, den »Erzengeln« und den »Engeln« besteht: in den ersten wirke Gott als Kraft, in den zweiten als Licht, in den dritten als »eingeistender«, den Geist eingebender. In der jeweiligen Dreiheit sei wiederum die Trinität, die Dreiheit Gottes zu erkennen: Vater, Sohn und Heiliger Geist.

Diese Engel sind gute, von Gott ausgehende, Gott dienende Wesen, wenigstens in der üblichen christlichen und auch jüdischen Glaubenslehre. Es gibt aber eine religiöse Tradition, in der Engel auch als Kräfte des Bösen, gottfeindlich und menschenfeindlich, zwischen Gott und die Menschen treten können; die Tradition der Gnosis. Gedanken der Gnosis treten in Strömungen des Christentums und des Judentums im Laufe der Geschichte immer wieder hervor. Gershom Scholem hat in seiner Untersuchung *Die jüdische Mystik in ihren Hauptströmungen* im Kapitel »Merkaba-Mystik und jüdische Gnosis« ein Beispiel aus der »Merkaba«-Mystik gegeben, das uns sogleich zu Kafka zurückführen wird.[65] »Merkaba« ist die Schau des göttlichen Thronwagens, also die vom Theosophen erstrebte, eigentlich nur den Seraphim mögliche unmittelbare Anschauung Gottes auf seinem Thron. Das Zitat aus der *Münchner Handschrift der Hechaloth-Texte* berichtet nun von den Gefahren des Aufstiegs, mit denen derjenige, der bis zu Gottes Thron gelangen will, zu rechnen hat:

»Wer aber nicht würdig war, den König in seiner Schönheit zu sehen, dem verwirrten die Engel an den Toren den Sinn. Und sobald sie zu ihm sagten: ›Tritt ein‹, so trat er wirklich ein. Sofort preßten sie ihn und warfen ihn in den feurigen Lavastrom. Und am Tor des sechsten Palastes schien es, als ob Hunderttausende und Millionen Wasserfluten gegen ihn anstürmten, während doch nicht ein einziger Tropfen Wassers da war, sondern nur strahlender Äther und klare Steine aus lauterem Marmor, mit denen der Palast ausgelegt war. Die Engel aber stehen vor ihm. Wenn er nun sagte: ›Was bedeuten diese Wasser?‹ so begannen sie ihn zu steinigen und riefen: ›Du Unwürdiger, siehst du es denn nicht mit deinen eigenen Augen? Bist du etwa einer der Kinder derer, die das Goldene Kalb geküßt, und nicht würdig, den König in seiner Schönheit zu sehen?!‹ ... Und er geht nicht von dannen, bis sie sein Haupt mit eisernen Stangen verletzen. Und das soll ein Zeichen für alle Zeiten sein, daß niemand am Tor des sechsten Palastes irren und den Ätherglanz der Steine sehen, nach ihnen fragen und sie für Wasser halten soll, auf daß er sich nicht in Gefahr bringe.«[66]

Ist diese Erzählung nicht der von dem Manne in »Vor dem Gesetz« außerordentlich ähnlich? Hat Kafka solche Texte gekannt, für die das Zitat ja nur ein Beispiel gibt? Die Romane *Der Prozeß* und *Das Schloß*, die Erzählung *Vor dem Gesetz*, das Seraphim-Zitat im Tagebuch sprechen dafür. Und ein weiteres Zitat aus dem Tagebuch bestätigt diese Vermutung. Nach dem Seraphim-Zitat steht unter dem 17. Dezember 1913:

»Vortrag Bergmann ›Moses und die Gegenwart‹. Reiner Eindruck. – Ich habe jedenfalls damit nichts zu tun. Zwischen Freiheit und Sklaverei kreuzen sich die wirklichen schrecklichen Wege ohne Führung für die kommende Strecke und unter sofortigem Verlöschen der schon zurückgelegten. Solcher Wege gibt es unzählige oder nur einen, man kann das nicht feststellen, denn es gibt keine Übersicht. Dort bin ich.

Ich kann nicht weg. Ich habe mich nicht zu beklagen. Ich leide nicht übermäßig, denn ich leide nicht zusammenhängend, es häuft sich nicht an, wenigstens fühle ich es vorläufig nicht, und die Größe meines Leidens liegt weit unter jenem Leiden, das mir vielleicht zukäme.«[67]

Hugo Bergmann, Kafkas Schulfreund, der jüdische Religionsphilosoph, der spätere Mitbegründer der Hebräischen Universität in Jerusalem, hielt einen Vortrag über »Moses und die Gegenwart«, den Kafka besuchte. »Die Reinheit« sieht Kafka wohl hier in der alten Geschichte, es ist eine ihm unzugängliche Reinheit. Er konfrontiert sie mit seinem Sündenbewußtsein, auch mit diesem Umherirren, dieser Ausweglosigkeit, die wir in so vielen seiner Texte finden.

Aufgrund dieser Zitate und anderer, die ich später erwähnen werde, halte ich folgende Deutung des Romans für gerechtfertigt, ich meine sogar, es ist die einzige gerechtfertigte Deutung des Romans, weil sie die Sicht Kafkas zugrunde legt: Die untersten Gerichtspersonen, die K. im Roman kennenlernt, sind betrügerische Kräfte des Bösen; K. ist ihrer Verführung verfallen trotz seines Kampfs, der ja auch Verfallenheit ist, und wegen seiner zeitweisen Schwäche; K. kann, wie er sich auch immer verhalten mag, keinen Ausweg finden; die Kräfte des Bösen führen ihn in die Irre, so daß er nie das erlangen kann, wonach er strebt: Gerechtigkeit und Wahrheit. Diese besitzt erst das oberste Gericht, das unerreichbar ist für ihn, für uns, in dieser Welt.

Die Hierarchie des Gerichts im Roman ist analog einer Hierarchie der Welten; in deren unterste ist K. gebannt; hier herrschen Irrtum und Betrug. Die mittleren und oberen Welten sind dieser unteren Welt übergeordnet. Wissen vom Gesetz, Wahrheit und Gerechtigkeit sind beim obersten Gericht vielleicht möglich; vielleicht, weil wir, in dieser Welt festgehalten, nichts über die oberen Welten wissen können.

Die Hierarchie des Gerichts im Prozeß ließe sich durchaus als den Hierarchien, wie sie etwa in den neun Stufen der Engel Tradition ist, entsprechend betrachten, nur müßte auch hier wieder auf Kafkas poetisches Verfahren geachtet werden. Neuformulierung heißt bei ihm wiederum unvollständige Sequenzen – weder über die Regeln des Gerichts noch über dessen Aufbau erfahren wir Genaueres –, und es heißt: antithetische Formulierung. Gute Engel werden zu bösen Engeln, die gute Welt wird zur bösen, die Hoffnung zur Hoffnungslosigkeit. Nur ist diese negative Realisation der Struktur »Hierarchie der Welten« bereits in der Tradition realisiert worden, wenn auch in einer unterdrückten, verfolgten, wenig bekannten: der der »Gnosis«, die ebenfalls in dieser, unserer Welt die Mächte der Finsternis am Werke sieht. Ganz wie Kafka in *Der Prozeß*.

Im Roman verkörpern die Frauen die Verführungsmittel des Bösen, das unterste Gericht den Betrug. Verführung und Betrug halten K. in dieser Welt notwendig gefangen; notwendig, weil diese Welt ist, wie sie ist, ganz unabhängig davon, was ein einzelner tut, ob er schuldig ist oder nicht. Diese Weltanschauung ist der vor allem durch das Christentum in Europa verbreiteten Weltanschauung, der auch die Nicht-Gläubigen noch anhängen, diametral entgegengestellt. Im Christentum ist die Welt gut als Schöpfung Gottes, das Böse als Verführung einzelner, kann von diesen durch Reue und Buße wieder beseitigt werden. Der verlorene Sohn, der bereut, wird in Gnaden wieder aufgenommen. Am besten ist das in dem berühmten Zitat aus Goethes *Faust* ausgedrückt: »Wer immer strebend sich bemüht, den dürfen wir erlösen.« Max Brod zitiert es im Nachwort zu Kafkas Roman *Das Schloß*, weil er meint, daß sie letztlich doch noch K. im Schloß zuteil würde: die Erlösung, weil er sich strebend bemühte.[68] Weder K. in *Der Prozeß* noch K. in *Das Schloß* können diese christliche Erlösung finden, wie sehr sie sich auch immer strebend bemühen! Sie leben in einer Welt, die vom Teufel geschaffen sein könnte oder tatsächlich geschaffen worden ist, jedenfalls in einer »unerlösten« Welt. Diese unerlöste Welt ist natürlich der jüdischen Auffassung näher als der christlichen, denn die Juden warten noch auf die Erlösung durch den Messias; dessen Kommen wird aber – das wissen wir schon – das Ende der Tage, das Ende dieser Welt sein.

In den Oktavheften schreibt Kafka: »Sündig ist der Stand, in dem wir uns befinden, unabhängig von Schuld.«[69] Und diese Welt ist ein Betrug, ein Urbetrug:

»Manche nehmen an, daß neben dem großen Urbetrug noch in jedem Fall eigens für sie ein kleiner besonderer Betrug veranstaltet wird, daß also, wenn ein Liebesspiel auf der Bühne aufgeführt wird, die Schauspielerin außer dem verlogenen Lächeln für ihren Geliebten auch noch ein besonders hinterhältiges Lächeln für den ganz bestimmten Zuschauer auf der letzten Galerie hat. Das heißt zu weit gehen.«[70]

Und:

»Das Verführungsmittel dieser Welt sowie das Zeichen der Bürgschaft dafür, daß diese Welt nur ein Übergang ist, ist das gleiche. Mit Recht, denn nur so kann uns diese Welt verführen und es entspricht der Wahrheit. Das Schlimmste ist aber, daß wir nach geglückter Verführung die Bürgschaft vergessen und so eigentlich das Gute uns ins Böse, der Blick der Frau in ihr Bett gelockt hat.«

Und:

»Kannst du etwas anderes kennen als Betrug? Wird einmal der Betrug vernichtet, darfst du ja nicht hinsehen oder wirst zur Salzsäule.«[71]

Die Situation in dieser Welt ist hoffnungslos: nur Betrug lernen wir kennen, wir sehnen uns zwar nach der Wahrheit, aber wir ertragen nur Betrug; von der Wahrheit würden wir vernichtet. Doch eine Hoffnung: diese Welt ist nur ein »Übergang«; gerade die Verführung ist ein Bürge dieses Übergangs. Diese Welt ist demnach ein Durchgangsstadium zwischen anderen Welten, in denen wir vorher waren und in die wir später kommen. Vom »Vorleben« spricht tatsächlich eine Aufzeichnung vom gleichen Tage, wie die zuletzt zitierte; sie spricht auch von der einzigen Hoffnung, der messianischen Hoffnung auf »das Ende der Tage«: »Beweise für ein wirkliches Vorleben: Ich habe dich schon früher gesehen, die Wunder der Vorzeit und am Ende der Tage.«[72]

»Die Wunder der Vorzeit«: das könnte auf die Zeit der alten Legenden hinweisen, von denen Titorelli spricht. In diesen alten Legenden gab es »Wunder«, da endeten die Gerichtsverfahren durchweg mit Freispruch. Doch das ist lange vorbei, das ist »Vorzeit«; jetzt leben wir in einer anderen Zeit.

5.5. Beweisführung und Bezauberung

Das Gericht in *Der Prozeß*, das mit seinen Handelnden, seinen Handlungsregeln, seinem Handlungsort als 2. Handlungsbereich vom 1. Handlungsbereich des Alltagslebens erheblich abweicht, hat sich in dieser, von Kafkas religionsphilosophischen Überlegungen nahegelegten Deutung erschlossen. Es ist tatsächlich dem 1. Handlungsbereich übergeordnet, es enthält tatsächlich und entgegen dem ersten Anschein die eigentliche Realität, denn es zeigt diese Welt, wie sie wirklich ist und nicht wie sie uns im Alltag erscheint; wie sie wirklich ist nach der Ansicht von Kafka.

Haben wir damit alle Rätsel gelöst? Keineswegs. Die jetzt erschlossene Bedeutung der Struktur ist im Text verborgen, sie ist – wie in der Tradition esoterischer Literatur üblich – im Text versteckt. Wer den rechten Schlüssel zu finden weiß, dem wird sich die Bedeutung des Textes öffnen. Nur dem. Die anderen irren mit ihren falschen Schlüsseln vor verschlossenen Türen umher und halten ihre vorgefaßten Meinungen für Bedeutungen des Textes.

Von diesem Punkt der Einsicht in Kafkas Texte aus muß auch die verbreitete Meinung, seine Texte seien vieldeutig, weshalb konkurrierende Deutungen nebeneinander bestehen könnten, fragwürdig erscheinen. Diese Meinung, so eindrucksvoll von Heinz Politzer an *Gibs auf* erläutert, war in der Kafka-Forschung ein Fortschritt, weil sie über die Monopol-Streitigkeiten hinwegführte, in denen jeder seine Deutung als die einzig richtige zu behaupten suchte.

Das Nebeneinander gleichberechtigter Deutungen – psychologischer, soziologischer, theologischer etc. – das heißt: alle sind gleich richtig oder falsch. Auf die Fragwürdigkeit unserer Erklärungsversuche soll uns das aufmerksam machen und auf die Art und Weise, wie sie entstehen. Das ist richtig. Doch bei dieser Feststellung dürfen wir nicht stehen bleiben. Der Denkprozeß kommt bei Kafka nicht zur Ruhe. Der nächste Schritt ist wieder die Negation: alle diese üblichen Deutungen sind falsch. Also gibt es gar keine Deutung? Wiederum die Negation: es gibt eine Deutung. Diese Deutung, die ich jetzt vorgeschlagen habe, geht aus von der Struktur der Texte, erklärt aus dieser das Deutungsdilemma, bleibt aber nicht dabei stehen, so als sei die Beschreibung der Struktur bereits die Bedeutung; das wäre ein leerer Formalismus.

Die Struktur hat ihre Bedeutung: sie findet ihre Bedeutung in den anderen Texten Kafkas. Doch diese Bedeutung ist von einer Dialektik bestimmt, die zwischen Erklärung und Unerklärlichem hin- und hergeht. In *Der Prozeß* ist nun zwar K.s Gerichtsverfahren, das Gericht selbst, damit die Struktur der

Handlung des Romans, erklärbar geworden, zugleich aber wird durch die Struktur des Gerichts das Unerklärliche manifest. Was wir nun wissen, ist wenig, fast nichts: daß die Welt schlecht ist, Verführung ist, Betrug ist und der Mensch ihr ausgeliefert. Die Welt? Diese »sichtbare« Welt! Wenn andere Welten außerhalb von ihr vorhanden sind, wenn es dort Wahrheit und Gerechtigkeit gibt, wovon wir nichts, aber auch gar nichts wissen können, was wissen wir dann?

Das, was erklärt wurde, hat das Unerklärliche erklärt, ganz wie es von der Prometheus-Sage heißt, die übrigens im dritten Oktavheft erwähnt wird: »Die Sage versucht das Unerklärliche zu erklären.«[73] Und: »Da sie aus einem Wahrheitsgrund kommt, muß sie wieder im Unerklärlichen enden.« Die Erklärung von *Der Prozeß* erklärt nur wenig, sie endet wieder im Unerklärlichen. Das ist die »aufbauende Zerstörung der Welt«, von der Kafka im vierten Oktavheft spricht: »Einer Beweisführung kann man in die Zauberwelt ausweichen, einer Bezauberung in die Logik, aber beide gleichzeitig erdrücken, zumal sie etwas Drittes sind, lebender Zauber oder nicht zerstörende, sondern aufbauende Zerstörung der Welt.«[74]

Ist dies nicht eine Beschreibung des Ablaufs in *Der Prozeß* und auch in *Das Schloß*? Die Zauberwelt des Gerichts und die Beweisführung der Eingaben, der Wechsel von undurchsichtiger Handlung und unabsehbarer Negation? Beide meinen, nein, »sind« etwas Drittes. Im 9. Kapitel von *Der Prozeß*, nicht nur in der Erzählung *Vor dem Gesetz* und der anschließenden Disputation – also der »Beweisführung« –, auch in der Handlung im Dom – also der »Zauberwelt« – ist das noch einmal abzulesen. Es ist eine aus der Handlung des Romans herausgehobene Szene: der Dom als Schauplatz, ein religiöser Ort, der sich von den anderen Schauplätzen der Handlung durchaus unterscheidet. Aber warum ist es ein christlicher Dom und keine jüdische Synagoge, wenn doch »das Gesetz« so eindeutig auf die Tora hinweist? Wäre das zu eindeutig? Es geht Kafka nicht um ein jüdisches Problem, sondern um ein allgemeines, das er freilich aus seiner, eher von der jüdischen als der christlichen Tradition geprägten Sicht behandelt. Deshalb sieht er seine Verwandtschaft zu einem christlichen Religionsphilosophen, zu Kierkegard, die stärker ist als die Verwandtschaft zu jüdischen Religionsphilosophen, eben wegen

Kierkegaards dialektischer Theologie, deren dialektische Methode und paradoxe Aussage Kafkas »Theologie« so nahekommt. Und Kafka bezieht Christus durchaus in seine religiösen Überlegungen ein, natürlich auf seine Weise, indem er das Leiden Christi für die Welt anerkennt und dann wieder durch Negation aufhebt: »Christus hat für die Menschheit gelitten, aber die Menschheit muß für Christus leiden«, schreibt er im vierten Oktavheft.[75]

Der Dom ist also der Platz, an dem die religiöse Unterweisung vorgenommen wird. Doch von wem, ist die nächste Frage. Sind dies wiederum Wesen, die K. in die Irre führen wollen, oder wollen sie ihm den rechten Weg zeigen? Der hinkende Kirchendiener mit seinen unverständlichen Gesten, der K. zu dem Platz vor der Nebenkanzel lockt, ließe eben wegen seines Hinkens auf einen teuflischen Pferdefuß schließen (176). Trug nicht auch Leni mit der Haut zwischen den Fingern und den Krallen ein teuflisches Zeichen? Und die Nebenkanzel, von der der Gefängniskaplan predigt? Deutet das nicht auch auf »Betrug«, daß er nicht die Hauptkanzel benutzt, sondern eine unscheinbare Nische? Oder ist das die gerade für K. und nur für K. vorgesehene Kanzel? »Konnte K. allein die Gemeinde darstellen?« (177) Oder wird allein für ihn ein Betrug inszeniert?

Merkwürdig auch, daß die brennenden Kerzen auf dem Hauptaltar »ein großes Dreieck« bilden (175): das Dreieck ist in der christlichen Tradition das Zeichen der Trinität, der »Dreifaltigkeit Gottes«. Die zwei Kreuze auf dem kleinen runden Dach der Hauptkanzel, die »halb liegend« »einander mit ihren äußersten Spitzen überquerten«, bilden ebenfalls ein Dreieck, wie man merkt, wenn man sie aufmalt.

Wird also K. von dem rechten Weg, dem Hauptaltar, der Hauptkanzel, der christlichen Trinität Gottes weggelockt zu einer falschen Lehre? Auch das Bild könnte darauf hindeuten, das K. lange betrachtet (175). Ein gepanzerter Ritter, ein Wächter, der einen Vorgang vor sich zu betrachten scheint; es sei erstaunlich, daß er sich nicht näherte, heißt es, also K. näherte. Ein Wächter und welcher? K. stellt dann fest, daß es sich um eine konventionelle Darstellung der »Grablegung Christi« handelt. Wächter vor Christi Grab sind Wächter, die aufgestellt wurden von denen, die verhüten wollten, daß Christi Leichnam gestohlen wird. Sie witterten Betrug, denn nach dem Diebstahl hätte behauptet werden können, daß Christus auferstanden sei von den Toten. Ein Wächter also, der den Betrug verhindern soll? Oder nicht vielmehr ein Wächter, der von denen aufgestellt wurde, die nichts kennen als Betrug, die nicht an die Auferstehung Christi glauben?

Der hinkende Kirchendiener lockt K. von Hauptkanzel und Hauptaltar weg, wo ein Licht brennt; wie gering es auch ist – es erhellt den finsteren Dom nicht –, so ist es doch ein Licht: ist es das Licht des Christentums? K. wird von hier weggelockt zur Nebenkanzel, so daß er in vollkommene Finsternis fällt: ist dies das Judentum, für das hier »das Gesetz« steht? Der Wächter am Grab Christi war von den Juden aufgestellt worden, die nicht an Christus glaubten. Als K. dem Geistlichen die Niedrigkeit des Gerichts erklärt, wird es »tiefe Nacht« in der Kirche, alles ist finster. »Und gerade jetzt begann der Kirchendiener die Kerzen auf dem Hauptaltar, eine nach der anderen, auszulöschen.« (181) Er löscht die christliche Trinität aus; K. bleibt in der Finsternis des Judentums?

Gehen wir noch einmal zurück zu der bereits zitierten Tagebuch-Eintragung vom 4. Dezember 1913: »Narrheit in jedem geradeaus strebenden, alles andere vergessen machenden Gefühl sehn. Was ist dann Nicht-Narrheit?« Nicht-Narrheit ist das Verhalten des Mannes vor dem Tor des Gesetzes, ganz genau so beschreibt es jedenfalls Kafka, als sei es in einem Satz zusammengefaßt die Erzählung *Vor dem Gesetz:* »Nicht-Narrheit ist, vor der Schwelle zur Seite des Eingangs bettlerhaft stehn, verwesen und umstürzen.« Und dagegen wird nun Christi Verhalten gesetzt! Zuerst noch einmal zur Narrheit: »Es muß Narrheiten geben, die größer sind als ihre Träger.« Das bewertet Kafka aber dann negativ: »Dieses Sichspannen der kleinen Narren in ihrer großen Narrheit ist vielleicht das Widerliche.« Und nun wieder die Negation: »Aber erschien den Pharisäern Christus nicht in gleichem Zustande?« Und Christi Tat, muß man wohl ergänzen, war nicht widerlich, sondern »Narrheit« im großen Sinne, also bewundernswerter als die »Nicht-Narrheit« des Mannes vor dem Gesetz. Die Pharisäer sind die Schriftgelehrten, die »Erklärer«, wie Kafka sie in *Vor dem Gesetz* nennt.

Kafka sieht in Christus keinesweg den Messias, wie es die

Christen tun: »Der Messias wird kommen«, heißt es im 3. Oktavheft unter dem 30. November 1917, er wird kommen, er ist also noch nicht gekommen, dies entspricht ganz der jüdischen Sicht. Aber Kafka spricht dann in derselben Notiz doch von Christus und sogar von einer Imitatio Christi, der Nachfolge Christi, wie sie der christlichen Sicht entspricht. Die Notiz lautet zur Gänze:

»Der Messias wird kommen, sobald der zügelloseste Individualismus des Glaubens möglich ist –, niemand diese Möglichkeit vernichtet, niemand die Vernichtung duldet, also die Gräber sich öffnen. Das ist vielleicht auch die christliche Lehre, sowohl in der tatsächlichen Aufzeigung des Beispiels, dem nachgefolgt werden soll, als auch in der symbolischen Aufzeichnung der Auferstehung des Mittlers im einzelnen Menschen.«[76]

Kafka sieht in Christus nicht den Messias, aber das große Beispiel, das Beispiel eines großen einzelnen, das Beispiel des »zügellosen Individualismus«, dem nachgefolgt werden soll. Und er versteht die »Auferstehung Christi« als ein symbolisches Aufzeigen dessen, was in jedem einzelnen nach dem Vorbild Christi geschehen sollte. Das ist Kafkas Verständnis der christlichen Lehre, und damit gibt er wieder ein Beispiel seines schrankenlosen Individualismus, der die Grenzen von Judentum und Christentum überschreitet, indem er beide auf seine eigene Weise deutet. Christus ist also nicht der Messias und Sohn Gottes für ihn, aber er hat durch sein Beispiel doch ein Licht, wenn auch ein kleines angezündet, während das Judentum in Finsternis verharrt bis zum Erscheinen des Messias am Ende der Tage – so ließe sich diese »Zauberwelt« im Dom anhand von Kafkas eigenen Überlegungen zu Christus deuten.

Dies ist eine Deutung, die allerdings wieder von ihrer Negation eingeholt wird: denn erst dann, wenn vollkommene Finsternis herrscht, wenn die Welt in ihren elendsten Zustand gelangt ist, wird gemäß der jüdischen Glaubenslehre der Messias erscheinen, wird das von Kafka ersehnte »Ende aller Tage« kommen. Das wenn auch kleine Licht des Christentums ist also kein Hoffnungsschimmer, wie ich zunächst meinte, sondern im Gegenteil: es trübt die Hoffnung, die – paradox genug – erst in der vollkommenen Finsternis beginnt. Als diese vollkommene Finsternis im Dom herrscht, ruft der Gefängniskaplan K. wie im Zorn zu: »›Siehst du denn nicht zwei Schritte weit?‹ – wie einer, der jemanden fallen sieht und weil er selbst erschrocken ist, unvorsichtig, ohne Willen schreit«, heißt es (181). Er zeigt auch Schwäche, wie K., und hat damit Ähnlichkeit mit den anderen Gerichtspersonen. Er warnt K. mit Recht, wie sich im nächsten Kapitel zeigt. Doch wenn Finsternis herrscht, wie soll dann K. sehen? Wiederum paradox genug: gerade die Finsternis sollte ihm die Augen öffnen.

Der »Gefängniskaplan« will K. die Augen öffnen über das wahre Wesen des Gerichts, das K. immer noch nicht erkannt hat; insofern könnte K. ihm vertrauen. Doch K. fällt sofort in seine alte Haltung zurück, die ihn seine Unschuld beteuern und die Korruptheit des Gerichts angreifen läßt. Das, worauf dieses Gericht ihn hinführen soll, erkennt er nicht. Er will vom Geistlichen nichts anderes als die Bestätigung dessen, was er schon gewußt hat, damit er wieder in seinen Alltag zurückkehren kann. Der Geistliche dagegen will ihm klar machen, daß das Gericht eine Bedeutung hat, die über K.s Fall hinausgeht, vor der K.s Fall letztlich unwichtig ist. K. schwankt zwischen der »Zauberwelt« der Handlung und der Logik der »Beweisführung«; das Dritte, auf das beide hinauslaufen, sieht er nicht. Der Leser sollte es sehen.

5.6. Vor dem Gesetz

Der Mann vom Lande, der um Eintritt ins Gesetz bittet, wird von einem Türhüter abgehalten, obwohl das Tor zum Gesetz offensteht. Der Türhüter warnt ihn, trotz seines Verbots einzutreten: »Ich bin mächtig. Und ich bin nur der unterste Türhüter. Von Saal zu Saal stehen aber Türhüter, einer mächtiger als der andere. Schon den Anblick des dritten kann nicht einmal ich mehr ertragen.« (182) Der Mann wartet sein Leben lang vor dem Tor. Kurz vor seinem Tode drängt es ihn zur Frage, warum hier in all den Jahren niemand Einlaß verlangt habe. Darauf der Türhüter: »Hier könnte niemand sonst Einlaß erhalten, denn dieser Eingang war nur für dich bestimmt. Ich gehe jetzt und schließe ihn.« (183)

Es ist wieder die Struktur von Weg und Ziel, die hier zugrundeliegt: Der Mann ist vom Lande aufgebrochen, um in das Gesetz Eintritt zu erhalten; er kommt nie am Ziel an. Das Hindernis, das ihm im Wege steht, ist der Türhüter. Der Mann versucht etliche Mittel: Gehorsam, Geduld, Bitten, Bestechung, die alle nichts nützen. Helfer sucht er auch: die Flöhe im Pelz des Türhüters, die ihm nichts helfen.

Hat er sich falsch verhalten, hätte er den Türhüter überrennen sollen? Dann hätte er den zweiten und den dritten Türhüter usw. überwinden müssen, und den Anblick des dritten hätte er schon nicht mehr ertragen. Sein Streben ist also hoffnungslos: das Ziel ist um alles in der Welt nicht zu erreichen. Welch ein Widerspruch: Es gibt einen Eingang ins Gesetz nur für ihn, der Eingang wird aber gerade seinetwegen bewacht, so daß er nicht eintreten kann. Und würde er doch eintreten, würde er nie bis zum Gesetz vordringen, weil er schon den Anblick des dritten Türhüters nicht ertragen könnte.

Wenn das Verhalten des Mannes nicht schuld ist an dieser Situation, dann vielleicht das Verhalten des Türhüters? Es böte die einzige Möglichkeit, aus dem unlösbaren Widerspruch herauszukommen. Diese Möglichkeit nimmt Kafka K. und den Lesern (und den Interpreten) durch die Versicherung des Geistlichen, daß der Türhüter nicht getäuscht habe. Also auch wir haben keinen Ausweg: wir müssen den Widerspruch akzeptieren.

Die Lobrede des Geistlichen auf den Türhüter gibt uns auch einen besseren Einblick in die Figuren, die K. in seinem Gerichtsverfahren in die Irre führen. Ich habe schon gesagt: sie sind nicht die Urheber des Ganzen, sie sind Opfer des Organismus genauso wie K., Unwissende wie er, sind sie letztlich in derselben auswegslosen Situation. Sind sie auch Mittel des Betrugs, so sind sie doch keine Betrüger; sie sind gutwillig. Der Türhüter ist sogar K. unterlegen, wie der Geistliche ausführt, da er unfrei ist, ein Diener. Und als solcher tut er nur seine Pflicht! Der Geistliche zählt seine Tugenden auf (184): diensteifrig ist er, gehorsam, unbestechlich, unerbittlich, leider auch ein wenig einfältig und eingebildet. Seine Äußerungen über seine Macht und die der anderen Türhüter – wenn sie auch »an sich richtig sein mögen«, also sicher ist es nicht? – sind überheblich. Dann der schreckliche Satz: »Die Erklärer sagen hierzu: ›Richtiges Auffassen einer Sache und Mißverstehen der gleichen Sache schließen einander nicht vollständig aus.‹« (185) Schrecklich, weil er doch die Möglichkeit einer richtigen Auffassung auszuschließen scheint.

In der Tat scheint das so. Alle Erklärungen des in der Erzählung angelegten Widerspruchs gehen letztlich fehl. Zuerst die einfachsten, die den Widerspruch durch ein Fehlverhalten der Handelnden, des Mannes oder des Türhüters zu erklären versuchen. Es gibt kein subjektives Versagen, der Zirkel des Widerspruchs ist objektiv vorhanden, es gibt daraus keinen Ausweg. Alles weitere, was der Geistliche sagt, erläutert Verhalten und Charakter des Türhüters, es hat also zu der Erklärung der Erzählung nichts mehr beizutragen, wie er selber eingesteht: »Ich sage dir nur die Meinungen, die darüber bestehen: Du mußt nicht zu viel auf die Meinungen achten. Die Schrift ist unveränderlich, und die Meinungen sind oft nur Ausdruck der Verzweiflung darüber.« (185) Die Schrift ist unveränderlich, und die Schrift ist unerklärlich. Das Gesetz ist dem menschlichen Urteil entzogen.

Was Kafka in der Erzählung als unlösbaren Widerspruch konzipiert hat – das Unerklärliche –, das läßt er hier den Geistlichen noch einmal explizieren, damit es alle Leser und Interpreten nicht übersehen: der Türhüter ist ein Diener des Gesetzes, »also zum Gesetz gehörig, also dem menschlichen Urteil entrückt.« Dem menschlichen Urteil entrückt: also außerhalb unserer rationalen Erklärungsmöglichkeiten.

Doch einen Hinweis gibt uns Kafka mit den letzten Sätzen des Geistlichen und K.s an die Hand, der uns wieder in die Dialektik von Erklärung und Unerklärlichem hineinführt. Der Geistliche sagt, man müsse nicht alles für wahr halten, nur für notwendig. K. darauf: »Die Lüge wird zur Weltordnung gemacht.« (188) Der Geistliche wendet hier nichts mehr ein. K. hat recht. Ob der Türhüter auch einmal gelogen hat oder nicht, es war jedenfalls alles notwendig, was er tat. Also gehört die Lüge zur Weltordnung, wenn sie nicht gar die Weltordnung ist, die Ordnung dieser Welt, die eben finster ist. In dem von Kafka gestrichenen anschließenden Passus wird das noch einmal – überdeutlich, und vielleicht hat Kafka es deshalb gestrichen – bestätigt: »›Überall ist es so finster‹, sagte K.«

Diese Sicht Kafkas ist eine ungeheuerliche Antithese gegen den tradierten Glauben, auch den jüdischen, auf den doch »das Gesetz« so eindeutig hingeht. Keine Religion ist so vom

Gesetz bestimmt wie die jüdische. Das Gesetz, die *Tora*, ist der geoffenbarte Wille Gottes, in den fünf Büchern Moses, dem Pentateuch, ist er aufgezeichnet. Zu diesem in der Schrift festgelegten Gesetz haben die Schriftgelehrten oder »die Erklärer«, wie Kafka sie nennt, ihre Kommentare hinzugefügt, die dem rechten Verständnis der Schrift und ihrer richtigen Anwendung im Alltag dienen. Im *Talmud* sind solche Erläuterungen gesammelt. Die Tradition der Erläuterungen und die Tora zusammengenommen werden als *Gesetz* verstanden. Das Gesetz ist die das Leben des Volkes bestimmende Weisung Gottes, die Anleitung, die das Leben leitet, und mehr als das. Es hat seine Existenz vor aller Existenz, denn schon vor der Entstehung der Welt soll es vorhanden gewesen sein. Jedenfalls hat Gott Israel seinen Willen nur im Gesetz kundgetan, und nur im Verhältnis zum Gesetz bestimmt sich das Verhältnis des einzelnen und des Volkes zu Gott. Das Gesetz gibt dem Volk Orientierung und Sicherheit.

Wie aber, wenn dieses Gesetz weltenweit entfernt und unbekannt ist, wie Kafka behauptet? Wie kann dann der Mensch leben? Nur in Irrtum und Betrug! Kafka bildet hier wieder eine scharfe Antithese zur überlieferten jüdischen Mythologie.

Heinz Politzer hat auf die Beziehung der Erzählung *Vor dem Gesetz* zur jüdischen Tradition aufmerksam gemacht.[77] In der Tradition werden demnach den Schriftgelehrten, den Gesetzeskundigen, die Gesetzesunkundigen gegenübergestellt, die mit dem hebräischen Wort »Am-ha'arez« bezeichnet werden, jiddisch »Amhorez«, und dies heißt auf deutsch »Mann vom Lande«. Den, der vor dem Tor zum Gesetz wartet, nennt Kafka einen »Mann vom Lande«. In Kafkas Tagebuch steht das Wort »Amhorez«, er notiert es am 26. November 1911 zusammen mit Bemerkungen über Talmud und Kabbala, die jüdische Mystik.[78] Durch den jiddischen Schauspieler Jizchak Löwy, mit dem er sich anfreundete, erhielt Kafka damals ersten Einblick in die religiöse Lehre und das Leben der Juden, vor allem der polnischen Juden.

Dieser wertvolle Hinweis Politzers wird leider dadurch teilweise entwertet, daß Politzer den Begriff »Amhorez« einfach auf das Verhalten K. s im Roman überträgt und ein Versagen K.s daraus ableitet: weil K. dumm sei, deshalb gehe ihm alles schief. Das ist falsch, wie wir gesehen haben. K. steht – genauso wie »der Mann vom Lande«, der Amhorez in *Vor dem Gesetz* – vor einem Dilemma: was er auch immer tut, es ist falsch, es bringt ihn nicht voran.

Kafka hat den Mann vom Lande nicht als Dummkopf, jedenfalls nicht als »Ignoranten« dargestellt, wie Politzer meint, er hat wieder die überlieferte Figur in ihr Gegenteil verkehrt: er hat ihn als *Wißbegierigen* charakterisiert. Der Amhorez wird in der jüdischen Tradition mit den Schriftgelehrten konfrontiert, die »Pharisäer« heißen, wie sie Kafka in der erwähnten Tagebuch-Eintragung genannt hat. Dort hat er das Verhalten des Mannes vom Lande als »Nicht-Narrheit« bezeichnet, das Verhalten Christi »Narrheit«, wie die Pharisäer, doch das Verhalten Christi schien ihm vorbildlicher als das des »Amhorez«. Begeht der Mann also doch einen Fehler in den Augen Kafkas? Er ist gutwillig und mit besten Absichten gekommen. Er will das Gesetz kennenlernen genauso wie K. das Gericht. Beide dringen nicht bis zum Gesetz bzw. bis zum Gericht vor, weil das nicht menschenmöglich ist.

Der Mann vom Lande ist aber keineswegs identisch mit K., wie Politzer meint. Der Mann vom Lande befindet sich in einem anderen Handlungsbereich, auf einer höheren Ebene: es ist ein Gleichnis aus den einleitenden Schriften zum Gesetz, das von ihm handelt. Der Mann ist viel weiter gelangt, als K. je vorgedrungen ist: das Gericht hat er längst hinter sich gelassen, er steht unmittelbar vor dem Gesetz. Doch wenn auch dieser Mann auf so hoher Stufe angelangt ist und K. auf der allerniedrigsten, sind beide doch in derselben Situation: sie dringen nicht bis zum ersehnten Ziele vor. Selbst wer bis zum Tor des Gesetzes gekommen ist, ist noch nicht weit gekommen: der Weg ist endlos lang.

Deshalb, wegen dieser Unmöglichkeit, zum Licht des Gesetzes durch die Finsternis der Welt hindurchzudringen, deshalb tritt ja die deutliche Parallele von Kafkas Weltsicht zu der Weltsicht gnostischer Strömungen innerhalb der jüdischen Mystik auf, was Politzer ebenfalls feststellt.[79] Doch warum? Eben weil K. *kein* Ignorant ist, eben weil *kein* subjektives Versagen vorliegt, sondern diese Welt objektiv schlecht ist. Kafkas Antithese zur jüdischen Überlieferung, zum rabbinischen Judentum, führt ihn in die Nähe anderer, vom rabbinischen Judentum abweichender Strömungen: in die Nähe der Mystik, und innerhalb der Mystik wiederum in die Nähe der Gnosis, die die »sichtbare« Welt als Betrug ansieht ganz so wie Kafka. Davon noch später.

Die Ähnlichkeit der Struktur von Kafkas *Vor dem Gesetz* mit der Merkaba-Mystik tritt uns sogleich vor Augen, wenn wir uns den bereits zitierten Ausschnitt aus Scholems Untersuchung wieder in Erinnerung rufen. Bei Kafka wie in der zitierten Hechaloth-Handschrift ist es die nämliche Hierarchie der Welten, in *Vor dem Gesetz* die Säle des Gesetzes, in der Hechaloth-Handschrift die sieben Himmel; die Säle bzw. Himmel werden jeweils von einem Türhüter bzw. einem Archonten bewacht;[80] die Türhüter bzw. Archonten verhindern den Eintritt; doch wichtige Variation bei Kafka: *jeden* Eintritt, in der Hechaloth nur den des Unwürdigen; ähnlich wieder bei beiden: die Steigerung von unten nach oben. Und noch eine weitere Ähnlichkeit, die sich nicht unmittelbar aus dieser Hierarchie ergibt: in der Merkaba-Mystik – und das unterscheidet sie scharf von der übrigen jüdischen Mystik wie von der rabbinischen Tradition – gibt es keine Anwesenheit Gottes in der Welt, keine Immanenz oder »Einwohnung« Gottes in der Welt, hebräisch »Schechina« geheißen.[81] So sieht es auch Kafka: Gott ist abwesend. Er ist nicht in der Welt, er ist weit, unerreichbar weit draußen! In der Welt herrschen Lug und Trug, über diese Welt hinauszudringen ist unmöglich. Das Gesetz ist endlos weit entfernt; von Gott schweigt Kafka. Aber selbst wenn es uns gelänge, über diese Welt hinauszukommen, würden wir nichts erreichen: wir würden vernichtet, weil wir eben die Grenze des uns Möglichen überschritten hätten.

Diese Grenze nimmt Kafka ernst, ernster noch, so scheint es, als die alten Legenden der Mystik, die wortreich von den Hierarchien der Himmel zu berichten wissen und von den Hierarchien der Engel. Er nimmt beim Wort, was sie über diese Welten sagen: ist der Glanz dieser höheren und höchsten Welten, wo Wahrheit und Gerechtigkeit wohnen, tatsächlich derart jenseits der menschlichen Vorstellungs- und Denkkraft, wie sie sagen, dann kann hier nichts darüber ausgesagt werden. Und wenn wir nicht die Wahrheit wissen, dann kennen wir auch nicht den Sinn unseres Lebens hier: dann ist es »sinnlos«. Dann ist die Konsequenz ein Satz, den Ludwig Wittgenstein schrieb: »Der Sinn der Welt muß außerhalb ihrer liegen.«[82] Das ist die philosophische Formulierung derselben Erkenntnis, die in der religiösen Formulierung Wittgensteins heißt: »Gott offenbart sich nicht *in* der Welt.«[83] Auch darin geht Kafka mit ihm überein.

6. Walser

6.1. Die Dienerschule

1909 erschien Robert Walsers Roman *Jakob von Gunten*.[84] Dieser Roman, der im Untertitel »Ein Tagebuch« heißt, könnte Kafka durchaus beeinflußt haben. *Der Prozeß* von 1913 und *Das Schloß* von 1922 haben eine strukturelle Ähnlichkeit mit *Jakob von Gunten*. Geht es in *Der Prozeß* um ein Gerichtsverfahren, das vom üblichen Gerichtsverfahren eklatant abweicht, geht es in *Das Schloß* um die Anstellung eines Landvermessers in einem Dorf, die erheblich vom üblichen abweicht, so berichtet auch Jakob von Gunten in seinem Tagebuch von einer Dienerschule, die anders ist, als es der Leser erwartet. Es ist eine Dienerschule, ausdrücklich wird es immer wieder gesagt, und doch ist diese Schule in ihrer pädagogischen Arbeit, in Programm und Zielsetzung etwas ganz anderes als das, was eine übliche Dienerschule sein mag. Dies aber, dieses andere, das die Dienerschule darstellt, wird im Roman nicht ausgesagt.

So ist die Anstrengung des Lesers – und die des Interpreten – darauf gerichtet, herauszubringen, was diese Dienerschule, dieses Institut Benjamenta, denn eigentlich zu bedeuten hat. Es sind zwei Deutungen, die das Institut anbietet. Einmal die wörtliche Bedeutung »Dienerschule« als Ausbildungsstätte für Diener, die wohlhabenden Herrschaften im Hause zu Diensten sind, zum andern die weitergehende sinnbildliche Bedeutung: »Dienerschule« als Ausbildungsstätte für etwas anderes. Zwischen der ersten und der zweiten Bedeutung gibt es eine partielle Übereinstimmung: beide Male handelt es sich um eine Ausbildungsstätte, eine Schule mit Lehrern und Schülern und pädagogischem Programm und Ziel. Nur die Art des Programms, die Art der Zielsetzung der Schule unterscheiden sie von einer üblichen Dienerschule. Was dürfte eine solche übliche Dienerschule lehren? Tisch decken, Auftragen und Abtragen bei Tisch, Silber putzen, Staub wischen, die Garderobe der Herrschaft in Ordnung halten, Gäste begrüßen und ins Zimmer führen etc. In seinem Roman *Geschwister Tanner* hat Robert Walser solche Tätigkeit geschildert, Simon Tanner hat sie für kurze Zeit bei einer Dame ausgeübt.[83] Nichts von alledem lernen die Zöglinge des Instituts Benjamenta. Was lernen sie vielmehr? Bereits im ersten Abschnitt teilt es der Tagebuch-Schreiber uns mit: »Geduld und Gehorsam«, »vollkommene Armut und Abhängigkeit« (7). Diese Ziele wären vielleicht immer noch als Tugenden für einen künftigen Diener von Vorteil; in der Tat wird hier zu Anfang auf die spätere Arbeit des Dieners hingewiesen: »ich werde als alter Mann junge, selbstbewußte, schlecht erzogene Grobiane bedienen müssen . . .« (8).

Am Anfang des Textes wird die erste Bedeutung der Dienerschule noch mitgeteilt, später geht sie verloren, aber erst nach und nach, bis sie am Ende des Romans, als Jakob mit dem Vorsteher des Instituts in den Orient aufbricht, ganz vergessen zu sein scheint. Die zweite Bedeutung dagegen, von Anfang an vorhanden in der Übertreibung der Kleinheit und Beflissenheit der Diener, die hier gelehrt wird, drängt immer mehr in den Vordergrund, bis sie alleine dominiert.

Ist die Arbeit eines Dieners auch darauf gerichtet, Kost und Logis und ein Auskommen zu finden, so geht es hier im Institut Benjamenta nur um »innere Erfolge« (7). Wird sonst ein Diener seiner Herrschaft gelassen zu Diensten sein, so wird hier von dem vorbildlichen Schüler Kraus gesagt, daß er »den Befehlen Hals über Kopf dienstfertig entgegenstürzen« (7) werde. Wird sonst ein Diener ein abhängiger Untergebener seiner Herrschaft sein, so ist er hier auch »klein bis hinunter zur Nichtswürdigkeit«. Und: »ich werde eine reizende, kugelrunde Null im späteren Leben sein.« (8) Die Feststellung Jakobs gleich zu Beginn seines Tagebuchs, daß er es bereits fertiggebracht habe, sich selbst »zum Rätsel zu werden« (7), überträgt sich auf den Leser: dieser Schüler und diese Schule werden ihm zum Rätsel. Und es wird gut sein, wenn der Leser dieser Rätselhaftigkeit eine Weile standhält, um besser erkennen zu können, worin sie denn besteht, bevor er nach des Rätsels Lösung sucht. Eine eilfertige Erklärung beruhigte zwar den Leser (und den Interpreten), brächte aber das Rätsel zum Verschwinden, möglicherweise ohne es erklärt zu haben.

Jakobs Tagebuch berichtet in fast chronologischer Reihenfolge von seinem Eintritt in die Schule, von seinen Mitschülern, seinen Lehrern, dem Unterricht dort, den gelegentlichen Ausflügen in die Großstadt, seiner zaghaften Rebellion gegen diese Erziehung und schließlich seiner totalen Unterwerfung. Das Tagebuch endet mit seinem Austritt aus der Schule.

1.	2.	3.	4.
Eintritt in die Schule	Mitschüler	Lehrer	Direktor
5.	6.	7.	8.
Ausflüge	Unterricht	Ausbildungsziel	Eintritt ins Berufsleben

Wenn wir derart in acht Stationen die Handlung des Schulbesuchs zusammenfassen, erkennen wir wieder rasch die Eigenart der Walserschen Dienerschule, die sie von jeder anderen Schule unterscheidet. Denn diese acht Stationen treffen in ihrer Allgemeinheit auf jede Schule mehr oder weniger zu. Walser realisiert alle acht Stationen, wenn auch der »Eintritt ins Berufsleben« nicht so realisiert wird, wie es der Dienerschule entspräche: Jakob wird ja nicht Diener auf einem Schloß in Schlesien – was Robert Walser selbst für kurze Zeit war –, sondern er geht mit dem Direktor in die Wüste. Und das Institut schließt mit dem Austritt Jakobs. Jakobs Entschluß, in die Wüste zu gehen, ist nicht gegen das Erziehungsziel der Schule gerichtet, sondern ganz im Sinne der Schule; der Direktor kommt schließlich mit.

Robert Walser realisiert den Handlungsablauf also vollständig; seine Abweichung liegt nicht auf der syntagmatischen Achse, sondern auf der paradigmatischen: *wie* er diese Stationen realisiert, darin zeigt sich das Eigentümliche seines Verfahrens. Vor allem die Stationen 3, 4, 6, 7 und 8 sind bemerkenswert. Zu 3: es gibt keine Lehrer bzw. die Lehrer schlafen einen totenähnlichen Schlaf. Es gibt nur eine Lehrerin, die in ein zartes Verhältnis zu Jakob tritt und bald stirbt. Zu 4: der Direktor scheint ein unnahbarer Tyrann, was noch nichts Außergewöhnliches sein dürfte, doch wird er bald zum Freund

und Vertrauten Jakobs, ja, er bittet um dessen Liebe. Zu 6: der Unterricht besteht darin, *keine* Kenntnisse zu vermitteln. Zu 7: Nichtswissen und Nichtstun scheint das Ziel der Erziehung, »ein Nichts« zu werden, wie es der vorbildliche Schüler Kraus schon verkörpert, der aber auch im gleichen Atemzug ein »Gott-Werk« genannt wird. Von 8 habe ich schon gesprochen. Was hat also diese »Dienerschule« zu bedeuten?

Vollzog sich der Eingriff Robert Walsers in den üblichen Handlungsablauf »Schulbesuch« auf der paradigmatischen Achse, so suchen auch die Interpreten von Walsers merkwürdiger Dienerschule auf der paradigmatischen Achse nach Entsprechungen, die eine Erklärung dieser Schule sein könnten, Entsprechungen, die wiederum bekannte Handlungsabläufe aus dem Alltag oder doch aus dem Interessengebiet des Interpreten sind. Ist der Interpret an Psychologie interessiert, wird er zu einer psychologischen Deutung kommen; ist er an Theologie interessiert, zu einer theologischen etc.; diesen Vorgang haben wir schon zur Genüge kennengelernt. Hier, bei Robert Walser, könnte eine Systematik der Deutungsansätze etwa so aussehen:

»Dienerschule«: 1. Bedeutung: Dienerschule
    2. Bedeutung: Symbol für ——
      a) Zerrissenheit
      b) Sexualität   Psychologie
      c) Kleinbürgertum
      d) Entfremdung   Soziologie
      e) beginnende Schizophrenie   Medizin
      f) christliche Religion
      g) Mystik   Theologie
      h) literarische Spielerei
      i) Darstellungsproblem   Ästhetik

In der Tat finden wir alle diese Deutungsansätze in der Sekundärliteratur zum Roman; die Aufstellung dürfte alle wichtigen Deutungsversuche enthalten, wobei es natürlich Interpreten gibt, die Kombinationen von zwei oder mehr Ansätzen anbieten. So sieht etwa Klaus-Peter Philippi im Roman die Darstellung einer »problematischen Existenz« und einer »inneren Zerrissenheit«[86], Hans H. Hieber sieht darin eine »perverse Schule des Dienens«[87] und eine Folge der »ödipalen Falle des familialen Raums«.[88] Martin Walser sieht im Roman die Ideologie des Kleinbürgers, der sich lustvoll unterwirft, um Karriere zu machen, ad adsurdum geführt.[89] Dagmar Grenz spricht von der totalen Entfremdung zwischen Ich und Welt[90], während Hans Holderegger Vorzeichen von Robert Walsers späterer »Schizophrenie« im Roman erkennt.[91] Susanne Sethe meint, mit ihrer biblisch-religiösen Deutung die erste schlüssige Gesamtdeutung liefern zu können.[92] Werner Kraft zieht Vergleiche zur Mystik.[93] Nach Raymond Lauener ist der Roman Ergebnis einer »Spielphase« Robert Walsers.[94] Dirk Rodewald findet, daß das »nicht Abgeschlossene und Nichtabzuschließende« des Romans, seine »Vorläufigkeit« der Absicht des Verfassers entspringe, der hier das Darstellungsproblem der modernen Literatur reflektiere, also das Problem, wie denn diese Welt überhaupt noch im Roman darzustellen sei.[95]

Die stark verkürzt zitierte Sekundärliteratur soll hier keineswegs dem Spott der Leser preisgegeben werden. Diese kleine Parade soll nur die möglichen Erklärungen des Romans vor Augen führen, und sie soll die einzelnen Erklärungen relativieren, damit der Leser angestoßen wird, über seine eigene Deutung nachzudenken, sich seiner Deutungsweise, des Vorgangs der Deutung bewußt zu werden. Ich behaupte keineswegs, daß die zitierten Deutungen falsch seien; sie bedürfen der sorgfältigen Überprüfung am Roman.

Der Roman steht im Mittelpunkt meiner Untersuchung. Um mir (und dem Leser) die Übersicht zu erleichtern, habe ich alle durch das Druckbild angezeigten Abschnitte des Romans durchnumeriert und mit einem stichwortartigen Titel versehen (siehe Anhang dieses Kapitels). Demnach besteht Jakobs Tagebuch aus 76 relativ kurzen Abschnitten von einer bis zu fünf oder sechs Seiten Länge. Gehen wir die Abschnitte durch, erkennen wir den Aufbau des Romans, den syntagmatischen Ablauf; wir haben so etwas wie den »Aufriß« des Romans vor uns, der uns auch in den »Grundriß«, die paradigmatische Struktur führen wird. Die sorgfältige Konstruktion wird rasch sichtbar.

Der Erzählablauf des Romans ist nicht ganz kongruent mit dem Handlungsablauf, doch die Unterschiede zwischen der Reihenfolge des Erzählens und der Chronologie der Handlung sind nur gering. Im ersten Abschnitt ist Jakob bereits einige Zeit in der Schule; die Erzählung beginnt also nicht mit seinem Eintritt, der wird in Abschnitt 6 nachgeholt, sondern mit einer Vorstellung des Instituts. Das Institut, die Lehrkräfte, die Mitschüler werden nach und nach beschrieben sowie Jakobs Schwierigkeiten nach seinem Eintritt, seine Ausflüge in die Stadt. Dann rückt das Institut selbst immer mehr in den Mittelpunkt, vor allem in seinen beiden »Leitsternen«, der Lehrerin Lisa Benjamenta und dem Vorsteher, ihrem Bruder, und im vorbildlichen Schüler Kraus, der das Erziehungsideal des Instituts verkörpert. Jakobs Entwicklung vollzieht sich im Verhältnis zu diesen drei Personen, aber auch in der Erinnerung an seine Vergangenheit, in der Ausformulierung von Wunschträumen, in der fortschreitenden Ablehnung der Gesellschaft in der Stadt. Nach dem Tode Lisas, nach dem Weggang von Kraus, bleiben Herr Benjamenta und Jakob übrig, die sich nun auf gleicher Ebene begegnen, wenn auch der eine der »Ritter«, der andere der »Knappe« ist. Jakob hat das Erziehungsziel erreicht. Der Roman schließt mit dem gemeinsamen Aufbruch der beiden.

Aus diesem Handlungsablauf lassen sich nun einzelne Sequenzen herauslösen und genauer betrachten: 1. Jakobs Mitschüler, es sind sieben an der Zahl, 2. Jakobs Ausflüge in die Stadt, 3. Jakobs Träume und Erinnerungen, 4. Jakob und Kraus, 5. Jakob und Lisa, 6. Jakob und Benjamenta, 7. das Erziehungsprogramm des Instituts. Diese einzelnen Handlungsteile, die in der Erzählung ineinandergeschoben sind, will ich einzeln untersuchen. Zuvor jedoch noch eine Zusammenstellung der handelnden Personen, der Handlungsorte und der Handlungszeit; das ergibt sich aus dem, was jetzt vorliegt, rasch.

Zeit der Handlung: Von Jakobs Eintritt in das Institut bis zu seinem Austritt, der zugleich das Ende des Instituts ist.

Ort der Handlung: das Institut, das in einer Großstadt liegt. *Institut* und *Großstadt* werden zu Gegenpolen; das Institut ist das Drinnen, die Großstadt das Draußen, die Welt draußen. Die für Walser ansonsten so wichtige Natur fehlt ganz, ihr Mangel, in Abschnitt 8 bemerkt, wird verschmerzt. Die Innenwelt des Instituts, die Jakob nach dem Abschnitt 53 nicht mehr verläßt, ist wieder aufgegliedert in die Unterrichts- und Schlafräume der Zöglinge, den Hof, der wie eine »viereckige

Ewigkeit« (Abschnitt 33) ausschaut, und den Garten, der »der Garten des guten Betragens« (Abschnitt 37) ist, und die »inneren Gemächer« (Abschnitt 45 und 62). Diese »inneren Gemächer« werden einmal als »Mysterien« erlebt, wobei der Ich-Erzähler offen läßt, ob es sich um einen Traum gehandelt habe oder nicht (Abschnitt 45); sie werden ein andermal als die zwei einfachen Zimmer beschrieben, in denen die Benjamentas leben, zu denen aber unter den Schülern nur Kraus und Jakob, dieser erst gegen Ende, Zugang haben. Die Orte sind also deutlich markiert und zugleich symbolisch überhöht. So wird die Großstadt symbolisch zum Getriebe der Welt draußen, das Jakob schließlich ablehnt und meidet, das Institut wird zur Oase der Ruhe und Besinnung schlechthin, ein herausgehobener Ort, in dem böses Begehren überwunden und gutes Betragen geübt wird. Nicht umsonst liegt hier die Assoziation »Kloster« nahe, weil dies die in unserer Kultur institutionalisierte »Oase der Ruhe und Besinnung« ist.

Die handelnden Personen:
Jakob, der Ich-Erzähler und Held des Romans
Herr Benjamenta, Vorsteher des Instituts
Lisa Benjamenta, Lehrerin des Instituts
Kraus, Musterschüler
Heinrich
Schacht
Schilinski
Tremala   7 Schüler
Hans
Peter
Fuchs

Diese Personen gehören alle zum Institut. Den sieben Schülern stehen noch sieben Lehrer gegenüber, die in einem totenähnlichen Schlaf liegen (Abschnitt 27), die aber wohl eher eine Erinnerung Jakobs an seine Lehrer im Progymnasium sind, die gewissermaßen innerlich »tot« waren. Eine einzige herausragende Person gehört zum Ort »Großstadt«: Jakobs Bruder Johann, der in der feinen Gesellschaft reüssiert ist, sie aber kritisiert. Personen in Jakobs Erinnerung: seine Eltern, deren Diener Fehlmann.

6.2. Das Erziehungsprogramm

Die Vorstellung der schlafenden Lehrer (Abschnitt 27) endet mit dem Vergleich einer normalen Schule, dem Progymnasium nämlich, das Jakob besucht hat, mit dem Institut Benjamenta: »Aber ich träumte wohl von meinen heimatlichen Lehrern? Dort im Progymnasium gab's Kenntnisse die Menge, hier gibt es etwas anderes. Uns Zöglingen hier wird etwas ganz anderes gelehrt.« (59) Das Institut ist also eine Schule, die sich als »ganz anders« von den anderen Schulen unterscheidet, aber eine Schule eben doch. Das Erziehungsprogramm dieser Schule wird sowohl negativ (anders als das aller anderen Schulen – wie hier –) als auch positiv beschrieben.

Die sieben Lehrer des Progymnasiums sind negative Beispiele: Herr *Wächli*, der »vermeintliche« Naturgeschichtslehrer. Herr *Blösch*, dessen Unterrichtsstunden »eine Lüge und papierne Maske« waren. Herr Pfarrer *Strecker*, der seine Zeit mit »Religionsunterrichterteilen« versäumte. »Religion, sehen Sie, taugt heute nichts mehr. Der Schlaf ist religiöser als all Ihre Religion. Wenn man schläft, ist man Gott vielleicht noch am nächsten.« (58) Herr Doktor *Merz*, der Geschichtslehrer, der böse zu sein scheint, der alte Heldentugenden lehrt, die »längst keine Rolle mehr« spielen. Herr von *Bergen*, der Knabenquäler. Herr Progymnasialdirektor *Wyß*, der »nett« und »rechtlich« ist, weshalb man sich bei ihm nicht lange »aufzuhalten« braucht. Und schließlich Herr *Bur*, der »genialste« Rechenlehrer, der nicht fürs Institut Benjamenta taugt, da er »zu feinsinnig und zu geistvoll« ist. Trotz aller Spielerei zu Beginn des Abschnitts – die Lehrer »schlafen« oder »streiken«, heißt es da – wird doch aus dieser Aufstellung deutlich: es sind *nicht* Institutslehrer, auch nicht schlafende, sondern die ehemaligen Progymnasiallehrer Jakobs. Was sie verkörpern, ist die Opposition des Erziehungsprogramms des Instituts zum Progymnasium.

	Progymnasium	*Institut Benjamenta*
Wächli:	vermeintliche Naturgeschichte	tatsächliche Naturgeschichte
Blösch:	Lüge	Wahrheit
	Maske	ohne Maske
Strecker:	Religionsunterricht	Kein Religionsunterricht

Merz:	böse	gut
	uralte Heldentugenden	keine
Bergen:	Grausamkeit	Mitleid
Wyß:	rechtlich	————
Bur:	freisinnig	nicht freisinnig
	geistvoll	nicht geistvoll

Direktor Wyß ist die positive Gestalt, die nicht in Beziehung zum Institut gesetzt wird; Bur ist die andere positive Gestalt, die aber in negative Beziehung zum Institut gebracht wird: seine Tugenden sind im Institut nicht brauchbar. Wie überhaupt Kenntnisse dort nicht von Nutzen sind, sondern hinderlich.

Ich gehe jetzt den Roman von Anfang bis Ende durch, um alle wichtigen Äußerungen über das Erziehungsprogramm des Instituts zu sammeln. Da ist im ersten Abschnitt von »Geduld«, »Gehorsam«, »Zufriedenheit«, »Armut«, »Abhängigkeit« die Rede, die die Schüler lernen sollen, und das Ziel dieses Lernens wird auch schon genannt: etwas »Kleines, Untergeordnetes« zu werden, »innere Erfolge« anstelle von äußeren zu erwarten und schließlich eine »reizende, kugelrunde Null« zu werden. Dieses Programm ist also auf eine Minimalisierung, auf eine Verkleinerung seiner Schüler aus, was dem Programm üblicher Schulen entgegengesetzt ist; diese wollen doch Erweiterung, Erweiterung von Kenntnissen und Fähigkeiten erreichen. Das Institut Benjamenta dagegen stellt »fast keine Aufgabe«, vermittelt »keine Kenntnisse« (Abschnitt 2). Sein Unterricht, von einer einzigen Lehrerin gegeben, besteht in der Wiederholung der Übung »Wie hat sich der Knabe zu benehmen« (9, Abschnitt 2).

Die Irritation, die dieses Programm beim Leser erregen muß, wird im Text selbst ausgesprochen: in der Irritation des Schülers Jakob. Er sieht das Institut als »unverständlichen Traum«, er wird sich zum »Rätsel«. Ohne Zweifel will der Erzähler die Irritation des Lesers erregen, ohne Zweifel will er es aber nicht dabei bewenden lassen; er will die Irritation aufnehmen in der Reaktion des Jakob, und er will sie weiterführen zu Verständnis und Sympathie für das Programm. Jakobs Weg ist der Weg, den wohl auch der Leser gehen soll: von der anfänglichen Ablehnung zur Zustimmung, ja bedingungslosen Unterwerfung. Im 4. Abschnitt und im 13., die von Jakobs Eintritt ins Institut berichten, werden die Anfangsschwierigkeiten benannt und mit der Benennung überwunden: die anfängliche Angst vor »Betrug«, ja »Ermordung« erscheint aus späterer Sicht als »zimperlich« und »muttersöhnchenhaft« (4. Abschnitt); »eitel« und »hochmütig« sei er am Anfang gewesen, alles sei »neu und feindlich« gewesen, heute sei er auch noch »dumm«, aber auf eine »feinere, friedlichere« Weise (13. Abschnitt).

Gerade gegen die Eitelkeit und den Hochmut ist das Erziehungsprogramm gerichtet, »gegen Eitelkeit und Begehrlichkeit« (Abschnitt 26) zu »gedankenlosem Gehorsam« (Abschnitt 16) will es führen. Dazu sind merkwürdige Übungen zu absolvieren: »unbeweglich sitzen«, »die Nasen blicken in gedankenlose Leere«; die Augen, die »frech und neugierig« sind, sind »verdammenswert«; die Ohren wagen nicht zu horchen »vor lauter gespannten Horchens«; der Mund ist »zugekniffen«; dies alles in »Entsagung und Erwartung« (Abschnitt 26). Kein Wunder, daß dem Tagebuchschreiber der Unterricht wie ein Traum, wie ein sinnloses und sinnvolles »Märchen« vorkommt (Abschnitt 30). Nicht mit »Wissenschaften« beschäftigen sich die Schüler, sie sollen vielmehr »die Beschaffenheit unserer eigenen Seele und unseres eigenen Körpers genau« kennenlernen. In »einer ganz einfachen, gleichsam dummen Übung« liegen »mehr Segen« und »mehr wahrhaftige Kenntnisse« als im »Erlernen von vielerlei Begriffen und Bedeutungen. Wir erfassen eines ums andere, und haben wir etwas erfaßt, so besitzt es uns quasi.« (63, Abschnitt 30)

Gleichsam dumme Übungen absolviert Jakob auch in der Freizeit des Nachmittags, in der »Öde« und »Grabesstille« des Schulzimmers: er steht auf einem Bein und hält den Atem an. Oder: Er schließt die »unmüden« Augen, »um nichts mehr zu sehen« und »um nichts mehr denken zu müssen« (71, Abschnitt 33). Das ist eine Übung, die ganz im Sinne des Instituts ist: »Nichtstun und dennoch Haltung bewahren.« Aber auch nicht sprechen, denn »wer schwatzt, ist ein Betrüger«; das »Nicht-Schwatzhafte«, das »nenne ich Bildung« (79, Abschnitt 36). Am Beispiel des Musterschülers Kraus, der das Bildungsziel des Instituts schon erreicht hat, definiert Jakob, was er – und das Institut – unter Bildung versteht: »Kraus kennt wenig, aber er ist nie, nie gedankenlos, er unterwirft sich immer gewissen selbstgestellten Geboten, und das nenne ich Bildung. Was an einem Menschen liebevoll und gedankenvoll ist, das ist Bildung.« (80, Abschnitt 36) Und noch einmal pointiert: von »Selbstsucht« entfernt sein, der »Selbstzucht« nahe zu sein, das ist das Ziel dieser Ausbildung. Hier bei Kraus ist »gedankenvoll« als positive Eigenschaft genannt, an anderer Stelle ist es negativ gesetzt, wie schon am »gedankenlosen Gehorsam« (Abschnitt 16) ersichtlich, der das Ziel der Erziehung ist. Abschnitt 40 bringt eine Differenzierung: Denken ja, aber noch besser ist Nicht-Denken nach der Werteskala dieses Instituts. »Gewiß muß man auch denken, sehr sogar. Aber sich fügen, ist viel feiner als denken. Denkt man, so sträubt man sich, und das ist immer häßlich und Sachen-verderbend. Die Denker, wenn sie nur wüßten, wieviel sie verderben.« (90)

Dieses Erziehungsprogramm geht weit über das hinaus, was eine normale Dienerschule anzubieten hätte, und weicht erheblich von dem ab, was übliche Schulen zur Weiterbildung ihrer Schüler unternehmen. Es ist geradezu eine Negation der Weiterbildung üblicher Schulen. Dies aber nicht zur Gänze, sondern nur in Teilen, wenn auch erheblichen.

Die übliche Schule will ebenfalls mit ihrem Programm letztlich auf eine Festigung des Charakters ihrer Schüler hinwirken, will gewisse Tugenden wie Bescheidenheit und Gehorsam predigen. Auch manches von dem, was das Institut Benjamenta anbietet, wäre in einer normalen Dienerschule denkbar: ebenfalls Bescheidenheit und Gehorsam, vielleicht auch Geduld, Haltung, still Sitzen und Warten.

Die Schwierigkeit der Deutung dieses Erziehungsprogramms ist eine doppelte: einmal ist das Programm nicht durchweg von dem einer üblichen Dienerschule zu trennen; manche seiner Ziele lassen sich auch als Ziele einer Dienerschule verstehen. Verschiedentlich wird ja auch gesagt, daß die Schüler später als Diener feiner Herrschaften arbeiten werden. So ist das Institut Benjamenta nicht eindeutig Symbol für »etwas anderes«, es schillert sozusagen zwischen den zwei Bedeutungen, die nicht deutlich voneinander zu trennen sind: Dienerschule einerseits, Schule für »etwas anderes« andererseits; zumindest in den ersten Zweidritteln des Romans ist das der Fall.

Zum andern liegt die Schwierigkeit der Deutung darin, daß

die zweite sinnbildliche Bedeutung des Instituts von keinem Erklärungsversuch vollständig eingeholt werden kann. So scheint es wenigstens. Alle Versuche, bereits bekannte Erziehungsmodelle neben das vom Roman vorgelegte Modell zu halten, um anhand von Ähnlichkeiten dann sagen zu können, dieses bekannte Modell sei, wenn auch verschlüsselt, gemeint, alle diese Versuche scheinen nur Teile des Modells abdecken zu können. Unsere üblichen weiterbildenden Schulen – von der Grundschule über das Gymnasium bis zu den Hochschulen – geben gewissermaßen die Negativfolie ab für dieses Institut, doch dies auch nicht durchgehend. Das Institut ist nicht nur Negation der üblichen Schule und es ist *nicht* eine Satire, die all das, was die übliche Schule bieten will, in sein Gegenteil verkehrt und dadurch herausstellen will, daß die übliche Schule in Wirklichkeit das Gegenteil von dem anbietet, was sie anzubieten behauptet.

Gesellschaftskritik gibt es wohl, aber sie richtet sich ausdrücklich nicht gegen das Institut, sondern gegen die Großstadt draußen, den Gegenpol des Instituts.

Und das Kloster? Ich habe es bereits erwähnt. Das Kloster wäre ein anderes bekanntes Erziehungsmodell, das mit dem des Instituts verglichen werden könnte. In der Tat gibt es Ähnlichkeiten, aber nicht in ausreichendem Maße, um sagen zu können, es sei ein Kloster gemeint und nichts anderes. Jakob lehnt ja jede institutionalisierte Religion ausdrücklich ab, wie bei der Erwähnung des ehemaligen Religionslehrers Strekker deutlich wird. Ein Kloster also ohne Religion? Zu den christlichen Klöstern gibt es trotz Ähnlichkeiten wieder viele Unterschiede: das »ora et labora« des heiligen Benedikt fehlt im Institut völlig. Es wird weder gebetet noch gearbeitet. Nichts sagen, das ließe sich noch als Ähnlichkeit zu strengen Klöstern sehen, aber nichts denken, nichts wissen, das kann ein christliches Kloster, das das Wissen um die Glaubenslehre voraussetzt, nicht als Ziel haben.

Ich setze im folgenden Schaubild die wichtigen Elemente des Erziehungsprogramms untereinander, vergleiche sie mit dem möglichen Programm einer Dienerschule, einer weiterbildenden Schule und einem katholischen Kloster, um die Elemente erkennen zu können, die frei bleiben, die also von keinem der drei bekannten Modelle abgedeckt werden. Dabei ist festzuhalten, daß die Dienerschule vom Text selbst angeboten wird, und zwar positiv (eine Dienerschule ist hier gemeint) und daß die weiterbildende Schule (Progymnasium) vom Text genannt wird, und zwar negativ (das Institut bietet *nicht,* wie diese weiterführende Schule, Kenntnisse, Wissen und Wissenschaft). Das Kloster dagegen nennt der Text nicht ausdrücklich; er legt es höchstens in der Darstellung des von der Außenwelt abgeschlossenen, weltabgekehrten Instituts nahe.

Eine Unterrichtstätigkeit ist nur für die Dienerschule kennzeichnend, für keine andere: Situationen in der »Gesellschaft« spielen, etwa am Tisch sitzen und sich bedienen lassen, wie es im Abschnitt 50 geübt wird. Alle anderen Programmpunkte können, wenn sie für die Dienerschule zutreffen, auch in gewisser Weise für das Kloster geltend gemacht werden; Gehorsam, Armut, Kleinsein, gegen Eitelkeit, gegen Begehrlichkeit. Einige Punkte können weder für die Ausbildung im Kloster noch in der Dienerschule nützlich sein; es sind gerade die Punkte, die das Bildungsziel der weiterbildenden Schule negieren: keine Aufgaben, keine Kenntnisse, keine Wissenschaften, ja noch weitergehend: nichts sehen, nichts denken, nichts tun (in den Abschnitten 26 und 33). Diese Ziele widersprechen nicht nur jeder uns bekannten Ausbildung, sie widersprechen auch jeder uns bekannten Sehweise des Lebens, jeder Lebensart – außer einer, auf die denn auch das Augenmerk einiger Interpreten fiel: der mystischen. Handelt es sich um ein mystisches Kloster? Als Arbeitshypothese, die weiterer Überprüfung bedarf, möchte ich es in dieser Modifikation vorschlagen: es handelt sich um eine klosterähnliche Institution, deren Erziehungsprogramm mit Übungen und Zielen mystischer Tradition gewisse Ähnlichkeiten hat.

1. Eine *klosterähnliche Institution* nenne ich das Institut, weil es von der Welt abgekehrt ist, in sich abgeschlossen, und seine Zöglinge strengen Regeln unterwirft, über deren Einhaltung Obere wachen. Zumindest für Jakobs Entwicklungsgang, den Erziehungsgang des Helden, trifft das zu. Denn er wird nicht als Diener nach Abschluß seiner Entwicklung in die Welt geschickt; mit seinem Weggang hört das Institut auf zu existieren. Er kehrt sich am Schluß ganz von der Welt ab, von der gesamten europäischen Kultur, um sich einer anderen Welt, einem traumhaften Orient zuzuwenden. *Klosterähnlich* nenne

Institut Benjamenta	Dienerschule	weiterbildende Schule	christliches Kloster
Geduld	+		+
Gehorsam	+	+	+
Zufriedenheit	+	+	+
Armut	+	Reichtum	+
Abhängigkeit	+	Selbständigkeit	+
Kleinsein	+	Großwerden	+
Innere Erfolge	+		+
keine Aufgaben	Aufgaben	Aufgaben	—
keine Kenntnisse	Kenntnisse	Kenntnisse	—
gegen Eitelkeit	+	+	+
gegen Begehrlichkeit	—	+	+
unbeweglich sitzen	—	—	+
ins gedankenvolle Leere blicken	—		—
Augen schließen	—		
nichts sehen	—	Sehen	+
nichts denken	—	Denken	—
nichts tun	+	Handeln	Denken
keine Wissenschaften	—	Wissenschaften	—
Eigene Seele und Körper kennenlernen	—	—	—
Schweigen	—	—	+
Warten	—	—	—
Gesellschaft spielen	+		—

(+ = trifft zu   — = entfällt)

ich die Institution auch deshalb, weil das Erziehungsprogramm in wesentlichen Punkten an religiöse Traditionen erinnert.

2. Diese wesentlichen Punkte des Erziehungsprogramms sind gerade die, die weder von dem Modell einer Dienerschule noch von dem einer weiterbildenden Schule, noch von dem eines üblichen katholischen Klosters abgedeckt werden. Gerade sie aber sind Vorstufen von Meditationsübungen, wie sie in der indischen oder der japanischen Tradition bekannt sind. Zur Stützung meiner These zitiere ich ein einfaches Beispiel, das Erich Fromm in *Die Kunst des Liebens* gibt.[96] Fromm nennt dort Anleitungen, die aus der japanischen Zen-Praxis kommen. Er fordert Disziplin, Konzentration und Geduld als unabdingbare Voraussetzungen für die ernsthafte Ausübung jeder Art von Kunst, auch der Kunst des Lebens, die hier mit »Kunst des Liebens« gemeint ist. Fromm: »Ein Lehrling in der Zen-Kunst des Bogenschießens fängt mit Atemübungen an.« »Unsere gesamte Persönlichkeit muß zu einem Instrument zur Ausübung der Kunst werden und muß je nach den speziellen Funktionen, die es zu erfüllen gilt, in Form gehalten werden.«[97] Disziplin heißt dabei, sagt Fromm, »daß man sie nicht wie etwas übt, das einem von außen aufgezwungen wird, sondern daß sie zum Ausdruck des eigenen Wollens wird«.[98] Denken wir an Jakobs anfängliche Rebellion und seine anschließende Unterwerfung, in der er selbst von sich will, was das Institut von ihm will. Fromm: »Der Osten hat schon vor langer Zeit erkannt, daß das, was dem Menschen guttut – seinem Körper und seiner Seele –, ihm auch angenehm sein muß, auch wenn zu Anfang einige Widerstände zu überwinden sind.«[99] Denken wir an Jakobs ambivalentes Verhalten zu den Erziehungszielen des Instituts. Fromm: »Dabei können ein paar sehr einfache Übungen helfen, wie zum Beispiel in entspannter Haltung (ohne Räkeln, aber auch nicht verkrampft) dasitzen, die Augen schließen, versuchen, sich eine weiße Fläche vorzustellen und dabei alle störenden Bilder und Gedanken auszuschalten.«[100] Denken wir an Jakobs Übungen in den Abschnitten 26 und 33. Und ein letztes Mal Fromm, der den Zustand der Aufmerksamkeit ohne Denken beschreibt: »Über all das *denkt er nicht nach;* er befindet sich in einem Zustand entspannter Aufmerksamkeit . . .«[101] Denken wir an das

Nicht-Denken Jakobs!

Ich habe Erich Fromm zitiert, weil er eine einfache, verständliche, jedermann erreichbare Anleitung zu Konzentrationsübungen gibt, die er beim japanischen Zen, einer mystischen Strömung des Buddhismus, kennengelernt hat. Die Zitate zeigen eine gewisse Ähnlichkeit zwischen Zen-Übungen und den Übungen des Instituts Benjamenta, die uns besonders merkwürdig sind: Unterwerfung, Gehorsam, Geduld, Ausschaltung des eigenen Willens und des eigenen Denkens. Ist die Ähnlichkeit zufällig? Ist sie beabsichtigt? Das bedarf weiterer Prüfung. Ich will zuerst den Punkt 1, das klosterähnliche Institut genauer untersuchen, dann Punkt 2, die mystischen Elemente, wie überhaupt alle religiösen Anspielungen im Roman. Es versteht sich, daß die zwei Punkte nicht so strikt voneinander zu trennen sind, wie es hier des besseren Überblicks halber geschieht.

6.3. Absage an die Welt

Die Klosterähnlichkeit des Instituts Benjamenta ist zunächst eine äußerliche: das Haus ist abgeschlossen von seiner Umwelt, die Zöglinge bilden eine Wohngemeinschaft, diese Gemeinschaft hat besondere Regeln des Lebens und Lernens. Im Gegensatz zu dieser Gemeinschaft steht das Leben draußen in der Großstadt. Die Art des Lebens dort wird vom Institut abgelehnt; so tritt neben die äußere Ähnlichkeit eine innere: die Abkehr von der Welt, von deren äußerem Getriebe nicht nur, sondern auch von deren inneren Lebensgesetzen.

Dadurch entsteht ein Widerspruch in der Konzeption der »zweideutigen« Dienerschule. Doppeldeutig ist sie, wie gesagt, weil sie einerseits eine Dienerschule im herkömmlichen Sinn darstellt, aber andererseits auch »etwas anderes« bedeutet, was über diese Dienerschule hinausführt. Die erste Bedeutung bringt mit sich, daß die Schule Diener für die Großstadt, für die Gesellschaft draußen, ausbildet; sie ist sozusagen ein Zulieferbetrieb dieser Gesellschaft. Ihre Absolventen sollten dieser Gesellschaft nützliche Diener sein, also deren Lebensgesetze anwenden lernen. Die Schüler des Instituts Benjamenta lernen aber viele Regeln, die denen der Gesellschaft draußen widersprechen, die sie geradezu untauglich machen, dieser Gesellschaft zu dienen. In diesen Regeln kommt die zweite Bedeutung der Dienerschule zum Ausdruck, das klosterähnliche Institut, das eben nicht der Gesellschaft sich einordnen oder unterordnen will, sondern das sich von ihr abwendet. Die zweite Bedeutung führt also in ihrer Konsequenz zur Auflösung der ersten Bedeutung, was am Erzählverlauf abzulesen ist: Sie tritt immer stärker hervor, bis sie die erste auslöscht.

Jakobs Ausflüge in die Großstadt, zu Anfang noch häufig (9, 11, 17, 21, 28), enden im 53. Abschnitt; zuvor (31, 42) hat er seinen Bruder besucht, der in der Welt eine wichtige Rolle spielt; durch ihn lernt er die große Welt kennen. Gerade aber der Bruder fällt das vernichtende Urteil über diese Gesellschaft; er sagt Jakob nichts Neues. Doch daß hier ein Arrivierter spricht, einer, der Erfolg in der Welt hat, gibt seinem Urteil die rechte Kraft: er spricht nicht aus dem Ressentiment des Zukurzgekommenen, sondern aus der Erfahrung dessen, der weiß, wovon er spricht. Johann: »... es gibt vielleicht auf dieser Welt gar, gar nichts redlich Erstrebenswertes. Und doch sollst du streben, leidenschaftlich sogar. Aber damit du nicht allzu sehnsüchtig bist: präge dir ein: nichts, nichts Erstrebenswertes gibt es. Es ist alles faul.« (66/67) Das ist eine totale Absage an die Welt. Johann fährt fort:

»Es gibt ja allerdings einen sogenannten Fortschritt auf Erden, aber das ist nur eine der vielen Lügen, die die Geschäftemacher ausstreuen, damit sie um so frecher und schonunsloser Geld aus der Menge herauspressen können. Die Masse, das ist der Sklave von heute, und der Einzelne ist der Sklave des großartigen Massengedankens. Es gibt nichts Schönes und Vortreffliches mehr. Du mußt dir das Schöne und Gute und Rechtschaffene träumen. Sage mir, verstehst du zu träumen?« (67)

Lediglich Geld zu verdienen, das lohne noch, sagt Johann, um es dann gleich darauf wieder zurückzunehmen: »Auch den Geld-Gedanken schlage dir weg. Es ist das Schönste und Triumphierendste, man ist ein ganz armer Teufel. Die Reichen, Jakob, sind sehr unzufrieden und unglücklich. Die reichen Leute von heutzutage: sie haben nichts mehr. Das sind die wahren Verhungerten.« (68)

Johann differenziert nicht in seinem Urteil. Er kritisiert nicht bestimmte Erscheinungen der Gesellschaft und nimmt andere aus, er ergreift nicht Partei gegen eine Richtung und für eine andere, es ist eine totale Absage an die Welt insgesamt, an die moderne Welt. Die Gesellschaftskritik, wie sie hier zum Ausdruck kommt, Jakob stimmt Johann zu und – kein Zweifel – Robert Walser auch, diese Gesellschaftskritik beruht auf einem konservativen Standpunkt: sie kennt ein früheres Besser, das sie wenigstens andeutungsweise dem jetzigen Schlechten entgegensetzt. Gerade in dem anschließenden Abschnitt kommt das zum Ausdruck. Der Diener Fehlmann, der gefehlt hatte, fiel der Mutter Jakobs, woran Jakob sich nun erinnert, mit Tränen in den Augen zu Füßen und bat um Gnade. Das ist den »echten kleinen Republikanern« (70) »ein Greuel«; Jakob aber findet es »schön«. Fehlmann ist noch verziehen worden: »Tränen der Treue und Anhänglichkeit, wie schön ist das.« (70) Die Unterwerfung soll also wieder die Verzeihung mit sich führen – wie so oft bei Robert Walser –, die Zuneigung des Dieners zur Herrschaft impliziert die Zuneigung der Herrschaft zum Diener – eben »Treue und Anhänglichkeit«. Doch das ist nun vorbei; die alte Zeit ist vorüber, jetzt herrscht der Geist eines anderen Zeitalters. Ein wichtiger Unterschied zur konservativen Kritik ist aber auch da: Jakob ist *nicht* traurig, klagt *nicht* an, will *nicht* zurück, stellt vielmehr nur fest und beobachtet: »ich nehme die Zeit, wie sie ist.« (70)

Johanns Kritik an der Gesellschaft erinnert in ihrer Totalität an christliche Absagen an die eitle, verworfene, verführerische, vergängliche Welt; von der diesseitigen Welt, die uns vom jenseitigen Seelenheil hinwegführt, sollen wir uns abwenden und zum himmlischen Glanz hinwenden, dem wahrhaften Glanz, der unvergänglich ist. Dieser alte Topos ist hier deutlich zu erkennen, und er fügt sich ohne weiteres in die Konzeption des klosterähnlichen Instituts. Jakobs Weg führt ihn von der Absage an die Welt draußen zur Hingabe an die Welt drinnen. Das wird deutlich im 53. Abschnitt, in dem zum letzten Mal von der Welt draußen die Rede ist. »Das sind Späße, die Welt liebt eben Späße. Ich nicht, aber das alles ist ja so unbedeutend. Ich fühle, wie wenig mich das angeht, was man Welt nennt, und wie mir groß und hinreißend vorkommt, das, was ich *Welt* nenne, ganz im stillen.« (116) Was *er* Welt nennt, ist das im Institut Erlernte; die Welt draußen ist ihm dagegen gleichgültig. Der Abschnitt endet mit der Hinwendung zu Benjamentas Grundsätzen, die dem, was Welt draußen bedeutet, ganz »unähnlich« sind.

Im folgenden Abschnitt wird Jakobs Entwicklung wieder thematisiert: »von ganz unten« fängt er im Institut an. Das ist auch in der christlichen Tradition zu sehen; ist jemand auch »draußen« reich und mächtig, »drinnen« sind alle Menschen »arme Sünder«. Das wird hier sogar besonders stark durch einen Gegensatz hervorgehoben: Jakob kommt aus vornehmster Familie, sie ist reich und adelig, besitzt Landgut, Kutschen und Diener. Jakob *von* Guntens Platz »draußen« war an der Spitze der sozialen Hierarchie; sein Platz »drinnen« ist »ganz unten«. (Möglicherweise ist sein Name ein Wortspiel: Gunten = ganz *unten.*) Diese Umkehr ist ein Zeichen für die Umkehr der Werte überhaupt: äußere Erfolge draußen versus innere Erfolge drinnen, äußerer Reichtum versus innerer Reichtum, innerer Hunger versus äußerer Hunger. Die Askese im Institut soll zu innerem Reichtum führen; der äußere Reichtum in der Welt führt zu innerer Armut. Ein christliches Modell ist das gewißlich.

Jakobs Weg ist der einer Läuterung, in der auch solche Triebe und Neigungen, die zu den Herrlichkeiten der Welt draußen verführen, abgelegt werden. Nirgends ist das deutlicher als in seinen Wunschträumen. Drei Arten von Träumen lassen sich im Roman unterscheiden: Träume der Erinnerung (der Traum von der Mutter im Abschnitt 15), der Lichttraum (Abschnitt 75) und die Wunschträume (35, 39, 49, 64, 66); der Gang durch die inneren Gemächer (45) wird nicht deutlich genug klassifiziert, so daß wir nicht wissen, ist er nun Traum oder nicht. Die Wunschträume bringen vier wichtige Wünsche, die nach dem Leben draußen in der Welt verlangen: reich sein (Abschnitt 35), schlecht sein (Abschnitt 39), mächtig sein (Abschnitt 49), Abenteuer erleben (Abschnitt 64). Aber diese Wünsche Jakobs gehen nicht immer eindeutig auf das Leben draußen. »Wenn ich reich wäre . . .«, beginnt der Abschnitt 35; was dann? Er würde es verschmähen, sich weiter auszubilden: »Mich würde eher die Tiefe, die Seele, als die Ferne und Weite locken.« (75) Wenn er hier auch schon das Erziehungsprogramm des Instituts übernommen hat – keine Weiterbildung, In-sich-Hineingehen statt nach draußen – so spielt er doch noch mit dem Wunsch, reich zu sein. Aber: Er würde das Geld verprassen und dann doch arm sein. Dies ist ein Tagtraum, während der Abschnitt 39 einen Nachttraum bringt, der unverstellt den Wunsch ausdrückt, ohne rationale Skrupel, so daß Jakob froh ist, als er endlich erwacht: im Traum war er schlecht, »ein aufgedonnertes, unbeholfenes, grausames Stück Menschenfleisch« (87), etwas, was er keineswegs bewußt sein will. Der Traum grenzte an den Wahnsinn, heißt es. In Abschnitt 49 wird eher locker von der »Einbildung«, Kriegsoberst um 1400 gewesen zu sein, erzählt; er war damals so mächtig, daß von seiner Laune »der Frieden von halb Europa« (109) abhing. Auch dieser Tagtraum endet mit der Rückkehr der Gedanken zum Erziehungsziel des Instituts.

Der Tagtraum, Soldat unter Napoleon zu sein (Abschnitt 64), ist eher eine Unterwerfung unter das Erziehungsprogramm des Instituts, ähnlich dem Tagtraum in Abschnitt 35. Der lange, schmerzvolle, grausame Weg von blutiger Schlacht zu blutiger Schlacht wird zwar als »fluchwürdig« empfunden, aber zugleich als eine Übung dargestellt, die an das Erziehungsziel des Instituts gemahnt: die soldatische Zucht und Geduld machen Menschen zu einem »inhaltlosen Körper-Klumpen«, zum Bestandteil einer Maschine, also zu einem bedeutungslosen Nichts, wie das Institut es auch erreichen will. In diesem Ziel besteht Übereinstimmung, aber nicht im Weg.

Der Abschnitt 66 beginn scheinbar wieder wie ein Tagtraum »Ich bin jetzt ein Krösus« (140), aber hier ist die gänzliche Einordnung ins Institut schon vollzogen. Geld besitzt er nicht, er ist ein Krösus, weil Herr Benjamenta ihn liebt. Also der innere Reichtum ist es, der ihn zum Krösus macht. Daß auch der mächtige Benjamenta der Schwäche fähig ist, bringt ihn zur »Erleuchtung«: »Ich glaube, alles, alles ist schwach, alles muß wie Würmer zittern. Nun ja, diese Erleuchtung, diese Gewißheit macht mich zum Krösus, das heißt zum Kraus.« (140) Krösus = Kraus, und Kraus ist der Zögling, der das Erziehungsideal des Instituts verkörpert. Jakob hat es hier selbst erreicht!

Doch bis dieses Ziel erreicht ist, sind alle Begierden abzulegen, was im Roman nicht nur in den Wunschträumen Jakobs vollzogen wird, sondern auch an anderen Stellen. So in Abschnitt 37, wo es heißt »Das gute Betragen ist ein blühender

Garten« (83); Jakob muß sich von den »tiefen Schlünden des hoffnungslosen, wütenden Begehrens« befreien. Und im Abschnitt 46 spricht er von den Verboten, die das Verbotene erst recht reizend machen: »Denn wie mit dem verbotenen reizenden Lachen ist es doch sicher mit fast allen andern Dingen und Gelüsten ebenfalls. Nicht weinen dürfen zum Beispiel, nun, das vergrößert das Weinen. Liebe entbehren, ja, das heißt lieben. Wenn ich nicht lieben soll, liebe ich zehnfach.« (105) Durch das Verbot wird das Verbotene erst recht begehrenswert; das Verbot macht es aber auch unmöglich, es zu erreichen; das Nichterreichte wird gerade dadurch zum Besitz (»Liebe entbehren, ja, das heißt lieben«), was in gewisser Weise zur Aufhebung des Verbots *und* des Begehrens führt.

Wenn wir die Wünsche uns vor Augen führen, die in den erwähnten Abschnitten zum Ausdruck kommen, erhalten wir Antithesen von Erziehungszielen des Instituts: Reichtum, Schlechtigkeit, Macht. Deren Gegenteil will das Institut erreichen: Armut, Güte, Gehorsam. Die Tugenden des katholischen Mönchs sind: Armut, Keuschheit und Gehorsam. Auch von Keuschheit bzw. von deren Gegenteil, der Schamlosigkeit, ist in *Jakob von Gunten* die Rede: der Mitschüler Tremala (Abschnitt 16) faßt einmal Jakob von hinten, um ihm nach »dem intimen Glied« zu greifen, »in der Absicht, mir eine widerliche, an den Kitzel eines Tieres grenzende Wohltat zu erweisen«. (36) Jakob schlägt ihn zu Boden.

Könnten nicht überhaupt die Mitschüler Laster und Tugenden verkörpern, die auch in Jakobs Seele sind, die er aber ablegen bzw. annehmen soll? Ganz zufällig dürfte die Zusammenstellung der sieben Schüler ebensowenig sein wie die der sieben schlafenden Lehrer. *Heinrich* (Abschnitt 3) ist kindlich, charakterlos, selbstbezogen und kaltherzig, *Schacht* ist kränklich, empfindsam wie ein Mädchen und melancholisch (Abschnitt 5) – Jakob fühlt sich ihm wie einem Bruder verbunden –, *Schilinski* (Abschnitt 10) ist hübsch und eitel, *Tremala* (Abschnitt 16) ist lüstern und schamlos, *Hans* (Abschnitt 18) ist gutmütig, bäurisch und fleißig, *Peter* (Abschnitt 19) ist dumm, aber gutherzig, *Fuchs* (Abschnitt 20) ist ein Schlingel, den Jakob verachtet. Bis auf *Hans* und *Peter* werden die Mitschüler eher negativ als positiv bewertet, sind sie eher Verkörperungen von Lastern als von Tugenden: Kaltherzigkeit,

Selbstsucht, Eitelkeit, Melancholie, Lüsternheit, Dummheit, Betrug – ließen sich diese Laster nennen. Sie erinnern an Laster, wie sie noch im christlichen Barocktheater als Allegorien auf die Bühne marschierten. *Hans* und *Peter* besitzen immerhin auch Tugenden, *Hans* Gutmütigkeit und Fleiß, *Peter* – neben der Dummheit – auch Gutherzigkeit. Diese Bedeutung der Mitschüler – Laster vor allem, also Abzuweisendes, aus dem gewöhnlichen Leben von draußen Mitgeschlepptes zu verkörpern – wird nicht so scharf herausgestellt, wie es in einer Allegorie der Fall wäre, aber immerhin deutlich genug, damit sie im Erziehungsprogramm, dem Jakob unterworfen wird, ihre Rolle spielen können.

In dem letzten Abschnitt, von dem in diesem Zusammenhang noch gesprochen werden muß, hat dagegen Robert Walser fast überdeutlich gearbeitet, weshalb dieser Abschnitt 45 etwas aus dem Tagebuch herausfällt, eben wegen seiner deutlichen Pointierung. Zwar nimmt Walser zu Beginn des Abschnitts diese Deutlichkeit durch Ironie ein wenig zurück: »Vielleicht hat es auch gar nichts zu bedeuten. Ich bin sehr wenig geneigt, mich von Mysterien bewältigen zu lassen.« (97) Aber das Wort ist doch gefallen: »Mysterien«. Zwar setzt Walser am Schluß des Abschnitts alles wieder gewissermaßen in Anführungszeichen, indem er die Möglichkeit, er habe alles nur geträumt, einräumt.

Aber wie das geschieht, das ist wieder wenig eindeutig: »Rasch zog das Mädchen die Hand von mir weg und ging in die Küche, um das Abendbrot zuzubereiten. Träume ich? Aber wozu mich fragen, da es doch jetzt ans Abendessen geht.« (103) Das »Abendbrot« im Satz vor der Frage »Träumte ich?« und das »Abendessen« im Satz danach stellen eine Verbindung her zwischen dem, was ihm »Mysteriöses« geschah, und dem, was er jetzt wirklich tun wird. Geht er tatsächlich zum Abendessen, das vorzubereiten zuvor Lisa weggegangen war, dürfte auch das zuvor Geschilderte geschehen sein.

Tatsächlich oder nicht – »tatsächlich« innerhalb des fiktionalen Feldes des Romans, versteht sich –, es handelt sich in diesem Abschnitt auf jeden Fall um die Beschreibung eines Initiationsritus, wie er beim Eintritt in die Mysterien dem Uneingeweihten abverlangt wurde: das Durchschreiten allegorischer Räume, mag es nun »tatsächlich« geschehen sein oder nicht, bringt hier nichts anderes zum Ausdruck als das, was wir sonst von »Mysterien« kennen. Ich gebe ein einfaches, bekanntes Beispiel: in Mozarts Oper *Die Zauberflöte* will der Held Tamino in den Sonnentempel eindringen, er verwirrt sich aber in einem Labyrinth. Erst als er von den Eingeweihten des Tempels für geeignet befunden wird, darf er nach einer Probe auch eingeweiht werden. Die Probe: ein Schweigegelübde und das Durchschreiten von gefahrvollen Räumen, deren Gefahren einmal durch das Feuer, ein andermal durch das Wasser symbolisiert werden. Nachdem Tamino die Probe bestanden hat, wird er in den Tempel aufgenommen.

Auch bei Robert Walser wird ein Uneingeweihter, eben Jakob, in den Kreis der Eingeweihten aufgenommen, nachdem er für würdig befunden wurde und genügend Proben abgelegt hat, also nachdem er sich verändert hat. Im Abschnitt 44 ist Jakob aus der Stadt ins Institut zurückgekehrt, wo er sich schon ganz zu Hause fühlt: »Ich bin gern hier«. (97) Abschnitt 45 bringt dann den Gang in die »inneren Gemächer«, also in die Gemächer, die dem Uneingeweihten verschlossen sind. Walser spielt hier wieder mit der doppelten Bedeutung der Dienerschule; die »inneren Gemächer« sind einmal die Wohnräume der Geschwister Benjamenta (entsprechend der ersten Bedeutung der Dienerschule), sie sind zum andern mehr als das: die Gemächer der Eingeweihten (entsprechend der zweiten symbolischen Bedeutung). Lisa Benjamenta ist die Führerin durch diese Gemächer; auch an ihr erkennen wir diese doppelte Bedeutung: sie ist einmal Lehrerin der Schule, zum andern mehr als das: »Seelen-Führerin« Jakobs.

Wie werden die Gemächer beschrieben? Ein »Licht-Feuer« zeigt sich in einem Tor. Das Licht zerfällt, was bedeutet, daß Jakob »kein langes, kein anhaltendes Glück« haben wird, wie Lisa sagt. Sie steigen dann in eine Bodenluke und kommen zu den »*Gewölben und Gängen der Armut und Entbehrung*«. Hier verlangt Lisa »willige Unterwerfung in die Schwere und Trübnis« des Lebens. Dann langen sie an der »*Sorgenwand*« an, die Jakob küßt. Das Starre soll er, sagt Lisa, zu erweichen suchen. Sie kommen danach zu einer »Eis- oder Glasbahn«, »das ist die *Freiheit*« – so Lisa; sie sei nicht lange zu ertragen, man müsse sich immer bewegen. Im »*Ruhe-Gemach*« kann Jakob ausruhen, doch nicht zu lange, weil das zu Weichlichkeit verführt. Dann treten sie in das »*Ungemach*«, in dem Zweifel und Unruhe herabregnen. Jakob schwimmt in einem Strom vom Zweifeln; er weint und bereut. Da sitzt er plötzlich wieder in der Schulstube, Lisa steht hinter ihm und streichelt ihm die Wange. Sein Weg durch die »inneren Gemächer« ist beendet.

Zuerst sieht er also Armut, Entbehrung und Sorgen, dann findet er kurze Zeit Freiheit und Ruhe, danach Zweifel und Unruhe, woraus erst die Reue ihn herausführt. Jakob ist damit in das Institut aufgenommen. Danach erst, im Abschnitt 47, wendet Herr Benjamenta, der strenge Vorsteher des Instituts, sich ihm zu, im Abschnitt 48 bittet er ihn, sein Vertrauter zu werden. Herrn Benjamentas Wandlung setzt die Jakobs voraus; sie erscheint nur als abrupt und unverständlich, wenn wir das nicht in Rechnung stellen. Wenn Jakob sich gewandelt hat, sich dem Ziel angenähert hat, das Benjamenta vertritt, kann dieser auch anders mit ihm umgehen als zuvor. Aus dem Schüler ist ein Partner geworden.

6.4. Abrahams Zeiten und die Indier

Die zwei Bedeutungen des Instituts machen dem Leser auch dann zu schaffen, wenn er sie sich immer gegenwärtig hält, denn nicht immer sind die beiden klar zu trennen. Bei den Figuren des Romans ist diese Trennung besonders schwierig: Lisa zum Beispiel. Sie ist erstens Lehrerin des Instituts und dies in einer gewissen Ähnlichkeit zu Robert Walsers eigener Schwester Lisa, die Lehrerin war, so daß auch noch eine dritte Bedeutung neben die beiden anderen tritt: eine autobiographische. Sie ist zweitens eine Art »Seelen-Führerin« in der Entwicklung Jakobs, die in dem Augenblick den Tod findet, als Jakob das Ziel der Erziehung weitgehend erreicht hat. Sie hat also ihre Funktion als »Seelen-Führerin« erfüllt. Aber was hat es zu bedeuten, daß sie keine Liebe findet, wenn doch Jakob sie liebt, freilich auf seine schweigsame, zurückhaltende Weise? Und dieser Mangel an Liebe sei, so sagt sie selbst, der Grund für ihren Tod. Auf welcher der drei Ebenen ist dieser Mangel angesiedelt – auf der der Lehrerin der Dienerschule; stirbt eine Lehrerin aus Mangel an Liebe? Auf der der »Seelen-

Führerin«, aber Jakob liebt sie doch? Auf der der Autobiographie? Ist Robert Walsers Schwester Lisa gemeint, die tatsächlich keinen »würdigen« Mann fand und deshalb ehelos blieb? Aber gestorben ist sie daran wohl nicht; sie wurde 70 Jahre alt. Es gilt jedenfalls, zwischen diesen drei Bedeutungsebenen zu unterscheiden; die zweite, die sinnbildliche, scheint die Aussage, auf die er hinsteuert. Die biographischen Erfahrungen bieten den Stoff, den Walser benutzt, aus dem er aber etwas anderes macht als eine Aussage über seine Biographie.

Kraus etwa, der Musterschüler des Instituts, hat die übergroße Zuneigung Jakobs, der ihn am liebsten küssen möchte. Auf der Ebene der ersten Bedeutung wäre das als die fast homoerotische Beziehung zwischen zwei Schülern zu interpretieren, auf der zweiten Ebene aber als die Liebe Jakobs zu dem Ziel der Erziehung, das Kraus verkörpert und das er erreichen will. Als er es erreicht hat, entschwindet ihm dieser andere, der es ihm nahebrachte; er ist nicht mehr vonnöten. Der Abschied ist allerdings schmerzlich: Jakob verliert einen Teil seiner selbst, die »Hälfte des Lebens«, wie es heißt (155). Wie mit Kraus so verhält es sich mit Lisa: auf der ersten Ebene gibt es eine verschmähte erotische Zuneigung zwischen ihr und Jakob, auf der zweiten Ebene dagegen ist es die Sympathie »verwandter Seelen«. Und mit Herrn Benjamenta ist es das gleiche: auf der ersten Ebene eine fast homoerotische Beziehung zwischen Lehrer und Schüler, auf der zweiten Ebene die Verbindung zweier Teile, die zu einem Ganzen zusammenkommen.

Die Dominanz der zweiten Bedeutung schiebt die erste nicht beiseite; sie läßt sie bestehen, denn sie ist die Grundlage der zweiten: die erste Bedeutung wird nämlich zum Träger der zweiten, eben als Symbol für die zweite.[102] In der Geschichte der religiösen Metaphorik ist das ein üblicher Vorgang; gerade die Erotik zwischen Mensch und Mensch hat häufig als Symbol für die Beziehung zwischen Mensch und Gott gedient. Die Tendenz zu einer religiösen Bedeutung wird gerade an den drei genannten Figuren deutlich, den wichtigen Partnern Jakobs im Institut: an Kraus, Lisa und Benjamenta. Kraus erscheint Jakob zuerst als ein »affenähnliches Wesen« (11), später sieht er in ihm den vollkommenen Diener, also etwas außerordentlich Positives in seiner Werteskala: »etwas im allerbesten Sinn Dienerhaftes« (31). Zwar ist da wieder eine äußere Verunstaltung, Pickel nämlich, aber es kommt ja im Institut auf innere Werte an:

»Mich zum Beispiel würden die Punkte, die ihn verunzieren, nicht im mindesten hindern, ihn zu küssen, wenn es darauf ankäme. Im Ernst: wirklich nicht, denn ich sehe so etwas gar nicht mehr, ich sehe es gar nicht, daß er unschön aussieht. Ich sehe seine schöne Seele auf seinem Gesicht, und die Seele, das ist das Liebkosenswerte. Aber der zukünftige Herr und Gebieter wird da allerdings ganz anders denken, und darum legt auch Kraus Salben auf die unfeinen Wunden, die ihn verunstalten.« (32)

Hier tritt wieder der Unterschied der zwei Bedeutungen hervor: das, was Kraus wirklich besitzt, die schöne Seele, ist gerade nicht tauglich für seinen Dienerberuf, es wird dort gar nicht beachtet werden. Daß Kraus das Erziehungsziel des Instituts verkörpert, erkennen wir daran, daß sein Bestreben nicht auf Funktionieren in der Welt gerichtet ist. Im Gegenteil: »Dieser Mensch, was will er eigentlich in solch einer auf der Phrase, Lüge und Eitelkeit gestellten und abgerichteten Welt? Sieht man Kraus an, dann fühlt man unwillkürlich, wie unrettbar verloren die Bescheidenheit in der Welt ist.« (49/50)

Der vollkommene Kraus ist »Ritter von Kopf bis Fuß« (49); Ritter wird auch später Benjamenta genannt. Hier ist ebenfalls die Abwertung der jetzigen Welt mit einer Aufwertung der Vergangenheit verknüpft, wieder also »konservative« Gesellschaftskritik. Das »zwölfte Jahrhundert« wäre das für Kraus entsprechende Zeitalter gewesen, heißt es, an späterer Stelle sind es sogar »Abrahams Zeiten« (77), die auf Krausens Antlitz lebendig werden, also »alt-israelitische Zeiten« (77). Bald darauf wird Kraus mit Joseph in Ägypten verglichen: »Kraus hat etwas von Joseph in Potiphars Haus.« (78) Die Zeiten, die ersehnt werden, sind lange zurückliegende: biblische nicht nur, sondern alttestamentarische: »Pickel sind etwas Biblisches, Orientalisches.« Diese relativ ausführliche Passage im Abschnitt 36 ist bemerkenswert, weil sie eine direkte Beziehung zwischen dem Erziehungsziel des Instituts und der religiösen Tradition herstellt; es geht daraus deutlich hervor, daß dieses Ziel ein religiöses ist. Wenn wir das Ziel als religiöses erkannt haben, haben wir es allerdings noch längst nicht hinreichend beschrieben; das muß sowohl theologischen als auch atheistischen Interpreten entgegengehalten werden.

»Der liebe Kraus!« (79) »Das flattert um Kraus herum nicht von geflügelten und lispelnden Kenntnissen, dafür ruht etwas in ihm, und er, er ruht und beruht auf etwas. Man kann sich mit der Seele selber auf ihn verlassen.« (79) »Wenn ich diesen Kameraden verliere, gehen mir Himmelreiche verloren.« (80) »Ja, man wird Kraus nie achten, und gerade das, daß er, ohne Achtung zu genießen, dahinleben wird, das ist ja das Wundervolle und Planvolle, das An-den-Schöpfer-Mahnende.« (81) Kraus, der dem alttestamentarischen Milieu angenähert wurde, wird hier vom Erzähler in Anlehnung an die biblische Sprache beschrieben und durch diesen Stil erhöht. »Denn siehe«, heißt es in biblischer Manier: »Gott gibt der Welt einen Kraus«; das erinnert an »Gott gab der Welt seinen einzigen Sohn«. Geradezu in einer Apotheose erscheint Kraus durch die Häufung großer Worte »Güte, Helligkeit, Gerechtigkeit«, »Palast der Demut«, Worte, die mit »göttlich« oder mit Gott (»Gott-Werk«) verbunden werden. Das setzt der Erzähler bis zum Schluß des Abschnitts 36 fort, in dem gerade der Mißerfolg, der Kraus in der Welt draußen erwartet, zum Zeichen seiner Göttlichkeit wird; auch dies scheint eine Anlehnung an bekannte christliche Wendungen zu sein, in denen es heißt, daß die Welt Jesus verkannt und geschmäht habe, obwohl er doch gekommen sei, diese Welt zu erlösen. Der biblische Ton, die biblischen Anspielungen versetzen Kraus in eine religiöse Aura, die aber nicht ohne weiteres die der Bibel ist, jedenfalls nicht die der üblichen Auslegung der Bibel.

An einer früheren Stelle, in Abschnitt 43, wird Kraus geschildert, als ob er einen Heiligenschein habe: er sitzt im Halbdunkel und wird »scheinbar von einem bräunlichen Lichtstrahl umflossen« (95). Darauf heißt es:

»Ich blieb lange stehen. Tatsächlich, lange stund ich so, denn ich konnte etwas, irgend etwas, nicht ganz begreifen. Es war mir, als sei ich zu Hause. Nein, es war mir, als sei ich noch nicht geboren, als schwämme ich in etwas Vor-Gebürtigem. Es wurde mir heiß und meerhaft-undeutlich vor den Augen. Ich ging zu Kraus und sagte ihm: ›Du, Kraus, ich habe dich lieb.‹« (95)

Hier wird das Erlebnis im Angesicht des Kraus beschrieben: einmal als etwas, das Jakob nicht ganz begreifen konnte, also als etwas Unbegreifliches. Dann als das Gefühl, zu Hause zu sein, was ein anderes »sich-zu-Hause-Fühlen« bedeuten muß, als etwa bei den Eltern zu Hause sein, also bedeuten muß, da zu Hause zu sein, wo man wirklich zu Hause ist; schließlich fühlt Jakob sich, als sei er noch nicht geboren, als sei er in etwas »Vor-Gebürtigem«. Aus diesem Gefühl kommt dann die starke Zuneigung zu Kraus, die ihn sagen läßt: »Ich habe dich lieb.« Bereits durch den Heiligenschein wird es angedeutet: Jakob hat hier ein religiöses Erlebnis, er fühlt sich zu Hause wie sonst nicht in dieser Welt, deshalb das »Vor-Gebürtige«; er fühlt sich also da zu Hause, wo er vor der Geburt war. Das ist – ist es ernst gemeint – *keine* christliche Vorstellung. Der Gedanke der Reinkarnation, also der Gedanke, daß es nicht nur *nach* dem Tod ein Leben gebe – wie im Christentum üblicherweise angenommen –, sondern auch *vor* der Geburt, deutet auf mystische Traditionen, etwa auf solche, wie sie – durch indische Vorstellungen angeregt – in der Theosophie und in der Anthroposophie vertreten werden.

Diese Darstellung des Kraus verleiht ihm eine religiöse Bedeutung; da er das Erziehungsziel des Instituts Benjamenta verkörpert, wird damit auch die Erziehung dieses klösterähnlichen Instituts als eine religiöse erkennbar. Schon die mysteriöse Einweihung durch Lisa im 45. Abschnitt sprach dafür, ebenso die merkwürdigen Übungen in den Abschnitten 26 und 33. Doch um welche religiöse Richtung geht es hier? Da ist einmal die biblische Anspielung, durch die in unserem Kulturkreis Religion überhaupt signalisiert wird, die aber hier auch auf eine biblische Tradition hinweist. Da sind aber auch andere Anspielungen, die auf nicht-biblische Traditionen hinweisen: der Gedanke der Wiedergeburt (Reinkarnation); der Gedanke mystischer Erleuchtung, die unbegreiflich ist, und das Gefühl, endlich zu Hause zu sein, vermittelt; die merkwürdigen Übungen, die noch am ehesten an asiatische (indische, japanische) Meditationsübungen erinnern. Beides zugleich – Biblisches und Asiatisches – muß beachtet werden, denn für beides gibt es Anhaltspunkte.

Zunächst zu den biblischen Anspielungen. Sie kulminieren im Namen des Helden selbst: Jakob. Denn »Abrahams Zeiten«, an die Kraus gemahnt, und »Joseph in Potiphars Haus«, womit Kraus verglichen wird, verbinden sich mit Jakob zu einer Reihe, die alle wichtigen Figuren des Instituts umfaßt. Das

1. Buch Moses berichtet von »Abrahams Zeiten« und denen seiner Nachkommen. Demnach hatte Abrahams Sohn Isaak einen Sohn *Jakob,* der wiederum viele Söhne hatte, darunter eben jenen *Joseph,* den es nach Ägypten verschlug, wo er Diener im Hause des Potiphar war und der Verführung von Potiphars Frau widerstand: »Wie sollte ich denn ein solch Übel tun und wider Gott sündigen?«[103] *Jakob* hat aber auch einen Sohn, der *Benjamin* heißt, was »Sohn der Rechten« bedeutet, nämlich Sohn der rechten Frau. *Benjamenta* könnte die weibliche Form von *Benjamin* sein, eine italienisierte weibliche Form, möglicherweise ursprünglich für Lisa Benjamenta allein gebildet. Robert Walsers Schwester Lisa war einige Zeit Lehrerin in Italien. Die Anspielung vollends zu erfassen, ist es notwendig, die autobiographische Ebene der Bedeutung zu beachten. Robert Walser war »der Benjamin« der Walser-Söhne. Dieser Gesichtspunkt ist wichtig, um das Verhältnis zwischen Jakob von Gunten und Herrn Benjamenta zu erkennen; in beide sind Teile Robert Walsers eingegangen, beide sind teilweise aus autobiographischem Material geschaffen.

Jakob sieht im 1. Buch Moses im Traum eine Himmelsleiter, die Erde und Himmel miteinander verbindet, auf der Engel hinauf- und herabsteigen; es ist also der Weg von dieser Welt in eine andere und zurück.[104] Jakob ringt auch mit einem Mann, eine ganze Nacht lang: »Ich lasse dich nicht, du segnest mich denn.« Und der andere sagt ihm: »Du sollst nicht mehr Jakob heißen, sondern Israel; denn du hast mit Gott und mit Menschen gekämpft und bist obgelegen (hast gesiegt).«[105] Jakob als derjenige, der über alle Hindernisse hinweg letztlich siegreich seinen Weg geht: wie Jakob von Gunten? Der Mann, mit dem Jakob rang, war Gott, der ihm später noch einmal erscheint und ihm wiederholt, daß er nicht mehr Jakob, sondern Israel heißen soll, also der Gründervater Israels sein wird.[106] Und schließlich spricht Gott noch einmal zu ihm, damit er sich nicht fürchtet, nach Ägypten zu gehen.[107]

Gerade diese letzte Stelle könnte eine Deutung des Romanendes ermöglichen, die bisherige Schwierigkeiten überwindet. Der Schluß ist kein Bruch in der Kontinuität der Handlung, wie verschiedentlich behauptet, auch keine Ausflucht, er ist konsequent in der Entwicklung Jakobs angelegt: Jakob von Gunten hat zunächst einen Traum wie der biblische Jakob, einen Traum, der jedoch nicht von der üblichen Art ist: »der Traum schoß von der Höhe, ich erinnere mich, gewaltsam, mich mit Strahlen überwerfend, auf mich nieder.« (161) Dieser Traum nimmt ihm die Furcht, mit Benjamenta in die Wüste zu gehen. Die Wüste aber ist der Orient; Ägypten könnte es sein, wie beim biblischen Jakob, denn der Vorsteher Benjamenta sieht »wie ein Araber« aus und »wir ritten auf Kamelen« (163). Jakob, der sich nach »Abrahams Zeiten« sehnt, zieht in Abrahams Land, nach dem Orient; er macht sich auf zu dem Ziel der Entwicklung, die er im Institut begonnen hat, zu dem Ziel, das ihm in Kraus vor Augen stand.

Aber dieser Lichttraum am Schluß enthält auch Anspielungen auf die mystische Tradition, nicht nur auf die biblische. In der Bibel spricht Gott zu Jakob als Person, als personaler Gott. Bei Walser ist der Traum eine »unpersönliche«, unbegreifliche Lichtfülle. Gerade diese Beschreibung erinnert an die Beschreibungen mystischer Erleuchtungen, die oft mit der Licht-Metapher arbeiten: Licht schießt von oben herab und überwältigt den Menschen. Aber auch die Wüste tritt in diesen Beschreibungen als Metapher auf: als das sonnendurchglühte, glänzende Unübersehbare der endlich gefundenen Einheit und Einung.[108] Und die Erlebnisweise Jakobs, daß alles rasch vorüberschießt, der ganze Weltgegenden im Nu sieht, ganze Wochen in Sekunden, ist aus solchen Beschreibungen bekannt. Die letzte Bestätigung erhält diese Deutung durch die Schlußsätze des Romans: »Jetzt will ich an gar nichts mehr denken. Auch an Gott nicht? Nein! Gott wird mit mir sein. Was brauche ich da an ihn zu denken? Gott geht mit den Gedankenlosen.« (164)

Das ist zunächst die radikale Konsequenz des zuvor im Institut Gelernten: nichts wissen, nichts denken. So heißt es hier: »Weg mit dem Gedankenleben. Ich gehe mit Herrn Benjamenta in die Wüste.« Das »Gedankenleben« hat er überwunden, aber gerade das ist die Voraussetzung dafür, daß Gott mit ihm ist, denn »Gott geht mit den Gedankenlosen«. Auch dies, immerhin der vorletzte Satz des Romans, muß ernst genommen werden, kann nicht eine spielerische Bemerkung nebenher sein. Es ist vielmehr eine Äußerung, auf die der Roman konsequent zuläuft. Gott nicht zu denken, nicht an Gott zu denken als an etwas außerhalb von mir Befindliches, gerade das ist aber eine Maxime der Mystik, wie sie etwa Meister Eckhart formuliert hat. Eckhart sieht Gott nicht als eine Person, als ein Objekt, dem das Subjekt des Menschen gegenübertritt, um es anzuschauen, zu erfassen, zu denken, er sieht vielmehr dialektisch Gott im Menschen und den Menschen in Gott. Das ist eine im Rahmen der üblichen Theologie und deren säkularisierten Fassungen in verschiedenen Philosophien oder Ideologien schwer begreifliche Vorstellung. Was Meister Eckhart etwa in seiner Predigt *Warum wir sogar Gottes ledig werden sollen* verlangt, ist eine dreifache Armut, Armut in einem höheren Sinne, wie er sagt: »Das ist ein armer Mensch, der nichts will, nichts weiß, nichts hat.«[109] Erinnern wir uns an das Erziehungsprogramm Benjamentas: *nichts wollen*, also gehorsam sein, den eigenen Willen nicht nur unterdrücken, sondern aufgeben; *nichts haben*, also arm sein, nichts besitzen, aber auch dies in umfassendem Sinne, nämlich nicht sich selbst und nicht Gott besitzen.

Eckhart macht sich in seiner Predigt lustig über die Leute, die sich Gottes Willen unterwerfen wollen. Er hält sie für Esel; und mancher Esel dürfte es ihm übelgenommen haben. 1329, ein Jahr nach seinem Tode, wurden nach längerem Prozeß 28 Sätze aus seinen Schriften und Predigten von Papst Johannes XXII. als Ketzerei gebannt. Eckhart:

»Solange der Mensch noch in der Verfassung steht, daß er den Willen hat, Gottes allerliebsten Willen erfüllen zu wollen, solange hat er nicht die Armut, von der wir sprechen wollen; denn dieser Mensch hat ja noch einen Willen, mit dem er dem Willen Gottes Genüge tun will, und das ist das Rechte nicht. Denn soll der Mensch wahrhaft arm sein, so muß er seines geschöpflichen Willens so ledig sein, wie er's war, als er noch nicht war. Und ich sage euch bei der ewigen Wahrheit, solange ihr den Willen habt, den Willen Gottes zu erfüllen, und solange ihr noch irgendein Begehren habt nach der Ewigkeit und nach Gott, solange seid ihr noch gar nicht geistlich arm. Denn das nur ist ein armer Mensch, der nichts will und nichts begehrt.«[110]

Nichts wollen und nichts begehren also! Und nichts wissen: »Ja, er soll so quitt sein alles Wissens, daß er überhaupt nichts davon weiß, nichts davon erkennt, nichts davon fühlt, daß Gott in ihm lebt.«[111] Also alles subjektive Bewußtsein soll ausgelöscht sein! Wer die Einheit hat, spricht nicht davon, weiß nicht davon, sondern ist davon erfüllt: »Gott geht mit den Gedankenlosen.«

Auch die schwierige, scheinbar widersprüchliche Bezeichnung von Kraus in Abschnitt 36 findet hier eine Erklärung: »Kraus ist ein echtes Gott-Werk, ein Nichts, ein Diener.« Ist Kraus ein Werk Gottes oder ist er ein Nichts? Das scheint sich auszuschließen. Wenn einer ein Nichts ist, ist er eben nichts, aber doch kein Gott-Werk, nicht etwas Besonderes, vor anderen Ausgezeichnetes, als das Kraus hier dargestellt wird. Wenn aber der, der nichts will, nichts weiß, nichts hat, wie Meister Eckhart verlangt, also gewissermaßen nichts ist, wenn gerade der ganz in Gott darinnen ist bzw. Gott ganz in ihm darinnen ist, dann ist das kein Widerspruch: ein Gott-Werk *und* ein Nichts zu sein wie Kraus.

Ob Robert Walser Meister Eckhart gelesen hat? Ich weiß es nicht. Nach der Feststellung, daß das Erziehungsprogramm des Instituts Benjamenta zumindest mystische Elemente enthält, wenn nicht sogar auf das Ziel der Mystik vorbereiten will, wäre dies die nächste Frage. Die Rezeption der Mystik – und zwar der europäischen, der christlichen und jüdischen Traditionen wie auch der asiatischen Traditionen – und die Auseinandersetzung mit der Mystik lassen sich für die Zeit vor dem Ersten Weltkrieg leicht nachweisen.[112] Robert Walser wäre kein Einzelfall. Kandinsky erwähnt etwa in seiner Programmschrift der sogannten abstrakten Malerei *Über das Geistige in der Kunst* die Mystik des Maurice Maeterlinck, die der Inder und die der theosophischen Gesellschaft. Der belgische Symbolist Maurice Maeterlinck war vor dem Ersten Weltkrieg eine europäische Berühmtheit, von London bis Moskau wurden seine Dramen aufgeführt, von denen manche an die »Mysterien«, wie sie im Abschnitt 45 des *Jakob von Gunten* geschildert werden, erinnern: symbolische Träume, die Frau als »Seelen-Führerin« oder Erlöserin wie etwa in seinem *Blaubart*, der Béla Bartók für das Libretto seiner einzigen Oper diente. Robert Musil beginnt sein erstes Werk *Die Verwirrungen des Zöglings Törless* mit einem Maeterlinck-Zitat. Musil hat sich im *Mann ohne Eigenschaften* ausführlich mit Meister Eckhart auseinandergesetzt und mit dem »anderen Zustand« der Erleuchtung in der Mystik, der oft – wie am Ende von *Jakob von Gunten* – als Lichttraum beschrieben wird.

Robert Walser, der viel gelesen hat, wie Carl Seelig bezeugt, und gerne ins Theater ging, wird wohl Maeterlinck gekannt haben und vielleicht auch Werke über die Mystik der Inder oder die Theosophie. Daß er später eine, wenn auch schwierige Beziehung zur Anthroposophie Rudolf Steiners hatte – Steiner war zunächst Mitglied der Theosophischen Gesellschaft, bevor er seine eigene Anthroposophische Gesellschaft 1913 gründete–, darauf werde ich noch eingehen. Hier nur ein Hinweis auf gewisse Parallelen zwischen dem Erziehungsprogramm des Instituts Benjamenta und Steiners »Der Pfad der Erkenntis« in seinem 1904 zum erstenmal veröffentlichten Buch *Theosophie*.[113] Steiner verlangt dort, daß »der Lernende« sich in jedem Augenblicke »zum völlig leeren Gefäß machen« können müsse, »in das die fremde Welt einfließt«: »Nur diejenigen Augenblicke sind solche der Erkenntnis, wo jedes Urteil, jede Kritik schweigen, die von uns ausgehen. Es kommt zum Beispiel gar nicht darauf an, wenn wir einem Menschen gegenübertreten, ob wir weiser sind als er. Auch das unverständigste Kind hat dem höchsten Weisen etwas zu offenbaren.«[114] Ist nicht auch Kraus ein solch unverständiges Wesen, in dem sich Jakob etwas offenbart? Eigenes Urteil und Kritik auszuschalten, lernen auch die Schüler des Instituts Benjamenta. Steiner weiterhin: »Die besten Übungen kann man an Menschen machen, vor denen man eine Abscheu hat. Man unterdrücke mit aller Gewalt diese Abscheu und lasse alles unbefangen auf sich wirken, was sie tun.«[115] Denken wir an Jakobs Haltung angesichts des pickelübersäten affenähnlichen Kraus. Schließlich empfiehlt Steiner »Gelassenheit«, ein Wort übrigens des Meister Eckhart, das noch Martin Heidegger zum Titel eines Dialogs über die Mystik gemacht hat[116]; Steiner: »Mit Gelassenheit muß er Lust und Schmerz aufnehmen.«[117] Gelassenheit meint ein Loslassen eigenen Fühlens und Wollens, ein Sich-selbst-Loslassen, um sich ganz dem anderen hinzugeben. Im *Jakob von Gunten* wird das so zum Ausdruck gebracht: »Wir erfassen eines ums andere, und haben wir etwas erfaßt, so besitzt es uns quasi. Nicht wir besitzen es, sondern im Gegenteil, was wir scheinbar zu unserem Besitz gemacht haben, herrscht dann über uns.« (63/4) Nicht *wir* besitzen es, denn wir haben uns ganz zurückgenommen, sondern *es* besitzt uns, denn wir haben uns ihm ganz hingegeben.

Ein letztes Mal Rudolf Steiner: »Der Mensch gelangt nicht

zur Wahrheit, wenn er sich nur den fortwährend durch sein Ich ziehenden Gedanken überläßt.«[118] Diese uns unaufhaltsam durch den Kopf schwirrenden Gedanken gilt es abzuschalten, um Platz zu machen für die Ordnung des Denkens, sagt Steiner, für die Leere, sagen die Zen-Buddhisten. In der Tat gibt es zwischen europäischen und asiatischen Traditionen der Mystik Parallelen: teilweise in den Übungen, teilweise in der Zielsetzung.[119] Einflüsse gab es freilich auch; Steiner hat den indischen Gedanken von Karma und Reinkarnation übernommen.

Ob Robert Walser aus Werken Steiners, aus Werken der Theosophie, der Inder, der Japaner, der christlichen Mystik beeinflußt wurde, wird kaum mehr zu entscheiden sein, wenn nicht neue Dokumente über seine Lektüre gefunden werden. Daß er aber eine eigenwillige mystische Religiosität vertrat, die in gewissen Zügen an die Mystik Eckharts, der Theosophie oder der Inder denken läßt, ist augenscheinlich. Die »Indier« im vorletzten Abschnitt des Romans, im Abschnitt 75, die Herrn Benjamenta zu ihrem Fürsten machen, könnten einen Anhaltspunkt dafür geben, daß indische Einflüsse vorliegen, die in diesem wichtigen Abschnitt die biblischen (»Abrahams Zeiten« im Orient) überlagern. Jedenfalls ist das mystische Erlebnis, das hier beschrieben wird, nicht von der Art, wie im Alten Testament die Erscheinung Gottes vor Jakob geschildert wird; Gott ist dort immer eine Person, die spricht. Hier ist die Erleuchtung sprachlos und kann nicht in Sprache gefaßt werden.

Auch bei Robert Walser am Ende seines Romans *Jakob von Gunten* kommt es wie schon bei Kafka, erstaunlich genug, zu einer Ähnlichkeit mit Überlegungen Ludwig Wittgensteins, dessen *Tractatus logico-philosophicus* mit einer Wendung zur Mystik endet. Wittgenstein dort: »Die Lösung des Problems des Lebens merkt man am Verschwinden dieses Problems. (Ist nicht dies der Grund, warum Menschen, denen der Sinn des Lebens nach langem Zweifeln klar wurde, warum diese dann nicht sagen konnten, worin dieser Sinn bestand.) Es gibt allerdings Unaussprechliches. Dies zeigt sich, es ist das Mystische.«[120] Robert Walser in *Jakob von Gunten*: »›Aha‹, dachte ich unwillkürlich, und wie mir schien, ziemlich dumm: ›Das war es also, das!‹ – Aber was es war, was ich da dachte, konnte ich nicht enträtseln.« (163)

6.5. Herr Benjamenta

Das Institut Benjamenta ist ein klosterähnliches Institut, d. h., es ist *kein* Kloster. Es besteht Ähnlichkeit, aber nicht Identität. Das Erziehungsprogramm hat in seinen Übungen und in seinem Ziel Ähnlichkeit mit mystischen Programmen; auf diese Ähnlichkeit habe ich anhand von Beispielen hingewiesen: Ähnlichkeit zu Zen-Übungen, Ähnlichkeit zu Meister Eckhart, zur Theosophie; Ähnlichkeit, aber *nicht* Identität. Es ist kein Zen-Programm, es ist kein theosophisches Programm! Walser hat seine eigene Vorstellung realisiert, möglicherweise angeregt durch Lektüre, möglicherweise aufgrund eigener Erfahrung: ein eigenes Programm hat er entwickelt, dessen Originalität allerdings geringer ist, als es auf den ersten Blick erscheint. Es gibt ähnliche Programme, die bei uns in der Öffentlichkeit jedoch wenig bekannt sind oder über die – wenn denn über sie gesprochen wird – oft aus Unkenntnis gesprochen wird. Walsers Originalität besteht in der poetischen Fassung dieses Programms, in der literarischen Konstruktion, die tatsächlich etwas Neues bringt, etwas, das es bei aller Ähnlichkeit zu Vorhandenem in dieser Art noch nicht gab. Ich will das noch einmal ausführlich an der Figur des Herrn Benjamenta zeigen.

Stellt man die Abschnitte des Romans zusammen, in denen von Herrn Benjamenta die Rede ist, fällt auf, daß er zu Beginn auftritt (Abschnitte 7, 20), dann lange nicht; erst nach der Mitte des Romans tritt er wieder in Erscheinung (Abschnitte 43, 47, 48), um dann gegen Ende immer stärker hervorzutreten (Abschnitte 61, 66, 67, 70), bis er schließlich in den vier letzten Abschnitten (Abschnitte 73, 74, 75, 76) als die wichtigste Figur des Romans neben Jakob erscheint.

Dieses Auftreten Benjamentas entspricht der Konzeption des gesamten Romans: die Dienerschule ist zunächst vor allem Dienerschule, wird dann immer mehr zur klosterähnlichen Anstalt mit mystischem Programm, bis dieses allein – also die zweite »symbolische« Bedeutung des Instituts – dominiert; parallel dazu das Auftreten Benjamentas, der am Anfang ganz tyrannischer Direktor der Dienerschule ist, fernab von den Zöglingen (Abschnitte 7 und 20), der sich dann anscheinend unvermittelt Jakob zuwendet (ab Abschnitt 53) und schließlich zum wichtigsten und engsten Partner Jakobs in dessen Entwicklungsgang wird (ab Abschnitt 61). Im Abschnitt 7 heißt es von Benjamenta, er sei wie ein Riese, ein Herkules gegenüber den Zwergen der Zöglinge; das Verhältnis des Riesen zu den Zwergen wird als »Verdrießlichkeit« (Benjamentas gegenüber den anderen) und als »Respekt« (der anderen gegenüber Benjamenta) beschrieben. Auch Abschnitt 20 spricht von dem »herrscherähnlichen« Vorsteher. Das Gewaltverhältnis zeigt sich auch in Gewaltausübung: Benjamenta hat Jakob schon geschlagen. Jakobs Reaktion: Um Benjamenta hat es ihm leid getan. Ja, er neigt sogar dazu, »Gewaltausübende zu Zornesausbrüchen zu reizen« (44). Er nennt das selbst »frivole Instinkte«. Zu dem autoritären Verhältnis von Direktor und Schüler, das schroff und von großer Distanz ist, tritt eine erotische Komponente. Jakob findet eine gewisse Lust darin, geschlagen bzw. unterdrückt zu werden. Er bewundert Benjamenta als schön. Diese zwei Aspekte der Beziehung – fast brutale Autorität und lustvolle Faszination –, die auf der ersten Bedeutungsebene entstehen (Direktor und Schüler der Dienerschule), werden auf die zweite Bedeutungsebene transportiert.

Mit Abschnitt 43 beginnt die Zuwendung Benjamentas zu Jakob; dadurch verringert sich seine Schroffheit – Zuneigung kommt hinzu –, und es verringert sich die Distanz; Nähe, später fast Intimität kommen hinzu. Distanz und Schroffheit verringern sich, aber sie bleiben bestehen und geben nach wie vor dem Verhältnis der beiden ihre Spannung. Und vermitteln uns die Irritation, da doch Distanz – er ist der schroffe Direktor immer noch – und Intimität – er liebt Jakob – zueinander in Opposition stehen, hier aber als gleichzeitig vorhanden dargestellt werden. Erst diese Spannung macht das Verhältnis reizvoll. Das Verhältnis wird dann noch durch einen zeitweisen Rollentausch verändert; auch Jakob ist einmal abweisend (Abschnitt 47), auch Benjamenta ist schwach und arm, »am Sterben«, »ein abgesetzter König« (Abschnitt 48). Doch sicher ist von Abschnitt 48 an, daß sie zusammenkommen und zusammengehören: Jakob sieht Benjamenta wie seinen Bruder an (107), er sieht sich mit ihm »in eins verschmolzen« (141).

Die Wende in dem Verhältnis der beiden tritt mit dem Abschnitt 43 ein; danach dominiert auch die zweite sinnbildliche

Bedeutung im Roman – das »klosterähnliche Institut«. Auf dieser Bedeutungsebene setzt sich die Beziehung der beiden fort, aber sie wird komplizierter, reicher: neben die Distanz tritt die Intimität, neben die Schroffheit die Zuneigung, und die Rollen Abweisender – Unterlegener werden ausgetauscht, letzteres vor allem gegen Ende. Im 44. Abschnitt rät Benjamenta Jakob noch zu warten, im 45. Abschnitt absolviert Jakob die »Mysterien«, im 46. gesteht er, er sei »gern unterdrückt«. Damit hat er sich weitgehend der Institutsnorm unterworfen. Danach kommt der merkwürdige Rollentausch: in Abschnitt 48 gibt sich Benjamenta als arm und schwach zu erkennen, im Abschnitt 61 bittet er Jakob, bei ihm zu bleiben, da er »fast abhängig« (129) von ihm sei. Jetzt setzt noch einmal ein Hin und Her ein. Jakob hat sich zwar dem Erziehungsprogramm unterworfen, aber noch nicht dem Direktor. Hier widerstrebt er, wenn er sich auch angezogen fühlt. Die Heftigkeit dieser Aktion demonstriert der Abschnitt 67: Benjamenta hat Jakob umbringen wollen. Durch ein biblisches Zitat erhalten wir einen Deutungshinweis: wie *Simson*, jener Mann »aus der Geschichte Palästinas« (142), wollte Benjamenta an dem »lüsternen Palast« rütteln, »bis die Bosheit zusammenstürzte« (142).

Ist das die Deutung von Benjamentas Funktion für Jakob: ist er also der Erzieher, der Meister, der in ihm die Bosheit vernichten und ihn läutern will? Das entspräche seiner Funktion auf der ersten Bedeutungsebene: Benjamenta wäre Erzieher auf der ersten *und* der zweiten Bedeutungsebene. So einfach ist es jedoch nicht: auf der zweiten Bedeutungsebene ist Benjamenta auch Erzieher wie auf der ersten, aber er ist auch noch etwas anderes. Er ist der Meister, der den Schüler anleitet, doch scheint er zugleich auch ein Teil dieses Schülers zu sein. Von einem bestimmten Punkt an kommt dieser Bedeutungsaspekt ins Spiel (Abschnitt 48), um dann immer stärker hervorzutreten. Ein Teil des Selbst ist abgetrennt vom übrigen und bedroht dieses. Benjamentas Rolle ist in diesem Aspekt der zweiten sinnbildlichen Bedeutung ins Gegenteil verkehrt. Wer vorher führte – Benjamenta –, ist jetzt der Geführte; wer vorher geleitet wurde – Jakob –, soll jetzt den anderen leiten und mitnehmen. Diese Umkehr wird genauso an Lisa Benjamenta deutlich. Auch sie leitet zunächst als Lehrerin Jakob, zeigt sich aber dann als die eigentlich Schwache, die der Liebe bedarf, und stirbt, da sie sie nicht findet. Ihr Sterben vollzieht sich parallel – siehe die Abschnitte 56, 63, 69, 71 – zu der Begegnung Jakobs mit Benjamenta; je mehr sie sich ihrem Ende nähert, um so mehr kommen Jakob und Benjamenta sich nahe. An dem Totenbett Lisas findet das große Gespräch der beiden statt (Abschnitt 73), so als sei deren Tod die Bedingung ihres Zusammenkommens, aber auch: so als seien die drei eine Einheit. Die Tote ist anwesend, Tote »leben ja«, heißt es (155). Ist also auch Lisa ein Teil von Jakobs Identität? Es sieht so aus.

1. *Bedeutung:* Dienerschule
   Lisa: Lehrerin
   Benjamenta: Direktor
2. *Bedeutung:* klosterähnliches Institut
   Lisa: »Seelen-Führerin«
   Teil des Selbst
   Benjamenta: »Meister«
   Teil des Selbst

Was hier vor sich geht, ist mit den erwähnten linguistischen Begriffen leicht zu fassen: es handelt sich um eine *paradigmatische Ersetzung* und eine *syntagmatische Vertauschung;* beide haben wir bei Walser schon kennengelernt. Die paradigmatische Ersetzung: eine Figur erhält neue Bedeutungsmöglichkeiten. Beispiel *Lisa:*
1. »Lehrerin der Dienerschule«
2. »Lehrerin des klosterähnlichen Instituts« (»Seelen-Führerin«)
3. »Teil des Selbst von Jakob«

Es ließen sich weitere Bedeutungsaspekte hinzufügen, die zumindest anklingen: »liebebedürftige Frau«, »Schwester« (autobiographische Bedeutung). Und ebenso bei Herrn *Benjamenta:*
1. »Vorsteher der Dienerschule«
2. »Vorsteher des klosterähnlichen Instituts«
3. »Teil des Selbst von Jakob«.

Und auch »liebebedürftiger Mann« und »Bruder« sind hier vorhanden. Die komplexe Bedeutung von Lisa und von Benjamenta besteht eben aus der Ansammlung von – wenigstens – diesen fünf Bedeutungsaspekten, die *alle* nacheinander im Roman zum Ausdruck kommen, oft mehrere gleichzeitig. Diese Bedeutungsaspekte lassen sich den Bedeutungsebenen des Instituts Benjamenta zuordnen: *Bedeutungsebene* 1 »Dienerschule« (Aspekt 1), *Bedeutungsebene* 2 »klosterähnliches Institut« (Aspekte 2 und 3), *Bedeutungsebene* 3 »autobiographisches Material« (Aspekte 4 und 5).

Die syntagmatische Vertauschung ist wieder am besten am Beispiel eines Satzes zu verdeutlichen: »*Benjamenta führt Jakob*« wird umgekehrt in »*Jakob führt Benjamenta*«. Die Umkehr wird vorbereitet in den vorhergehenden Abschnitten, die Dialektik des Verhältnisses von Herr und Knecht impliziert diese Umkehr, der eine ist vom anderen abhängig wie der andere vom einen; die Umkehr wird dann im Abschnitt 74 vollends durchgeführt:

»Allerdings kommen mir immer wieder die dunklen, grauenhaft dunklen Stunden, wo mir alles schwarz vor den Augen und hassenswert vor dem gleichsam, versteh mich, verbrannten und verkohlten Gemüt wird, und in solchen Stunden zwingt es mich, zu zerreißen, zu töten. O meine Seele, du, würdest du, trotzdem du das nun weißt, bei mir bleiben? Könntest du dich, vielleicht aus einfacher menschlicher Neigung zu mir, oder aus irgendeiner andern dir zusagenden Empfindung, dazu entschließen, der Gefahr, die dir mit dem Zusammensein mit mir Unmenschen droht, zu trotzen? Kannst du hohen Herzens trotzen? Bist du solch ein Trotzkopf? Und nimmst du das alles nicht übel? Übel? Ach was, Dummheiten. Übrigens weiß ich es ja, Jakob, daß wir zusammen leben werden. Es ist entschieden.« (159/160)

Benjamenta ist hier der Hilfsbedürftige, der ein verbranntes und verkohltes Gemüt hat. Der früher große und herrische Direktor gibt sein Geheimnis preis; das führt zur Vertauschung. Jakob soll ihm nun helfen, soll ihn herausführen: »O meine Seele, du...«. Ist das ernst gemeint, dann ist damit angesprochen, daß Benjamenta hier für einen Teil des Selbst von Jakob steht, und zwar für den armen, elenden und gefährlichen Teil, der den anderen, die Seele bedroht – siehe Benjamentas Gewalttätigkeiten –, der aber von der Seele geführt werden will und soll.

Es gibt weitere Anhaltspunkte für diese Deutung. In Abschnitt 69 ist Benjamenta »wie ein ausgehungerter, eingesperrter Tiger«, den Jakob fürchtet und über den zugleich »etwas in ihm« lacht. Und nun: »Eine Seelengewalt, die ich nicht verstehe, nötigt mich, ihn immer wieder von neuem aushorchen, ausforschen zu gehen. Mag mich der Vorsteher fressen, mit anderen Worten, mir Leid und Schmach zufügen. Jedenfalls bin ich dann an etwas Großherzigem zugrunde gegangen.« (147) Walser übersetzt hier eine Metapher für uns Leser: »fressen« das heißt »Leid und Schmach zufügen«. Dieses andere in ihm, wozu ihn »Seelengewalt« drängt, das ihm zu schaffen macht, das er fürchtet, dem er sich aber dann stellt, das formuliert Walser auch in anderen Texten; nicht zuletzt in solchen, in denen er von anderen, ihm seelenverwandten Poeten spricht. Es ist eine bedrohliche seelische Kraft, die zur Größe führen, aber auch vernichten kann, wobei beides auch zusammenfallen kann: an Großherzigem zugrunde gehen.

Hier wird die Deutung »Teil des Selbst von Jakob« (Aspekt 3) gestützt durch die Deutung »autobiographisches Material« (Aspekt 5), denn – wie schon gesagt – der Name Benjamenta deutet auf Robert Walser, den »Benjamin« seiner Familie. Aber auch der bedrohliche Teil des Selbst, der seiner Seele bedrohliche Teil wird in Texten ausgesprochen, die einer Formulierung von eigenen Erfahrungen sehr nahe sind: in seinen Dichter-Porträts.[121] Dort heißt es etwa über Brentano: »O seine Person. Abreißen von seinem Wesen, das noch immer gut war, hätte er sie mögen. Die eine Hälfte des Selbst töten, damit die andere nicht zugrunde gehe, damit der Mensch nicht zu Grunde gehe, damit der Gott in ihm nicht völlig verlöre.«[122]

Fürchtet sich hier nicht eine Hälfte vor der anderen? Und will gerade diese bedrohliche Hälfte nicht von der inzwischen geläuterten mitgenommen werden? Jakob hat gegen Ende des Romans sein Wesen (das ist »der Gott in ihm« – eine wahrhaft mystische Formulierung –) entwickelt. Doch die dunkle Seite seines Selbst kann er nicht zurücklassen; sie wird die am Schluß des Romans so euphorisch ausgemalte Zukunft Jakobs »in der Wüste« bedrohen – nicht im Roman selbst, der endet optimistisch mit der letzten Zeile, sondern im Leben seines Autors Robert Walser.

Was hier gemeint sein mag, im Verhältnis des Ich zu seinem Selbst, das will ich noch einmal in zwei Begriffen C. G. Jungs aussprechen, wiewohl ich weiß, daß Walser sie nicht kannte, als er *Jakob von Gunten* schrieb.[123] Lisa wäre als »*anima*«, als der weibliche Teil, Jakobs zu begreifen, als Personifikation des »weiblichen« Teils, eben als »Zartheit«, »Leidensfähigkeit«, »Schwäche« (Aspekt 3). Sie stirbt, als sie ihre Funktion erfüllt hat, als Jakob diesen »weiblichen« Teil in sich akzeptiert und aufgenommen hat. Benjamenta dagegen ist der »Schatten«, der »männliche« abgetrennte Teil des Selbst, der gerade wegen seiner Gefährlichkeit ferne gehalten wird, der aber auch Kraft und Macht gibt (der abgesetzte König). Diesen Teil muß Jakob mit seinem Bewußtsein aufnehmen, bändigen, nutzbringend weiterführen, um sich weiter entfalten zu können. Dies ist ihm nach Schwierigkeiten gegen Ende des Romans auch gelungen. In anderen Texten Walsers – siehe *Brentano I* und *II* – erscheint dieser Teil allerdings als etwas, das nicht zu integrieren ist.

Die Begriffe »anima« und »Schatten« erfassen wohlgemerkt unter den von mir angeführten fünf Bedeutungsaspekten der beiden Figuren Lisa und Benjamenta jeweils nur *einen* Aspekt, einen nicht unwichtigen, aber nicht den einzigen! Daß der Weg, der zur Gelassenheit führt, der zur Ruhe führt, zum Warten, der zum »leeren Gefäß« machen soll, in das die »Erleuchtung« hineinfließen kann, daß dieser Weg ein Weg der Selbsterziehung ist und nichts anderes als ein Weg der Selbsterziehung, das steht in allen mystischen Meditationsanleitungen. Es ist der Weg, auf dem jeder – in sich hineinblickend – mit sich selbst ins klare kommen muß, um dadurch mit dem »Göttlichen« ins klare zu kommen. Denn Gott ist nichts außerhalb des Menschen – nach diesen Anschauungen –, es ist »Gott in ihm«, wie Robert Walser in *Brentano I* schreibt.

6.6. »Man irrt sich stets, wenn man große Worte in den Mund nimmt.«

Was Walser in *Jakob von Gunten* in der gesamten Konstruktion des Romans durchgeführt hat, ist in seinem ersten Roman *Geschwister Tanner* bereits angedeutet: im letzten Abschnitt dieses Romans.[124] Dort kommt Simon, die wichtigste Figur des Romans, »um die Weihnachtszeit herum« auf den Berg an die Stelle, an der früher das Chalet von Klara stand; dort steht jetzt »ein Kurhaus für das Volk«. Simon geht hinein, nimmt im Speisesaal Platz und wartet auf Bedienung. Da kommt »eine Art Direktorin oder Leiterin« des Hauses zu ihm, redet anteilnehmend mit ihm und sorgt für ihn. Sie spricht ihm von der »Christenpflicht«, die jetzt in »Menschenpflicht« übergehe, also eine selbstverständliche Pflicht ist, von der man nicht weiter Aufhebens macht: die Pflicht, alle Menschen wie Schwestern und Brüder zu behandeln. Die Direktorin: »Wir alle haben das Christentum jetzt vielleicht wieder nötiger als je zuvor; aber das ist dumm gesprochen.« (313) Es wird zurückgenommen, weil eben Christenpflicht nichts Besonderes, Christliches ist, sondern allgemeine Menschenpflicht.

Wir haben hier ein Institut, ein »Kurhaus für das Volk«, und eine Leiterin des Kurhauses, ähnlich wie in *Jakob von Gunten* das Institut Benjamenta und dessen Direktor. Wie das Institut Benjamenta erhält auch dieses Kurhaus fast unmerklich eine zweite sinnbildliche Bedeutung: die besondere Aufmerksamkeit der Direktorin für Simon, ihre Rede von Christen- und Menschenpflicht bereiten darauf vor. Dann kommen Sätze, die dem Kurhaus eine besondere Aura verleihen: »Wie doch hier alles von Neuheit umspannt ist. Sehen Sie sich doch um: alles ist neu, frisch und eben erst geboren. Keine einzige Erinnerung an Altes!« (313) Eine Neuheit, die das Alte vernichtet, wie eine neue Geburt: Simon erzählt der mütterlichen Direktorin sein Leben, das dem des Autors Robert Walser ähnelt. Hier kommt – wie in *Jakob von Gunten* – die dritte Bedeutung hinzu: die autobiographische. Doch dominiert wieder die zweite symbolische Bedeutung des Kurhauses; die Frau verändert sich, d.h. sie geht von der ersten zur zweiten Bedeutung über: »Es schien eine stille Veränderung mit ihr vorgegangen zu sein. Sie erfaßte Simons Hand: das war etwas Unerwartetes.« (318)

Die anfängliche Distanz weicht der Nähe: sie möchte – ganz wie später Benjamenta bei Jakob – die Vertraute Simons sein. Simon vertraut ihr sein Leben an: er findet bei ihr Zuneigung und Verständnis. Allerdings fehlen hier die aggressiven Momente, die das Verhältnis von Jakob zu Benjamenta belasten. Am Schluß wird die Leiterin vollends zu einer überdimensionalen Frau und Mutter, die Simon rückhaltlos Liebe und Zutrauen schenkt. Sie küßt ihn, und beide brechen auf, nicht in die Wüste wie Jakob und Benjamenta, sondern »in die Winternacht. In den brausenden Wald«, wo man am ehesten noch Gott spürt, wie Klara in einem früheren Abschnitt des Romans sagte. Die Leiterin: »Wissen Sie, daß ich Ihre arme, glückliche Gefangene bin? Kein Wort mehr, kein Wort mehr. Kommen Sie nur.« (332)

Die Ähnlichkeit der Konstruktion des Schlußabschnitts der *Geschwister Tanner* mit der Konstruktion des gesamten Romans *Jakob von Gunten* liegt auf der Hand: neben die erste wörtliche Bedeutung tritt die zweite sinnbildliche Bedeutung, die dritte »autobiographische« ist in *Geschwister Tanner* noch stärker als in *Jakob von Gunten*. Die zweite sinnbildliche Bedeutung wird nur angedeutet: als Loslösung vom Alten, als Aufbruch zum Neuen, als Liebe und Verständnis nicht nur, auch als »Erlösung« oder »Erleuchtung«. Die sinnbildliche Bedeutung hat eine religiöse Tendenz, die einmal durch Anspielungen auf das Christentum zum Ausdruck kommt, zum andern durch mystische Anspielungen. Auch in dem letzten Abschnitt der *Geschwister Tanner* ist eine mystische Anspielung versteckt: Die beiden Alten, die an einem Tisch miteinander in vollkommenem Einverständnis sitzen, nicht miteinander sprechen, da ihnen das überflüssig scheint, wie es heißt, ruhen in sich und haben diese Erkenntnis, die Jakob von Gunten am Schluß des Romans auch hat: »›Wir zwei haben's herausgefunden, euer Geheimnis‹, so drückten ihre Mienen aus.« (317) Sie schweigen, sie sprechen nicht: »das Schweigen vor dem Reden bevorzugend.« (317)

Das macht uns ja die Mühe der Interpretation: würde hier deutlich zum Ausdruck gebracht, was gemeint ist, wäre die Deutung leicht. Doch dann wäre das, was hier gemeint ist, um seinen Wert gebracht. Große Worte wären nötig, es unverblümt auszudrücken, Worte, die durch Tradition belastet sind, durch häufigen Gebrauch entwertet sind, die also gar nicht besagen, was hier gesagt werden soll: »Man irrt sich stets, wenn man große Worte in den Mund nimmt«, heißt es in *Jakob von Gunten* (140). Hier liegt auch die Gefahr der Interpretation: wenn der Interpret allzu rasch die großen Worte zur Hand hat, die Walser gerade meidet, kann er das Besondere, das Walser sagen will, zum Verschwinden bringen.

Dieses Sprachproblem reflektiert Walser im *Jakob von Gunten* immer wieder, d.h., er macht es sich und dem Leser bewußt. Zum Beispiel: »Nun werde ich Kraus schildern müssen, und davor ist mir direkt bange. Zimperlichkeiten? Seit wann? Ich will's nicht hoffen.« (25) Vor dem Problem der Darstellung des vollkommenen Kraus ist ihm bange, und an der Darstellung selbst ist abzulesen, was sie so schwierig macht, etwa an solch paradoxen Formulierungen, die Kraus häßlich und schön zugleich erscheinen lassen, die ihn ein Nichts und ein Gott-Werk zugleich sein lassen; Paradoxa, die sich erst bei näherer Betrachtung als scheinbare Widersprüche aufklären: äußerlich ist er häßlich, innerlich ist er schön; und gerade der, der nichts ist und nichts hat, ist ganz Gottes Werk.

Der Roman wird als »Tagebuch« ausgegeben. Es gibt einen Erzähler, den Ich-Erzähler und Helden der Geschichte, der den Schreibvorgang selbst thematisiert. Im 15. Abschnitt berichtet er, daß er abends bei der Lampe das Tagebuch führe. Und immer wieder beendet er eine Tagebuch-Eintragung, einen Abschnitt des Romans, mit einem Hinweis auf die Fragwürdigkeit seiner sprachlichen Darstellung. Gerade an solchen Stellen, an denen Kraus, Lisa und Benjamenta zu beschreiben sind, ist das der Fall, an denen also die zweite sinnbildliche Bedeutung zum Ausdruck kommen soll, die mit Worten jedoch nur unzureichend auszudrücken ist. Zweimal spricht der Tagebuch-Schreiber von »überspannter« Darstellung, einmal als er Kraus schildert: »Nun, das ist, ich muß es gestehen, noch lange nicht das Überspannteste.« (82) Und das zweite Mal, als er in Benjamenta den Fürsten der Indier sieht: »Wie toll! So grauenhaft überspannt es ist: Tatsache war, daß wir in Indien Revolution machten.« In beiden Fällen geht es um zentrale Punkte, hier um Kraus, dort um Benjamenta, an denen sich die sinnbildliche, ins Mystische hinüberspielende Bedeutung ansiedelt. Beidemale hat Jakob Skrupel, weiß er von den Vorbehalten gegen solche Erlebnisse – woher sonst die Skrupel? –, in beiden Fällen aber spricht er es trotzdem aus. Das Wörtchen »überspannt« nimmt also die Aussage nicht zurück, sondern bestärkt sie: *obwohl* es »überspannt« ist, ist es doch »Tatsache«!

Am Schluß des 36. Abschnitts, wo das erste Mal von »überspannt« die Rede ist, heißt es: »Ich muß aufhören, heute, mit Schreiben. Es reißt mich zu sehr hin. Ich verwildere. Und die Buchstaben flimmern und tanzen mir vor den Augen.« (83)

Am Schluß des Abschnitts 40: »Welch ein Geschwätz.« (90) Gegen Ende des Abschnitts 46: »Ich schwatze wieder ein wenig, nicht wahr?« (105) Das Ende des Abschnitts 49: »Es ist Zeit, daß ich die Feder aus der Hand lege.« (110) Auch an diesen Stellen hat Jakob mit dem Eingeständnis, es handle sich um Geschwätz, nicht das zurückgenommen, was er zuvor gesagt hat: seine Skrupel – man könnte fast sagen, seine Scham – offen auszusprechen, worum es geht, kommen an diesen Stellen zum Ausdruck, aber sie beeinträchtigen nicht das Gesagte, im Gegenteil, sie bestärken es sogar, weil er doch wohl Wichtiges zu sagen haben muß, wenn er sich derart geniert, mit der Sprache offen herauszurücken. Sehen wir uns die Stellen genauer an.

Im Abschnitt 40 ist tatsächlich von Wichtigem die Rede: die Denker verderben viel, heißt es dort. Zehntausende von Köpfen arbeiten überflüssig, Wissen und Denken ist eher hinderlich. Es ist gerade der Teil des Benjamentaschen Lehrprogramms, der Ähnlichkeit mit mystischen Programmen hat. Wie Kleist in seinem Aufsatz über das Marionettentheater von den anmutigen *und* bewußtlosen Marionetten spricht[125], so spricht der Tagebuch-Schreiber von den »bewußtlosen« Zöglingen und deren Artigkeit; werden sich die Zöglinge ihrer Artigkeit bewußt, begehen sie Fehler, so wie Kleists Schauspieler ihre Anmut durch Bewußtsein verlieren. Dann unterbricht der Tagebuch-Schreiber jäh den Gedankengang, als sei es ihm peinlich, ertappt worden zu sein; er wechselt das Thema: »Ich laufe gern Treppen hinunter. Welch ein Geschwätz.« (90) Bezieht sich das Geschwätz nur auf den vorhergehenden Satz oder auf den ganzen Absatz? Ich meine, nur auf den vorhergehenden Satz, da die Aussage des Absatzes – »nichts wissen« ist gut – an anderen Stellen des Tagebuchs ihre ausdrückliche Bestätigung findet.

Ähnlich ist auch die Sentenz »Ich schwatze wieder...« (105) in Abschnitt 46 eingebunden: als halbe Zurücknahme des zuvor Gesagten, aber Zurücknahme nicht, weil es unwichtig und jetzt hinfällig wäre, sondern weil es besonders wichtig ist: das Verbotene reizt, heißt es zuvor, und: nicht lieben dürfen, das sei Liebe; dies ist ein zentrales Thema vieler Prosastücke Walsers, ein so delikates Thema offensichtlich, daß er es wieder verbergen möchte, nachdem es ihm entschlüpft ist: »ich schwatze wieder...«

Auch der Schluß des Abschnitts 49 bringt dieses Hin und Her von Verbergen und Enthüllen. Eine klare Aussage zunächst: »Man muß mich nackt auf die kalte Straße werfen, dann stelle ich mir vielleicht vor, ich sei der allesumfassende Herrgott.« (110) Wieder ein Paradoxon, das an mystisches Denken erinnert. »Coincidentia oppositorum«: der Allerniedrigste ist der Allerhöchste; wer sich selbst zum Verschwinden bringt, zum »Nichts« wird, ist »Gott« am nächsten, ist »Gott«. Nach diesem Enthüllen kommt dann wieder das Verhüllen: »Es ist Zeit, daß ich die Feder aus der Hand lege«, weil ich sonst zu viel ausplaudere, könnte man den Satz zu Ende führen.

Martin Walser hat in seiner Untersuchung des *Jakob von Gunten* die Vorliebe Jakobs – und seines Autors – zum »Schwatzen« mit einer Bemerkung von Novalis erhellt.[126] In dem kleinen Aufsatz *Monolog* schreibt Novalis:

»Es ist eigentlich um das Sprechen und Schreiben eine närrische Sache; das rechte Gespräch ist ein bloßes Wortspiel. Der lächerliche Irrthum ist nur zu bewundern, daß die Leute meinen – sie sprächen um der Dinge willen. Gerade das Eigenthümliche der Sprache, daß sie sich blos um sich selbst bekümmert, weiß keiner. Darum ist sie ein so wunderbares und fruchtbares Geheimniß, – daß wenn einer blos spricht, um zu sprechen, er gerade die herrlichsten, originellsten Wahrheiten ausspricht. Will er aber von etwas Bestimmtem sprechen, so läßt ihn die launige Sprache das lächerlichste und verkehrteste Zeug sagen. Daraus entsteht auch der Haß, den so manche ernsthafte Leute gegen die Sprache haben. Sie merken ihren Muthwillen, merken aber nicht, daß das verächtliche Schwatzen die unendlich ernsthafte Seite der Sprache ist.«[127]

Das muß der Grund für Robert Walsers poetisches Schwatzen sein, für sein anscheinend leichtes Dahinreden bzw. Dahinschreiben, sein Verkleinern der Ausdrucksweise; er geht den großen Worten und gewichtigen Sätzen aus dem Wege, die ihn um seine eigentliche Absicht brächten. Denn wer mit Vorsatz und Bedacht große Worte gebraucht, trifft nicht die Sache, die er meint; die Sprache läßt ihn »dummes Zeug« sagen, macht ihn »lächerlich«. Dieser schwatzt also wahrhaftig. Wer sich gegen die großen Worte aber wehrt, wer sie durch ironisches Verkleinern oder durch Versteckspiel umgeht, wer also nur so dahinschwatzt wie Robert Walser, der bringt die

»unendlich ernsthafte Seite der Sprache« zum Klingen.

Aber auch dieses Schwatzen ist für Robert Walser im *Jakob von Gunten* nur ein Übergangsstadium: Schreiben und Denken – in dieser paradoxen und schwatzhaften Art – ist in diesem Roman die Vorbereitung auf das Ziel des Benjamentaschen Erziehungsprogramms. Das Ziel beendet dieses Übergangsstadium: am Ziel herrscht Schweigen! Am Ziel sind die Sprache und die Literatur zu Ende. Am Schluß des Romans hebt sich nicht nur das Institut Benjamenta auf, am Schluß des Romans hebt sich auch das Schreiben und Denken auf: »Aber weg jetzt mit der Feder. Weg jetzt mit dem Gedankenleben.« (164)

Die Überwindung des Redens in großen Worten führt zum schwatzhaften Reden. Die Überwindung des schwatzhaften Redens führt zum Schweigen. Auch dies könnte als Parallele zu mystischen Anleitungen gesehen werden, etwa der des Zen-Buddhismus: dort führt die Überwindung des ernsthaften Redens alltäglicher Gewohnheit zum Unsinn der Koan-Sprüche, diese Koan-Sprüche führen wiederum zum Schweigen.[128]

Anhang zu Kapitel 6

Jakob von Gunten

Erzählverlauf

1. Erziehungsziele	S.	7-8
2. Die Lehrkräfte	S.	8-10
3. Der zarte Heinrich	S.	10-11
4. Jakobs Eintritt ins Institut	S.	11-13
5. Der melancholische Schacht	S.	13-15
6. Jakob lehnt zugewiesenes Zimmer ab	S.	15-17
7. Jakobs gescheiterte Rebellion	S.	17-20
8. Die Natur fehlt	S.	21
9. Jakobs Erledigungen in der Stadt	S.	21-23
10. Der eitle Schilinski	S.	24-25
11. Jakobs Erlebnis mit einem Animiermädchen	S.	25-27
12. Jakobs Redegefechte mit Kraus	S.	28-29
13. Jakobs anfängliche Abneigung gegen das Essen	S.	29-31
14. Der perfekte Kraus	S.	31-33
15. Jakobs Traum von der Mutter	S.	33-34
16. Der schändliche Tremala	S.	35-37
17. Das Treiben in der Stadt	S.	37-39
18. Der Landmensch Hans	S.	39-40
19. Der dumme Peter	S.	40-43
20. Der schräge Fuchs. Herr Benjamenta	S.	43-45
21. Die lebendige Großstadt	S.	46-48
22. Vorbild Kraus	S.	48-50
23. Fräulein Benjamenta weint	S.	50
24. Jakobs Lebenslauf	S.	50-53
25. Jakobs Bruder	S.	53-55
26. Der Unterricht für Nasen, Augen, Ohren, Mund	S.	55-57
27. Die schlafenden Lehrer	S.	58-59
28. Sicheres Auftreten in der Stadt	S.	60-61
29. Jakob will eine Tätigkeit	S.	61-62
30. Erziehungsziel: Kleinsein und gehorchen	S.	62-65
31. Jakobs Treffen mit dem Bruder	S.	65-68
32. Jakobs Eltern, der Diener Fehlmann	S.	68-70
33. Die freie Zeit. Fräulein Benjamenta	S.	71-73
34. Jakobs Gespräch mit Fräulein Benjamenta über Kraus	S.	73-74

35. Jakob: »Wenn ich reich wäre«	S.	75-77
36. Kraus erinnert an Joseph in Ägypten	S.	77-83
37. Der Garten hinterm Haus	S.	83-85
38. Kraus über Langeweile	S.	86-87
39. Jakobs Traum von den schlechten Eigenschaften	S.	87-89
40. »Sich fügen ist feiner als denken«	S.	89-90
41. Jakob in der Wohnung seines Bruders	S.	90-92
42. »Wir warten«	S.	92-93
43. Die drei Geständnisse des Herrn Benjamenta	S.	93-95
44. Über das Benehmen in Gesellschaft	S.	96-97
45. Der Weg durch die inneren Gemächer (»Mysterien«)	S.	97-103
46. Die verbotenen Früchte	S.	103-105
47. Herrn Benjamentas Zuwendung zu Jakob	S.	105-106
48. Herr Benjamenta bittet Jakob, sein Vertrauter zu werden	S.	106-108
49. Jakobs Einbildung, Kriegsoberst zu sein	S.	108-110
50. Die Schüler spielen, »wie das Leben ist«	S.	110-112
51. Die Schüler spielen Lustspiele	S.	112-113
52. Jakob: »Ich bin ein ganz, ganz anderer geworden, ein gewöhnlicher Mensch«	S.	114
53. Jakob wird von seinem Bruder in die Gesellschaft eingeführt	S.	115-116
54. Jakob fängt von ganz unten an	S.	117-118
55. Jakob: »Muß denn alles, was ich liebe, zu nichts führen«	S.	118-119
56. Fräulein Benjamenta: »Ich gehe. Es geht mit mir.«	S.	119-120
57. Kraus will auch fortgehen	S.	121-122
58. Schacht kehrt zurück	S.	122-124
59. Jakobs Liebeserklärung an Fräulein Benjamenta	S.	124-126
60. Das Institut scheint unterzugehen	S.	126-127
61. Benjamenta gesteht Jakob seine Liebe	S.	127-130
62. Die inneren Gemächer sind nur zwei normale Zimmer	S.	130-133
63. Fräulein Benjamenta wird sterben	S.	133-135
64. Jakob sieht sich als Soldat unter Napoleon	S.	135-138
65. Kraus spottet über Jakob	S.	138-140
66. Jakobs Einbildung, ein Krösus zu sein	S.	140-142
67. Herr Benjamenta wollte Jakob umbringen	S.	142-143
68. Jakob will immer klein und ein Nichts sein	S.	144-145

69. Lisa Benjamenta muß sterben, weil sie keine
    Liebe fand   S. 145-147
70. Herr Benjamenta will mit Jakob fortgehen   S. 148-150
71. Ansprache von Kraus am Totenbett von Lisa
    Benjamenta   S. 150-153
72. Kraus ist fortgegangen   S. 153-155
73. Jakob und Herr Benjamenta am Totenbett von
    Lisa   S. 155-158
74. Benjamenta über sein Leben   S. 158-161
75. Jakobs Lichttraum von der Wüste   S. 161-164
76. Jakob bricht mit Herrn Benjamenta in die
    Wüste auf   S. 164

Vierte Annäherung

7. Kafka

7.1. Kafka und das Judentum

Franz Kafka war Jude und sah sich als Jude. Aus religions-soziologischen Untersuchungen wissen wir inzwischen, daß in Familien über Generationen hin die für ein religiöses Bekenntnis typischen Lebensformen erhalten bleiben, auch wenn die Familie sich nicht mehr zu dem religiösen Glauben der Vorväter bekennt. Bestimmte Denk- und Verhaltensweisen, durch die Konfession eingeübt, existieren weiterhin auch ohne ihren ursprünglichen religiösen Inhalt. Kafka war Jude und wäre auch Jude gewesen, wenn er sich nicht ausdrücklich zu seinem Judentum bekannt hätte. Dies tat er aber immer wieder.

Eine Eintragung aus dem Tagebuch vom 1. Juli 1913 über den Schriftsteller und Arzt Ernst Weiß: »Jüdischer Arzt, Jude von der Art, die dem Typus des westeuropäischen Juden am nächsten ist und dem man sich deshalb sogleich nahe fühlt. Der ungeheure Vorteil der Christen, die im allgemeinen Verkehr die gleichen Gefühle der Nähe immerfort haben und genießen, zum Beispiel christlicher Tscheche unter christlichen Tschechen.«[129] Das ist eine Selbstcharakteristik in der Charakteristik von Ernst Weiß: Kafka sieht sich als Jude, und zwar als westeuropäischer Jude – im Gegensatz zu den osteuropäischen, dem Glauben und der Tradition stärker verbundenen Juden –, und er sieht sich als Angehöriger einer Minderheit, einer Minderheit von Juden unter Christen und zwar christlichen Tschechen; er ist aber ein deutsch schreibender Schriftsteller.

Kafka hatte Sympathie für die Tschechen, doch er fühlte sich ihnen nicht zugehörig. Der Briefwechsel mit Milena Jesenská, seiner tschechischen Übersetzerin und Freundin, zeugt davon: »... ich habe nie unter deutschem Volk gelebt, Deutsch ist meine Muttersprache und deshalb mir natürlich, aber das Tschechische ist mir viel herzlicher.«[130] Allerdings hat die tschechische Sprache nicht immer diesen herzlichen Klang für ihn, wie ein späterer Brief an Milena belegt: »Und dann redet noch Milena von Ängstlichkeit, gibt mir einen Stoß vor die Brust oder sagt, was im Tschechischen an Bewegung und Klang ganz dasselbe ist: Jste žid? (Sind Sie Jude?) Sehen Sie nicht, wie im ›Jste‹ die Faust zurückgezogen wird, um Muskelkraft anzusammeln? Und dann im ›žid‹ den freudigen, unfehlbaren, vorwärts fliegenden Stoß?«[131] Den Antisemitismus lernte Kafka als tschechischen Antisemitismus kennen.

Als Deutscher oder Österreicher fühlte sich Kafka nicht, zu Deutschen hatte er keine Beziehungen, die über das Geschäftliche hinausgegangen wären, wenn sie nicht Juden waren. Und doch gehörte er zur deutschen Literatur und fühlte sich ihr zugehörig. Er schrieb in deutscher Sprache, die seine »Muttersprache« war. Wenn der Begriff »deutsche Literatur« sinnvoll definiert werden kann, dann nur durch die Sprache; deutsche Literatur ist alle Literatur in deutscher Sprache. So beschwert sich Kafka einmal über Goethe im Tagebuch, dessen überragendes Vorbild die deutsche Sprache ungut festgelegt habe. Und über die »kleine« tschechische und jiddische Literatur schreibt er eine kleine soziologische Studie im Tagebuch, woraus so viel hervorgeht, daß er sich nicht diesen Literaturen zugehörig fühlte, sondern einer im Unterschied zu diesen »großen«, also der deutschsprachigen Literatur.[132] »Groß« ist natürlich nur quantitativ gemeint: eine Literatur in einem Land mit zahlreicher Bevölkerung.

Gerade das fehlte ihm aber als Schriftsteller: er lebte nicht in einer Bevölkerung, die deutsch sprach. Sein Wunsch, von Prag wegzugehen, endlich wegzukommen, ging deshalb auf eine deutschsprachige Stadt, eben wegen der Sprache. Als er endlich fähig war, ihn zu erfüllen, fähig auch, mit einer Frau zusammenzuleben oder sie gar zu heiraten, war er schon totkrank: seine letzten Monate vor dem Sanatoriumsaufenthalt verbrachte er mit Dora Dymand in Berlin. Und gerade in dieser letzten Zeit widmete er sich besonders dem Studium des Judentums an der Berliner jüdischen Hochschule. Franz Kafka war ein jüdischer Schriftsteller in deutscher Sprache, der inmitten von Tschechen lebte; das dürfte ihn wohl am besten charakterisieren.

Insofern wäre auch eine Bemerkung von Gershom Scholem in einem Brief an Walter Benjamin vom 1. August 1931 zu korrigieren: »Meine ›Separatgedanken‹ über Kafka (betreffen) freilich nicht Kafkas Stellung in dem Kontinuum des deutschen (in dem er keinerlei Stellung hat, worüber er selbst sich übrigens nicht im mindesten zweifelhaft war; er war wie du wohl weißt Zionist), sondern des jüdischen Schrifttums...«[133] Als deutschsprachiger Schriftsteller gehört er natürlich, ob Scholem das will oder nicht, zum Kontinuum der deutschsprachigen Literatur, einfach dadurch, daß er deutsch schreibt.[134] Er las und schätzte auch französische und russische Literatur; in einem Brief an Felice Bauer vom 2. November 1913 spricht er von seinen vier »Blutsverwandten«, unter denen Kleist ihm am nächsten sei: »Sieh, von den vier Menschen, die ich (ohne an Kraft und Umfassung mich ihnen nahe zu stellen) als meine eigentlichen Blutsverwandten fühle, von Grillparzer, Dostojewski, Kleist und Flaubert, hat nur Dostojewski geheiratet, und vielleicht nur Kleist, als er sich im Gedränge äußerer und innerer Not am Wannsee erschoß, den richtigen Ausweg gefunden.«[135]

Kafka sah sich als modernen europäischen Schriftsteller und verglich sich immer mit modernen europäischen Schriftstellern, nie mit jüdischen oder hebräischen; Agnon, mit dem Scholem ihn einmal in Zusammenhang bringt, kannte er wohl nicht.[136] Auch Zionist war Kafka nicht, wie Scholem meint. In einer Aufzeichnung im dritten Oktavheft, von der Scholem wohl nicht wußte, schreibt er: »Ich bin nicht von der allerdings schon schwer sinkenden Hand des Christentums ins Leben geführt worden wie Kierkegaard und habe nicht den letzten Zipfel des davonfliegenden jüdischen Gebetsmantels noch gefangen wie die Zionisten. Ich bin Ende oder Anfang.«[137]

Wieder also Nähe, eine Nähe zu den Zionisten, doch auch eine Nähe zu Kierkegaard, mit dem die Zionisten sich wohl nicht verwandt fühlen dürfen, aber zugleich trotz der Nähe zu beiden Differenz, und die ist das Entscheidende: weder als das eine noch als das andere sieht er sich selbst. Gerade in dieser Aufzeichnung und in einer anderen im Tagebuch zu Beginn des Jahres 1922 bestimmt Kafka auch sein eigenes Verhältnis zur Tradition; jedenfalls ist er nicht Zionist; im Tagebuch sieht er im Zionismus sogar ein Hindernis seiner literarischen Arbeit. Kafka ist Jude und jüdischer Schriftsteller auf seine besondere Weise und keiner Gruppe zuzuordnen; er ist »zügelloser« Individualist.

Im wichtigsten Punkt aber hat Gershom Scholem recht, und das ist für die Auslegung Kafkas außerordentlich bedeutsam. Scholem hat in seiner Deutung Kafkas recht, weil Kafka selbst ihm Recht gibt – in Äußerungen, die Scholem offensichtlich nicht kannte. Der entscheidende Satz Scholems in diesem Brief von 1931 lautet: »Hier ist einmal die Welt zur Sprache gebracht, in der Erlösung nicht vorweggenommen werden kann – geh hin und mach das den Gojim klar!«[138]

Ich gehöre zu diesen Gojim, den Nicht-Juden. Meine fortdauernden Schwierigkeiten bei der Interpretation von Kafkas Büchern führten mich zu der Vermutung, daß der Grund der Dunkelheit von Kafkas Texten wenigstens teilweise in der mir unbekannten jüdischen Tradition liegen muß. Hierin bestätigten mich die Äußerungen Scholems. Daß die Dunkelheit nicht allein aus meiner Unkenntnis der jüdischen Tradition resultiert, sondern aus Kafkas besonderem Verhältnis zu dieser, ist mir dann erst nach und nach klar geworden. Hans Mayers Aufsatz über *Walter Benjamin und Franz Kafka*[139] und Stéphane Moses' Aufsatz über *Das Kafka-Bild Gershom Scholems*[140] haben mir dabei geholfen; ich stütze mich auf ihre Überlegungen.

Ich spreche so offen über meine Situation als Interpret, weil das auch anderen nicht-jüdischen Interpreten Kafkas hilfreich sein könnte: ohne Grundkenntnisse des Judentums, wie sie etwa in den Schriften Scholems geboten werden[141], ist eine Interpretation Kafkas nicht möglich, jedenfalls eine Interpretation, die Kafkas Intention herausarbeiten will.

Wenn Gershom Scholem, der die Geschichte der jüdischen Mystik, die vorher weitgehend unbekannt war, überhaupt erst schrieb, Elemente dieser Mystik bei Kafka entdeckt und diese Entdeckung durch Äußerungen von Kafka selbst – die Scholem offensichtlich nicht gekannt hat – bestätigt werden, ist das ein Gesichtspunkt, der bei keiner Interpretation Kafkas vernachlässigt werden kann. Es ist der Gesichtspunkt, der die Struktur der Kafkaschen Werke am besten erklären kann, und der einzige, der sie in Übereinstimmung mit den expliziten Äußerungen des Autors erklären kann.

Wie nah Scholem die Verwandtschaft Kafkas zur Mystik sieht, hat Stéphane Moses in einem Satz treffend zusammengefaßt: »Einerseits benutzt Scholem Begriffe der jüdischen Mystik zur Entzifferung von Kafkas Welt; andererseits ist es gerade die Lektüre von Kafkas Schriften, die dem heutigen Menschen den Zugang zur Symbolwelt der Kabbala am besten erschließen.«[142] In der Tat enden Scholems *Zehn unhistorische Sätze über Kabbala*, also über die jüdische Mystik, mit Ausführungen über Kafka:

»Hundert Jahre vor Kafka schrieb in Prag Jonas Wehle (durchs Medium seines Schwiegersohns Löw von Hönigsberg) seine ungedruckten und von seinen frankistischen Schülern dann vorsichtig wieder eingesammelten Briefe und Schriften. Er schrieb für die letzten Adepten einer ins Häretische umgeschlagenen Kabbala, eines nihilistischen Messianismus, der die Sprache der Aufklärung zu sprechen suchte. Er ist der erste, der sich die Frage vorlegte (und bejaht) hat, ob das Paradies mit der Vertreibung des Menschen nicht mehr verloren hat als der Mensch selber. Diese Seite der Sache ist bisher entschieden zu kurz gekommen. Ist es nun Sympathie der Seelen, die hundert Jahre später Kafka auf damit tief kommunizierende Gedanken gebracht hat? Vielleicht weil wir nicht wissen, was mit dem Paradies geschehen ist, hat er jene Erwägungen darüber angestellt, warum das Gute ›in gewissem Sinne trostlos‹ sei. Erwägungen, die fürwahr einer häretischen Kabbala entsprungen zu sein scheinen. Denn unübertroffen hat er die Grenze zwischen Religion und Nihilismus zum Ausdruck gebracht. Darum haben seine Schriften, die säkularisierte Darstellung des (ihm selber unbekannten) kabbalistischen Weltgefühls für manchen heutigen Leser etwas von dem strengen Glanze des Kanonischen – des Vollkommenen, das zerbricht.«[143]

»Ihm selber unbekannten«: hier irrt Scholem. Es handelt sich nicht um »Sympathie der Seelen«, wenigstens nicht nur, es lag bei Kafka auch eine Kenntnis dieser Schriften vor. Scholem hat wohl die Tagebücher und Oktavhefte Kafkas nur unzureichend gekannt, so daß er zu dieser Behauptung kommen konnte. Um so besser, muß man sagen, denn dadurch läßt sich Scholems Vermutung anhand der Tagebücher und Oktavhefte überprüfen und bestätigen. Zu Beginn des Jahres 1922 schreibt Kafka in sein Tagebuch:

»Dieses Jagen nimmt die Richtung aus der Menschheit. Die Einsamkeit, die mir zum größten Teil seit jeher aufgezwungen war, zum Teil von mir gesucht wurde – doch was war auch dies anderes als Zwang –, wird jetzt ganz unzweideutig und geht auf das Äußerste. Wohin führt sie? Sie kann, dies scheint am zwingendsten, zum Irrsinn führen, dar-

über kann nichts weiter ausgesagt werden, die Jagd geht durch mich und zerreißt mich. Oder aber ich kann – ich kann? –, sei es auch nur zum winzigsten Teil, mich aufrechterhalten, lasse mich also von der Jagd tragen. Wohin komme ich dann? ›Jagd‹ ist ja nur ein Bild, ich kann auch sagen ›Ansturm gegen die letzte irdische Grenze‹, und zwar Ansturm von unten, von den Menschen her, und kann, da auch dies nur ein Bild ist, es ersetzen durch das Bild des Ansturms von oben, zu mir herab.
Diese ganze Literatur ist Ansturm gegen die Grenze, und sie hätte sich, wenn nicht der Zionismus dazwischengekommen wäre, leicht zu einer neuen Geheimlehre, einer Kabbala, entwickeln können. Ansätze dazu bestehen. Allerdings ein wie unbegreifliches Genie wird hier verlangt, das neu seine Wurzeln in die alten Jahrhunderte treibt oder die alten Jahrhunderte neu erschafft und mit all dem sich nicht ausgibt, sondern jetzt erst sich auszugeben beginnt.«[144]

Hier ist zunächst noch einmal die Bestätigung, daß Kafka nicht nur nicht Zionist war, sondern den Zionismus sogar als Hindernis für seine Literatur sah, wohl deshalb, weil der Zionismus zu einer tätigen Verwirklichung des Judentums als Staat und Nation drängte, während Kafkas Werk die Unmöglichkeit jeder vernünftigen Verwirklichung hier und heute voraussetzte. Zum andern stehen hier die Worte »Kabbala« und »Geheimlehre«, und sie sind nicht nebenbei erwähnt, sie bezeichnen das Ziel seiner, Kafkas schriftstellerischer Arbeit, die er hier 1922 überblickt. Das ist seine Intention: Anrennen gegen die irdische Grenze und Erneuerung einer jahrhundertealten Tradition. Genau das, was Scholem vermutet, wird durch Kafka bestätigt!
Freilich ist Kafkas Erneuerung der Tradition alles andere als konservativ. Und in diesem Punkt haben alle, die sich entschieden gegen Max Brods »lineare« theologische Deutung gewandt haben, Recht: Brod simplifiziert. Aber er hat nicht vollkommen Unrecht. Schließlich hat er ein Plus auf seiner Seite: er war der intimste Freund Kafkas. Was Brod schreibt, kann nicht mit einer Handbewegung beiseitegefegt werden; andererseits kann es auch nicht unbefragt übernommen werden. Die Informationen, die Brod aus erster Hand liefert, müssen von seinen eigenen Bewertungen getrennt werden. Die Informationen sind wichtig, viele sind richtig, weil sie in Kafkas Texten bestätigt werden, etwa die Nähe zu Kierkegaard und: Kafka als religiöser Schriftsteller. Nur, die Bewer-

tungen Brods sind grob vereinfachend, sie bringen die differenzierten Texte Kafkas auf das schlichte Erklärungsniveau Brods; ein Vorgang, der in den Kafka-Interpretationen sich seitdem oft wiederholt hat. Brods Meinung, Religion bei Kafka heiße Glauben und bei aller Verzweiflung letztlich auch Trost, ist falsch. Es besteht also kein Grund, gegen Max Brod zu polemisieren, wenn er von der Religiosität Kafkas spricht. Freilich ist es auch kein Grund, Max Brods Interpretation von Kafkas Religiosität zu übernehmen, wenn er schreibt: »Ich resümiere: Kafka ist als ein Erneuerer der altjüdischen Religiosität aufzufassen.«[145] Das ist er nicht. Aber recht hat Brod doch, wenn er feststellt, er habe »Kafkas Bekenntnis zum Judentum« nicht »erfunden«: »Die Beziehung Kafkas zum Judentum wird aus seinen Briefen und Tagebüchern in einer über allen Zweifel erhabenen Art deutlich.«[146] Das kann jeder nachlesen. Einige Zitate aus dem Tagebuch und den Oktavheften habe ich bereits angeführt. Seit 1910, dem Beginn der Tagebuch-Eintragungen, bis Ende 1922, dem Ende der Tagebuch-Eintragungen (von 1923 gibt es nur eine Seite), wird ein mit Unterbrechungen andauerndes Interesse Kafkas an jüdischen und religionsphilosophischen Problemen im Tagebuch dokumentiert.

Kafkas *Brief an den Vater* von 1919, in dem er dem Vater vorwirft, daß er ihm keine Kenntnis des Judentums mitgab, manchmal zitiert als Beweis für Kafkas Unkenntnis, ist gerade ein Dokument seines Interesses: er wollte das Judentum kennenlernen. Und er lernte es kennen. Die erste gründliche Information erhielt er durch den jiddischen Schauspieler Jizchak Löwy 1911. Unter dem 5. Oktober 1911 findet sich eine Aufzeichnung über den Talmud, die schon ein Bild gibt für Kafkas eigene Art der Beweisführungen, die an die des Talmuds erinnert mit ihrem wiederholten Hin- und Her-Wenden der Aussage. Die Worte der Tora sind so bedeutungsträchtig, daß keine menschliche Deutung sie gänzlich auschöpfen könnte; wenigstens 49 Sinnstufen, 49 Deutungen werden im Talmud angenommen. Die Kette der Negationen Kafkas geht auf dieselbe endlose Deutungsmöglichkeit hinaus, sie ahmt diese Erklärungsstruktur des Talmud nach, freilich auf eine originelle Art.[147] Für diese Erklärungsstruktur gibt Kafka im Tagebuch folgendes Bild: »Die talmudische Melodie genauer Fragen,

Beschwörungen oder Erklärungen: In eine Röhre fährt die Luft und nimmt die Röhre mit, dafür dreht sich dem Befragten aus kleinen Anfängen eine große, im ganzen stolze, in ihren Biegungen demütige Schraube entgegen.«[148] Die Röhre, die der Wind hinwegträgt, ist wohl die Deutung, die der Interpret mitbringt, sie wird weggefegt; die große Schraube erinnert an die Spirale der Negationen, wie Kafka sie in seinen eigenen Beweisführungen liefert. Sie ist die »Erklärung des Unerklärlichen«.

Im Jahre 1915 war Kafka öfter mit Georg Mordechai Langer zusammen, einem Prager Juden, der jahrelang im Osten das Leben eines »Chassid«, eines in der Tradition der polnisch-jüdischen Mystik des »Chassidismus« lebenden Frommen, zu leben versuchte. Er hat später in deutscher, tschechischer und hebräischer Sprache über Kabbala geschrieben. Kafka besuchte mit ihm und Max Brod einen Wunderrabbi am 14. September 1915[149]; unter dem 6. Oktober verzeichnet Kafka drei Erzählungen Langers vom Baalschem, dem berühmtesten Zaddik des »Chassidismus«.[150]

Natürlich wurde Kafka auch durch Max Brod selbst und durch den Freund Felix Weltsch, der eine religionsphilosophische Studie über *Gnade und Freiheit* schrieb, mit der jüdischen Tradition bekannt gemacht, nicht zuletzt in den Diskussionen über den Zionismus. Schon in der Gymnasialzeit führte er mit dem Schulkameraden Hugo Bergmann, dem späteren Religionsphilosophen, Disputationen »in einer entweder innerlich vorgefundenen oder ihm nachgeahmten talmudischen Weise über Gott und seine Möglichkeit«, wie es in einem Eintrag vom 31. Dezember 1911 heißt.[151]

Ein letztes Beispiel für die anhaltende, wenn auch immer wieder von längeren Pausen unterbrochene Beschäftigung mit der jüdischen Religion aus dem Tagebuch unter dem 19. November 1915: »In der Alt-Neu-Synagoge beim Mischna-Vortrag. Mit Dr. Jeiteles nach Hause. Großes Interesse an einzelnen Streitfragen.«[152] Dr. Jeiteles war – wie es in den Anmerkungen Max Brods heißt – »Talmudgelehrter aus der frommen Familie Lieben in Prag«.

Aber nicht nur für die Religion des Judentums, auch für andere Religionen und allgemeine religionswissenschaftliche Fragen hatte Kafka Interesse; zwei Beispiele noch dafür. Am

2. Juni 1916 schreibt er im Tagebuch über *Das Werden des Gottesglaubens*, ein Buch von N. Söderblom, dem Erzbischof von Upsala[153], und am 12. Mai 1922 nach einem Eintrag über Martin Bubers Buch über den chassidischen Rabbi Dow Bär von Mesritsch, *Der große Maggid*, einen Jünger des genannten Baalschem, steht ein Zitat aus *Pilger Kamanita*, einem Legendenroman von Karl Gjellerup nach indischen Veden.[154]

Das mag genügen. Kafka hat die jüdische Tradition gekannt, vielleicht nur in Bruchstücken, doch sie war ihm bekannt; er sah sich in dieser Tradition, und es war seine Absicht, diese Tradition auf seine Weise fortzusetzen. Dabei kam es auch zu »Sympathie der Seelen«, wie Scholem schreibt, also zu Übereinstimmungen, die Kafka nicht absichtlich herstellte, sondern die sich gewissermaßen von selbst ergeben hatten, wie Kafka nachträglich feststellte. So steht unter dem 16. September 1915 im Tagebuch: »Bibel aufgeschlagen.« Das kam also vor. Weiterhin: »Von den ungerechten Richtern. Finde also meine Meinung oder wenigstens die Meinung, die ich in mir bisher vorgefunden habe. Übrigens hat es keine Bedeutung, ich werde in solchen Dingen niemals sichtbar gelenkt, vor mir flattern nicht die Blätter der Bibel.«[155] Also »unsichtbar« gelenkt? Jedenfalls sieht er selbst die Ähnlichkeit, die nicht durch Imitation hergestellt wird, dann wäre sie oberflächliche Nachahmung, sondern die sich ergibt: durch die Ähnlichkeit eines Lebensgefühls, einer Denkweise, eines Stroms der Tradition, der durch Kenntnisse ins Bewußtsein gehoben wird.

Ich will die Stellung Kafkas zur religiösen Tradition in einer Übersicht zusammenfassen, die nicht nur die Ordnung, sondern auch die Differenzierung erleichtert. Sie hat den Nachteil, daß sie einen systematischen Überblick unabhängig von der Entwicklung Kafkas zu geben sucht, doch eben den Vorteil der systematischen Zusammenschau. Die Entwicklung Kafkas war zudem – was den Nachteil gering erscheinen läßt – kontinuierlich, jedenfalls eine Entwicklung ohne Bruch. Was früh angelegt war, hat sich im Laufe seiner schriftstellerischen Arbeit bald zu einer konzisen Handlungs- und Beweisführungsstruktur herausgebildet. Die späteren Formulierungen der Oktavhefte bringen auf den Begriff, was schon früher angedeutet war.

Kafkas Verhältnis zur religiösen Tradition

Rabbinisches Judentum	Mystik	Gnosis	Christentum
Messianische Erwartung	Hierarchie	»deus	Nachfolge
Das Gesetz	der Welten	absconditus«	Christi
Talmudische Beweis-	Reinkarnation	die Welt als	
führung		Betrug	
Sprachauffassung ⎯⎯⎯⎯>	⎯⎯⎯⎯⎯⎯⎯>		negative Theologie

Auf den ersten Blick mag es dem gläubigen Juden wie dem gläubigen Christen als Ungeheuerlichkeit erscheinen, daß hier jemand sowohl am jüdischen Kerngedanken der messianischen Erwartung festhält als auch am christlichen Kerngedanken der Nachfolge Christi. Auf den zweiten Blick verliert dieser kontradiktorische Widerspruch seine Schärfe: Kafka sah in Christus nicht den Messias, wie die Christen es tun. Trotzdem ist die Konstellation ungewöhnlich genug. Kafka ist ein Häretiker, wie Scholem schreibt, ein Ketzer, der keiner Glaubenslehre anhängt; er ist ein Individualist, der sich seine eigenen Vorstellungen bildet.

Die messianische Erwartung

In diesem Punkt ist Kafka ohne Einschränkung gläubiger Jude: er sieht die Welt unerlöst, und er erkennt keinerlei Möglichkeit zur Erlösung, bis der Messias kommen wird. Und er glaubt, daß der Messias kommen wird, wenn er diesen Glauben auch auf seine individuelle Weise modifiziert. Die unerlöste Welt und das Warten auf den Messias – diesen Gedanken übernimmt er unverändert aus dem rabbinischen Judentum. Seine ansonsten übliche Negation tritt erst bei der näheren Betrachtung der Welt auf – die er in weit größerer Finsternis sieht, als die Rabbiner es tun – und der messianischen Erwartung: »Der Messias wird kommen, sobald der zügelloseste Individualismus des Glaubens möglich ist.«[156] Gerade dies richtet sich gegen jede Art von überlieferter Glaubenslehre, gegen jede Dogmatik, auch gegen solche, wie sie von dem rabbinischen Schrifttum vertreten wird.

Scholem definiert die messianische Idee im Gegensatz zur christlichen Erlösung folgendermaßen:

»Das Judentum hat, in allen seinen Formen und Gestaltungen, stets an einem Begriff von Erlösung festgehalten, der sie als einen Vorgang auffaßte, welcher sich in der Öffentlichkeit vollzieht, auf dem Schauplatz der Geschichte und im Medium der Gemeinschaft, kurz, der sich entscheidend in der Welt des Sichtbaren vollzieht und ohne solche Erscheinung im Sichtbaren nicht gedacht werden kann. Demgegenüber steht im Christentum eine Auffassung, welche die Erlösung als einen Vorgang im geistigen Bereich und im Unsichtbaren ergreift, der sich in der Seele, in der Welt jedes einzelnen, abspielt, und der eine geheime Verwandlung bewirkt, der nichts Äußeres in der Welt entsprechen muß.«[157]

Deshalb gehen so viele christliche Deuter, auch solche, die von der ursprünglich christlichen Struktur ihres Denkens nichts mehr wissen, bei der Deutung Kafkas fehl. Sie verlegen den Schauplatz der Handlung seiner Erzählungen ins Innere, in die Innerlichkeit der Helden oder des Autors selbst, und sehen als Problem das des Individuums, das mit der Welt nicht fertig wird. Jede Psychologisierung ist von dieser Art. Kafka spricht aber von der Welt, die »nicht fertig ist«, vom Schauplatz der menschlichen Geschichte, nicht von dem Versagen des Individuums vor der Welt. Wenn die Welt unerlöst ist, ist es natürlich auch dieses Individuum, das ihr angehört, muß es notwendig sein, unabhängig von dem, was es tut. Scholem in pointierter Zusammenfassung: »Kann der Mensch seine eigene Zukunft bewältigen? Und die Antwort des Apokalyptikers lautete hier: *nein*.«[158]

Scholem unterscheidet im rabbinischen Judentum drei Arten von Kräften: »konservative, restaurative und utopische Kräfte.«[159] Es versteht sich, daß Kafka nur diese utopischen Kräfte übernommen hat, die ja auch andere jüdische Denker über das traditionelle Judentum hinausgeführt haben, Ernst Block z. B. mit seinem messianischen »Prinzip Hoffnung«.

Die messianische Idee, wie Kafka sie aufgenommen hat, fügt sich ohne weiteres in seine »aufbauende Zerstörung der Welt«, wenn nicht sogar die »aufbauende Zerstörung« in dieser Idee ihren Ursprung hat. Es ist jene, schon erwähnte apokalyptische Seite des Messianismus: die Katastrophe, der Weltuntergang. Die Zerstörung der Welt also, die von Kafka so konsequent durchgehaltene Negation, die nicht »negativ« im üblichen Sinne ist, weil sie das unzulängliche Bestehende zerstört, damit dann ein Neues aufgebaut werden kann, von dem wir freilich nichts wissen, nichts wissen können. Diese neue Welt nach dem »Ende der Tage« steht in keinerlei Beziehung zur vorangegangenen »historischen« Welt, der Welt unserer menschlichen Geschichte. Dazu Scholem:

»Die Paradoxie dieser Vorstellung besteht darin, daß die Erlösung, die hier geboren wird, gar nicht in irgendeinem kausalen Sinn eine Folge, aus der vorangegangenen Historie ist. Es ist ja gerade die Übergangslosigkeit zwischen der Historie und der Erlösung, die bei den Propheten und Apokalyptikern stets betont wird. Die Bibel und die Apokalyptiker kennen keinen Fortschritt in der Geschichte zur Erlösung hin. Die Erlösung ist kein Ergebnis innerweltlicher Entwicklungen, wie etwa in den modernen abendländischen Umdeutungen des Messianismus seit der Aufklärung, wo noch in seiner Säkularisierung im Fortschrittsglauben der Messianismus eine ungebrochene und ungeheure Macht beweist. Sie ist vielmehr ein Einbruch der Transzendenz in die Geschichte, ein Einbruch, in dem die Geschichte selber zugrunde geht, in diesem Untergang sich freilich wandelnd, weil von einem Licht betroffen, das von ganz woanders her in sie strahlt.«[160]

Ebensowenig wie das individuelle Verhalten in einer Beziehung zur Erlösung der Welt steht, ebensowenig steht der Verlauf der menschlichen Geschichte in einem Verhältnis zur Ankunft des Messias; da gibt es auch nicht den Anschein einer Entwicklung, die zu dieser Ankunft hinführt. Deshalb gehen auch soziologische Deutungen Kafkas fehl. Es kann niemand für das Ausbleiben der Erlösung verantwortlich gemacht werden, weder ein einzelner, dessen persönliche Haltung, noch eine Gesellschaft, deren historischer Zustand.

Da aber die Ankunft des Messias als Katastrophe gedacht werden muß, werden Katastrophen immer wieder als Anzeichen einer möglichen Ankunft gedeutet: je größer das Elend auf der Welt, um so näher ist der Tag der Ankunft. Das ist die Beweisführung, die nun doch zwischen dem Zustand der Welt und der Erlösung eine logische Beziehung herstellt: je verkommener die Welt, je erlösungsbedürftiger, um so näher die Erlösung. Ein Zitat, das Scholem bringt: »Israel spricht vor Gott: wann wirst Du uns erlösen? Er antwortet: wenn ihr auf die unterste Stufe gesunken seid, in der Stunde erlöse ich Euch.«[161]

Ist dies Kafkas Absicht: die Welt auf der untersten Stufe zu zeigen, in Erniedrigung und Schmutz, um in dieser Finsternis ihre Erlösungsbedürftigkeit zu demonstrieren? Dann wäre das, was mir als Fingerzeig auf das kleine Licht des Christentums im 9. Kapitel (dem Dom-Kapitel) in *Der Prozeß* erschien, wieder durch eine Negation Kafkas hinweggenommen. Was ich immer noch christlich deutete – ein kleines Licht, aber ein Licht immerhin –, müßte dann jüdisch gedeutet gerade als Irreführung gelten: ein kleines Licht ist schlimmer als gar kein Licht! Und: je größer die Finsternis, um so besser! Je orientierungsloser K. im Dunkel des Domes irrt, um so näher ist die Chance der Rettung auch. Die Chance.

Scholem: »Dieses tiefe Gefühl von der Unberechenbarkeit der messianischen Zeit hat in der messianischen Agada die Idee von der Verborgenheit des Messias hervorgebracht, der irgendwo schon immer da ist und den eine tiefsinnige Legende nicht umsonst am Tage der Tempelzerstörung geboren sein läßt.«[162] Das ließe auch diese Szene in *Das Schloß* im 18. Kapitel verständlich werden: K. ist dort der Chance der Rettung nahe, als er versehentlich ins Zimmer des Schloßsekretärs Bürgel tritt.[163] »Versehentlich« heißt, es ist ganz unabhängig von seinem Verdienst. Bürgel erklärt ihm weitläufig die Chance, die sich bei solchen versehentlichen nächtlichen Besuchen manchmal den »Parteien« eröffne, während K. übermüdet einschläft. Hätte er die Chance ergreifen können, wenn er wach geblieben wäre? Ist es doch ein individuelles Versagen, daß er einschlief?

Die Szene demonstriert die Verborgenheit des Messias; sie demonstriert aber auch seine Nähe. Walter Benjamin schrieb 1934 in seinem Kafka-Essay – nach dem erwähnten Briefwechsel mit Scholem –, daß Kafkas Dichtungen »zur Lehre ähnlich wie die Haggada zur Halacha stehen«. Haggada oder Agada sind Texte, die sich um die Halacha, das Gesetz, ranken, Erläuterungen nicht nur, auch Geschichten, »Legenden«.[164]

In der *Mischna*, über die Kafka 1915 – wie aus dem Tagebuch belegt – einen Vortrag in der Alt-Neu-Synagoge hörte, in dieser »ersten kanonischen Kodifikation der Halacha«, also des Gesetzes, heißt es laut Scholem:

»An den Fußspuren des Messias (das heißt in der Periode seiner Ankunft) wird Frechheit wachsen und Achtung schwinden. Die Regierung wendet sich der Häresie zu, und es gibt keine moralische Ermahnung mehr. Das Versammlungshaus wird zum Hurenhaus werden, Galiläa wird verwüstet und die Bewohner der Grenzen werden von Stadt zu Stadt wandern, ohne Mitleid zu finden. Die Weisheit der Schriftgelehrten wird stinkend werden, und die Sünde scheuen, werden verachtet werden. Die Wahrheit wird keine Stätte haben, Knaben werden Greise beschämen und Greise werden vor Knaben aufstehen. Der Sohn wird den Vater verächtlich machen und die Tochter sich gegen ihre Mutter auflehnen, die Feinde eines Menschen werden seine eigenen Hausgenossen sein. Das Gesicht des Zeitalters wird dem Gesicht eines Hundes gleichen (das heißt Schamlosigkeit wird herrschen). Auf wen anders sollten wir uns verlassen als auf unseren Vater im Himmel.«[165]

Das Versammlungshaus als Hurenhaus: trifft das nicht haargenau auf diese Versammlung in der »Ersten Untersuchung« im 2. Kapitel von *Der Prozeß* zu? Die versammelten Männer werden beschrieben wie alte Juden, die am Sabbath in die Synagoge gehen. Das Versammlungshaus als Hurenhaus: der Vorsteher, der Untersuchungsrichter, liest pornographische Hefte, und ein Mann entkleidet und umarmt »kreischend« eine Frau. »Schamlosigkeit« wie bei Hunden herrscht hier tatsächlich, doch der Vater im Himmel, einzige Gewißheit in der *Mischna*, ist hier endlos weit entfernt, wenn es ihn überhaupt gibt; wir erfahren jedenfalls nichts darüber. Hier weicht Kafka entschieden von der Tradition ab.

Benjamin hat das später eingesehen und sein erstes Urteil modifiziert, das Kafka allzu rasch in die Tradition einordnete, seine Erzählungen der Haggada gleichsetzte, in Anlehnung an Scholem; vier Jahre später hat er die dialektische Haltung Kafkas zur Tradition festgehalten: 1938 schrieb Benjamin über Kafkas Dichtungen: »Sie legen sich der Lehre nicht schlicht zu Füßen, wie sich die Haggada der Halacha zu Füßen legt. Wenn sie sich gekuscht haben, heben sie unversehens eine gewichtige Pranke gegen sie.«[166] Dazu Hans Mayer:

»Bestien also. Im Widerstand gegen die Lehre und das tradierte Gesetz, weil beide, nach Benjamins Formel nichts anderes bedeuten als eine ›Erkrankung der Tradition‹. Das wird nunmehr als These proklamiert: ›Kafkas Werk stellt eine Erkrankung der Tradition dar.‹ Dieselbe Negativität beim andern Brennpunkt der Ellipse, Kafka als der moderne Städtebewohner und Großstadtmensch. Man könnte die Annäherung an Benjamins gleichzeitige Arbeiten wagen und hier von Kafka innerhalb der Passagenwelt sprechen. Das Motiv des Flaneurs

Kafka war früher schon aufgetaucht. In dieser negativen Dialektik gesellt sich ›eine entleerte Lehre einer leeren und sinnlos gewordenen Daseinserfahrung des Menschen in der modernen Gesellschaft.‹«[167]

Die negative Dialektik: damit hat Hans Mayer Kafkas Verfahren treffend benannt, ebenso den Zusammenhang von Glaubens*leere* und moderner Welt, den Kafka selbst ganz deutlich sieht. In der Notiz vom 15. Februar 1917 in den Oktavheften, aus der ich schon zitiert habe, sagt er es; die Aufzeichnung in voller Länge lautet:

»Es ist nicht Trägheit, böser Wille, Ungeschicklichkeit – wenn auch von alledem etwas dabei ist, weil ›das Ungeziefer aus dem Nichts geboren wird‹ – welche mir alles mißlingen oder nicht einmal mißlingen lassen: Familienleben, Freundschaft, Ehe, Beruf, Literatur, sondern es ist der Mangel des Bodens, der Luft, des Gebotes. Diese zu schaffen ist meine Aufgabe, nicht damit ich dann das Versäumte etwa nachholen kann, sondern damit ich nichts versäumt habe, denn die Aufgabe ist so gut wie eine andere. Es ist sogar die ursprünglichste Aufgabe oder zumindest ihr Abglanz, so wie man beim Ersteigen einer luftdünnen Höhe plötzlich in den Schein der fernen Sonne treten kann. Es ist das auch keine ausnahmsweise Aufgabe, sie ist gewiß schon oft gestellt worden. Ob allerdings in solchem Ausmaß, weiß ich nicht. Ich habe von den Erfordernissen des Lebens gar nichts mitgebracht, so viel ich weiß, sondern nur die allgemeine menschliche Schwäche. Mit dieser – in dieser Hinsicht ist es eine riesenhafte Kraft – habe ich das Negative meiner Zeit, die mir ja sehr nahe ist, die ich nie zu bekämpfen, sondern gewissermaßen zu vertreten das Recht habe, kräftig aufgenommen. An dem geringen Positiven sowie an dem äußersten, zum Positiven umkippenden Negativen, hatte ich keinen ererbten Anteil. Ich bin nicht von der allerdings schon schwer sinkenden Hand des Christentums ins Leben geführt worden wie Kierkegaard und habe nicht den letzten Zipfel des davonfliegenden jüdischen Gebetmantels noch gefangen wie die Zionisten. Ich bin Ende oder Anfang.«[168]

Aus dieser für Kafkas Selbstverständnis so wichtigen Überlegung, ähnlich wichtig wie die aus dem Tagebuch zu Beginn des Jahres 1922 über sein Verhältnis zur Kabbala, müssen drei Gesichtspunkte festgehalten werden:

Erstens: Er sieht sein Scheitern, sein Mißlingen nicht als persönliches Versagen, also keineswegs psychologisch, sondern als »Mangel des Bodens, der Luft, des Gebotes«. Der Ort, an den er gestellt war, die Zeit, in die er hineinkam, waren denkbar ungünstig.

Zweitens: Er sieht sich vor eine außerordentliche Aufgabe gestellt; nicht er allein steht vor dieser Aufgabe, aber er auch, und er ist vielleicht besonders gefordert. K. geschieht im »Prozeß« etwas, haben wir festgestellt, was nicht allen geschieht, aber auch nicht nur ihm. Er gehört zu denen, die aus der Bahn geworfen werden, die aus dem Tritt der Zeit geraten, wie es Kafka über Walsers Simon Tanner sagte. Diesen ist eine besondere Aufgabe gestellt.

Drittens: Das Negative seiner Zeit hat er nicht bekämpft, sondern aufgenommen, also keine Kritik an der Zeit geübt. Er hatte keinen »ererbten Anteil« an dem geringen Positiven sowie an dem äußersten, zum Positiven umkippenden Negativen, er hat es sich – müssen wir ergänzen – aus Eigenem erarbeitet. Das Christentum, das Judentum entschwinden in dieser Zeit der »Glaubensleere«. Kafka sieht sich am Ende einer Zeit oder – und das ist wieder messianisch gedacht – am Anfang.

Das Gesetz

Scholem sah in seinem Brief von 1931 Kafka noch ganz in der Tradition des rabbinischen Judentums. In seinen späteren Äußerungen rückte er ihn dann in die Nähe der jüdischen Mystik, die – wie jede Mystik innerhalb eines institutionalisierten Glaubens – die Tendenz zur Häresie hat. Auf der Grenze zwischen Religion und »Nihilismus« siedelte er ihn in dem zehnten der *Zehn unhistorischen Sätze über Kabbala* an; auch diese Deutung bedarf der Negation: Nihilismus ja, insofern er diese Negativität radikal durchführt, Nihilismus nein, insofern er dahinter das Positive erhofft, in das die Negativität »umkippt«.

So ist auch seine Haltung zum jüdischen Gesetz zu sehen, zum Gesetz, das so allumfassend ist, daß es das ganze Leben regelt. Dem Gläubigen gibt es Halt und Sicherheit, Anleitung zum richtigen Handeln. Der Aufbau der *Mischna* mag das verdeutlichen. Sie umfaßt die Gesetzesregelungen nach sechs Ordnungen: die erste betrifft landwirtschaftliche Gesetze, die zweite Fest-Vorschriften, die dritte Ehe- und Sexualgesetze, die vierte Zivil- und Strafrecht, die fünfte die Opfergesetze, die sechste die Gesetze der Reinheit. Im babylonischen *Talmud* heißt es dazu:

»Lerne mit deinem eigenen Herzen und mit deiner ganzen Seele, meine Wege zu kennen und *an die Türen meiner Tora zu klopfen.* Bewahre meine Tora in deinem Herzen und meine Furcht vor deinen Augen. Bewahre deinen Mund vor jeder Sünde und reinige und heilige dich vor jeder Schuld und Verfehlung, und ich werde überall mit dir sein.«[169]

Ganz anders bei Kafka, das Gegenteil bei Kafka: es ist in diesem Talmud-Zitat dieselbe Situation benannt wie in Kafkas *Vor dem Gesetz,* nur ist bei Kafka wieder die Antithese realisiert. Dadurch verkehrt sich die Glaubensgewißheit in ihr Gegenteil: die Türen zum Gesetz sind verschlossen, Lebensregeln sind unbekannt, was bekannt wird, ist widersprüchlich; Schmutz und Sünde sind überall, kein Gott weit und breit. Die Menschen verharren in Finsternis und Unwissenheit.

Kafka hat sogar eine gewisse Aversion gegen die Gläubigen, die sich im Glauben wie in einem bequemen Haus einrichten, die gewissermaßen von der Religion leben wie Gemeindediener und Kleriker. Im Tagebuch unter dem 5. Oktober 1911 schreibt er über zwei Figuren in einem jiddischen Theaterstück:

»Wollte ich sie jemandem erklären, dem ich meine Unwissenheit nicht eingestehn will, würde ich sehn, daß ich sie für Gemeindediener halte, für Angestellte des Tempels, bekannte Faulenzer, mit denen sich die Gemeinde abgefunden hat, irgendwie aus religiösen Gründen bevorzugte Schnorrer, Leute, die infolge ihrer abgesonderten Stellung gerade ganz nahe am Mittelpunkt des Gemeindelebens sind, infolge ihres nutzlosen aufpasserischen Herumziehns viele Lieder kennen, die Verhältnisse aller Gemeindemitglieder genau durchschauen, aber infolge ihrer Beziehungslosigkeit zum Berufsleben nichts mit diesen Kenntnissen anzufangen wissen, Leute, die in einer besonders reinen Form Juden sind, weil sie nur in der Religion, aber ohne Mühe, Verständnis und Jammer in ihr leben.«[170]

»Eine besonders reine Form Juden« sind für ihn also solche, die in der Religion »ohne Mühe, Verständnis und Jammer« leben, Schmarotzer: Kafka spricht mit Herablassung, ja, mit Verachtung von ihnen. Und Max Brod mag in seiner Anmerkung zu dieser Textstelle recht haben, wenn er in diesen beiden Figuren »die erste Skizze der beiden ›Gehilfen‹ im Roman ›Das Schloß‹« erblickt. Das sind ja tatsächlich unangenehme Schmarotzer. Kafka zeigt in ihnen und in anderen niedrigen

Angestellten seine Abneigung gegen die, die bequem vom Glauben leben, ohne ihn zu besitzen, die jedenfalls ohne Kenntnis von Schloß und Gesetz sind. Was ist auch vom Klerus zu halten in einer Zeit wie der unseren, in der die Tradition »nicht mehr überliefert werden kann und wo diese Tradition verstummt«, wie Scholem schreibt?[171] Was sagt dann der Kleriker, der immer so beredt den Mund öffnet, wenn die Tradition verstummt ist?

Kafkas Ablehnung der Selbstzufriedenheit des Glaubens, der institutionalisierten Heilsgewißheit führt ihn nicht zur Ablehnung der Religion, sie führt ihn zu einer anderen Betrachtung der Religion, vom orthodoxen Judentum zum mystischen. Die Mystiker hatten das Gesetz, die Tora, als Schrift zwar deutlich vor Augen, besaßen aber noch keineswegs deren gesicherte Bedeutung. Denn das geoffenbarte Wort Gottes hielten sie für so bedeutsam, daß die menschliche Deutung es gar nicht ausschöpfen könnte; die Tora zu deuten heißt für die Kabbalisten, sich auf einen »endlosen Weg« begeben. Stéphane Moses:

»Die Haltung des Kabbalisten, der die Tora verstehen will, ist vergleichbar mit der des Kafkaschen Helden, der versucht, die Bedeutung der Wirklichkeit zu entziffern. In beiden Fällen handelt es sich um die endlose Suche nach einem Sinn, der sich dem menschlichen Zugriff entzieht, nicht etwa, weil es einen solchen nicht gäbe, sondern ganz im Gegenteil: weil er zu reich ist und unendliche Deutungsmöglichkeiten erlaubt.«[172]

Moses weist auf eine Stelle in Scholems Abhandlung *Religiöse Autorität und Mystik* hin, in der Scholem diese strukturelle Ähnlichkeit zwischen Kafka und den Mystikern sieht:

»Damit ist der wesentliche Schlüsselcharakter der mystischen Exegese bezeichnet. Als ein Schlüssel zur Offenbarung – so stellt sich die neue Offenbarung dar, die dem Mystiker zuteil wird. Ja mehr: der Schlüssel mag selbst verlorengehen – noch immer bleibt der unendliche Antrieb, ihn zu suchen. Das ist nicht nur die Situation, in der die Schriften Franz Kafkas die mystischen Antriebe, gleichsam auf dem Nullpunkt angelangt, und noch im Nullpunkt, auf dem sie zu verschwinden scheinen, so unendlich wirksam zeigen. Das ist schon die Situation der talmudischen Mystiker des Judentums, wie sie schon vor siebzehnhundert Jahren einer von ihnen anonym und an versteckter Stelle großartig formuliert hat. Origines berichtet in seinem Psalmenkommentar, daß ihm ein ›hebräischer‹ Gelehrter, wohl ein Mitglied der rabbinischen Akademie in Cäsarea, gesagt habe, die heiligen Schriften glichen einem großen Haus mit vielen, vielen Gemächern, und vor jedem Gemach liegt ein Schlüssel – aber es ist nicht der richtige. Die Schlüssel von allen Gemächern sind vertauscht, und es sei die Aufgabe, groß und schwierig in einem, die richtigen Schlüssel zu finden, die die Gemächer aufschließen. Dies Gleichnis, das die Kafkasche Situation schon innerhalb der in höchster Entfaltung befindlichen talmudischen Tradition aufreißt, ohne etwa in irgendeiner Weise negativ gewertet zu werden, mag einen Blick dafür öffnen, wie tief letzten Endes auch die Kafkasche Welt in die Genealogie der jüdischen Mystik hineingehört.«[173]

Die talmudische Beweisführung

Daß Kafka den Talmud gekannt hat, habe ich mit Zitaten belegt. Daß er von dessen Art der Beweisführung inspiriert ist, ebenfalls. Es liegt jedoch wieder ein wichtiger Unterschied zwischen den Auslegungen der Gelehrten des Talmud und Kafkas Beweisführungen vor. Die Gelehrten des Talmud sind in aller Regel bestrebt, Widersprüche aufzulösen, Schwierigkeiten zu überwinden und zu einem schlüssigen Ergebnis zu kommen; all ihre Kasuistik dient diesem Ziel. Kafka dagegen legt es in der Regel auf unauflösbare Widersprüche an, er versucht, in den Verstößen gegen die Logik des Denkens die Begrenztheit dieses Denkens aufzuweisen und über die Kategorien dieses Denkens hinauszuweisen; dieses Verfahren steht in der Tradition der »negativen Theologie« der jüdischen und christlichen Mystik, nicht in der des Talmud.

Immerhin sind die Gelehrten des Talmud der Meinung, daß die Bedeutung der Schrift derart vielfältig ist, daß keine Deutung ihr angemessen ist, daß sie also zu immer neuen Deutungen aufruft. Diese Kommentare erhellen dann nicht nur die Schrift, sie verdunkeln sie auch. Wie Günter Stemberger berichtet, gibt es eine Legende, in der selbst Moses den Auslegungen eines berühmten Talmud-Gelehrten nicht zu folgen vermag und verzweifelt Gott fragt, warum er denn durch ihn, Moses, und nicht durch jenen Gelehrten die Tora dem Volke gab. Gott darauf: »Weil es mir so in den Sinn kam.«[174] Nicht einmal Moses, der doch die Tora vom Sinai brachte, versteht also die talmudischen Auslegungen der Tora. Und nicht einmal Moses versteht die Gründe des göttlichen Handelns, das eben auch für ihn, um wieviel mehr für andere, undurchschaubar ist.

Ein Beispiel für die talmudische Beweisführung nach Stemberger.[175] Es geht um das Gebot, daß am Sabbat keine genagelten Sandalen getragen werden dürfen, dessen Gründe unbekannt sind. Es ist also ein »sinnloses« Gebot, das gleichwohl erfüllt werden muß. Der Begründungsversuch im Talmud ist zunächst ein historischer: durch den Lärm genagelter Sandalen erschreckt, hätten die Juden in der Synagoge gedacht, die Feinde kämen, worauf eine Panik ausgebrochen sei, Menschen getötet worden wären. Deshalb also keine genagelten Sandalen! Einwand: Warum dann nur am Sabbat, warum nicht an jedem Tag? Weil es am Sabbat vorgefallen sei. Einwand: Warum dürfe man sie aber dann auch am Feiertag nicht tragen? Neue Argumentation: Es wird zwischen Nägeln zur Verstärkung von Sandalen und Nägeln zum Zierat an Sandalen unterschieden. Nur die ersten seien verboten. Einwand: Warum? Und jetzt kommt endlich – auch mit Hilfe des Kommentars des Herausgebers Günter Stemberger – ein Ergebnis: Wenn die Nägel der ersten Art sich am Sabbat lösten, seien die Sandalen nicht mehr zu gebrauchen und man sei versucht, sie in der Hand zu tragen – das aber sei am Sabbat verboten. Und deshalb gelte das Gebot, am Sabbat keine genagelten Sandalen zu tragen!

Alle Anstrengung der Argumentation lief also darauf hinaus, das »Unerklärliche zu erklären« und den Denkprozeß – vorläufig wenigstens – abzuschließen. Kafka würde – bei aller Ähnlichkeit der Argumentation – das vorläufige Ergebnis umstoßen und den Denkprozeß wieder in Gang setzen.

Sprachauffassung

»Es ist nicht mitteilbar, weil es nicht faßbar ist, und drängt zur Mitteilung aus demselben Grund«, schreibt Kafka in den Oktavheften.[176] Seine Konstruktionen, die Art der Handlungsführung und der Beweisführung, versuchen dieses Paradoxon zu verwirklichen; das Nicht-Mitteilbare mitzuteilen. Kafka ist kein Sprachskeptiker, sein Mißtrauen richtet sich nicht gegen die unvollkommene Sprache, wie das bei Kafkas Zeitgenossen, den Sprachkritikern Fritz Mauthner und Ludwig Wittgenstein der Fall ist, deren Skepsis zu Resignation und zum Schweigen führte und ebenfalls zur Mystik.[177] Kafka sieht die Begrenztheit der Sprache, doch zugleich in ihr die einzige Möglichkeit, über die Begrenztheit hinauszugelangen, weil die Sprache reicher ist, als sie uns zu sein scheint. Diese Sprachauffassung steht ebenfalls in der jüdischen Tradition, auch in der rabbinischen, besonders jedoch in der mystischen.

Der Name Gottes ist in dieser Tradition der Ursprung der Sprache, im Wort ist Gott unter seinem Volke anwesend; zugleich ist der Name Gottes aber derart geheiligt, daß er nur von dem ausgesprochen werden darf, der das Göttliche in sich verwirklicht, also die Einheit mit Gott erreicht hat. Diese Heiligung des Namens ließ den Namen nahezu unaussprechbar werden, schon vor der Zerstörung des Tempels, der Vertreibung der Juden aus Palästina, also bereits vor der Trennung der alten Einheit des Volkes mit Gott, wurde der Name Gottes nur bei wenigen Gelegenheiten innerhalb des Tempels ausgesprochen.

In dem Sammelband *Vom Judentum*, herausgegeben vom Verein jüdischer Hochschüler Bar Kochba in Prag, der 1913 bei Kurt Wolff in Leipzig erschien und den Kafka gekannt haben wird – Max Brod schrieb darin und im zweiten Sammelband des Vereins *Das jüdische Prag*, bei Kurt Wolff 1917 erschienen, schrieb auch Kafka –, steht ein Aufsatz von Hugo Bergmann über *Die Heiligung des Namens*. Bergmann: »Seit der Tempelzerstörung kann der Jude gewissermaßen die Einung mit Gott niemals mehr herstellen, er kann nur mehr Gottes ›Gewand‹ ergreifen. Die Priester hören von da ab auf, den Namen der Einung auszusprechen, und der Talmud sagt: Wer den Namen ausspricht, verliert seinen Anteil an der zukünftigen Welt.« Scholem spricht von der »Unaussprechbarkeit« des Namens Gottes, der »zwar *angesprochen*, aber nicht mehr *ausgesprochen* werden kann«.[178]

Scholem erläutert die daraus resultierende »Sprachtheorie«, wie sie dann vor allem von den jüdischen Mystikern entwickelt wurde, in Worten, die wörtlich Kafka wiederholen: Sprache sei »Mitteilung eines Nicht-Mitteilbaren«:

»Der Mystiker entdeckt an der Sprache eine Würde, eine ihr immanente Dimension oder, wie man heute sagen würde, etwas an ihrer

Struktur, was nicht auf Mitteilung eines Mitteilbaren ausgerichtet ist, sondern vielmehr – und in diesem Paradox gründet ja alle Symbolik – auf Mitteilung eines Nicht-Mitteilbaren, das ausdruckslos in ihr lebt und selbst wenn es Ausdruck hätte, so jedenfalls keine Bedeutung, keinen mitteilbaren ›Sinn‹.«[179]

Um wieviel weiter hat sich Kafka dieser »Sinn« der Sprache entfernt, denn Kafka steht nicht mehr in der Glaubensgewißheit der Mystiker, sondern am »Nullpunkt«, wie Scholem sagt. Gott offenbarte seinen Namen Moses im brennenden Dornbusch.[180] Kafka steht vor dem Dornbusch, der *nicht* brennt. In den Oktavheften schreibt er: »Der Dornbusch ist der alte Weg-Versperrer. Er muß Feuer fangen, wenn du weiter willst.«[181]

Hierarchie der Welten

Schon bei den bisher erörterten Punkten ist Kafkas Neigung zur mystischen Tradition deutlich hervorgetreten: seine Negation der rabbinischen Tradition führt ihn zu einer Haltung, die der der Mystik ähnelt, die jedoch keineswegs mit ihr identisch ist. Kafka fehlt jedenfalls die Glaubensgewißheit des Mystikers. Doch ist die Mystik »ein weites Feld«; schon das rabbinische Judentum ist von mystischen Gedanken beeinflußt[182], und innerhalb der Mystik gibt es eine große Vielfalt von Strömungen.

Die Hierarchie der Welten ist den orthodoxen Traditionen von Judentum und Christentum genauso vertraut wie deren mystischen Strömungen. Scholem macht jedoch auf einen wesentlichen Unterschied zwischen »dem biblischen Gott« und »dem Gott Plotins in der alten Kabbala« aufmerksam, der es uns ermöglicht[183], Kafka in diese durch die spätantike Philosophie Plotins gespeiste mystische Tradition einzuordnen. Ich muß auf Scholems erhellende Abhandlung verweisen, da ich hier nicht in der gebotenen Ausführlichkeit darüber sprechen kann. Nur soviel: der Gott Plotins oder richtiger »das Eine« ist nicht nur die höchste Instanz einer Hierarchie, sie ist auch »jenseits von Substanz und Denken«, jenseits also all dessen, was wir Menschen kennen und denken können. Dieses »Eine« ist kein persönlicher, wollender, strafender Gott wie der Gott der Bibel, es ist in diesem Sinne gar kein Gott.[184]

Dieser erste Grund oder das Grundlose oder der »Ungrund«, wie Jakob Böhme es nannte, oder »En-Sof«, wie es in der Kabbala heißt, ist jenseits der Welten, abgetrennt von diesen: *deus absconditus*, ein abgetrennter Gott, wenn hier das Wort »Gott« überhaupt noch am Platze ist, weil kein Wort hierfür angemessen ist. Will der Theosoph nun doch diesen »Ungrund« bezeichnen, bedient er sich derselben Mittel wie Kafka: Paradoxa und Negationen, wie Scholem ausführt:

»Die Bilder und Bestimmungen zerbrechen dem Autor unter der Hand. Er erlaubt sich an der einen Stelle Bilder, die er an der anderen Stelle doch verbietet; alles muß ihm zum Symbol dienen und muß doch als Symbol negiert und überstiegen werden. Hier und da erscheint es geradezu, als ob ihm auch der kabbalistische Terminus ›En-sof‹ schon zu abgebraucht, trotz aller Negativität zu leicht ins Positive transformierbar vorkommt, so daß er auf alle Terminologie verzichtet und ohne jeden Versuch der Benennung von ›jenem Höchsten, Unerkennbaren‹ spricht, das über dem Anfang aller Anfänge, das heißt der ersten Sefira, steht. Der Wunsch, den letzten Grund des Göttlichen ins völlig Namenlose immer weiter und tiefer hinauszuschieben, weil sogar die mystischen Kunstworte allzu leicht abgegriffen werden, spielt hier mit. Je mehr der Theosoph in Symbolen des Göttlichen schwelgt, desto mehr sucht der Neuplatoniker in ihm, wie immer stammelnd, den Blick auf einen Bereich offenzuhalten, der sich allen Symbolen versagt und gerade noch in der Häufung der Widesprüche intendiert wird.«[185]

Der abwesende Gott, der verborgene Gott, der nicht zu bezeichnende Gott. Gott? Das ist nur ein Wort. Die Abwesenheit Gottes ist die eine Seite der mystischen Gottesvorstellung, die andere ist die Offenbarung des Göttlichen in der Welt: als »Ausfließung« des göttlichen Lichts, als »Emanationen«, wie es im Gefolge Plotins heißt, oder als »Sefiroth«, wie es die Kabbala nennt. Zehn »Sefiroth«, zehn hierarchisch geordnete Stufen solcher Ausprägungen des Göttlichen in der Welt gibt es in der Kabbala. Bei Kafka nicht. Bei ihm ist dies Göttliche nicht in der Welt, es ist jedenfalls nicht zu erkennen. Die einzelnen Stufen der Hierarchie des Gerichts in *Der Prozeß*, der Säle in *Vor dem Gesetz*, der Höfe in *Eine kaiserliche Botschaft* bezeichnen nur die Abwesenheit Gottes, die riesige Entfernung zwischen Gott und den Menschen, den endlosen Weg. Diese Vorstellung ist ähnlich der in der Merkaba-Mystik, wie wir sahen, die ebenfalls keine »Schechina«, keine Anwesenheit

Gottes in der Welt, sieht, sie ist ähnlich der Vorstellung in der Gnosis.

Die Welt als Betrug

Wenn Gott nicht in der Welt ist, wer dann? Wenn sie nicht sein Werk ist, wessen Werk ist sie dann? Die Gnosis kennt die Konzeption eines zweiten Gottes, eines Weltenschöpfers, des Demiurgen, den sie von Gott, dem »eigentlichen«, dem abwesenden unterscheidet. Der Weltenschöpfer einer bösen Welt, die den Menschen im Gefängnis der Materie gefangen hält: ein böser Weltenschöpfer. Satan als Schöpfer der Welt? Eine bereits zitierte Bemerkung Kafkas weist darauf hin. Kafka als Anhänger der Gnosis? Es gibt erstaunliche Ähnlichkeiten, wie eine Zusammenfassung der Weltsicht der Gnosis zeigt, die Hans Jonas in seiner Arbeit *Gnosis und spätantiker Geist* gegeben hat:

»In all diesen Zeugnissen fanden wir einen schroffen religiösen Dualismus Gott – Welt und einen durchgehenden Zug der Abkehr von der Welt. Kosmos ist Finsternis, Produkt eines Abfalls, mit einem eigenen ›Gott der Welt‹, ihrem Schöpfer (Demiurg), der aber nicht der eigentliche Gott ist, sondern das Prinzip des Gott-entfremdeten Kosmos, das personifizierte Welt-Wesen. Ihm gegenüber der eigentliche Gott, Licht gegenüber der Finsternis der Welt, Güte gegenüber der ›Gerechtigkeit‹ des Weltgottes, nicht nur überweltlich, sondern das Nicht-Weltliche, Anti-Weltliche schlechthin. Sein Reich beginnt da, wo alles Kosmische endet, ganz außerhalb, jenseits: Begriff des Jenseits als Negativität der Welt schlechthin. – In den Kosmos nun als in eine fremde und feindliche Macht ›hineingeworfen‹ der Mensch, ausgeliefert an ihren unentrinnbaren Bann: Bilder des Umherirrens, des Betäubtseins, der Trunkenheit, des Fremdseins, des Verbanntseins von der Heimat, der Verknechtung unter dem Bann der Welt. Dieser Bann, der alles unter ihm Befindliche verschlossen hält und damit den Kosmos als abgeschlossenen, eigenmächtigen Bereich gegenüber Gott behauptet, wird von einem eigenen kosmischen Machtsystem unter der Oberherrschaft des Demiurgen ausgeübt, den Gestirnmächten (Heimarmene), der mystischen Repräsentanz der zwingenden Eigenmacht des Welthaften.«[186]

Im Roman *Das Schloß* hat Kafka ein deutliches Signal seiner der Gnosis ähnlichen Weltsicht eingebaut, das gleichwohl von allen Interpreten bisher übersehen wurde; lediglich der tschechische Philosoph Karel Kosík hat darauf aufmerksam gemacht in einem 1963 in Prag zuerst veröffentlichten Aufsatz; Politzer erwähnt diesen Aufsatz in einer Fußnote.[187] Die Tragweite der Entdeckung allerdings haben weder Kosík noch Politzer bemerkt.

Das Signal: »*klam*« ist das tschechische Wort für »Betrug«, »Täuschung«, »Trugbild«. Der Schloßbeamte, der an der Schlüsselstelle zwischen dem Schloß und den Dorfbewohnern sitzt, heißt *Klamm*, also »Betrug«. Frieda, die K. in den Schmutz auf den Fußboden des Wirtshauses zieht, ist Klamms Geliebte. Auch die Wirtin war ehemals Klamms Geliebte. Wie in *Der Prozeß* gibt es auch in *Das Schloß* eine enge Beziehung zwischen den Frauen und den Beamten, wiederum stehen die Frauen für die Verführung und die Beamten für den Betrug des Bösen. Klamm ist nahezu eine allegorische Verkörperung des Betrugs – eine für Kafka einmalig eindeutige Bezeichnung –, denn übersetzt lautet doch sein Name: Herr Betrug.

Kafka, der in Prag schrieb, konnte annehmen, daß unter seinen Lesern des Tschechischen Kundige sein würden, so daß sein Signal eher zu deutlich als zu versteckt angelegt zu sein scheint. Und doch ist es bisher selbst von Interpreten übersehen worden, die Tschechisch verstehen, wie Brod und Politzer. Gerade Politzers Interpretation von Klamm ist ein fast amüsantes Beispiel für die Irrtümer der Interpeten, die dem Betrug so leicht auf den Leim gehen wie K. dem Klamm:

»Klamm ist nun wirklich ein Name ›der wie Bedrängnis klingt, wie Enge, Zangen, Ketten, aber auch wie bedrückendes Schweigen‹. Zugleich aber hat dieser Name mit K. den Anfangsbuchstaben gemein, so daß unter Umständen das Name des Absenders zu dem des Adressaten, des Auftraggebers zu dem des Arbeitnehmers, abgekürzt werden könnte. Dies soll nun keineswegs den Gedanken suggerieren, Klamm sei lediglich eine Ausgeburt von K.s Hirn, eine Emanation seines Ichs und mit diesem durch das Initial verbunden. Tatsächlich erscheint ein wirklicher Klamm vor K.s Augen, wenn er durch ein Guckloch in der Tür des Herrenhof-Ausschanks späht, und dieser Klamm ist dann das genaue Gegenteil des Landvermessers: am Biertisch sitzt der Inbegriff bürgerlicher Gesetztheit, ein ragendes Musterbild trivialer Männlichkeit. (Fußnote: Es wäre nicht undenkbar, daß Kafka in Klamm eine Karikatur seines Vaters gezeichnet hat: ein weiterer Grund dafür, ihre beiden Namen mit demselben Buchstaben beginnen zu lassen.)

Dennoch deutet die Identität ihrer Anfangsbuchstaben auf eine grundsätzliche und grundsätzlich unerklärbare Verbindung zwischen K. und Klamm.«[188]

Die Verbindung ist leicht zu erklären: die psychologischen Spekulationen sind, wie meist bei Kafka, eher trügerisch. Gerade der Anblick, den Klamm bietet, als K. ihn durchs Schlüsselloch sieht, bestätigt das: Klamm scheint eher eine Puppe als ein Mensch. Er ist »tot«, wie eine Allegorie eben tot ist, die kein Leben hat, also keine wörtliche Bedeutung, sondern nur eine »Abstraktion« ist: sie meint »Lug und Trug« oder – wie es tschechisch heißt – »*klam* a mam«.

Klamm ist der Betrug, der zwischen dem Schloß und K. steht und der nicht zu durchdringen ist, wie sehr sich K. auch anstrengt. Ja, je mehr er sich anstrengt, um so mehr wird er in das Trugbild verstrickt. Auch Barnabas, der Bote Klamms, der nach der Apostelgeschichte »Sohn der Tröstung« heißt[189], wie Politzer feststellt, bringt nur trügerische Tröstung. Alles, was er übermittelt, stellt sich letztlich als falsch heraus. Hier wendet Kafka wieder eine Figur der mythologischen Tradition ins Negative; es ist zugleich eine schroffe Ablehnung der »Tröstung« des Christentums, wenn dieser Barnabas aus der Apostelgeschichte gemeint ist, der zu der ersten Christengemeinde durch Verkauf seines Ackers beitrug. Barnabas, weiß gekleidet wie ein Engel, ist doch nur ein Bote des Klamm, der schwarz gekleidet ist wie der Tod oder der Teufel, der Herr der Finsternis und – nach Kafka – der Herr der Welt, dieser Welt.

Das mag auch die Bedeutung des Namens »Westwest«, den der Herr des Schlosses trägt, sein. Das Schloß Friedland in Böhmen, das Kafka zu der Topographie seines Schlosses angeregt haben könnte, wie Klaus Wagenbach im Anschluß an Max Brod meint, gehörte der Adelsfamilie Clam-Galas[190]; das könnte der Anstoß für den Namen Klamm gewesen sein – da mag Wagenbach recht haben; doch der Anstoß ist nicht mit der Funktion des Namens im Roman zu verwechseln. Warum hat Kafka gerade diesen Namen übernommen, warum hat er ihn verändert aus Clam zu Klamm, wobei die deutsche Schreibweise der tschechischen Aussprache von »klam« entspricht, und warum trägt bei ihm *nicht* der Graf den Namen, sondern ein Beamter? Kafka wollte nicht die sozialen Verhältnisse des Dorfes und Schlosses Friedland abbilden im Sinne eines sozialen Realismus, wie es Wagenbach gern hätte. Nicht der Herr des Schlosses, sondern der Beamte, der Vermittler zwischen Dorf und Schloß ist, heißt bei Kafka Klamm. Der Graf heißt bei ihm dagegen Westwest; er trägt den Namen der Himmelsrichtung, in der die Sonne untergeht. Doch nicht »Untergang« verkörpert er, wie Politzer meint, sondern das Gegenteil von Osten; wieder arbeitet Kafka mit einer Negation. Der Graf im Schloß stellt also nicht das gute Jenseits dar, den christlichen Himmel, wie viele Interpreten meinen, sondern dessen Gegenteil!

»Ex oriente lux«: aus dem Osten das Licht, heißt es. Aus dem Osten kommt das Licht, nicht nur das Licht der Sonne, die im Osten aufgeht, sondern auch das Licht des Heils; aus dem Nahen Osten nämlich, aus dem Heiligen Land Palästina, auf das Juden wie Christen hin *orient*iert sind. Der Graf Westwest verkörpert das genaue Gegenteil des Lichts aus dem Osten: er ist die Finsternis aus dem Westen. Der Herr der Finsternis ist er, der Teufel, der Böse, der diese Welt mit Betrug und Verführung beherrscht.

Scholem erwähnt eine Schule der »gnostischen« Kabbalisten, die den zehn guten göttlichen Sefiroth zehn böse satanische gegenüberstellten.[191] Und er sieht den Anstoß zu solchen Konzeptionen in der bohrenden Frage nach der Herkunft und dem Sinn des Bösen, das diese Welt beherrscht.[192] Es ist dieselbe Frage, die Kafkas Philosophieren antreibt, wie das nächste Kapitel zeigen wird.

Reinkarnation

Man nimmt an, daß der Gedanke der Wiedergeburt, ebenfalls von der Gnosis vertreten, durch diese auch in christliche und jüdische Bewegungen gekommen ist. Die Gnosis ist von der christlichen Kirche verfolgt und unterdrückt worden. Die letzte große gnostische Bewegung der »Katharer« in Südfrankreich im 12./13. Jahrhundert wurde von den französischen Katholiken auf eine bestialische Weise ausgerottet.

Scholem vermutet, daß von den Katharern der Gedanke der Wiedergeburt in die Kabbala eingedrungen sei. Der *Sohar* des 12. Jahrhunders, das wichtigste Werk der Kabbala, kennt sie jedenfalls, wenn auch nicht als Regelfall, sondern als Ausnahme, etwa als Bestrafung.[193] Später, in der Kabbala des 16. Jahrhunderts, wird die Seelenwanderung, »Gilgul« genannt, als »Weltgesetz«[194] aufgefaßt. Erzählungen der polnischen Chassidim, der mystischen Bewegung im polnischen Judentum des 18. und 19. Jahrhunderts, berichten ebenfalls von Seelenwanderung, allerdings wiederum nur als Ausnahme.

Kafka kannte die Erzählungen der polnischen Chassidim. In seiner Handbibliothek hatte er die von Alexander Eliasberg ins Deutsche übersetzten *Sagen polnischer Juden*, Volkserzählungen im einfachen Legenden-Stil mit immer gutem Ende.[195] Einige berichten von Seelenwanderungen, in denen eine Seele nach dem Tod in einem Tier wiederauflebt. Wurde Kafka durch diese Erzählungen beeinflußt? Eine Ähnlichkeit zwischen den Themen besteht, wenn sie auch durch die Unterschiede in Handlungsführung und Erzählweise fast beiseitegedrängt wird. Neben der »Verwandlung« von Menschen in Tiere gibt es das Thema »an die Tür (des Gesetzes, des Himmels) klopfen« und das Thema »einen Prozeß führen«. In der Erzählung *Durch die Hinterpforte* heilt Rabbi Pinchos einen jungen Mann vom Lungenleiden, indem er, als ihm im Himmel das Tor der Heilung verschlossen bleibt, die Hintertür benutzt, nämlich das Tor des Lebensunterhalts. Lebensunterhalt wollte der Himmel dem jungen Manne geben, also – setzte der Rabbi durch – mußte er ihm auch das Leben geben. Bei Kafka wäre es sicher beim Widerspruch geblieben – Lebensunterhalt ja, Leben nein – und kein Rabbi hätte geholfen. *Der Prozeß gegen Gott* schließlich handelt von einem Widerspruch: einerseits sollten alle Juden heiraten und sich vermehren, wie das Gesetz es befiehlt, andererseits ist die kaiserliche Steuer für Heiratende so hoch, daß niemand heiraten kann. Auch hier gibt es ein gutes Ende: Gott hebt die Steuer auf.

Die Seelenwanderung ist ein Thema, das wir in den Sagen der polnischen Chassidim ebenso finden wie bei Kafka. Kafka war von verschiedenen Leben anscheinend überzeugt. Von »Vorleben« spricht er in der Notiz im 4. Oktavheft.[196] Er sieht den Tod als »scheinbares« Ende, nach dem Tode geht also das Leben irgendwie weiter:

»Nach dem Tod eines Menschen tritt selbst auf Erden hinsichtlich des Toten für eine Zeitspanne eine besonders wohltuende Stille ein, ein irdisches Fieber hat aufgehört, ein Sterben sieht man nicht mehr fortgesetzt, ein Irrtum scheint beseitigt, selbst für die Lebenden eine Gelegenheit zum Atemschöpfen, weshalb man auch die Fenster des Sterbezimmers öffnet, – bis sich dann alles doch nur als Schein ergibt und der Schmerz und die Klagen beginnen.

Das Grausame des Todes liegt darin, daß er den wirklichen Schmerz des Endes bringt, aber nicht das Ende.

Das Grausamste des Todes: ein scheinbares Ende verursacht einen wirklichen Schmerz.

Die Klage am Sterbebett ist eigentlich die Klage darüber, daß hier nicht im wahren Sinn gestorben worden ist. Noch immer müssen wir uns mit diesem Sterben begnügen, noch immer spielen wir das Spiel.«[197]

Der Tod ist kein Ende. Das kann doch nur heißen: nach dem Tode gibt es wieder ein Leben, wie eine der »Betrachtungen« bestätigt:

»Man schämt sich nicht mehr, sterben zu wollen; man bittet, aus der alten Zelle, die man hat, in eine neue gebracht zu werden, die man erst hassen lernen wird. Ein Rest von Glauben wirkt dabei mit, während des Transportes werde zufällig der Herr durch den Gang kommen, den Gefangenen ansehen und sagen: ›Diesen sollt ihr nicht wieder einsperren. Er kommt zu mir.‹«[198]

Sterben heißt also, von einer Zelle in eine andere gebracht zu werden. Die Hoffnung auf Erlösung aus diesem Kreislauf – das Leben ist ein Gefängnis bei Kafka wie in der Gnosis – ist gering: der Herr werde »zufällig« kommen. Käme er, wäre es also kein Verdienst des Hoffenden. Und »Rest des Glaubens« heißt es, also sicher ist Kafka nicht, daß der Herr kommen könnte. Aber sicher ist er, daß er in einer Zelle lebt und nach dem Tod in eine andere Zelle kommt. Das ist in der Tat »trostlos«.

Nachfolge Christi kann deshalb nur bedeuten, das Leiden Christi als Leidender nachzuvollziehen; Erlösung hat Christus nicht gebracht in der Sicht Kafkas. In einer Notiz in den Oktavheften sieht Kafka in Christus einmal das »tatsächliche Aufzeigen« des Beispiels[199], dem nachgefolgt werden soll; Christus gab demnach ein Beispiel, dem alle Menschen nachfolgen können und sollen; zum andern ist er für Kafka die »symbolische Aufzeigung« der Auferstehung des Mittlers in jedem Menschen. »Symbolisch« heißt jedenfalls, daß Christus nicht der Mittler, nicht der Messias ist, sondern nur symbolisch auf seine Möglichkeit hinweist, und zwar auf eine Möglichkeit, die in jedem »einzelnen Menschen« vorhanden ist.

Die Verbindung der messianischen Idee mit dem »zügellosesten Individualismus des Glaubens«, wie es zuvor in derselben Notiz heißt[200], ist jedenfalls häretisch, insofern sie gegen die Tradition steht, sie ist höchst modern, insofern sie ganz auf den einzelnen abstellt, ganz und gar gegen jede institutionalisierte und kodifizierte Glaubenslehre gerichtet ist, weil sie jegliches Urteil dem einzelnen überläßt, dem niemand Vorschriften zu machen hat. Kafka ist also tatsächlich kein »Religionsstifter«, damit haben Benjamin und Adorno recht, er ist allerdings ein religiöser Schriftsteller und Philosoph von herausragender Individualität.

7.2 Kafka als Philosoph

Trotz der zahlreichen Sekundärliteratur zu Kafka steht eine Entdeckung noch aus: die Kafkas als Philosoph. Seine aphoristischen Aufzeichnungen – in den Tagebüchern, in den Oktavheften, die auch Tagebücher waren, in den Aphorismen-Sammlungen *Er*[201] und *Betrachtungen*[202] – werden immer noch von seinem belletristischen Werk verdeckt. Lange wurden sie kaum beachtet, dann wurden sie zur Deutung seiner Erzählungen und Romane herangezogen, wie das auch hier geschah, aber als für sich selbst stehende Äußerungen wurden sie selten betrachtet. Wären nur diese aphoristischen Aufzeichnungen Kafkas bekannt geworden, hätte Kafka sich auch einen Namen gemacht: als Philosoph ersten Ranges.

Gerade die aphoristischen, unsystematischen Aufzeichnungen sind ja in der modernen Philosophie nach Hegel und den Links- und Rechtshegelianern eine dominierende Betrachtungsweise geworden: durch Schopenhauer, Kierkegaard und Nietzsche. Auch der Philosoph Kafka gehört zur modernen europäischen Geistesgeschichte. Es ist wieder vor allem seine Art der Darstellung, die ihn den modernen Philosophen vergleichbar macht, so wie es die Art seines Erzählens, seine Literatur-Auffassung war, die ihn den modernen Schriftstellern vergleichbar machte. Die Themen dagegen, die er behandelt, gehören vor allem der jüdischen Tradition an.

Kafka ist Religionsphilosoph; das legt über die Art der aphoristischen unsystematischen Aufzeichnungen hinaus den Vergleich zu Kierkegaard nahe; mit diesem verbindet ihn – zumindest partiell – eine ähnliche Themenstellung; die Religion, bei Kierkegaard die christliche, bei Kafka die jüdische Religion. Da Kafka selbst – in Zustimmung und Ablehnung – zu Kierkegaard Stellung genommen hat wie zu keinem anderen modernen Philosophen, drängt sich der Vergleich mit diesem nahezu auf. Einwände, die gegen diesen Vergleich verschiedentlich vorgebracht wurden, sind demgegenüber unerheblich. Es sind einmal Einwände, deren Begründung aus der Weltanschauung der jeweiligen Interpreten kommt, denen Religion und Religionsphilosophie suspekt sind. Bleiben die sachlichen, die an der Sache begründeten Einwände. Marthe Robert macht auf einen Widerspruch aufmerksam, dem Max Brod unterliege, wenn er Kafka einerseits mit der Kabbala, andererseits mit Kierkegaard vergleiche.[203] Nun hat – wie wir Äußerungen Kafkas entnommen haben – Brod recht mit seinen Hinweisen; sowohl mit der Kabbala als auch mit Kierkegaard hat Kafka selbst sich verglichen. In einem Brief an Max Brod schreibt er: »Und die folgende Stelle ist nicht aus dem Talmud«, was Brod zutreffend kommentiert: »was im Zusammenhang mit meinem Brief bedeutet: sie entspricht der Anschauungsweise des Judentums, obwohl sie nicht im Talmud, sondern eben bei Kierkegaard steht.«[204] Daß Brods Auswertung dieser Beziehung fehlgeht, wenn er die »negative Dialektik« Kafkas zu seiner, Max Brods positiven Weltsicht umdeutet, ist etwas anderes. Kafka hat sich also mit beiden – Kabbala und Kierkegaard – verglichen, wenn auch dies – wie Marthe Robert sagt – »zwei Formen religiösen Denkens (sind), die einander anzunähern weder in geschichtlicher noch in geistlicher Hinsicht zwingende Gründe bestehen«.[205] Doch wenn Kafka sich so widersprüchlich verhalten hat, kann man dann mit einem Argument aus einem philosophischen Seminar über ihn hinweggehen? Man kann; verstehen wird man ihn dann nicht. Wer ihn verstehen will, muß fragen; wie kommt er dazu?

Das ist, meine ich, leichter einzusehen, als es zunächst den Anschein hat. Dazu ist es auch nicht nötig, eine Trennung zwischen der Rolle Kierkegaards im Privatleben und der im

Werk einzuführen, wie es manchmal geschieht: im Leben sei der gescheiterte Verlobte Kierkegaard ein Vorbild des gescheiterten Verlobten Kafka gewesen, im Werk nicht.[206]

Kafka hat mit derselben Unbedingtheit sein Leben wie sein Werk betrachtet und ist gescheitert, weil diese Unbedingtheit so *rein* nicht durchzuhalten ist, wie er es von sich verlangte. Jemand, der im Zölibat eine Weise der Erkenntnis sieht wie Kafka, dem ist das »richtige« Leben das Ziel seines ganzen Strebens, das Ziel, dem auch sein Schreiben dient, selbst wenn dieses Ziel unmöglich zu erreichen ist.[207]

Der Widerspruch, auf den Marthe Robert aufmerksam macht, läßt sich einfacher lösen: Kafka verhält sich in manchen Punkten ähnlich zur jüdischen Religion wie Kierkegaard zur christlichen.

Kafka: jüdische Religion: : Kierkegaard : christliche Religion.

Es liegt natürlich keine Identität vor: Kafka ist *nicht* Kierkegaard, und Kafka ist *nicht* Kierkegaardianer. Es gibt aber eine strukturelle Ähnlichkeit im Verhältnis der beiden zur offiziellen Tradition der jüdischen bzw. der christlichen Religion. Damit ist auch allen Juden Genugtuung widerfahren, die es für einen Skandal halten, daß der Jude Kafka mit dem Christen Kierkegaard verglichen wird. Wenn wir Kafkas Philosophie als einen Bedeutungskomplex betrachten mit einer Reihe von semantischen Merkmalen und Kierkegaards Philosophie ebenso, dann läßt sich leicht feststellen, daß in den meisten Merkmalen die beiden nicht ähnlich sind, sondern unterschieden (Oppositionen liegen vor) und daß in einigen wenigen Merkmalen Ähnlichkeiten (Äquivalenzen) vorliegen.

Die wichtigste Ähnlichkeit liegt im Verhältnis der beiden zu »ihrer« Religion: Beide sind skeptisch gegenüber der Amtskirche bzw. der Synagoge, beide sind in ihrer Religionsgemeinschaft »Außenseiter«. Beide lehnen die positive Auslegung der Offenbarung ab, die »positive Theologie«, die unverstellt von Gott zu sprechen glaubt und von der Begegnung mit ihm. Beide sind Anhänger der »negativen Theologie«, die nicht von Gott zu sprechen vermag außer in Negationen oder Paradoxa – wenn überhaupt. Ihr dialektisches Denken und ihre Negation der offiziellen Tradition führen sie in die Nähe einer nicht-offiziellen Tradition: eben der der »negativen Theologie«, wie sie in Strömungen der Mystik zu Hause war, der christlichen genauso wie der jüdischen. Damit sind die Ähnlichkeiten im kurzen zusammengefaßt und schon erschöpft. Eine genauere Betrachtung dieser Ähnlichkeiten führt sogar noch zu weiterer Differenzierung. Ein Beispiel: Kierkegaard war ein hervorragender Schriftsteller. Zu Beginn seines Buches *Furcht und Zittern*, das Kafka schätzte, bringt er vier Nacherzählungen einer Geschichte aus dem Alten Testament: der von Abraham, den Gott auffordert, ihm seinen geliebten Sohn Isaak zu opfern.[208] Abraham folgt Gottes Befehl, in letzter Minute erst zeigt Gott ihm einen Widder, den er anstelle Isaaks opfern soll. Diese Nacherzählungen sind vier Variationen, in denen das Thema immer wieder neu gefaßt wird, nicht unähnlich der Art der Kafkaschen Nacherzählungen. So wie Kafka von Prometheus in vier Versionen berichtet, so berichtet Kierkegaard von Abraham in vier Versionen. In der ersten Version Kierkegaards sagt Abraham zu Isaak, nicht Gottes Wille, sondern sein Wille sei es, ihn zu opfern, worauf Isaaks Unwillen sich nicht gegen Gott, sondern gegen den Vater wendet. In der zweiten Version schweigt Abraham, er kann aber Gott den Befehl nicht vergessen und lebt ohne Freude fort. In der dritten Version vergißt Abraham ebenfalls nicht, was Gott von ihm erwartete, er sieht eine unverzeihliche Sünde in seiner Bereitschaft, seinen eigenen Sohn zu opfern. In der vierten Version schließlich verliert Isaak den Glauben an Gott.

Es sind, wie es am Schluß der vier Versionen heißt, Überlegungen eines Mannes, der »derart und in ähnlicher Weise« über »diese Begebenheit« dachte. Hier treten wichtige Differenzen zu Kafka auf. Schon die Erzählung der Versionen selber war vollständig und eindeutig und keineswegs in Antithese zur alten Geschichte formuliert – im Gegensatz zu Kafkas Neuformulierungen alter Geschichten. Bei Kafka ist die Begebenheit selbst kaum zu erfassen, so als sei der »Ur-Text« verlorengegangen. Bei Kierkegaard liegt der »Ur-Text« vor: es handelt sich lediglich um die Exegese, um die Auslegung des Textes.

Kierkegaard kennt die Begebenheit, weiß von Abraham und von Gott, er bezweifelt den Glauben Abrahams nicht. Sein ganzes Streben ist vielmehr darauf gerichtet, Abrahams Glauben »zu verstehen«: »Keiner war doch so groß wie Abraham; wer ist imstande, ihn zu verstehen?«[209] Danach kommt dann die philosophische Abhandlung, zu der die vier Versionen nur die Einleitung bildeten. Kierkegaard will den Glauben an Gott als »die höchste Leidenschaft in einem Menschen« zeigen, d. h. als etwas, was alles übersteigt. Zwei Stufen der Betrachtung, die »ästhetische« und die »ethische«, wie er sie nennt, läßt er hinter sich, um die dritte und höchste, die des christlichen Glaubens, zu fixieren, die sich nicht fixieren läßt, es sei denn im Paradoxon:

»So stehen wir nun beim Paradoxon. Entweder kann der Einzelne als der Einzelne in einem absoluten Verhältnis zum Absoluten stehen, und dann ist das Ethische nicht das Höchste, oder Abraham ist verloren, er ist weder ein tragischer Held noch ein ästhetischer Held. Insofern könnte es hier wiederum scheinen, das Paradoxon sei das Leichteste und Bequemste von allem. Indessen muß ich wiederholen, daß wer diese Überzeugung hegt, nicht Ritter des Glaubens ist, denn die Not und die Angst sind die einzig denkbare Berechtigung, wenngleich sie im allgemeinen nicht gedacht werden können; denn dann wird das Paradoxon aufgehoben. Abraham schweigt – aber er kann nicht sprechen, darin liegt die Not und die Angst. Wenn ich mich nämlich, indem ich spreche, nicht verständlich machen kann, so spreche ich nicht, wenn ich gleich ununterbrochen Tag und Nacht spräche. Dies ist mit Abraham der Fall. Er kann alles sagen; aber eines kann er nicht sagen, und doch wenn er es nicht sagen kann, d. h. es so sagen, daß ein anderer es versteht, dann spricht er nicht.«[210]

Abraham kann nicht sprechen, d. h., er kann sich nicht verständlich machen, deshalb ist er auch nicht zu verstehen: der Glaube ist jenseits des Verstehens, d. h. jenseits der Sprache. Aber gerade das ist die Gewißheit des Glaubens: die Ungewißheit.

Kafka erreicht diesen Punkt des Nicht-Sprechen-Könnens viel früher als Kierkegaard; Kafka kann weder von Gott noch vom Glauben sprechen, auch nicht in der paradoxen Art Kierkegaards. Denn an Gott zweifelt Kierkegaard nicht, am Glauben hält er fest. Kafka hält am Paradoxon fest; kein Gott, kein Glaube ist da.

Früher als bei Kierkegaard tritt bei Kafka das Sprachproblem auf: bis zum Sprechen von Gott und dem Glauben dringt er nicht vor. Doch mit demselben Recht könnte ich auch sagen: er überschreitet den Glauben an Gott, er läßt diesen Glauben, der für Kierkegaard zwar nur in der Dialektik von Gewißheit und Ungewißheit erfaßbar ist, aber eben doch vorhanden, hinter sich. Aus der Sicht Kafkas *muß* ich sogar feststellen: Kafka läßt diesen Glauben hinter sich zurück, denn auch dieser Glaube ist eine Täuschung.

Die 50. Betrachtung lautet: »Der Mensch kann nicht leben ohne ein dauerndes Vertrauen zu etwas Unzerstörbarem in sich, wobei sowohl das Unzerstörbare als auch das Vertrauen ihm dauernd verborgen bleiben können. Eine der Ausdrucksmöglichkeiten dieses Verborgenbleibens ist der Glaube an einen persönlichen Gott.«[211] Der Glaube an einen persönlichen Gott ist eine Täuschung, insofern er den wahren Sachverhalt verbirgt; hier überschreitet Kafka Kierkegaard.

In der 37. Betrachtung heißt es: »Ein Glaube wie ein Fallbeil, so schwer, so leicht.« Wie ist das gemeint? Ein Fallbeil, das den Kopf abschlägt, das dem Leben ein Ende macht, das so auch dem Zweifel ein Ende macht? Das dem Zweifel ein Ende macht, indem es dem Leben ein Ende macht? Bedeutet das, daß wir, solange wir leben, nicht glauben können? Oder heißt das, daß der Glaube ein Ende ist?

In der 109. Betrachtung sagt Kafka: »›Daß es uns an Glauben fehle, kann man nicht sagen. Allein die einfache Tatsache unseres Lebens ist in ihrem Glaubenswert gar nicht auszuschöpfen.‹ ›Hier wäre ein Glaubenswert? Man kann doch nicht nicht-leben.‹ ›Eben in diesem ›kann doch nicht‹ steckt die wahnsinnige Kraft des Glaubens; in dieser Verneinung bekommt sie Gestalt.« Die einzige Tatsache, die uns einen Anhaltspunkt des Glaubens gibt, ist unser Leben. Daß wir überhaupt leben, dazu bedarf es schon des Glaubens. Das ist tatsächlich der religiöse Nullpunkt, von dem Scholem spricht.

Den Unterschied zwischen Kierkegaards »dialektischer Theologie« und Kafkas »religiöser Dialektik« läßt sich am besten in einem Bild Kierkegaards aufzeigen. Heutzutage, meint Kierkegaard, werde der Mensch so sehr mit positivem Wissen angefüllt, daß es notwendig sei, ihm etwas davon wegzunehmen, daher seine Dialektik, »die verwirrende Form des Gegensatzes«. Dann das Bild: »Wenn ein Mann den Mund so voll Essen hat, daß er aus dem Grunde nicht zum Essen kommen kann und es damit enden muß, daß er Hungers stirbt, besteht dann das Ihm-Speise-Mitteilen darin, daß man ihm den Mund noch voller stopft, oder nicht vielmehr darin, daß man dafür sorgt, etwas davon zu entfernen, damit er dazu kommen kann zu essen?«[212]

»Damit er dazu kommen kann zu essen«: Kierkegaards Dialektik ist eine Art Diät, die das Alte erhalten will, und zwar bei besserer Gesundheit: weniger, aber richtig essen. Kafkas Dialektik ist die des »Hungerkünstlers«, der nichts ißt, bis er stirbt: der Glaube wie ein Fallbeil. Die reine Negation also, die unbedingte Verneinung. Bei Kafka bleibt nichts übrig, woran eine Schule der »dialektischen Theologie« sich halten könnte wie bei Kierkegaard. Kafka hat nicht Schule gemacht. Wer könnte ihm auch folgen? Er müßte ein »Hungerkünstler« sein, der auf jedes Essen verzichtet.

Aber wer kann schon ohne irgendeine, wenn auch geringe Gewißheit leben, ohne irgendeinen Trost, irgendeine Hoffnung?

Kierkegaard schreibt: »... die Gewißheit des Glaubens ist ja kenntlich an der Ungewißheit, und wie seine Gewißheit die höchste von allen ist, so ist diese selbe Gewißheit die ironischste von allen, sonst ist sie nicht die Gewißheit des Glaubens.«[213] Ungewißheit und Gewißheit, aber letztlich doch die höchste Gewißheit des Glaubens. Kierkegaard hält den Glauben fest, auch wenn er es in »ironischer« Redeweise tut. Martin Walser, der diesen Satz Kierkegaards zitiert, stellt ihn in Vergleich zu Kafka.[214] Der Vergleich mit den hier zuvor zitierten Sätzen Kafkas zeigt wieder die Differenz: wieviel Sicherheit gibt doch immer noch Kierkegaards Satz dem Interpreten im Gegensatz zu Kafkas Sätzen, vor denen dem Interpreten oft nur Fragezeichen bleiben.

Ironie bei Kafka und Kierkegaard? Die Ironie, wie Kierkegaard sie definiert, finden wir bei Kafka eher denn bei Kierkegaard! In den Überlegungen zu Abraham bringt Kierkegaard eine solche Definition: »Indessen ist doch ein letztes Wort von Abraham erhalten, und soweit ich das Paradoxon verstehen kann, kann ich Abrahams totale Anwesenheit in diesem Wort verstehen. Er sagt vor allem nichts, und in dieser Form sagt er, was er zu sagen hat. Seine Antwort an Isaak hat die Form der Ironie, denn es ist immer Ironie, wenn ich etwas sage und doch nichts sage.«[215] »Es ist immer Ironie, wenn ich etwas sage und doch nichts sage«: dies ist die Definition von Kafkas Redeweise. Genau so schreibt er. Wenn dies Ironie ist, dann ist Kafka der ironischste Schriftsteller, der sich denken läßt – in allen seinen Schriften, den Erzählungen wie den Aphorismen. Und nirgendwo ist eine andere Redeweise zu finden, eine andere Art des Schreibens und Denkens: nicht in seinen Briefen, nicht in seinen Tagebüchern. Es gab für ihn kein »Privatleben«, kein Refugium, keine Rückzugsmöglichkeiten. Milena Jesenská hat dies wie niemand sonst erkannt.[216] Der »Hungerkünstler« hat keinen Feierabend.

Gerade in diesem Punkt unterscheidet sich Kafka von Kierkegaard; nicht daß Kierkegaard behagliche Zeiten im Kaffeehaus oder beim Flanieren kannte, macht den Unterschied. In seinen Schriften selbst war er bei allem Lob der Ironie oft gänzlich unironisch. Martin Walser weist auf Kierkegaards Eingeständnis hin; zwar »nebenbei«, doch entscheidend:

»Nebenbei – und um auf eine offenbar unausweichbare Crux des ÜBER Ironie schreibenden ironischen Schriftstellers aufmerksam zu machen – sei darauf hingewiesen, daß Kierkegaard (im 1. Teil der *Nachschrift*, S. 217) zu ganz genau der gleichen Floskel kommt wie Novalis am Schluß seines *Monolog*, als er plötzlich einsieht, wie wenig er gerade in dem Geist schreibe, den er gerade als den einzig fruchtbar machenden anpreise; bei Kierkegaard lautet die Entschuldigungsformel so: ›Was diese meine abweichende Auffassung über das Mitteilen angeht, so ist mir zuweilen eingefallen, ob sich denn dies – betreffs der indirekten Mitteilung – direkt mitteilen ließe‹.[217]

Kierkegaard schreibt mit der professionellen Selbstsicherheit des Philosophen, der seine Gedanken entwickelt, seine Kategorien aufbaut, seine Definitionen setzt, nach denen er die gesamte Welt erfaßt.

Die Lektüre von Kafkas *Betrachtungen* und die anschließende Lektüre von Kierkegaards *Furcht und Zittern* werden es jedem Leser einsichtig machen: Kafka ist ein ironischer Schriftsteller, der nichts mitteilt, was nicht mit einem Fragezeichen versehen wäre. Kierkegaard dagegen dekretiert und statuiert, so daß der Widerwille Kafkas bei der Lektüre von *Entweder – Oder* uns verständlich wird[218], zumal Kierkegaard in diesem ersten Werk auch noch eine »unverschämte« Selbstsicherheit bei der Entfaltung seiner »ästhetischen« Kategorie demonstriert; »unverschämt« im Unterschied zur »Scham« bei Kafka, Scham auch beim Aussprechen der lange überlegten

Gedanken.

Der Vergleich mit Kierkegaard, den ich hier abbreche, war fruchtbar wie alle Vergleiche, die ich angestellt habe, weil sich vor der Folie solcher Vergleiche Kafkas Eigenart zeigt, auch seine Eigenart als Philosoph, die jetzt genauer anhand seiner Aphorismen untersucht werden muß.

Betrachtungen über Sünde, Leid, Hoffnung und den wahren Weg ist der Titel der aus den Oktavheften von Kafka selbst zusammengestellten, aber nicht veröffentlichten Aphorismen. Es sind durchweg religiöse Betrachtungen, wie der Titel, den Max Brod ihnen gab, besagt; Brods Titel verleiht jedoch diesen Betrachtungen eine falsche Tendenz ins Positive durch die Reihenfolge der Begriffe, die »Sünde« und »Leid« zu Anfang, die »Hoffnung« danach und den »wahren Weg« am Schluß bringen, so daß das tröstliche Ende sicher scheint. »Betrachtungen« allein wäre wohl als Titel besser, weil neutraler. Der »wahre Weg« geht nämlich über ein Seil, wie es in der ersten Betrachtung heißt, doch ist es nicht eines, das nur von Seiltänzern begangen werden könnte, sondern eines, das knapp über dem Boden »mehr bestimmt (scheint) stolpern zu machen«. Nicht gerade »der wahre Weg«, wie er im katechismusartigen Titel Brods angekündigt wird.

Die *Er*-Aphorismen von 1920 kreisen eher um Probleme der Identität, des Selbstbewußtseins. Doch von den insgesamt 29 haben auch neun Themen aus den religiösen *Betrachtungen* zum Gegenstand. Ich untersuche nur diese beiden Aphorismen-Sammlungen, die 109 von Kafka – nicht ganz korrekt – durchnumerierten *Betrachtungen* und die *Er*-Aphorismen, 29 von mir fortlaufend numeriert. Die übrigen philosophischen Aufzeichnungen in den Tagebüchern, aus »Heften und losen Blättern« wären in einer größeren Untersuchung heranzuziehen, zu der diese Analyse nur ein erster Schritt sein kann.

Die beiden Aphorismen-Sammlungen stellen der Untersuchung genug Schwierigkeiten entgegen: sie sind kurz und in der Regel paradox oder widersprüchlich formuliert, wie es der Tradition der Gattung entspricht. Das erschwert es, die Bedeutung der jeweiligen Begriffe herauszufinden, die von Kafka oft in einer vom Üblichen abweichenden Weise benutzt werden, und dies nicht einheitlich, so daß der Interpret nicht sicher sein kann, ob die Bedeutung des Begriffs in einem

Aphorismus dieselbe ist wie in einem anderen. So wird die Systematik, auf die doch jede Untersuchung angewiesen ist, erschwert von Betrachtungen, die bruchstückhaft und unsystematisch sind. Wie aber sollen wir sie dann verstehen?

Schon das übliche Verstehen eines Textes ist in gewisser Weise systematisch, auch wenn das dem Leser nicht bewußt ist. Dem Wortlaut des Textes ordnet der Leser Bedeutungen zu, in der Regel die bekannten, eingeübten oder – wenn nötig – neue, die aber nur durch Äquivalenz oder Opposition zu bereits bekannten gebildet werden können: Der Leser macht von der Struktur der Sprache Gebrauch, was ihn zu einer gewissen Systematisierung zwingt.

Ich ordne zunächst die *Betrachtungen* nach Themenkomplexen; die durchlaufende Numerierung Kafkas ist keine systematische, er bringt kein geordnetes Nacheinander von Themen, sondern – könnte man sagen – ein »geordnetes Durcheinander«, denn geordnet hat er sie ja mit der Numerierung. Es gibt Themen, die in mehreren Aphorismen nacheinander abgehandelt werden, dann wieder nicht, dann wieder aufs neue, und andere, die nur hie und da einmal kurz erwähnt werden. »Themenkomplexe« heißt, ich fasse Aphorismen, die dasselbe Thema haben, zusammen; unter dem »Thema« verstehe ich Begriffe, die öfter auftreten; welche Bedeutung sie haben, will ich dann aus den Aphorismen zum gleichen Begriff ermitteln; ich nehme an, daß sie bei aller Variation doch um denselben Bedeutungskomplex kreisen. Meine Themen erfassen nicht alle Aphorismen, aber doch die wichtigsten.

Die Themen: 1. 1. »*Gut und Böse*«, auch »*Betrug*«, das mit dem »Bösen« zusammen auftritt, und »*Gefängnis*« (die Welt als Gefängnis) habe ich als einen Themenkomplex zusammengefaßt. Das 2. Thema »*Paradies und Sündenfall*« ist mit dem ersten eng verbunden. Diese beiden sind die am ausführlichsten abgehandelten Themenbereiche: zu »Gut und Böse« habe ich wenigstens 29 Betrachtungen gezählt (7, 8, 9, 10, 11/12, 13, 16, 19, 20, 27, 28, 29, 30, 41, 42, 43, 44, 51, 52, 53, 54, 55, 62, 66, 85, 95, 100, 105, 106), zu »Paradies und Sündenfall« wenigstens 8 (74, 64/65, 82, 83, 84, 86, 88, 101), also zusammen 37; allein aufgrund der Häufigkeit läßt sich vermuten, daß es die Themenbereiche sind, die Kafka hier am stärksten beschäftigten und die er für so wichtig hielt, daß er sie in den *Betrach-*

tungen gesondert zusammenfaßte und eventuell für eine Veröffentlichung vorsah. Ich meine sogar, diese Betrachtungen über »Gut und Böse« und über »Paradies und Sündenfall« sind Anstoß und Ausgangspunkt seiner religionsphilosophischen Überlegungen.

Durch den »Baum der Erkenntnis«, von dem, durch die Schlange verführt, Adam und Eva im Paradies aßen, erkannten die Menschen erst den Unterschied von »Gut und Böse«, so entstand das Böse und alle Mühsal menschlicher Existenz – gemäß jüdischer und christlicher Überzeugung jedenfalls. Nach diesem »Sündenfall« wurden die Menschen aus dem Paradies vertrieben. Kafka steht hier ganz in der religiösen Tradition des Judentums, die den Anstoß zu seinen eigenen Überlegungen bietet, aber nicht nur den Anstoß, sondern auch den Ausgangspunkt, den er bei aller individuellen Modifikation und Negation nicht umstößt. An »Paradies und Sündenfall« hält er fest, es ist seine Überzeugung, daß dies stattgefunden hat bzw. immer noch stattfindet; wie sehr er auch sonst die Möglichkeit des Glaubens in Frage stellt, an diesem »Bezugsrahmen« seiner Überlegungen hält er fest.

Der 3. und nächst umfangreiche Themenbereich ist *»Weg und Ziel«*; es ist die in so vielen Erzählungen in der Handlung verborgene Struktur, die hier benannt wird, 21 mal: in den ersten 5 Betrachtungen sogleich, danach in den Betrachtungen 14 bis 18, 21 bis 26, 38 bis 39b, 45 und 47. Es scheint, daß Kafka gerade am Anfang diese Unmöglichkeit, trotz aller Anstrengung den rechten Weg zum Ziel zu finden, reflektieren wollte, bevor er die anderen Themen vornahm. Den Weg zum Ziel nicht finden, ist ja nicht nur ein Thema unter anderen: nach der Vertreibung aus dem Paradies, der Installierung des Bösen, der Unabänderlichkeit von Mühsal und Leiden ist der rechte Weg nicht mehr zu finden, jedenfalls nicht bis der Messias kommt, dann aber geht diese Welt zugrunde. Vom Messias ist in den Betrachtungen nicht die Rede, nur von der Finsternis nach dem »Sündenfall«. »Weg und Ziel« ist aber auch als Thematisierung der Bemühungen des Schriftstellers selbst zu sehen: als Thematisierung des Schreibens, in dem der rechte Ausdruck gesucht werden muß für die Mitteilung, die eigentlich nicht mitgeteilt werden kann; das ist ebenfalls ein Weg ohne Ziel. So ist denn »Weg ohne Ziel« auch ein Thema *über* den anderen Themen, ein Thema, das die Betrachtung der anderen Themen reflektiert.

Dasselbe gilt für den 4. Themenbereich: »*die Sprache*«. Einmal ist sie religiöses Thema: die Sprache als Mittel der Erkenntnis; zum andern ist sie den Themen übergeordnet; denn in der Sprache, die unfähig ist, vom »Sein« zu sprechen – sie spricht nur vom »Haben« laut Kafka – muß in den *Betrachtungen* von »Sein« und vom »Haben« gesprochen werden, ja, müßte vor allem vom »Sein« gesprochen werden, denn: »Es gibt kein Haben, nur ein Sein, nur ein nach letztem Atem, nach Ersticken verlangendes Sein.« (Betrachtung 35) Dreizehnmal befaßt sich Kafka in den Betrachtungen mit der Sprache, mit der Erkenntnis, mit der Wahrheit.

Die übrigen Themenkomplexe werden weniger oft behandelt, sind aber deshalb nicht weniger wichtig. So die drei Betrachtungen über das »Sein« (35, 37, 46), die zwei über die »Zeit« (6, 40), die sechs Betrachtungen (48, 50, 68, 69, 87, 109) über den »Glauben« und die vier über das »Leiden« (96, 97, 102, 103). Doch die Untersuchung kann von den ausführlicher abgehandelten Themen als den zentralen ausgehen, an die die andern sich anschließen lassen: 1. »Gut und Böse«, 2. »Paradies und Sündenfall«, 3. »Weg und Ziel«, 4. »Die Sprache«. Leicht ist diesen Themenkomplexen die Sammlung der *Er*-Aphorismen zuzuordnen: sechs gehören zur Gruppe 1 (3, 6, 7, 10, 16, 17), einer zu Gruppe 2 (15), zwei zu Gruppe 4 (21, 23); es bleiben die restlichen 20, für die eine neue Gruppe gebildet werden muß: 5. »Selbstbewußtsein«.

1. »Gut und Böse«

Was ist »das Böse«, das in diesen Aphorismen so oft genannt wird, was bedeutet dieser Begriff? Es gibt in der Betrachtung 54 wenigstens den Ansatz einer Definition, von der ich deshalb ausgehe: »Es gibt nichts anderes als eine geistige Welt; was wir sinnliche Welt nennen, ist das Böse in der geistigen, und was wir böse nennen, ist nur eine Notwendigkeit eines Augenblicks unserer ewigen Entwicklung.«

Die »sinnliche Welt«, die unseren Sinnen wahrnehmbare, sichtbare Welt, hier im Unterschied zur »geistigen Welt« gesetzt, ist das Böse schlechthin. Die geistige Welt, die eigentliche, die einzige Welt – »es gibt nichts anderes« –, umfaßt auch diese sinnliche Welt, die das Böse ist. Die sichtbare Welt also, in der wir leben, ist böse. Doch dieses Böse wird in einer geistigen Welt aufgehoben, und dieses Böse ist nur ein Moment in unserer ewigen Entwicklung; damit wird einerseits seine Notwendigkeit erklärt – es dient eben unserer Entwicklung –, damit wird es andererseits überwunden, insofern es seinen untergeordneten Platz erhält. »Ewige« Entwicklung müßte heißen, daß unsere Entwicklung nicht Anfang und Ende hat, jedenfalls daß sie über das Leben in dieser sichtbaren Welt weit hinausreicht.

Eine Ergänzung findet diese Definition des Bösen in der Betrachtung 85: »Das Böse ist eine Ausstrahlung des menschlichen Bewußtseins in bestimmten Übergangsstellungen. Nicht eigentlich die sinnliche Welt ist Schein, sondern ihr Böses, das allerdings für unsere Augen die sinnliche Welt bildet.« Hier wird die vorherige Definition erweitert. Wenn die geistige Welt die einzige Welt ist, wie zuvor gesagt, muß die sinnliche Welt Schein sein, aber nicht die sinnliche Welt ist Schein, sondern ihr Böses, heißt es jetzt. Dieses Böse ist allerdings für unsere Augen mit der sinnlichen Welt identisch, es erscheint uns als mit ihr identisch. Diese Definition ist eine Erweiterung der vorherigen, nicht deren Veränderung; die Subjektivität des menschlichen Bewußtseins wird jetzt einbezogen; damit kommt der Erkenntnisprozeß selbst in den Blick. Das subjektive menschliche Bewußtsein hat Wahrnehmungen, die nicht identisch mit der objektiven Realität der Welt sind, sondern ihm nur als mit dieser identisch erscheinen: das Böse ist also nicht objektiv vorhanden, sondern es entsteht durch die Wechselbeziehung zwischen Mensch und Welt. Es tritt zwischen den Menschen und die Welt, zwischen Subjekt und Objekt, einmal als »Ausstrahlung« des Subjekts auf die Welt, zum andern als »Schein« der objektiven Welt für das Subjekt. Nur der Zustand des Subjekts, also des »menschlichen Bewußtseins«, ist die Ursache für das Böse; der Zustand des Subjekts ist aber – siehe die »ewige Entwicklung« – nur ein vorübergehender, eine »Übergangsstellung«.

Betrachtung 62: »Die Tatsache, daß es nichts anderes gibt als eine geistige Welt, nimmt uns die Hoffnung und gibt uns die

Gewißheit.« Diese Tatsache nimmt uns jede Hoffnung in dieser, unserem Bewußtsein zugänglichen sichtbaren Welt; sie gibt uns die Gewißheit für eine andere, die »geistige Welt«, die uns jedoch unerreichbar ist. Hier schließt sich nun erstaunlich leicht und schlüssig alles weitere an, was Kafka in diesen Betrachtungen über das Böse und den Betrug sagt. Von dieser seiner Definition aus, läßt sich nun doch – bei aller Bruchstückhaftigkeit der Aphorismen – ein Ansatz von Systematik, von Kafkas Systematik entdecken, in der sich seine – religiöse – Weltsicht erschließt.

Betrachtung 105 sieht in dem »Verführungsmittel« dieser Welt, in dem »Betrug«, in dem »Bösen«, nicht nur dieses Böse, sondern zugleich die Gewißheit, daß diese Welt ein Übergang ist. Kafka arbeitet jetzt mit seiner Definition: war zuvor die »Übergangsstellung« des menschlichen Bewußtseins die Ursache für die Erscheinung des Bösen, so ist jetzt die Erscheinung des Bösen der Anhaltspunkt dafür, daß diese Welt nur ein Übergang ist. Kafka setzt also axiomatisch eine Ausgangsaussage, von der er seine weiteren Aussagen ableitet; er verfährt also, wie sich bei genauerer Betrachtung zeigt, durchaus systematisch.

Die Ausgangsaussage hat zwei Glieder: 1) diese Welt ist ein Übergang, 2) diese Welt erscheint uns als böse. Davon erfolgen die Ableitungen, seien es solche aus Teil 1, seien es solche aus Teil 2, wobei noch beachtet werden muß, daß Teil 1 und Teil 2 einander wechselseitig implizieren: weil 1, deshalb 2; weil 2, deshalb 1.

Ableitungen aus 2 sind weitaus häufiger als aus 1, so daß das Böse, seine Erscheinung, der aussichtslose Kampf mit ihm in den Vordergrund tritt: es ist die Situation des Menschen – laut Kafka – in dieser Welt, die ihn oft »die Bürgschaft« vergessen läßt, daß diese Welt nur ein Übergang ist, wie es in Betrachtung 105 heißt. Ableitungen aus 2 sind etwa der Schluß der Betrachtung 106: »Kannst Du etwas anderes erkennen als Betrug?«, vor allem aber die Betrachtungen 7, 8, 9, 19, 28, 29, 55. 55 beginnt: »Alles ist Betrug.« 19 lautet: »Laß dich vom Bösen nicht glauben machen, du könntest vor ihm Geheimnisse haben.«

Die Beziehung des Menschen zu dieser Welt ist sein Kampf mit dem Bösen, der jedoch für ihn aussichtslos ist; das Böse

»jagt ihn« (43) wie die Jagdhunde das Wild. Die Welt ist ein Gefängnis, der Mensch kann nicht entfliehen: »Ein Käfig ging einen Vogel suchen.« (16) Die Welt als Käfig, der Mensch als Vogel.

Und das Gute? »Das Gute ist in gewissem Sinne trostlos.« (30) Das mag auf den ersten Blick unverständlich erscheinen, ist auf den zweiten Blick aber die logische Konsequenz der Ausgangsaussage: wenn das Böse der Garant für die Übergangsstellung des Menschen in dieser Welt ist, ist das Böse gewissermaßen ein Trost, das Gute aber ist dann das Gegenteil: *kein* Garant, *kein* Trost. Wer sich für gut hält, täuscht sich, weil »ein großer Teufel« in ihm Platz genommen hat (10). In einer falschen Welt kann nichts Richtiges sein, in einer bösen nichts wirklich Gutes. Das Falsche – der Betrug –, das Böse sind sogar trostreich, weil sie über diese Welt hinausweisen, auf ihr Gegenteil in der anderen Welt. Deshalb ist es nur konsequent, dieser Welt zu sekundieren »im Kampf zwischen dir und der Welt« (52) und »das Negative zu tun« (27), denn »das Positive ist uns schon gegeben« (27), eben im Negativen. Das Negative, das radikal zu Ende geführte Negative ist die einzige Bürgschaft für das Positive; das ist kein Widerspruch, denn »das Negative« meint das Negative in dieser Welt und »das Positive« meint das Positive in der »geistigen« Welt.

Der Mensch ist zwischen diese beiden Welten gestellt, eben in seiner »Übergangsstellung«, es ist eine Stellung, die ihn nicht nur in einen aussichtslosen Kampf mit dem Bösen verwickelt, sondern auch zu seiner Zerrissenheit führt, da er zwischen den beiden Welten hin- und hergerissen wird, wie es Betrachtung 66 anschaulich schildert. Er ist »freier und gesicherter Bürger der Erde«, und er ist »freier und gesicherter Bürger« des Himmels, der eine aber ist der Gegenpol des anderen, und an beide Pole zugleich ist er gefesselt, er ist wie ein Hund an »Ketten« gelegt, so daß von Freiheit nicht die Rede sein kann. »Freier« Bürger ist ironisch gemeint, das Gegenteil gilt hier, und »gesichert« ist auch ironisch, insofern der Mensch sicher ist wie ein Gefesselter. Will er nun in den Himmel, drosselt ihn das Halsband der Erde, will er auf die Erde das Halsband des Himmels. Eine Situation, die nicht durch das Böse auf der Erde allein verursacht wird, sondern durch die Übergangsstellung des Menschen, der eben zwischen zwei Welten den Übergang bildet, was als Trost erscheint, – diese Welt ist nur ein Übergang –, und als Verzweiflung zugleich – weder hier noch dort ist er zu Hause.

Kafka spricht in seinen Aphorismen widersprüchlich wie in seinen Erzählungen. Sind es in seinen Erzählungen einzelne Stationen der Handlung, die er »ambivalent« realisiert – K. ist in *Der Prozeß* verhaftet und nicht-verhaftet, angeklagt und nicht-angeklagt usw. –, so sind es in seinen Aphorismen Aussagen, deren Position und Negation gleichermaßen gültig sind. Zum Beispiel: die Situation des Menschen hier ist hoffnungslos und zugleich hoffnungsvoll. Der offensichtliche Widerspruch führt allerdings nicht zu einer Blockade des Denkens, nicht zur Resignation des Nicht-Wissens, sondern zu einer Differenzierung der Aussage, die sich genauerer Betrachtung erschließt, wie wir gesehen haben.

Ein Widerspruch innerhalb dieser *Betrachtungen* über das Böse bleibt uns jedoch, der sich auch bei weiterer Überlegung anhand anderer Aphorismen nicht aufzulösen scheint. Er entsteht durch die Betrachtung 13, die zunächst eine Bestätigung der Ausgangsaussage, Teil 2, liefert: die Welt ist ein Gefängnis, hier lebt der Mensch in einer »Zelle«, heißt es. Das Leben in dieser Welt erscheint unerträglich, auch dies eine schlüssige Konsequenz daraus, deshalb der Wunsch nach dem Tode. Doch der Tod ist nicht das Ende dieser Welt und der Übergang in die andere, die geistige, wie es zu erwarten wäre und wie es der christlichen Lehre entspräche – die Seele verläßt den Leib und geht in den Himmel ein –, der Tod ist *kein* Ende, nur ein Durchgang in eine andere Zelle. Von dieser bösen Welt also geht es in eine – andere? – böse Welt. Ein »Rest von Glauben« bleibt nur, daß »der Herr« käme und den Gefangenen zu sich nähme.

Ist dies nicht ein Widerspruch zu der Aussage, diese Welt sei ein »Übergang«, dem Teil 1 der Ausgangsaussage, denn der Übergang wird hier durch den Tod nicht beendet, sondern verlängert? Es scheint so. Kafkas Zeitbegriff muß hinzugenommen werden. Schon in der Betrachtung 54 war von »unserer ewigen Entwicklung« die Rede. Ist die Entwicklung ewig, dann hat sie kein Ende, dann ist der Tod nicht der Anfang eines Neuen, sondern die Fortsetzung des Alten. »Übergang« als ein zeitlich begrenzer Abschnitt, der von einem zeitlichen

»Vorher« zu einem zeitlichen »Nachher« hinüberführt, wird so in einem »ewigen« Zustand festgehalten – wie der »Jäger Gracchus« im Übergang zwischen Leben und Tod festgehalten wurde. Der »Übergang« ist »ewig«? Das heißt doch, daß die Hoffnung, dies ganze Elend sei nur vorübergehend, trügerisch ist? Die Betrachtungen 6 und 40 sprechen ebenfalls von der Zeit. 40 unterscheidet zwischen »unserem Zeitbegriff«, also dem Zeitbegriff unseres menschlichen Bewußtseins, und einem anderen, dem eigentlichen Zeitbegriff. Unser Zeitbegriff »läßt uns das Jüngste Gericht so nennen, eigentlich ist es ein Standrecht«. Uns erscheint es weit entfernt am Ende der Welt, wenn über alle Menschen Gericht gehalten wird. »Eigentlich«, in Wirklichkeit aber ist es ein »Standrecht«, also ein Urteil, das sogleich nach der Tat ohne Verhandlung vollstreckt wird. Der zeitliche Abstand, den »unser Zeitbegriff« annimmt, ist nicht vorhanden: alles geschieht sozusagen in einem Augenblick. Dazu die Betrachtung 6: »Der entscheidende Augenblick der menschlichen Entwicklung ist immerwährend.« »Immerwährend«: hier wird unser Zeitbegriff wiederum aufgehoben, doch diesmal nicht dadurch, daß eine lange Zeitstrecke zu einem Nu zusammenschnurrt, sondern dadurch, daß ein kurzer Augenblick zu einer endlosen Strecke gedehnt wird: »immerwährend«.

Kafka setzt unserem Zeitbegriff, der uns ein Kontinuum der Geschichte, der menschlichen und der individuellen Geschichte, als zeitlichen Ablauf entwerfen läßt, einen religiösen Zeitbegriff entgegen, der das Kontinuum des geordneten Nacheinander nicht kennt, sondern nur das »Gleichzeitig« oder »Immerwährend«, was ja zum selben Ergebnis führt, nämlich zur Aufhebung des Zeitablaufs: die Zeit steht still. Das ist der Zeitbegriff der »Heilsgeschichte«, die sich immer vollzieht. Der entscheidende Augenblick ist immerwährend, er vollzieht sich immer wieder. Auch die jüdische und christliche Vorstellung, daß wir *nach* dem Sündenfall, also in der Zeit nach dem Sündenfall, leben, wird von Kafka nicht ohne Widerspruch akzeptiert.

2. »Paradies und Sündenfall«

Wir schleppen immer noch – das sei ins Bewußtsein gehoben – den Widerspruch mit uns, daß einerseits der Mensch im »Übergang« lebt und daß er andererseits in einem »ewigen« Zustand lebt, d.h., daß er aus dem Übergang nicht herauskommt. Ist dieser von Kafka angelegte Widerspruch aufzulösen wie andere zuvor oder muß er bestehen bleiben? Und entspricht dies Kafkas Intention?

Die Betrachtung 64/65 könnte weiterhelfen: »Die Vertreibung aus dem Paradies ist in ihrem Hauptteil ewig. Es ist also zwar die Vertreibung aus dem Paradies endgültig, das Leben in der Welt unausweichlich, die Ewigkeit des Vorgangs aber (oder zeitlich ausgedrückt: die ewige Wiederholung des Vorgangs) macht es trotzdem möglich, daß wir nicht nur dauernd im Paradiese bleiben könnten, sondern tatsächlich dort dauernd sind, gleichgültig ob wir es hier wissen oder nicht.« Wie ist das zu verstehen? Hier wird die Schwierigkeit des Verstehens von Kafkas Aphorismen besonders deutlich. Versuchen wir es:

1. Wir sind aus dem Paradies vertrieben worden, so steht es in dem 1. Buch Moses, so akzeptiert es Kafka: die Vertreibung ist endgültig. Doch Kafka akzeptiert nicht, daß es ein einmaliger abgeschlossener Vorgang war. Hier setzt seine Antithese gegen die Bibel ein: es ist ein ewig andauernder oder sich immer wiederholender Vorgang. Das ließe sich noch verstehen, wenn wir annehmen, daß mit jedem neuen Menschen sich sozusagen neu die Vertreibung wiederholt, weil er »unausweichlich« in das Leben dieser Welt eingefangen wird. Doch: 2) Wir sind »tatsächlich« dauernd dort im Paradies. Das ist nicht mehr mit 1) zusammenzubringen, weil es einen kontradiktorischen Widerspruch zu der Vertreibung darstellt. Wir sind dauernd dort und dauernd vertrieben zugleich?

Ich sehe nur eine Möglichkeit, diesen Widerspruch aufzulösen und Kafka zu verstehen. Oder kann man »verstehen, was er gemeint hat«, wenn der Widerspruch bestehen bleibt? Mein Ausweg: ich nehme zwei Teile des Menschen an, sein Selbst oder besseres Selbst ist im »Paradies« verblieben, der Mensch aber ist in diese Welt hineingebannt. In der Tat gibt es diese Vorstellung in der Gnosis: das Selbst ist in einer höheren geistigen Welt, während der Mensch in der niederen materiellen Welt festgehalten wird. Dies würde den Widerspruch auflösen und Kafkas Aussage verständlich machen. Die Formulierung »gleichgültig ob wir es *hier* wissen oder nicht« führt mich zu dieser Vermutung. Wenn wir es *hier* in dieser Welt auch nicht wissen, sind wir doch dort in jener besseren Welt, unser besserer Teil sozusagen ist dort.

Unabhängig davon, ob diese Vermutung stimmt oder nicht, läßt sich jetzt Kafkas religiöser Zeitbegriff doch zusammenfassen. Ein Anfang und ein Ende werden von diesem Zeitbegriff sehr wohl gesetzt. Der Anfang ist die auch von Kafka akzeptierte Vertreibung aus dem Paradies, der »Sündenfall«; das Ende ist das von Kafka akzeptierte »Jüngste Gericht«, das die menschliche Geschichte abschließt. Sind derart Anfang und Ende der »Heilsgeschichte« gesetzt, so ist doch die Zeit zwischen diesen beiden End-Punkten nicht als Zeitablauf gedacht, sondern als »ewig« oder als »ein Augenblick«, was auf dasselbe hinauskommt. »Ewig« ist sie, weil die Vertreibung aus dem Paradies immer noch andauert, jeden Augenblick nämlich wiederholt sie sich; »ein Augenblick« ist sie – das »jüngste Gericht« sei ein »Standrecht«, sagt Kafka –, weil eben in jedem Augenblick die Vertreibung sich wiederholt.

Ein Augenblick ist wie der andere und das bis in alle Ewigkeit: dann ist alles nur *ein* Augenblick, weil eben ein Augenblick genauso ist wie der andere. Zumindest bis zum Ende der Welt, dieser Welt, bis zum »Ende der Tage«. Zwischen der Vertreibung aus dem Paradies und der Erscheinung des Messias dauert der »Übergang«, in dem wir leben, ununterbrochen an. Und damit wäre der Widerspruch des »ewigen Übergangs« festgehalten und erklärt: der Übergang dauert von der Vertreibung bis zum Ende der Tage. Dazwischen gibt es kein Fortschreiten der Zeit und deshalb auch keinen Fortschritt. Kafka: »An Fortschritt glauben, heißt nicht, daß ein Fortschritt schon geschehen ist. Das wäre kein Glauben.« (Betrachtung 48)

Kafka bleibt hier in der jüdischen Glaubensvorstellung, wenn er ihr auch eine radikale Gestalt verleiht, wie sie nur in mystischen Strömungen hervortrat. Scholem erwähnt verschiedene Strömungen des 13. oder 14. Jahrhunderts, deren Ansicht der von Kafka sehr nahe zu kommen scheint. Da ist einmal die Überzeugung, daß der zukünftige utopische Stand der Welt nach der Erlösung den ursprünglichen paradiesischen Zustand wiederherstellt, der Ring schließt sich.

»In der messianischen Erlösung aber bricht der volle Glanz des Utopischen wieder hervor, wenn auch charakteristischerweise, im Sinne der Rede vom Baum des Lebens, als Restauration des paradiesischen Standes. In einer Welt, in der die Macht des Bösen gebrochen ist, verschwinden auch alle jene Scheidungen, die sich aus seiner Natur herschreiben.«[219]

Kafka formuliert diesen Glauben, daß der »neue« Zustand der Welt deren »alter« paradiesischer sein wird, mit einem Paradoxon: »Wenn das, was im Paradies zerstört worden sein soll, zerstörbar war, dann war es nicht entscheidend; war es aber unzerstörbar, dann leben wir in einem falschen Glauben.« (Betrachtung 74) War es unzerstörbar, dann hält es trotz der Vertreibung an, und dann wird es vom Messias wieder neu befestigt. Daher auch der Glaube an »das Unzerstörbare«: »Das Unzerstörbare ist eines; jeder einzelne Mensch ist es und gleichzeitig ist es allen gemeinsam, daher die beispiellose untrennbare Verbindung aller Menschen.« (Betrachtung 71) Alle Menschen verbindet es, weil es allen im Paradies gegeben war, der Menschheit als solcher sozusagen.

Auch die beiden Bäume des Pardieses, von denen das Leben der Menschen bestimmt sein soll, sieht Kafka in Übereinstimmung mit der von Scholem zitierten Ansicht. Der Baum der Erkenntnis, von dem Adam und Eva aßen, bringt das Böse und mit dem Bösen alles Scheidende, Trennende in die Welt, das Negative. Nach der Erlösung wird die Macht dieses Baumes gebrochen und der Baum des Lebens wird herrschen, das Negative wird in das Positive umschlagen. Scholem:

»In einer Welt, in der nur noch das reine Leben waltet, haben die Verfestigungen des Lebensstromes, seine Verhärtungen im Äußerlichen und in ›Schalen‹ keine Geltung und keinen Sinn mehr. Im jetzigen Weltenstand hat sich die Tora unter vielen Sinnesschichten darzustellen; und auch der mystische Sinn, in dem sie dem Einsichtigen einen Blick wenigstens in ihr verborgenes Leben und in seine eigene Verbindung mit diesem Leben verstattet, ist eben an die Erscheinungsformen auch des Äußerlichsten mit Notwendigkeit gebunden. Daher bleiben Halacha und Kabbala im Exil stets aufeinander bezogen. Wenn aber die Welt wieder unter dem Gesetz des Baums des Lebens steht, wandelt sich das Antlitz der Halacha selber. Wo alles heilig ist, bedarf es der Umzäunung und Verbote nicht mehr, und was jetzt als solche erscheint, wird entweder verschwinden oder ein ganz Neues, noch nicht entdecktes Gesicht reiner Positivität enthüllen.«[220]

Kafka: »Wir sind nicht nur deshalb sündig, weil wir vom Baum der Erkenntnis gegessen haben, sondern auch deshalb, weil wir vom Baum des Lebens noch nicht gegessen haben. Sündig ist der Stand, in dem wir uns befinden, unabhängig von Schuld.«

Unabhängig von dem, was wir tun, leben wir im Stand der Sünde, weil eben die Welt in diesem Stande ist seit dem Sündenfall. Nun könnte sich bei diesem Gedanken der Gläubige beruhigen: so ist es unabänderlich, was bleibt da zu tun. Grimmige oder heitere Resignation könnte Platz greifen. Scholem macht hier auf die Unterscheidung von »denkerischen« und »religiösen« Antrieben aufmerksam:

»Der denkerische Antrieb geht auf Relativierung des Bösen. Er sucht das Böse als bloßen Schein zu entlarven, und wenn er das getan hat, geht er befriedigt seiner Wege und glaubt, es aus der Welt geschafft zu haben, nämlich aus der Welt des wahren Seins. Aber das religiöse Bewußtsein verlangt eine reale Bewältigung des Bösen. Der religiöse Antrieb geht von einer tiefen Überzeugung von der wirklichen Macht des Bösen aus. Er kann nicht davon befriedigt werden, daß das Böse, das er als existent erkennt, durch dialektische Kunststückchen, seien sie auch noch so tiefsinniger Natur, hinwegeskamotiert wird.«[221]

Wäre Kafka Philosoph, könnte er sich beruhigen, wenn er das Böse erklärt und damit gewissermaßen wegerklärt hätte; nur weil er ein religiöser Mensch ist, treibt es ihn weiterhin an, den rechten Weg zu finden. Die große Zahl von Erzählungen, die alle dieses Thema behandeln, die Aphorismen, die davon sprechen, die Versuche, das eigene Leben zu lenken, sind Zeugnisse davon: Zeugnisse eines notwendigen Strebens, das notwendig mißlingen muß.

3. Weg und Ziel

Mit der Betrachtung 86 zeigt Kafka selbst den Zusammenhang zwischen der Frucht vom Baum der Erkenntnis und dem vergeblichen Streben nach dem rechten Weg auf:

»Niemand kann sich mit der Erkenntnis allein begnügen, sondern muß sich bestreben, ihr gemäß zu handeln. Dazu aber ist ihm die Kraft nicht mitgegeben, er muß daher sich zerstören, selbst auf die Gefahr hin, sogar dadurch die notwendige Kraft nicht zu erhalten, aber es bleibt ihm nichts anderes übrig als dieser letzte Versuch. (Das ist auch der Sinn der Todesdrohung beim Verbot des Essens vom Baum der Erkenntnis; vielleicht ist das auch der ursprüngliche Sinn des natürlichen Todes.) Vor diesem Versuch nun fürchtet er sich; lieber will er die Erkenntnis des Guten und Bösen rückgängig machen (die Bezeichnung ›Sündenfall‹ geht auf diese Angst zurück); aber das Geschehene kann nicht rückgängig gemacht, sondern nur getrübt werden. Zu diesem Zweck entstehen die Motivationen. Die ganze Welt ist ihrer voll, ja die ganze sichtbare Welt ist vielleicht nichts anderes als eine Motivation des einen Augenblick lang ruhenwollenden Menschen. Ein Versuch, die Tatsache der Erkenntnis zu fälschen, die Erkenntnis erst zum Ziel zu machen.«

Die Erkenntnis von Gut und Böse besitzen wir, doch ihr gemäß zu handeln haben wir nicht die Kraft, so daß wir uns immer strebend bemühen müßten gemäß dieser Erkenntnis, aber nie das Ziel unseres Strebens erreichen können, und dies führt notwendig zur Selbstzerstörung. Das ist die Grundsituation des Menschen laut Kafka. Alles andere sind nur vorgeschobene Begründungen, die diese unerträgliche Grundsituation verdecken sollen, die nach Erkenntnis zu streben vorgeben, wo doch die Erkenntnis in Wirklichkeit nicht unser Ziel ist, sondern unser Ausgangspunkt: die Erkenntnis von Gut und Böse, die Frucht des Baumes der Erkenntnis nämlich.

Kafka weist mit äußerster Radikalität auf diesen Ausgangspunkt hin, der seiner Ansicht nach unser aller Leben bestimmt. Alle Motivationen, die seinem Leben und Arbeiten in den vielen Interpretationen unterstellt werden, sind nicht seine Motivationen, zumindest nicht nach seiner Ansicht, die er hier vertritt, sondern nur solche Versuche, das Eigentliche – in seinem Leben und Arbeiten – zu verstellen. Es sind Versuche der beunruhigten Interpreten, wieder zur Ruhe zu kommen, um die Kafka sie gebracht hat.

Die 21 Aphorismen zu »Weg und Ziel« stehen in engem Bezug mit den Aphorismen zum Selbstbewußtsein: denn die Aufgabe, die Kafka sich und uns gestellt sieht, ist nicht erfüllbar: was ich tun müßte und was ich wirklich tue, klafft notwendig auseinander, weil ich nicht die Kraft habe zu tun, was ich tun müßte. Daher zerfällt auch die Identität in zwei einander widerstrebende Teile.

Beispiele aus den »Betrachtungen«: »Du bist die Aufgabe. Kein Schüler weit und breit.« (22) »Es gibt ein Ziel, aber keinen Weg; was wir Weg nennen, ist Zögern.« (26) »Der Weg ist unendlich, da ist nichts abzuziehen, nichts zuzugeben und doch hält jeder noch seine eigene kindliche Elle daran.« (39b) In dieser Betrachtung ist die Verbindung zwischen dem allgemeinen Weg der Menschheit und dem besonderen des Individuums hergestellt: im Kleinen wiederholt sich, was im Großen vorgegeben ist – der »ewige Übergang«, das Ziel kann nicht in dieser unerlösten Welt erreicht werden: das eigentliche Ziel; alle andern zählen nicht, sind vorgeschobene Motivationen.

Ich ziehe den Punkt 5 »*Selbstbewußtsein*« vor, weil er im Zusammenhang mit Punkt 3 »Weg und Ziel« leichter verstanden werden kann.[222] Die 4. der *Er*-Aufzeichnungen lautet: »Er hat das Gefühl, daß er sich dadurch, daß er lebt, den Weg verstellt. Aus dieser Behinderung nimmt er dann wieder den Beweis dafür, daß er lebt.« Zunächst also der unauflösliche Widerspruch: einerseits das Streben gemäß der Erkenntnis von Gut und Böse, andererseits der Mangel an Kraft. Aber das ist das Leben des Menschen; so ist es. Deshalb ist diese Unmöglichkeit die Bestätigung dafür, daß er lebt.

Die ausweglose Lebenssituation wird in der letzten, der 29. *Er*-Betrachtung mit den beiden zeitlichen Begrenzungen bezeichnet: einer der Gegner bedrängt ihn vom Ursprung her – das ist Vertreibung aus dem Paradies –, einer verwehrt ihm den Weg nach vorn – das heißt, er kann nicht zur Erlösung am Ende der Tage voranschreiten.

Die Situation des einzelnen, des »Er«, wird noch dadurch verschlimmert, daß er allein ohne die Bindung der Gemeinschaft lebt, die ihm verloren gegangen ist oder die überhaupt verloren gegangen ist. Durch die Gemeinschaft würde die grundlegende Situation des Menschen nicht verändert, aber doch erleichtert werden können. Daß Kafka in der 13. *Er*-Betrachtung auf die Auflösung der jüdischen Gemeinschaft im westeuropäischen Judentum und auf seine Isolation von den noch vorhandenen Resten dieser Gemeinschaft anspielt, nehme ich an:

»Er war früher Teil einer monumentalen Gruppe. Um irgendeine erhöhte Mitte standen in durchdachter Anordnung Sinnbilder des Soldatenstandes, der Künste, der Wissenschaften, der Handwerke. Einer von diesen Vielen war er. Nun ist die Gruppe längst aufgelöst oder wenigstens er hat sie verlassen und bringt sich allein durchs Leben. Nicht einmal seinen alten Beruf hat er mehr, ja er hat sogar vergessen, was er damals darstellte. Wohl gerade durch dieses Vergessen ergibt sich eine gewisse Traurigkeit, Unsicherheit, Unruhe, ein gewisses die Gegenwart trübendes Verlangen nach den vergangenen Zeiten. Und doch ist dieses Verlangen ein wichtiges Element der Lebenskraft oder vielleicht sie selbst.«

Auch die 14. *Er*-Aufzeichnung zeigt seine Situation, die Situation des westeuropäischen Juden, der unter dem Gesetz einer ihm unbekannten Tradition steht:

»Er lebt nicht wegen seines persönlichen Lebens, er denkt nicht wegen seines persönlichen Denkens. Ihm ist, als lebe und denke er unter der Nötigung einer Familie, die zwar selbst überreich an Lebens- und Denkkraft ist, für die er aber nach irgendeinem ihm unbekannten Gesetz eine formelle Notwendigkeit bedeutet. Wegen dieser unbekannten Familie und dieser unbekannten Gesetze kann er nicht entlassen werden.«

In diesen *Er*-Aphorismen genauso wie in den *Betrachtungen* reflektiert Kafka als Jude seine besondere Stellung zum Judentum; christliche Spuren in seinen Überlegungen hat er getilgt. Der 102. *Betrachtung* fehlt der noch in den Oktavheften enthaltene Satz über Christus; Kafka hat ihn nicht in die Reinschrift der Aphorismen übernommen. Zwei Stellen in den *Betrachtungen* lassen zudem eine Zurückweisung des Christentums vermuten. Einmal das Ende eben dieser 102. Betrachtung, in der Kafka »die Auslegung des Leidens als eines Verdienstes« ablehnt; Christen rechnen sich gerne Leiden als Verdienst an, das ihnen nach dem Tode Lohn bringen werde. Und zum andern die Betrachtung 97: »Nur hier ist Leiden Leiden. Nicht so, als ob die, welche hier leiden, anderswo wegen dieses Leidens erhöht werden sollen« – dies wieder gegen die christliche Vorstellung vom Lohn im Himmel – »sondern so, daß das, was in dieser Welt Leiden heißt, in einer anderen Welt, unverändert und nur befreit von seinem Gegensatz, Seligkeit ist«. Diese Sicht scheint wieder mit mystischen Vorstellungen übereinzustimmen, wonach das, was hier Leiden heißt, dort Freuden sind, was in dieser Welt negativ in einer anderen Welt positiv ist, aber »reine Positivität«, wie Scholem sagt, »befreit von seinem Gegensatz«, wie Kafka sagt, also eine Positivität, die Negativität nicht kennt. Negativität ist das Signum dieser Welt.

4. Die Sprache

Negativität des Ausdrucks, weil das Positive nicht hier auszusprechen ist: das Sprachproblem liegt auf der Hand. Wenn wir die Wahrheit nicht erkennen können, wovon spricht dann unsere Sprache, woran hat sie Anteil? »Wahrheit ist unteilbar, kann sich also selbst nicht erkennen.« (80) Es ist eine bis auf Plotin zurückreichende Ansicht: Wer die Wahrheit erkennen will, muß Teil der Wahrheit sein, muß Anteil an der Wahrheit haben. Nur wenn ich Anteil am Göttlichen habe, kann ich das Göttliche erkennen. Goethe in Übersetzung eines Plotin-Wortes: »Wäre nicht das Auge sonnenhaft, nie könnte es die Sonne erblicken.«

Doch Kafka setzt dieser Ansicht die Antithese entgegen: die Wahrheit ist unteilbar, also kann ich nicht an ihr teilhaben, also kann sie sich nicht erkennen. Bleibt mir nur ihr Gegenteil: die Lüge. Die Lüge wird zum Bürgen der Wahrheit in dieser Welt, wie das Böse der Bürge des Übergangs war. Aber: »Unsere Kunst ist ein von der Wahrheit Geblendet-Sein: Das Licht auf dem zurückweichenden Fratzengesicht ist wahr, sonst nichts.« (63) Also doch »Licht«? Wenn auch nicht die Wahrheit unmittelbar geschaut werden kann, dann doch mittelbar: als Lichtreflex auf dem Gesicht der Kunst. Was die Kunst uns unmittelbar vor Augen führt, ist eine Fratze, also Häßlichkeit. Gerade das Häßliche liefert den Schein der Wahrheit, nicht – wie in der idealistischen Ästhetik – das Schöne. Kafka thematisiert hier seine eigene schriftstellerische und philosophische Arbeit.

In den *Betrachtungen* stellt er Fragen und gibt Antworten, obwohl er in der *Betrachtung* 36 schreibt, früher habe er sich gewundert, daß er auf seine Fragen keine Antworten erhalten habe, jetzt wundere er sich, daß er glaubte, fragen zu können. Die *Betrachtung* 57 definiert die Sprache, auch die Sprache, in der Kafka schreibt: »Die Sprache kann für alles außerhalb der sinnlichen Welt nur andeutungsweise, aber niemals auch nur annähernd vergleichsweise gebraucht werden, da sie, entsprechend der sinnlichen Welt, nur vom Besitz und seinen Beziehungen handelt.«

Kafka will hier nicht nur von der sinnlichen Welt sprechen, der die Sprache gemäß ist, sondern von der geistigen Welt, für die die Sprache nur »andeutungsweise« zu gebrauchen ist. Immerhin andeutungsweise. Die Sprache handelt nur vom »Besitz und seinen Beziehungen«. Von diesem Aphorismus aus ist auch Kafkas Unterscheidung zwischen Haben, also Besitzen, und Sein zu verstehen, die in der Betrachtung 35 gesetzt wird: »Es gibt kein Haben, nur ein Sein, nur ein nach letztem Atem, nach Ersticken verlangendes Sein.« Die sinnliche Welt ist demnach vom Haben bestimmt; da sie eine »Scheinwelt« ist, gibt es in ihr kein Sein; das »Sein« kommt nur der eigentlichen, der geistigen Welt zu. Auch dies ist wieder eine seit Plotin geläufige neuplatonische Vorstellung, daß die materielle Welt eine Scheinwelt sei und das wahre Sein nur den höheren Welten zukomme. Das ließe auch den Widerspruch von »Sein« und »Ersticken«, wonach dieses Sein verlangt, verstehen: »ersticken« wäre demnach nicht das Ende des Seins, der Tod wäre vielmehr das Ende des Scheins, also der Beginn des eigentlichen Seins, weil er den Menschen aus der Scheinwelt befreite – bei Plotin wenigstens; bei Kafka wird erst mit der Ankunft des Messias das »Sein« für den Menschen beginnen.

Ich breche hier die weitere Erläuterung der Aphorismen ab. Eine Grundstruktur des Kafkaschen Denkens, die wiederum auf eine Grundsituation des Menschen, wie er sie sieht, verweist, hat sich uns erschlossen, von der aus auch alle anderen philosophischen Äußerungen Kafkas erfaßt und gedeutet werden könnten. Ich bin nicht sicher, ob das möglich ist, ob der Durchblick auf diese Grundstruktur tatsächlich *alles* erschließt; ich vermute, daß dunkle Winkel bleiben werden, die Anlaß zu weiterem Grübeln geben werden. Aber im Ganzen zeigt sich Kafkas Religionsphilosophie doch als verständlicher und systematischer, als es zunächst den Anschein hatte. Von der Ausgangsaussage: die Macht des Bösen in dieser Welt ist Bürgschaft für den »Übergang«, den »endlosen« Übergang zwischen »Sündenfall« und »Messias«, von dieser Ausgangsaussage lassen sich die meisten anderen Aussagen ableiten und verstehen. Dabei unterliegt Kafkas Philosophieren einem doppelten Paradoxon, was ich abschließend erläutern muß.

Das *1. Paradoxon* ist das jeder Sprachphilosophie. Der Philosoph, der in der Sprache über Sprache reflektiert, wie Kafka es tut, ist in diesem Paradoxon befangen: in der Sprache kritisiert er die Sprache, die ungenügende Sprache beklagt er in eben dieser Sprache. Was eigentlich in dieser Sprache nicht zu sagen ist, muß er sagen in eben dieser Sprache.

Ludwig Wittgenstein hat in seinem *Tractatus logico-philosophicus* diese paradoxe Gedankenfigur der gesamten Abhandlung zugrunde gelegt.[223] Zu Beginn stellt er fest, daß über die Welt als solche, über die Bedingungen der Sprache nicht zu reden sei; dann aber redet er doch davon in bestimmten, von keiner Ironie beeinträchtigten Setzungen; am Schluß allerdings bezeichnet er seine vorangegangenen Sätze als Leitern, die man, wenn man sie benützt habe, wegwerfen müsse.

Kafkas Sätze sind von dieser Art. Allerdings ist bei ihm nicht dem Text als Ganzem eine paradoxe Figur zugrunde gelegt, er schreibt keinen Traktat wie Wittgenstein, sondern fast jedem einzelnen Satz ist eine paradoxe Figur zugrunde gelegt. Durch diese paradoxen Satzfiguren wird das Dilemma des Philosophen vor der Sprache bewußt gemacht und zugleich »andeutungsweise« überwunden.

Es ist genau die Ironie, die Kierkegaard definiert und die er selbst oft nicht einhalten kann. Es ist die Ironie, die Kafka anwendet und immer durchhält; es ist gerade diese Ironie, die Kafka bei allem Vorbehalt an Kierkegaard bewundert. Kierkegaards Methode beschreibt er im Brief an Max Brod vom März 1918 so: »Zu schreien, um nicht gehört zu werden, und falsch zu schreien, für den Fall, daß man doch gehört werden sollte.«[224]

So hat auch Kafka »geschrien«, und die immense Sekundärliteratur zu seinem Werk ist der Beweis dafür, daß es ihm gelungen ist, »nicht gehört« zu werden, also nicht verstanden zu werden. Wer aber meint, er hätte verstanden, für diesen Fall hat Kafka »falsch« geschrien, der Interpret hat also Falsches verstanden. Das völlige Scheitern des Interpreten wird allerdings durch Kafka selbst verhindert – und zwar durch dessen Scheitern am 2. Paradoxon.

Das *2. Paradoxon* von Kafkas Religionsphilosophie entsteht durch den Gegensatz von Unsicherheit der Aussage, Glaubenszweifel und Glaubenszaghaftigkeit einerseits und der unumstößlichen Gewißheit des Glaubens an »Sündenfall« und »Messias« andererseits, denn das sind die beiden Grenzpfosten seiner »Heilsgeschichte«. Die Sicherheit, mit der er seine Ausgangsaussage als Axiom aller weiteren Aussagen setzt, steht in schroffem Gegensatz zu all der Unsicherheit, die er ansonsten so konsequent zu erhalten und zu formulieren weiß. Hier endet auch seine Ironie.

Ist das denn nicht ein Gegenstand des Glaubens, daß wir aus dem Paradies vertrieben wurden, des jüdischen wie des christlichen Glaubens? Hier hält Kafka an der Glaubenslehre fest trotz aller sonstigen Antithesen und Negationen, dieser Glaubenssatz ist sogar seine Begründung der Negationen und Antithesen, also der Negativität dieser Welt nach dem Sündenfall.

Der frühe Wittgenstein ist da nicht viel besser daran: seine Metaphysik ist die Mathematik, seine Axiome sind die Tautologien der Logik, das ist seine Glaubenslehre, die jenseits der Beweismöglichkeiten liegt und die gesetzt wird. So kommt er zu seiner Forderung nach der exakten Wissenschaftssprache, außerhalb derer kein sinnvolles Sprechen möglich sei. So kommt er in allen wichtigen Fragen zu einem Schweigen, das in Mystik endet, und zwar in einer Mystik, in der nichts zu sagen ist, in der sich aber etwas »zeigt«.[225]

Kafkas Setzung der Negativität dieser Welt führt ihn ebenfalls zu einer Mystik, in der der Sinn größer ist als die Sprache, so daß jeder sprachliche Ausdruck den Sinn nur »andeutungsweise« erfassen kann. Die Konsequenz ist für ihn aber nicht das Schweigen, sondern das Sprechen, also der immer wieder neue Versuch, den Sinn zu ergreifen, der immer wieder vergeblich ist.[226]

Bei dieser unabdingbaren Setzung der Negativität der Welt kann der Interpret Kafka festhalten. Hier können wir ihn beim Wort nehmen, denn hier spricht er nicht ironisch, und von hier aus erschließt sich Kafkas gesamte Weltsicht. Sie ist in ihrer »negativen Dialektik« keiner Tradition des europäischen Denkens so nahe wie der der »negativen Theologie«, wie sie in der jüdischen Mystik hervorgetreten ist. Ich habe keinen Text gefunden, der den Kafkaschen Erzählungen so ähnlich ist wie die zweite der drei Jeshua-Legenden, die in dem erwähnten, von der Prager Zionisten-Gruppe Bar Kochba herausgegebenen Band *Vom Judentum* abgedruckt sind. Da finden wir die paradoxe Situation, das Negative zu tun, bedeute, dem Positiven zu nützen, und da finden wir den Messias in allergrößter Nähe und doch himmelweit entfernt; wenn er neben dem Rabbi steht, so ist er doch da; wenn der ihn aber nicht sieht, so ist er doch nicht da. Die Legende:

»Rabbi Pinchas ben Sakkai bereitete sich zu einem Gelöbnis, das ihm auferlegen würde, was er zu tun habe, daß er den Maschiach (Messias) führe unter die Lebenden. Der Zeit seiner Bereitschaft bestimmte er sieben Jahre. Als er am Abend des ersten Tages seiner Bereitschaft fragte:
›Was soll ich tun, daß ich den Maschiach herbeirufe?‹
antwortete ihm ein Engel des Herrn:
›Sündige!‹
Er aber wurde nicht irre und ließ nicht ab von seiner Bereitschaft, und es wurden drei Jahre voll. Da warnte ihn der Engel des Herrn, daß seine Aufgabe ihm zu schwer sein werde, denn die Zeit sei noch nicht erfüllt. Aber Rabbi Pinchas ben Sakkai harrte aus, alle sieben Jahre seiner Bereitschaft.
Da trat der Engel des Herrn vor ihn und sprach:
›Deine Bereitschaft ist erfüllt, so folge mir in die Räume aller Gestalten. Dort ist auch, den du suchest, der Maschiach. Wenn du ihn finden wirst in den Nächten dieser zwölf Jahre, die dir noch bleiben, dann wird er sich aufmachen und dir folgen.‹
Und der Engel des Herrn führte ihn zu den Räumen der Gestalten, da suchte Rabbi Pinchas ben Sakkai in allen Nächten seiner Zeit und fand nicht, den er suchte, den Maschiach, wiewohl er ihm in jeder Nacht begegnete.
Da aber seine Zeit schon um war, wies ihm der Engel den Gesalbten, an dem er in jeder Nacht vorbeigegangen war. Der saß aber am Fuße eines hohen, steinigen Berges wie ein Steinklopfer und zerschlug die Steine am Sabbath.
Andere aber trugen ihm die Steine zu, denn er konnte sie nicht anfassen. Wo die Steinsplitter den Körper des Maschiach trafen, da ließen sie Wunden, gleich Brandblasen zurück, darum war auch sein Körper so entstellt, daß ihn Rabbi Pinchas ben Sakkai nicht erkannt hatte.
Inmitten des Berges war ein hoher Fels, den nannten sie den Davidstein. Und es fielen immer neue Steine auf den Berg, wie von einem Steinregen. Jeder Stein war eine Sünde in Israel, denn gemäß jeder Sünde fiel ein Stein auf den Berg. Und jeder fallende Stein machte eine Strieme auf des Maschiach Körper. Auf dem Berg aber standen die

Zaddikim (die Frommen), und die fallenden Steine trafen sie hart und peinigten sie. Und die Zaddikim nahmen große Steine des Berges und warfen sie in die Höhe, und die geworfenen Steine wurden leicht und kamen nicht wieder.
Der Maschiach aber versuchte von Zeit zu Zeit den Berg der Schuld auf seine Schultern zu heben und konnte es nicht, und er sprach:
›Noch ist er nicht schwer genug.‹
Als der Berg größer und größer wurde, daß der Felsen des David schon ganz mit Steinen umgeben war, da war der Berg schon schwer genug, daß der Maschiach ihn auf die Schultern heben konnte, aber noch war er zu leicht, um damit zu schreiten. Und die Zaddikim lösten die Steine, so viele sie konnten und taten sie von dem Berg.
Da erkannte Rabbi Pinchas ben Sakkai, warum ihm der Engel gerufen hatte:
›Sündige!‹
Und warum er den Maschiach nicht fand.«

8. Walser

8.1. Walser und das Christentum

Robert Walser stammt aus einer Familie, die mehrere reformierte Pfarrer hervorbrachte, der väterliche Zweig der Familie jedenfalls. Robert Mächler nennt einen Pfarrer Gabriel Walser-Zollikofer (1695-1776), der sich auch als Historiker und Kartograph einen Namen gemacht habe, und den Großvater des Dichters, Johann Ulrich Walser-Hurter (1798-1866), der allerdings mit vierzig Jahren seine Pfarrstelle aufgab, um »als radikaler Zeitungsmann und Politiker« im Kanton Baselland zu arbeiten.[227] In seinem Aufsatz *Etwas über Jesus* erwähnt Robert Walser diesen Großvater; er führt ihn als Begründung dafür an, daß er über Jesus »vollkommen unbefangen« sprechen könne: eben weil »mein Großvater seinerzeit Pfarrer war«.[228]

Robert Walser stammte also aus einem protestantisch-reformierten Milieu; waren die Eltern auch, wie Mächler meint, keine Kirchgänger, so wurde das Kind doch christlich erzogen: im Religions- und Konfirmationsunterricht. Dies hat Robert Walser bestätigt, worauf Mächler hinweist, etwa in dem Prosastück *Ein Poet* (»Die Religion mit Jesus Christus war mir süß«) oder in *Die Kindheit*: »Rührend und zu manchem erhebenden, das Gemüt in Bewegung setzenden Gedanken Anlaß gebend, war für ihn und sein jugendliches Verständnis die heilige Gestalt des Sohnes Gottes. Er erklärte Jesus weniger bewußt als liebend und mitleidend, und ohne ein Wort darüber zu sagen, für seinen Liebling.«[229]

Daran hat sich sein Lebtag nichts geändert: immer wenn Walser sich über Jesus äußert, tut er dies in einer fast kindlich-gläubigen Haltung. Und doch läßt sich nicht ohne weiteres sagen, daß Walser gläubiger Christ sei. Er ist dies jedenfalls nicht im üblichen Sinne als Anhänger einer Kirche oder kirchlichen Glaubenslehre: seine Sicht weicht von der christlichen Glaubenslehre in wichtigen Punkten ab. Und selbst da, wo er mit der christlichen Glaubenslehre übereingeht, fallen bei genauerer Betrachtung Unterschiede auf. An seiner religiösen Grundhaltung kann kein Zweifel sein; er selbst hat in verschiedenen Texten davon gesprochen, aber diese Haltung ist höchst originell; nur in einem Vergleich, der Ähnlichkeiten *und* Unterschiede zu vorhandenen religiösen Richtungen herausarbeitet, kann sie erkannt werden; wer sie vorschnell einer vorhandenen Richtung zuschlägt, geht genauso fehl wie der, der sie leugnet: beide verfehlen die Eigenart des Walserschen Weltbildes.

Daß dieses Weltbild eigenwillig und nonkonformistisch ist, wußte Walser genau. In seinem Aufsatz *Etwas über Jesus*, der zwischen 1925 und 1927 entstanden sein dürfte und erst aus dem Nachlaß veröffentlicht wurde, spricht er davon: »Meine literarischen Freunde haben sicher das Recht, mir vorzuwerfen, ich klammere mich an die Kirche ...«[230] Daß unter Intellektuellen der Glaube an Christus nicht als standesgemäß gilt, daß er von ihnen als Aberglaube an längst Überwundenes abgelehnt wird, wußte Walser wohl. Insofern ist seine Haltung nonkonform, als sie in Widerspruch steht zu der unter Intellektuellen verbreiteten atheistischen Haltung. Nonkonform ist seine Haltung aber auch der Kirche gegenüber, der protestantischen Kirche, die er zwar nie ausdrücklich erwähnt, die er aber wohl in der Regel meint, wenn er von »Kirche« spricht. Allerdings gibt es hierzu unterschiedliche Äußerungen von ihm. Während er an anderen Stellen, etwa in *Geschwister Tanner*[231] oder in *Jakob von Gunten*[232] den Gottesdienst und den Religionsunterricht als unnötig oder überflüssig ablehnt, weil

Gott eher im Walde, in der Natur zu finden sei oder im Schlaf, läßt er in dem Aufsatz *Etwas über Jesus* die Kirche als Institution durchaus gelten: »da er, von dem ich hier spreche, und die Kirche für mich unzertrennlich sind«. Und: »... die Kirche, die er doch selbst ist.«[233]

Eine Sonntagspredigt habe ihn Jesus »von neuem schauen« lassen, obwohl die Predigt nicht besonders ergreifend gewesen sei, sagt er in diesem Aufsatz, und »Pfarrersfrau oder -tochter« seien für ihn »immer etwas Liebes«. Daß ihm Frau und Tochter lieb sind, nicht der Pfarrer, daß ihm die Predigt nicht gefiel, ihm aber doch die Augen öffnete, scheint ein Anhaltspunkt für seine distanzierte, aber wohlwollende Haltung zur Kirche. »Das Furchtbare, das die Kirche auf dem Gewissen hat«, kennt er wohl, wie er im von Mächler zitierten Aufsatz *Bedenkliches* sagt, aber: »O bei Gott, dem Unüberwindlichen, die Kirche kann das Furchtbare, das sie auf dem Gewissen hat, vergessen machen und ihn locken zur Unterwerfung.«[234] So erscheint ihm die Kirche möglicherweise als Übel, aber als ein notwendiges, das ein Schritt ist »auf dem Wege der Befreiung« *(Der rote Faden)*, wiewohl nicht der letzte Schritt.[235]

Jedenfalls tritt die Kirche nicht hinderlich zwischen ihn und die Figur Jesu; eine große Nähe, die in Ansätzen sogar bis zur Identifikation führt, kennzeichnet sein Verhältnis zu Jesus, den er für einen Gott hält, »einen«, nicht »den«! »... war er ein Gott, woran ich durchaus glaube.«[236] Gerade in *Etwas über Jesus* läßt sich die Annäherung bis zur Identifikation beobachten. Walser beginnt mit einer recht langen Einleitung – fast eine von insgesamt fünf Seiten –, in der er sich und dem Leser die Bedenklichkeit seines Vorgehens bewußt macht; von Jesus zu sprechen, bedarf der Rechtfertigung. Einmal vor diesem selbst; wie wird er es aufnehmen? Dann vor den Theologen, schließlich vor den »literarischen Freunden«. Doch diese Bedenken kümmern ihn letztlich wenig; es bleiben ihm jedoch Vorbehalte, die aus der Überlieferung und aus der Darstellung der Figur kommen: dies sind genuin literarische Bedenken.

»Die Erzählung, die sich seiner bemächtigte«, schreibt Walser; das ist die Erzählung des Neuen Testaments. Die Überlieferung ist für Walser bereits ein Darstellungsproblem. Wie Jesus in den Evangelien dargestellt wird, so war er nicht wirklich; das ist eine Erzählung, die sich seiner bemächtigte. Und dieses Darstellungsproblem wiederholt sich für den Autor: wie soll er von ihm erzählen? Eine »vulgäre Ausdrucksweise« ist zu vermeiden, sagt er, aber dann schlüpft sie ihm doch heraus: Jesus habe mehrmals »den Kopf gemacht«, also geschmollt. Mit diesem umgangssprachlichen Ausdruck beginnt Walsers Annäherung: Jesus erscheint als schroff und schmollend. Der zweite Schritt der Annäherung: im Unterschied zu »sämtlichen Dichtern«, die »doch immer irgend etwas wie Bürger« gewesen seien, sei Jesus vollkommen unbürgerlich, also gewissermaßen ein Künstler gewesen. Hier steht Jesus in Walsers Topographie »Bürger versus Künstler« auf der Seite des Künstlers, auf der Walser sich selbst sieht. Wenn er auch ausdrücklich Jesus als Religionsstifter im Gegensatz zum Dichter stellt, so gelingt es ihm doch, Jesus auf seine Seite herüberzuziehen, indem er kurzerhand alle Dichter auf die Seite der Bürger schlägt. Der dritte Schritt der Annäherung: der Autor saß kürzlich mit einem gutherzigen Mädchen zusammen, das ihn an die Galiläerin erinnerte, mit der Jesus einst sprach. So wie Jesus mit der Galiläerin, so saß der Autor bei dem Mädchen, wie das Mädchen der Galiläerin, so gleicht der Autor Jesus, impliziert diese Homologie. Die Identifikation wird im letzten Schritt vollzogen, aber nur in einem Punkt: »... sein Weinen mit dem meinigen zu bereichern, wird mir zu einem Bedürfnis, das ich liebe, das köstlich wie eine Salbe für mich ist.«[237]

Dieser Annäherung folgt bald eine Distanzierung: Walser erwähnt eine Erscheinung Jesu, die er als »Einbildung« zurücknimmt, wenn auch als eine Einbildung, die »ein Ereignis« wurde. Er spricht hier kurz von einer Vision, die er wahrscheinlich recht früh hatte (das Gedicht *Weinenden Herzens*, das davon spricht, ist wohl 1895 entstanden, veröffentlicht wurde es 1913); »Jesus«, das erste der *Vier Bilder*, 1916 veröffentlicht, berichtet ebenfalls davon. Daß ihm einmal Jesus leibhaftig erschien oder er sich doch einbildete, daß er ihm erschienen sei, war wohl das »Ereignis«, das seinen Glauben an Jesus für immer befestigte.

Das Bild von Jesus, das Walser in dem Aufsatz *Etwas über Jesus* entwirft, ist geprägt von der Naivität seines Glaubens, die ihm Jesus vermenschlicht, ihn sich selber ähnlich machen läßt.

Bei aller Eigenart Walsers entspricht dies doch noch dem christlichen Glaubenssatz, daß Jesus Mensch und Gott war. Daß Jesus Gottes Sohn war, glaubt auch Walser, wie er hier ausdrücklich sagt. Die Abweichung vom Üblichen entsteht bei Walser erst durch die Art der Darstellung. Walsers ironischer Stil hebt den Gegenstand aus seinem üblichen Zusammenhang und wirft ein neues Licht auf ihn. Er benutzt dazu, wie oft, geschraubte lange Sätze; Beispiel sei etwa der dritte Satz des Aufsatzes, der zum Inhalt hat, daß der Autor nicht zögert, der aber in seinem syntaktischen Aufbau ein einziges Zögern zum Ausdruck bringt. Oder solche Wortungetüme wie »Backenstreichinempfangnahme«, das die Bedeutung, von der die Rede ist, verniedlichen möchte, obwohl sie doch in Wirklichkeit für Walser sehr wichtig ist, ja, weil sie für ihn so wichtig ist. Die Ironie, die solcherart zum Ausdruck kommt, will ebensowenig wie in *Jakob von Gunten* die Aussage in ihr Gegenteil verkehren oder die Aussage aufheben, sie betont gerade die Wichtigkeit der Aussage, will dies aber nicht zu erkennen geben. Wenn Walser ironisch wird, dann oft aus Scham: er geniert sich, die starke Anteilnahme, die er mit der Aussage verbindet, zum Ausdruck zu bringen.

In *Etwas über Jesus* sagt er das unverblümt: »wobei ich meine Freunde aus den Kreisen der Intellektualität höflich ersuchen möchte« – er geniert sich also vor diesen, fürchtet sich vor ihrem Verdikt, weil er sich nicht an ihre Tabus hält – »mich für fähig zu halten, daß ich hier gleichzeitig scherze und ernsthaft bin.«[238] Gleichzeitig! Das ist in der Tat kaum zu akzeptieren, jedenfalls nicht als logische Aussage: entweder er scherzt oder er ist ernsthaft, ein Drittes gibt es nicht. Aber für Walser gibt es ein Drittes: es ist ihm ernst, er scherzt, eben weil es ihm ernst ist; er scherzt, einmal weil er sich vor den Intellektuellen geniert, zum andern weil über ernste Dinge – siehe Novalis – nur scherzhaft gesprochen werden kann. Walser fährt denn auch fort: »Für mich ist der Glaube an ihn herrlich; sein heiterkeitsreicher Lebensweg bedeutet für mich das Schönste, was es gibt ...«[239]

Wenn Walser den scherzhaften Stil beim ernsthaften Thema nicht anwendet, unterläuft ihm dasselbe, wie allen anderen: er schreibt Erbauungsliteratur. Gerade an seiner Vision Jesu können wir das beobachten. In dem frühen Gedicht *Weinen-*

den Herzens fehlt jede Ironie, auch jede Problematisierung, die sonst die Darstellung solcher Themen bei ihm begleitet.[240] Das ist in seinen Gedichten sowieso selten der Fall, und es mag erklären, warum diese Gedichte meist von geringerer Qualität sind als seine Prosa, oft sogar schlecht sind. Die Reflexion der Darstellung in der Darstellung selbst ist in der Prosa leichter möglich als im Gedicht: durch den Erzähler, der deutlich hervortritt, in einer Anrede des Lesers oder in einer Distanz zum Erzählten, die er etwa durch Ironie zum Ausdruck bringen kann. Da Walser sehr ungeschickte Verse macht, also handwerklich ungeschickte Verse – Metrum und Reim sind unbeholfen –, entsteht manchmal dadurch eine Ironie, die allerdings nicht immer von Komik zu trennen ist, wobei auch nicht immer deutlich ist, ob es sich um freiwillige oder unfreiwillige Komik handelt.

»Das taten rohe Gesellen,/die an Verkommenheit reich./Die Armut hat mit den Quellen/deines Bluts nichts gemein, nichts gleich.«[241] Warum die Gesellen gerade an Verkommenheit »reich« sind? Des Reimes wegen: »Die Armut«, gemeint sind die Armen: warum »Armut«, warum dann nicht vorher »Roheit«, warum diese »Quellen«, warum nicht »Urheber«? Warum nicht sogleich »gleich« (des Reimes wegen) und erst »gemein«? Das Gedicht ist offensichtlich ernst gemeint, aber schlecht gemacht: wäre es von einem anderen Autor, ließe man es als liebenswürdigen Dilettantismus durchgehen, »Sonntagslyrik« analog zu »Sonntagsmalerei«. Gerade an den Jesus-Gedichten tritt das zu Tage, an dem *Weinenden Herzens* von 1903 ebenso wie an den späteren: *Jesus, Unerklärlicher* von 1925, *Der Vollendete* von 1928, *Das Schmerzensantlitz* von 1926, *Der Gekreuzigte* von 1926 und *Wir sehen ihn lächeln* von 1926.[242] Das Gedicht *Der Gekreuzigte* scheint freiwillig komisch zu sein: in der Häufung der banalen Reime auf »-und« (Grund, Hund, Stund', Wund', Schund, und) und in der Formulierung »Was im allgemeinen aus einer Windel/stammt, ist ein Gesindel«, gemeint sind wohl die Menschen. Doch ist diese Komik nicht weit über dem Kalauer.

Walser hat hier seine eigene poetische Maxime nicht berücksichtigt. In *Eine Ohrfeige und Sonstiges* spricht er sie aus, gerade um eine Schilderung der Leiden Jesu abzubrechen: »Man müsse vom geringsten Gegenstand schön reden lernen, was besser wäre, als über einen reichlichen Vorwand sich ärmlich ausdrücken.«[243] Freilich gelingt es ihm gerade in diesem Prosastück, sich doch über den »reichlichen Vorwand« angemessen auszudrücken: ein Vergleich der Passage in *Eine Ohrfeige und Sonstiges* von 1925 mit dem Gedicht *Der Gekreuzigte* zeigt das rasch. In beiden Texten geht es um dasselbe Thema, doch in der Prosa kann Walser das Thema anders durchführen als im Gedicht: er schlägt es an, bricht dann ab, konfrontiert sich selbst als Erzähler in einer banalen Situation – er beißt in eine Orange, der Saft spritzt – mit der erhabenen Situation des Gekreuzigten – das Blut spritzt. Das banale Subjekt der Erzählung wird mit dem erhabenen Objekt der Erzählung in Beziehung gesetzt, das Ungleichgewicht zeigt die Schwierigkeit der Darstellung; da diese Schwierigkeit demonstriert wird, wird die Darstellung dem Darzustellenden wieder angemessen. Das hält Walser durch: er spielt auf zwei Ebenen, einmal der des Themas selbst, der Kreuzigung, zum andern auf der Ebene der Schwierigkeit der Darstellung dieses Themas; er setzt sich selbst und uns Heutige mit ins Bild, das dadurch »schief« und einzig richtig wird; der Blick von uns Heutigen auf das Kreuz ist »schief«, weil er das Banale mit dem Erhabenen in Beziehung setzt: »Geküßt werden, gekreuzigt werden! Ich will mich in unseren Alltag verschleichen.«[244] Aber er kehrt auf einem Umweg wieder zurück: »Gestern las ich im Café Zeitungen; in einer derselben stand, wir wären keine Christen mehr, aber ich halte das nicht für möglich.« Zurück also zum Thema: »Man kann im Leiden selig sein; zwar möchte man nicht gekreuzigt werden.« Wieder Konfrontation Christus damals – wir heute. Walser bricht schließlich ab: »aber ich mag nicht, was ich hier schreibe«; es folgt die eingangs zitierte poetische Maxime. Das ist kein krudes Durcheinander, es ist die wohlüberlegte Darstellung eines Themas, das eigentlich nicht darzustellen ist, das deshalb sozusagen nur als Nicht-Darzustellendes dargestellt werden kann und auf diese Weise dann doch wieder dargestellt werden kann.

Auch die Gegenüberstellung von »Lenin und Christus« im folgenden Absatz dieses Prosastücks ist keineswegs »konfus«, wie Dieter Borchmeyer meint[245]: es ist die Gegenüberstellung von Macht und Ohnmacht. Auf wessen Seite Walser steht, daran kann kein Zweifel sein, wenn er auch hier wieder einschränkt: »Wenn ich über großragende Persönlichkeiten schöngeistere, verliere ich leicht die innere Sicherheit, was ich an mir lobe.«[246] Was tatsächlich an ihm zu loben ist: zu große Sicherheit führt zu falschem Pathos, zu religiöser oder ideologischer Erbauungsliteratur, die den Mächtigen in Kirche und Staat nach dem Munde redet. So ist denn auch Walsers Urteil über Lenin, berücksichtigt man nur das genannte Darstellungsproblem, das Walser durch Ironie markiert, ein vernichtendes:

»Wenn ich mir vorstelle, wie dieses unbedeutende, idyllische Ich, dies romantisch veranlagte Menschchen, sich gestern wieder gütlich tat, an Weinen nippte, und ich mir Lenin vergegenwärtige, von dem so viel die Rede gewesen ist, so drängt sich mir die Frage auf: war er für Naturfreuden empfänglich? Sein Bild erzählt von einem Hartgeprägten. Ob er wohl galant war? Liebenswürdig, dienstfertig? Er war eines Schulinspektors Sohn, ein Abkömmling von Unterdrückern, Sproß von Leuten, die sicher nicht Gedichte und so weiter schrieben, Musik kaum hochschätzten. Gestern war ich wieder ein bißchen leichtfertig. Ob das jener auch je war? Besaß er Seele? Ich freu mich dieser eigenartigen Untersuchung. Doch wie kam ich auf ihn? Ich hörte gestern einen italienischen Sänger, dessen Lied mir den Himmel und die Unbekümmertheit des Südens vors Herz legte. Da fiel er mir ein, wahrscheinlich so wegen des Kontrastes: der Bezwinger der Massen, der Empfindungslose, der einem Erdbeben gleich über Menschen hinging, da es Methoden menschlicher Ordnung zu erfinden galt. Er wohnte einst an einer Gasse, in der ich Unscheinbarer bei einer sehr gütigen Frau eingemietet war. Lenin und Christus? Bei letzterem waren Glaube und Liebe quasi auf die Fahne geschrieben. Wenn ich über großragende Persönlichkeiten schöngeistere, verliere ich leicht die innere Sicherheit, was ich an mir lobe. Christus war es um Ausbilden des Seelenlebens, dem andern um Ausbauen des Gesellschaftslebens zu tun, um Gleichstellung aller in diesem Irdischen. Welcher von beiden schöpfte aus besserer Quelle? Ich will von anderem reden: denn ich hielte es für Zeitverlust, hier fortzufahren.«[247]

Es kann kein Zweifel sein, wer nach Walsers Meinung aus besserer Quelle schöpfte: Christus! Trotz aller Ironie – die wieder durch Unterbrechung des Themas, Infragestellung der Darstellung und Wiederaufnahme des Themas erreicht wird – ist diese Aussage der Text-Passage eindeutig.

Aus der Figur Jesu leitet Walser sein Programm der Demut und Nächstenliebe ab. In den *Vier Bildern* hat er nicht zufällig *I. Jesus, II. Der arme Mann, III. Möri, IV. Die Arbeiter* zusammengefügt; ihr Zusammenhang schließt sich auf, liest man sie nacheinander.[248] Der erste Teil bringt die ausführliche Beschreibung jener Vision Jesu, die Walser offensichtlich hatte, wieder mit starken Einschränkungen, ob sie nicht doch Einbildung gewesen sei. Aber er hängt an dieser Erscheinung, denn er schreibt: »so möchte ich doch beinahe glauben«, »ich möchte nicht zweifeln«. Er will es glauben, und das sagt er auch offen: »An gewisse Dinge will, will man glauben; man zwingt sich dazu, und man kann nicht anders.«[249] Dann läßt er alles lieber im unklaren, d. h., er will nicht geklärt wissen, ob es nun Wirklichkeit war oder Einbildung, und kann gerade deshalb daran festhalten und die Erscheinung ausführlich beschreiben: »Im klaren über irgend etwas sein, heißt unter Umständen alles wieder verlieren.« »Mit durchdringendem Forschen kann man, so bilde ich mir ein« – wieder die Einschränkung, auch diese Einsicht sei Einbildung; da sie aber so plausibel ist, wird die andere Einbildung ebenfalls plausibel sein? – »den Gegenstand, statt ihn nun sich noch besser zu eigen zu machen, oft auch vernichten ...«[250]

Das zweite der *Vier Bilder* stellt den armen Mann vor, den Vertreter der Armut, Bescheidenheit, Hilflosigkeit und Tugendhaftigkeit. Weil er weder »gemein« noch »feige« ist, ist ihm das Emporsteigen in der Gesellschaft nicht gelungen, er steht ganz unten. Die Sympathie des Erzählers ist auf seiner Seite, die Solidarität mit den Unterdrückten: »Ich habe gedrückte, scheue Wesen, sei es ein Kind, ein Mann, ein armes Frauchen, ein Hund, oder sonst ein armes Tier, ein krankes Kätzchen usw., immer geliebt. Ich habe mich von jeher solchen Wesen sogleich aufs Tiefste, Freieste und Schönste verbunden gefühlt.«[251]

Dies schon erinnert an die Worte Jesu in der Bergpredigt: die Bergpredigt wird dann ausdrücklich zitiert: »Selig sind die Armen und Schwachen. Ihnen gehört das Himmelreich!«[252] Der Erzähler stellt sich ganz in die Nachfolge Christi, übernimmt dessen Worte und Wertung; dahinter steht wiederum eine Annäherung zwischen Autor und Jesus. »Gerechtigkeit lohnt sich nicht auf dieser Welt«, könnte man den Rest der Handlung dieses Bildes in einer Sentenz zusammenfassen. Der arme Mann wird von einem selbstherrlichen ungerechten Direktor entlassen. Das ist bei aller Kritik der Verhältnisse keine Aufforderung zur Rebellion oder Revolution: »Er war *kein* Revolutionär. Seine Steuern bezahlte er pünktlich.« Also Jesus und *nicht* Lenin!

Das dritte Bild bringt die Darstellung einer Figur »Möri«, die an viele andere Walsersche Figuren erinnert, frühere und spätere bis zum »Räuber«, der hier schon genannt wird: »Möri sah fast aus wie ein Ritter des Mittelalters oder ein Räuber.« Es ist ein verstecktes Selbstporträt, nicht ohne Selbstmitleid; die Ironie, die in anderen Texten dieses Selbstmitleid zersetzt, fehlt fast völlig. Möri ist traurig und unglücklich, ohne Verständnis lebt er allein in der Welt; er endet schließlich im Selbstmord. Er geht ins Wasser.

Durch das letzte Bild *Die Arbeiter* erhält das dritte eine weitere sinnbildliche Bedeutung: die von »Tod und Auferstehung«. Tod bedeutet das dritte Bild, Auferstehung das vierte. Der Held Möri tritt in Jesu Fußstapfen, die Identifikation wird weit getrieben: auch Möri stirbt an dem Unverständnis der Welt. Aber die Auferstehung des vierten Bildes ist keine des Helden und keine Jesu, es ist die Wiedergeburt der ganzen Welt: die Auferstehung Christi wird zum Symbol für die Auferstehung der ganzen Welt: »Die Welt war wie neu geboren, alles war wie aufgerissen, als habe sich eine unendliche Weltfreiheit und ein unendliches Erdenglück geöffnet.«[253] Und: die »aus Mißverstandenheiten und Unbegriffenheiten aufgewachte, auferstandene Welt«.[254]

Hier spricht der Erzähler vom Paradies auf Erden, das die Arbeiter von ihrer Arbeit befreit, das alle Menschen frei und glücklich macht: die Utopie einer besseren Welt, einer diesseitigen Welt offensichtlich, die aber in den Farben der jenseitigen gemalt ist, so wie diese jenseitige in christlicher Tradition dargestellt wird. Der erfüllte Augenblick, die mystische Erleuchtung: »Alles war nah, alles war offen, und jede Frage war beantwortet, und jedes Rätsel war gelöst, und alles Leid verschwunden.« Doch dann kehrt die Skepsis des Erzählers wieder, mit der er die »vier Bilder« begann. Er sieht ein, daß er träumt: »Gott im Himmel, du Allmächtiger, ich sehe ein, daß ich träume.« Er wünscht sich den Traum verwirklicht: »Daß doch alle Menschen glücklich wären. Daß es keinen Unglücklichen gäbe. Daß die Welt frei sei. Daß das Leben gut sei.« Fromme Wünsche!

Die euphorische Stimmung, die hinwegträgt über alles Elend und über alle Scheidungen von Stand, Charakter und Vernunft, das grenzenlose Glücksgefühl der Einheit von Mensch und Natur, von Geschöpf und Schöpfer, der erlösende Augenblick: Robert Walser hat ihn vielleicht gekannt, vielleicht erlebt; er hat ihn in seiner Prosa immer wieder zu erreichen, in Worten einzuholen versucht. Eines der Beispiele, in dem er in einem hymnischen Stil diesen an die mystischen Einheits- und Glückserlebnisse erinnernden Moment zu beschreiben versucht, eines der wichtigsten ist *Die Gedichte II* von 1919.[255] Er rekonstruiert dort die Situation, die ihn zum Schreiben der ersten Gedichte brachte, gerade diese seine frühe Zeit muß von einem großen, äußerlich anscheinend unbegründeten Glücksgefühl getragen gewesen sein, ein Glücksgefühl, das ihn bis in seine späten produktiven Phasen zumindest als Erinnerung und als Anstoß weiterhin begleitete. Auch hier in *Die Gedichte II* ist wiederum von der neuen Welt die Rede, von der erneuerten, wiedergeborenen Welt. Er selbst aber ist auch »wie neugeboren«: »Frei wie nie vorher war ich und wie nie mehr nachher wieder. Da war jeder Gedanke ein Teil des Lebens, jede lebendige Erscheinung auch sogleich ein Gedanke.«[256] Die rationale Trennung von Subjektivität des Bewußtseins und Objektivität der Welt war ihm aufgehoben in einer neuen Einheit von Gedanken und Leben.

Er stimmt eine Art pythagoreischen Sonnengesang in hymnischem Stil an: »Ich sah nicht eine Sonne, nein, Sonnen!« Und: »Nachts klangen die Sterne, als sängen sie Lieder, und der Mond rief mir zu: ›Schwinge dich aus dem Begrenzten ins Unendliche; vom Beengten ins Unumwundene.‹« Dieser, man könnte sagen, »heidnische« Hymnus ist in aller Naivität gekoppelt mit einem Gebet zu Gott: »Beten ist ja wie Dichten.« Und der Reminiszenz wiederum an jene Erscheinung Christi.

Wie schon in *Jakob von Gunten* so ist auch in diesen dezidiert religiösen Texten eine merkwürdige Mischung festzustellen, wenn wir auf die Herkunft der einzelnen Elemente achten. Für uns, die wir sie analysieren, ist sie eine Mischung, für Walser war es das wohl nicht: für uns ist es eine Mischung, die sich aus verschiedenen Quellen speist. Freilich sind wir bei Walser wieder in derselben Schwierigkeit wie bei Kafka: wir neigen in der Interpretation zu einer Systematisierung der in den verschiedenen Schriften gegebenen Äußerungen, die als solche vielleicht gar nicht existierte; wir nehmen eine Einheitlichkeit des Weltbildes an, die unser Verständnis erleichtert, aber möglicherweise den unterschiedlichen zu verschiedenen Zeiten niedergelegten Äußerungen Zwang antut. Diese Problematik sollten wir auch hier bei Walser bedenken, wenn ich jetzt versuche, der besseren Übersicht halber, eine Zusammenstellung seiner religiösen Anschauung zu geben.

Institution der Kirche	*Christus*
Skeptisch bis wohlwollend	Imitatio Christi: Nähe bis Identifikation
christliche Tugenden	*Mystik*
Askese	Vision
Demut	Einheitserlebnis
Nächstenliebe	Nicht-Wissen
	Gottferne
	Wiedergeburt: a) innerhalb des Lebens
	b) in mehreren Leben

Der mystische Komplex ist am stärksten ausgebildet. Auch die *Imitatio Christi*, die Nachfolge Christi, der enge gefühlvolle Umgang mit Jesus ist in mystischen christlichen Strömungen zu Hause, von Thomas a Kempis bis zum Pietismus. Der Pietismus, eine seit dem 17. Jahrhundert im Protestantismus starke Bewegung, kennt auch den Gedanken der *Wiedergeburt* in diesem Leben, den wir bei Walser mehrmals finden. Außer in den genannten beiden Texten etwa noch in *Tobold II* von 1917, wo es heißt: »Als Tobold kam ich mir wie neugeboren vor, und in der Tat war ich es auch.«[257] Zur pietistischen »Wiedergeburt«: der gläubige Christ soll demnach durch ein gewissenhaftes Leben, durch Meditation und Selbstdisziplin zu einer Begegnung mit Christus geführt werden, die aber auch von Gnade abhängig ist; durch diese Begegnung wird er »neu geboren«, eigentlich erst richtig geboren.

Es ist erstaunlich, wie stark Robert Walser von der Tradition des reformierten Christentums geprägt wird, legt man zu Grunde, was Max Weber über den Calvinismus gesagt hat. Insofern muß auch die Bemerkung von Dieter Borchmeyer, Walser habe ein »selbstgeschaffenes Jesus-Bild« gehabt[258], genauso zurechtgerückt werden wie die von Robert Mächler, der allzu rasch an den Taoismus erinnert.[259] Beide Bemerkungen greifen zu kurz. Walser hat sein Jesus-Bild nicht unabhängig von der Tradition geschaffen, sondern teils mit, teils gegen diese, aber immer ist es vor der Folie dieser Tradition zu sehen, und gerade vor der Folie des Alten ist sein Neues zu erkennen. Und bevor asiatische Religiosität zum Vergleich herangezogen wird, sollte auf Näherliegendes zurückgegriffen werden; auch die christliche Mystik kennt Grundgedanken, die im *Taoteking* von Laotse niedergelegt sind.

Der Calvinismus hat laut Weber »die Umgestaltung der Askese zu einer rein innerweltlichen« vollzogen.[260] Auch im Katholizismus gebe es eine solche Tendenz, etwa im Tertiarierorden des heiligen Franziskus und in eben dem Werk *Nachfolge Christi* des Thomas a Kempis, aber erst im Calvinismus und im Pietismus sei es zu einer »systematischen innerweltlichen Askese« gekommen. Der Pietist Sebastian Franck sah die Bedeutung der Reformation gerade darin, »daß nun jeder Christ ein Mönch sein müsse sein Leben lang«.[261] Dieser asketische Grundzug, diese innerweltliche Askese ist im Leben und Werk Robert Walsers nicht zu übersehen. Gerade *Jakob von Gunten* zeigt eine – ganz im Sinne des Calvinismus – auserlesene Gemeinschaft auf dem Weg systematischer Askese. Sogar die Form des Tagebuchs, als das der Roman *Jakob von Gunten* ausgegeben wird, findet im Pietismus ihr Vorbild: verbreitet war das »religiöse Tagebuch«, in das Sünden, Anfechtungen, aber auch Fortschritte eingetragen wurden – ganz so wie es Jakob von Gunten mit seinem Tagebuch tut.[262]

Max Weber sieht die Grenze zwischen dem Pietismus und dem Calvinismus als fließend an: »Es ist, soweit sich diese Bewegung (des Pietismus) innerhalb der reformierten Kirche gehalten hat, nahezu unmöglich, eine bestimmte Grenze zwischen pietistischen und nicht pietistischen Calvinisten zu ziehen.«[263] Aber nicht nur Walsers Tugendkatalog steht in der Tradition des pietistischen Calvinismus, auch sein »Mißtrauen gegen die Theologenkirche« – wie Max Weber es nennt –, ja auch die Geringschätzung des theologischen Wissens ist in dieser Tradition bekannt – und der starke Zug zur Mystik. Die

Geringschätzung des Wissens führte zu einer Hochschätzung des Gefühls; Max Weber:

»Und das Gefühl konnte dabei eine solche Steigerung erfahren, daß die Religiosität direkt hysterischen Charakter annahm und daß man durch jene, aus zahllosen Beispielen bekannte, neuropathisch begründete Abwechslung von halbsinnlichen Zuständen religiöser Verzükkung mit Perioden nervöser Erschlaffung, die als ›Gottferne‹ empfunden wurden, in Effekt das direkte Gegenteil der nüchternen und strengen Zucht, in welche das systematisierte heilige Leben des Puritaners den Menschen nahm, erzielt wurde.«[264]

Zumindest den Zustand euphorischer Entzückung und den Zustand völliger Niedergeschlagenheit bis zum sogenannten »Wurmgefühl« – wie es Max Weber nennt; der Mensch fühlt sich als Wurm im Staube – finden wir bei Robert Walser. Auch die Überwindung des Subjektiven, die Herstellung des Schweigens und das Warten, wichtige Ziele im Erziehungsprogramm des Instituts Benjamenta, lassen sich nach Weber auf den pietistischen Calvinismus zurückführen: »Zweck dieses schweigenden Harrens ist die Überwindung des Triebhaften und Irrationalen, der Leidenschaften und der Subjektivitäten des ›natürlichen‹ Menschen; *er* soll schweigen, um so jene tiefe Stille in der Seele zu schaffen, in welcher Gott allein zu Wort kommen kann.«[265]

Aber nicht alle religiösen Vorstellungen Walsers, seien sie nun ausdrücklich oder versteckt in seinen Texten ausgeführt – kommen aus dieser wichtigen, für den Enkel eines reformierten Pfarrers wichtigsten Tradition: der des pietistischen Calvinismus. Es gibt auch gewissermaßen Nebenlinien neben dieser genealogischen Hauptlinie seiner religiösen Gedanken. So vertritt Walser in zwei Texten den Gedanken der Wiedergeburt in mehreren Leben, zumindest ist dies angedeutet. So in dem *Hölderlin*-Aufsatz von 1915: »Zurück nach der Kindheit sehnte er sich krankhaft, und, um von neuem auf die Welt zu kommen und wieder ein Knabe zu werden, wünschte er, daß er sterbe.«[266] Um von neuem auf die Welt zu kommen! So deutlich steht der Gedanke in *Brentano II* von 1926 nicht: ».... während mich hie und da Anwandlungen umschleichen, als sollte ich wieder täglich frühmorgens zur Schule gehen, indem mich ein zu schnellblühendes in die Zeit und ins Leben Hineineilen in den Wunsch zurückwarf, mit dem Dasein seltsam und zugleich auf einfachste Art wieder zu beginnen.«[267] Noch einmal von vorne anzufangen, um eine anscheinend verfehlte Kindheit und Jugend erneut und besser zu vollbringen, dies führt zum Wunsch einer neuen Inkarnation. Der Gedanke der Reinkarnation, der wiederholten Erdenleben, wird in neuerer Zeit in Europa von der Anthroposophie vertreten. Über Walsers Beziehung zur Antroposophie und zu Albert Steffen, der gewissermaßen der Nachfolger des Begründers Rudolf Steiner war, werde ich im anschließenden Kapitel handeln. Walser kannte jedenfalls die Anthroposophie. Auch eine Vorstellung, die in dem letzten der *Vier Bilder* zum Ausdruck kam, nämlich die Auferstehung Christi als Wiedergeburt der Erde, erinnert an christliche Überlegungen innerhalb der Anthroposophie: die Auferstehung Christi als ein wirklicher und vorbildlicher Vorgang, der den Christus-Impuls auf die Erde gebracht habe, damit die Erde erneuert, sozusagen neu geboren werde. Auch die pythagoreischen Züge in *Die Gedichte II* könnten anthroposophisch inspiriert sein. Hier sind wir auf Vermutungen angewiesen. Weniger noch als über Kafkas Quellen wissen wir über die Quellen von Walsers Weltvorstellung; Tagebücher besitzen wir nicht, seine Briefe geben darüber kaum Auskunft. Daß Walser sich skeptisch-ironisch über die Institution der anthroposophischen Bewegung geäußert hat, sagt noch nichts darüber, ob er nicht doch in manchem von Rudolf Steiner beeinflußt wurde. Er äußerte sich ja auch skeptisch-ironisch über die Institution der Kirche, ohne daß er vom Glauben an Gott und an Christus abließe.

Auch Walsers *Bild von Gott* erinnert eher an »gewisse nach Ketzerei oder gar nach Nihilismus riechende Kühnheiten der Mystiker«, wie Robert Mächler schreibt[268], als an die Gottesvorstellung der reformierten Kirche. In *Geschwister Tanner* heißt es:

»Mag Gott immer sein, wo er sein mag, im Wald ahnt man ihn und gibt ihm das bißchen Glauben mit stillem Entzücken hin. Gott will nicht, daß man so sehr an ihn glaubt, er will, daß man ihn vergißt, es freut ihn sogar, wenn er geschmäht wird; denn er ist über alle Begriffe gütig und groß; Gott ist das Nachgiebigste, was es im Weltraum gibt. Er besteht auf nichts, will nichts, bedarf nichts. Etwas wollen, das mag für uns Menschen sein, aber für ihn ist das nichts. Für ihn ist nichts... Das ist das Einzige an unserem Gott, daß er nur dann Gott sein will, wenn es uns gefällt, ihn als unseren Gott zu erhöhen.«[269]

Gott außerhalb der Welt und außerhalb der Kategorien der Welt (»Für ihn ist nichts«), so daß er vom Menschen nicht erreicht werden kann, ist eine Vorstellung, die der mystischen Sicht sehr nahe kommt.

Neigt Walser einerseits dazu, Gott weit weg zu schieben, so neigt er andererseits dazu, Jesus möglichst nahe zu sich heranzuziehen. Gott und Jesus sind zwei sehr unterschiedliche Figuren für Walser. Über Gott, meint er, spreche man am besten gar nicht, man lasse ihn in Ruhe; er sei da, aber nur dann, wenn man ihn nicht bemühe. Gott wird derart kaum noch als eine Person sichtbar; Walser meint nicht den personalen Gott üblichen christlichen Glaubens, sondern eher ein Prinzip, über das letztlich keine Aussage zu machen ist – ganz im Sinne der mystischen Tradition.

An die mystische Tradition lassen auch Walsers Einheitserlebnisse, seine erfüllten Augenblicke denken – wie etwa jene Beschreibung in *Die Gedichte II*. Die Aufhebung der Gegensätze im Vollzug eben jenes Einheitserlebnisses findet sich ebenfalls bei Walser: nicht nur Subjekt und Objekt, Mensch und Natur, Geschöpf und Schöpfer finden zusammen, auch der Gegensatz von Gut und Böse scheint überwunden. In *Der Arbeiter* schreibt er: »Er liebte vielleicht neben dem Redlichen und Guten auch das Böse; neben dem Schönen auch das Unschöne. Bös und gut, schön und häßlich scheinen ihm unzertrennlich.«[270] Und in *Zigarette*: »... ich habe mir die recht seltsame Einsicht angeeignet, daß Gutes ungut, Freies unfrei, Liebliches tadelnswert, Gerechtes ungerecht, Lustiges melancholisch wird. In jeder Art Zwang liegt etwas viel Erlösenderes als in jeder Art Erlöserei...«[271]

Nur *Nicht-Wissen*, nur Unkenntnis kann zu diesem Einheitserlebnis führen, wie Walser immer wieder betont; das ist folgerichtig: denn das Einheitserlebnis ist als »der andere Zustand«, wie Robert Musil ihn nennt, unterschieden vom Zustand rationaler Erkenntnis.[272] Das rationale Wissen ist das analytische, zergliedernde, das trennende; »der andere Zustand« führt zu einer begriffslosen Synthese. Walser in *Die Gedichte II*: »Vielleicht war Unwissenheit das Schönste, was ich besaß. Unkenntnis macht groß. Ich war wie ein blühendes

Gewächs, das sich selbst ein Rätsel ist.«[273]

Daß Wissen ebenso wie Reichtum hinderlich sind, zum Göttlichen vorzudringen, läßt Walser in dem kleinen Dialog *Der reiche Jüngling* den Jüngling selber zu Jesus sagen; der Jüngling ist nicht nur reich, sondern auch gebildet:

»Der reiche Jüngling: Wie ich gehört habe, verachtest du Bildung, Wissen, guten Ton und die Annehmlichkeit des Besitzes. Du segnest die Kinder, die du deiner Aufmerksamkeit würdigst. Schöne Frauen schaust du fremd an. Die Unwissenden sind in deinen Augen schöner, reicher und klüger als die Schönen, Klugen und Reichen. Du hältst es mit den Armen, und du bemühst dich, die Großen herabzusetzen, die Geringen zu erhöhen.
Jesus: Ich bemühe mich um nichts. Ich bin, und ich sehe und höre und gehe umher und fühle mich eins mit Gott.
Der reiche Jüngling: Was soll ich tun, um zu Gott zu kommen?
Jesus: Schenke alles, was du dein nennst, den Armen.«[274]

Armut, in einem so umfassenden Sinne, wie es Meister Eckhart in seiner Mystik verstanden hat, als Armut an Gütern, als Armut an Bildung, vor allem als »Gelassenheit«, die *alles* zurückläßt, alles persönliche Streben, ja, sich selbst, das wird hier von Walsers Jesus verlangt. Es ist ein Jesus, der sehr menschlich ist – dies in einer Gegenbewegung zu Walsers Gott, der sehr menschenfern ist – und der seinem Autor Robert Walser in manchem ähnlich ist oder dem der Autor in manchem ähnlich zu werden versucht. Der Pfarrer Ernst Hubacher, der Walser kannte, hat Walser laut Mächler als »franziskanisch« charakterisiert: »Man könnte das franziskanisch nennen, aber es war daran nichts Mittelalterliches, vielmehr war in dem allem ein moderner Zug, weil er ja mit sich selber experimentierte.«[275] Auch die Bescheidenheit, die Demut, der immer wiederkehrende Wunsch, Diener zu sein, finden in Jesus ihre Legitimation.[276] Jesus ist ein Diener in der Vorstellung von Walser, einer, der nichts will und nichts weiß: »Jesus: Ich soll und will nicht wissen, was ich will. Gott will mit mir etwas. Er befiehlt mir; ich gehöre ihm. Er sendet mich und ich gehe die Wege, die er mir vorzeichnet, und alle Wege sind die seinigen.«[277]

In der *Studie II*, einem längeren Dialog mit Szenen aus dem Leben Jesu, wird diese Demut Jesu von einem Schriftgelehrten als »Raffinement« bezeichnet[278]; Jesus erwidert darauf nichts.

Walser ist sich sehr wohl der Dialektik bewußt, daß diese Art von bedingungsloser Demut auch zu Überheblichkeit führen kann, etwa wenn der Demütige sich besser dünken sollte als die anderen – freilich wäre er dann nicht mehr demütig – oder wenn er für die anderen nicht mehr erreichbar wäre, weil er weit über sie hinausragte. Das letztere ist bei Walsers Jesus nicht der Fall: gerade daß er sich für die Armen, die »geistig- und leiblich-Armen« einsetzt, für »die Frauen, die Kranken, die Greise, die Kinder«, das macht ihm der Schriftgelehrte zum Vorwurf. Der Schriftgelehrte ist der Vertreter der Institutionen, »geheiligter Institutionen«, wie er selbst sagt, also der Vertreter von Kirche und Staat. Walsers Ablehnung dieser Institutionen spricht Jesus im Dialog aus: »Ihr nehmt nur eure Machtstellung ernst. Daß das frivol ist, vergeßt ihr.«[279]

Der Einwand des Bräutigams in diesem Dialog ist ernster zu nehmen; er erfolgt, nachdem die Braut Jesus fragte, warum er nicht eine Frau nähme. Daß Walser in diesem Moment sich selbst porträtiert, mag der gläubige Christ für eine Frivolität halten. Es ist aber sicher unvermeidlich, daß jeder, der ein Bild von Jesus entwirft, dies nach seinem eigenen Bilde tut, also Züge seiner selbst – gewollt oder nicht – in das Porträt hineinmalt. Der Einwand des Bräutigams: »Es ist eine Schönheit, aber gewiß auch eine Krankheit an Euch, daß Ihr Euch klein macht.« Damit mag er recht haben, wenn er den Autor meint: Robert Walsers Bescheidenheit war wahrscheinlich begründet in einer Disposition, die er mitbrachte aufgrund von Erziehung oder Charakter oder beidem – hier ist nicht der Ort, darüber zu streiten[280] –, aber bestärkt und bestätigt wurde diese Bescheidenheit durch die christliche Demut; freilich hat er diese Demut in eine Winzigkeit gedrückt, die keineswegs üblich ist in der christlichen Tradition, außer in der mystischen. Auch sein Jesus in den beiden erwähnten Dialogen weicht ab von der üblichen Jesus-Darstellung, trotz aller Erhöhung, die er auch bei Walser findet. Als er eine Tote zum Leben erwecken soll, gelingt es ihm zunächst nicht, weil er selbst tot sei, wie es heißt.

Erst muß er sich selbst erwecken, selbst lebendig werden, bevor er andere lebendig machen kann. Es ist ein sehr menschlicher Jesus, der uns vorführt, was wir an uns selber zu vollbringen haben, und doch ist er auch wieder eine übermenschliche

Gestalt in seiner Unbedingtheit und Reinheit. Er ist sich selbst ein Rätsel.

Die Ähnlichkeit zwischen Robert Walser und seinem Jesus führt zu einem erstaunlichen Gewinn, der jede kirchenübliche Erwartung übertrifft. Robert Walser, der sich selbst ein Rätsel war, läßt auch seinen Jesus sich zum Rätsel werden; dadurch wird dieser Jesus auch uns zum Rätsel. Und dadurch findet Jesus – wenn er denn der Sohn Gottes war – die einzige ihm angemessene Darstellung.

»Jesus: Niemand versteht diese Situation, auch ich nicht, aber ich lebe jetzt. Man begreift sich und die Welt nicht, wenn man lebt und hat's auch nicht nötig, aber mit dem Erglühen und dem gänzlich Kühldabeisein wage ich zu können, was mir unmöglich schien und schaue dich (zur Toten) bloss lange an, nehme deine Hand in die meinige, gebe dir das Leben, da der Wunsch in mir lebt, dass du wieder hier seiest. Schon schlägst du die Augen auf, du richtest dich auf. Seht, sie lebt! Sie war tot, weil ich es war. Eins muss unter dem Fehler des andern hinsinken. Wir sind alle tot und lebendig.«[281]

So außergewöhnlich, wie diese Äußerung Jesu erscheint, wenn man sie mit kirchenüblichen Verlautbarungen vergleicht, ist sie wiederum nicht. Wir können einmal die pietistische Nachahmung Christi, die »Einfühlung« in Christus erkennen, die in einer dialektischen Bewegung einerseits dazu führt, den Gläubigen an Christus anzunähern, aber andererseits Christus auch dem Gläubigen annähert, ihn also vermenschlicht. Zum andern ist in dem Satz »Man begreift sich und die Welt nicht, wenn man lebt«, eine Aussage enthalten, die mit anderen Worten auch andere Autoren formuliert haben, z. B. Kafka, z. B. Wittgenstein. Am Ende meiner Untersuchung von Kafkas *Der Prozeß* ergab sich diese Übereinstimmung zwischen Kafka und Wittgenstein; es ist auch eine Übereinstimmung mit Robert Walser, wie sich hier zeigt.

8.2. Walsers Poetik

Christian Morgenstern, Walsers erster wichtiger Lektor, selbst ein bedeutender Schriftsteller, ist einige Zeit nach der Korrespondenz mit Walser zum Anhänger der anthroposophischen Bewegung geworden. Ebenso Albert Steffen: etwa gleichaltrig mit Walser, ebenfalls Schweizer, in seinen Anfängen ein hoffnungsvoller Schriftsteller, schloß er sich der anthroposophischen Bewegung an und wurde nach dem Tode von deren Begründer Rudolf Steiner der einflußreichste Kopf der Anthroposophen in deren Zentrum, dem »Goetheanum« in Dornach bei Basel.[282] Walser kannte Steffen, der ihn bewunderte und auch späterhin positive Besprechungen über ihn schrieb, so etwa am 26. Dezember 1937 in der Zeitschrift *Goetheanum*.[283]

Auch Walser hat sich über Steffen geäußert, nicht in einem Tagebuch – er führte keines – nicht in einem Brief, sondern in einem Prosastück. Wir sind ja, wollen wir Walsers Ansicht seiner eigenen literarischen Position erfahren, auf die Prosastücke angewiesen, in denen er sich zur Literatur äußert; in der Tat sind einige dieser Prosastücke – und nicht nur solche, die ausdrücklich im Titel von der Poesie, vom Künstlertum sprechen wie etwa *Über den Charakter des Künstlers*[284] oder *Einige Worte über das Romanschreiben*[285] – aufschlußreich genug; Grundzüge seiner Poetik lassen sich aus diesen Prosastücken ablesen. Auch sein Verhältnis zu Steffen, seine Beurteilung dieses Verhältnisses, gibt Einblick in das, was er vom Schriftsteller erwartet.

Eine Art Novelle heißt das Prosastück, in dem Walser über Steffen schreibt.[286] Erst im zweiten Teil des Stückes kommt Walser auf ihn zu sprechen: »Ich finde es jetzt für passend, von einem Besuch, den mir ein Kollege, d. h. ein Schriftsteller abstattete, Bericht abzulegen...« Der Besuch ist derselbe, von dem Steffen in seinem Tagebuch erzählt[287]; nur dieses eine Mal haben Walser und Steffen sich gesehen. Walser berichtet dann von dem Erfolg, den Steffen einige Zeit in der literarischen Welt hatte, bis er zur Anthroposophie überging: »Mit einmal, so hieß es dann, habe er den vermutlich begründeten Entschluß gefaßt, sich vom Leben abzuwenden; er sei in eine Art, man möchte sich ermächtigen, zu glauben, Kloster als Busseablegender getreten.«[288] Walser fügt dem seine eigene Deutung von Steffens Schritt an:

»In Wirklichkeit trat er einer Gemeinschaft religiöser Tendenz als vielleicht zu innig dienendes, zu leidenschaftlich ergebenes Mitglied bei. Über seinen Schritt zu urteilen würde ich, was mich betrifft, jederzeit ruhig ablehnen; ich würde mich in einem Gespräch, das sich auf ihn bezöge, darauf beschränken, Verbindliches, d. h. ein paar achtungsvolle Worte auszusprechen, wobei es mir einfallen könnte, dem Ausspruch ›Krisis‹ zu erlauben, aus der Wohnung meines Mundes mit möglichst viel Unauffälligkeit hervorzutreten. Auf allen Wegen, könnte ich mich bewogen fühlen, beizufügen, fänden sich Rosen, womit ich zwar gar nicht einmal etwas Eigengeistiges, vielmehr etwas zu irgendwelcher beliebigen Zeit von irgend jemand Vernommenes zum Ausdruck brächte.«[289]

Das Urteil Walsers ist deutlich, wenn er es auch versteckt. Im Gespräch würde er es ablehnen, sich über ihn zu äußern. Aber daß der Schritt Steffens aus einer »Krisis«, einer Lebenskrise heraus zu erklären sei, gibt er dann doch zu erkennen, auch daß »auf allen Wegen« Rosen zu finden seien, also auch bei den Anthroposophen; das letztere schränkt er wieder ein, da es nicht von ihm selbst stammt, nichts »Eigengeistiges« ist, sondern etwas »Vernommenes«, was er nur nachredet. Sein Urteil ist trotz alledem klar: Steffen wurde ein »zu innig dienendes, zu leidenschaftlich ergebenes Mitglied«. Dies muß doch als bemerkenswert erscheinen: ausgerechnet Walser, der sonst das »Dienen«, das »Sich-völlig-Unterwerfen« feiert, kritisiert hier, daß einer gerade dieses tat. Offensichtlich meint Walser mit Dienen und Kleinsein nicht die Unterwerfung unter eine Institution! Und dies mag allen Interpreten gesagt sein, die darin Satire oder Perversion kleinbürgerlichen Verhaltens zu erkennen glauben. Kleinbürger unterwerfen sich der Autorität von höhergestellten Personen und von Institutionen.[290] Das ist nicht Robert Walsers Art: weder in seinem Leben noch in seinem Werk hat er diese Haltung vertreten. Kleinsein heißt für ihn gerade, außerhalb der Kategorien der gesellschaftlichen Institutionen zu stehen, allein zu sein, Außenseiter zu sein. Kleinbürger dagegen unterwerfen sich den Kategorien der Institutionen, um Halt zu finden, um voran zu kommen. Erfolg und Sicherheit waren Walser verdächtig.

So ist ihm auch das Verhalten von Steffen verdächtig, das uns hier nur so weit interessiert, als wir an ihm – genauer: an Walsers Beurteilung seines Verhaltens –, Walsers eigene Ansicht, wie sich ein Poet zu verhalten habe und wie nicht, ablesen können. *An einen Poeten* heißt der zweite Aufsatz, kürzer noch als der erste, in dem Walser abermals von Steffen spricht, diesmal sich direkt an ihn wendend.[291] Robert Mächler erwähnt in seiner Walser-Biographie, in der er aus dem ersten Aufsatz zitiert, diesen zweiten Aufsatz nicht und auch Jochen Greven vermerkt in den *Gesammelten Werken* nicht, daß es sich hier um eine Beurteilung des Poeten Albert Steffen handelt. Daß es aber um diesen geht und um keinen anderen, erhellt nicht nur der Inhalt des Aufsatzes selbst, sondern auch dessen Erscheinungsort: der Aufsatz erschien zusammen mit dem ersten *Eine Art Novelle* und sogleich nach diesem abgedruckt in der Zeitschrift *Individualität*, in deren 3. Jahrgang 1928/29 in Buch 1/2.

Individualität aber war eine anthroposophische Zeitschrift, die drei Jahrgänge lang von 1926 bis 1928/29 im Verlag »Freies Geistesleben« in Dornach und Lörrach erschien.[292] In allen drei Jahrgängen ist Robert Walser vertreten mit insgesamt acht Beiträgen[293]; drei Beiträge von Mitarbeitern sind wiederum Robert Walser gewidmet, darunter einer von Hans Wilhelm Keller, der mit dem Satz beginnt: »... daß ich den Großteil der heute als Dichter Gefeierten nicht für Dichter zu halten vermag.« In dieser Hinsicht dürfte er mit Robert Walser einer Meinung gewesen sein, und die Literaturgeschichte wird bestätigen, daß beide recht hatten.

Robert Mächler sieht als Grund für Walsers Mitarbeit in der *Individualität* lediglich den äußeren Zwang: »Als ein Abseitiger mußte Walser für das Wohlwollen und Verständnis, das ihm von seiten namhafter Anthroposophen zuteil wurde, dankbar sein.«[295] Nun war er bekanntlich in anderen Fällen seinen Förderern, etwa Walter Muschg oder Hermann Hesse, keineswegs dankbar. Er äußerte sich spöttisch über sie. Und auch hier spottet er in einem Brief an Therese Breitbach, den Mächler zitiert:

»Sie lasen den ›Kuß‹ in der ›Individualität‹, ein Prosastück, das ich Ihnen von mir aus niemals zu lesen gegeben hätte, und das ich, wenn es ein weniger Artiger gedichtet haben würde, als wie ich einer bin, und wenn ich etwa Zensor oder Konsistorial- oder Regierungsrat wäre, mit einer Schleunigkeit konfisziert hätte, die nichts zu wünschen übrig gelassen hätte. Es tut mir sehr leid, daß dies Stück, das ich nur für Sektierer, Frömmler, Ekstatiker zu veröffentlichen glaubte, etwa für ganz herangereifte Frauen, Ihnen unter die jungen Augen kam, und ich lade Sie höflichst ein, mein Fräulein, lesen Sie doch lieber einstweilen einfach bloß etwa Schiller oder höchstens Goethe.«[296]

So einfach, wie Mächler meint, ist es nicht: Walser ist weder den Anthroposophen noch Muschg noch Hesse gegenüber dankbar, und sein Spott trifft nicht nur diese, sondern auch sich selbst und andere, hier die Briefpartnerin. Gewiß »Sektierer, Frömmler, Ekstatiker« nennt er spöttisch die Leser der *Individualität*, aber auch »für ganz herangereifte Frauen« – so schreibt er – sei das Prosastück gedacht; also verspricht er sich noch ein anderes Publikum von der *Individualität*? Jedenfalls für »junge Augen« wie die der Briefpartnerin ist das Prosastück nicht gedacht; hier spottet er ein wenig über das junge Mädchen. Schiller oder »höchstens Goethe« solle sie lesen; der pädagogische Rat trifft den Ratgeber: sein Werk taugt anscheinend nicht so viel wie das von Goethe. Also Spott gegen sich selbst! Doch: Goethe? Ist er nicht das leuchtende Vorbild der Leute am »*Goetheanum*«?

Es gibt Berührungspunkte zwischen Robert Walser und der Anthroposophie, die von anderer Art sind als die Notlage, von der Robert Mächler ausging; von der finanziellen Not, in der er fast immer war, hat sich Walser nie zu etwas bewegen lassen, was gegen seine Überzeugung stand. Und wenn dem doch so wäre: warum schreibt er dann ausgerechnet zwei Beiträge mit versteckter, aber starker Kritik an dem Führer der Anthroposophen ausgerechnet in deren Zeitschrift? Dieses Paradoxon ist aus Walsers Haltung zur Literatur heraus relativ leicht zu erklären: er spottet über die Erfolgreichen, hätte aber doch gern Erfolg; er kritisiert den Literaturbetrieb, ist aber doch auf ihn angewiesen; er zweifelt an der Wichtigkeit der Literatur, unterwirft sein ganzes Leben aber der Literatur. Walser neigt zu einer Selbstaufhebung des Schreibens im Schreiben, die weitergehend auch zu einer Selbstaufhebung der Literatur tendiert. Freilich ist es gerade diese Art der dialektischen Betrachtung der Literatur, die ihn am stärksten von den Anthroposophen unterscheidet, die die Literatur allzu gerne zur Magd der Weltanschauung machen; sie soll dadurch Überzeugungskraft gewinnen, verliert sie aber gerade dadurch. Genau das ist es, was Walser nach Steffens Wandlung feststellt: den Verlust der poetischen Überzeugungskraft. Walser:

»Weshalb gingest du vor einiger Zeit zu jenen beständig schweigenden Zufriedenen, die ihre großartige Bedürfnislosigkeit in die Tücher vielsagender Einförmigkeit hüllen und fähig sind, ihre Sprachgewandtheit in eine Handbewegung zu legen, die vor ihren Häusern wie Bilder aus Erz stehen, und die dir mit ihrer Haltung sagten, dir fehle irgend etwas; warum sehntest du dich, als du dich denen gegenübersahst, die einen unnachahmlichen Abstand besitzen, nach der Belanglosigkeit beispielsweise eines Geplauders?«[297]

Dies ist deutlich auf die anthroposophische Bewegung gemünzt: die Tücher der Einförmigkeit, die sprachgewandten Handbewegungen, das meint wohl die Eurhythmie. Und diese Haltung des unausgesetzt Ernsten und Gemessenen, die Walser sich nach der »Belanglosigkeit des Geplauders« sehnen läßt, das geht wohl ebenfalls auf die Anthroposophie; es ist diese Bedeutungsschwere, die allem und jedem hohe Bedeutung verleiht, aber gerade dadurch – paradox genug – zur Bedeutungsentleerung führt. Und es ist die Humorlosigkeit, die sehr komisch sein kann. Was ich am Beispiel jenes von Martin Walser zitierten *Monologs* von Novalis bereits erläutert habe, das tritt hier wieder hervor als sprachliches und als poetisches Problem: das leichte Geplauder ist oft den Dingen näher als jenes ernste Sprechen, das unausgesetzt von den Dingen zu reden meint.

Robert Walser weiterhin über Steffen:

»Doch zunächst möchte ich dich bitten, mir zu sagen, wie es kommt, daß eine Derbheit in deinem Mund keine Derbheit zu sein vermag; weshalb es dir nicht gelingt, deinen an sich gewiß wertvollen Ausgeglichenheiten die gehörige Wirkung zu verschaffen? Gingest du nicht in ein Nachtlokal, um das Leben pulsieren zu sehen, das nicht in dich eindrang, weil du es schon kanntest, weshalb ich die Frage an dich adressiere, ob du nicht lieber etwas unwissender ins Leben gehoben worden wärest?«[298]

Nehmen wir das Sprachproblem als ersten Gesichtspunkt, den wir aus dem Text *An einen Poeten* gewinnen, dann ergibt sich hier ein zweiter Gesichtspunkt: das Wissen *vor* der Lebenserfahrung. Eine Weltanschauung, wird sie wie ein Glaubenssatz übernommen, weiß bereits alles vor jeder Erfahrung. Sie sollte aber aus der Erfahrung und dem eigenen Denken sich entwickeln; hier ist übrigens Walser Rudolf Steiner näher, als er es weiß. Denn für Steiner war Anthroposophie Wissenschaft, nicht Glaube; aufgrund eigenen Denkens und Erfahrens sollte man sie prüfen und erst dann annehmen und nur dann, wenn man sie geprüft habe. Was Robert Walser an der Anthroposophie angreift, ist die Verfestigung eines Gedankens zur Institution. So wie er im Christentum auf seine eigene Weise am Gedanken des Christentums festhält, aber von der Institution sich distanziert, so ist auch hier die Frage, ob seine herbe Kritik an Steffens Rolle innerhalb der Anthroposophie zugleich eine Ablehnung aller Gedanken Rudolf Steiners bedeutet. Das »päpstliche« Gehabe von Steffen, das Walser kritisiert, ist auch von Anthroposophen kritisiert worden; daß Walsers Kritik in einer anthroposophischen Zeitschrift erschien, deren Redakteure gemerkt haben müssen, auf wen diese Kritik gemünzt war, ist ein Beleg dafür. Walser:

»Deine Umgebung hatte stets Anlaß, dich zu verehren; du schrittest gleichsam über diese Achtung wie über einen Teppich, statt daß deine Füße ab und zu mit der Landstraße in Berührung gekommen wären, was dir allerlei erzählt hätte. Du bewegtest dich fortwährend in einer Gesellschaft, vor der du kein einziges Mal zu zittern nötig hattest, die sich für dich vielmehr in eine Zither verwandelte, auf deren Saiten du nachlässig spieltest. Nie lächelte man dich anders als verbindlich und artig an, weshalb du dich an ein Differenziertsein gewöhntest, das auf diejenigen überging, die dieses Verfeinerte an dir wahrnahmen, was man als eine Art von Schönheit ansah.

Du erlebtest Städte und Landschaften und erlebtest sie nicht, da sie dich schon im Alter von neun Jahren illusionär umgaben.«[299]

Uns interessiert hier die Auseinandersetzung Walsers mit Steffen nur unter einem Aspekt: Welche Ansicht von der Aufgabe des Poeten vertritt Walser? Diese läßt sich in drei Punkten zusammenfassen; zwei wurden schon genannt:

1. Das Sprachproblem: gerade bedeutungsvolles Sprechen führt zu Bedeutungsverlust, gerade leichtes Geplauder kann einen Anhalt wahrer Bedeutung bringen. Mit aller Schärfe sagt Walser es noch einmal am Schluß des kleinen Aufsatzes, es ist ohne Zweifel der wichtigste der drei Punkte: »Du versuchtest wortkarg wie ein Stein in stiller Gegend und munter wie ein Bächelchen zu sein, und deine Zurückhaltung verwandelte sich in ein Geschäker und dein Sprechen sprach nicht, und Eine zeigte dir ihren Rücken, weil du dich ihr gegenüber benahmest, als wäre sie nicht kennenlernenswert, die überzeugende Stimme.«[300]

2. Weltanschauung als Wissen vor jedem Leben. Walser, der gerade vom Nicht-Wissen die wahre Einsicht erwartet, sieht

im Wissen ein Hindernis der Einsicht: man sieht nicht mehr hin, man weiß ja schon, vielmehr: man glaubt zu wissen.

3. Distanz zur Gesellschaft. Erst in der Einsamkeit und Ungebundenheit, also in der Freiheit, findet der Poet seine Entfaltung. Im Widerstand wächst er, auch in Angst und »Zittern«.

Walsers Sicht, wie sie in diesen drei Punkten hervortritt, ist so außergewöhnlich nicht, wie sie zunächst erscheinen mag. Das Sprachproblem, das Darstellungsproblem begleitet die moderne Literatur seit ihren Anfängen. Die romantische Ironie, wie sie von Friedrich Schlegel formuliert, wie sie von E.T.A. Hoffmann praktiziert wurde, meint nichts anderes: daß die Darstellung als problematisch in der Darstellung selbst reflektiert werden soll.[301] Nichts anderes tut Robert Walser immer wieder; nicht zufällig sieht Martin Walser die Parallele zum Romantiker Novalis.

Die Freiheit von jeder Weltanschauung, zuvörderst der christlichen, wie sie in den Kirchen vertreten wurde, die Freiheit von jeder durch Institutionen vorgegebenen Aufgabenstellung: nichts anderes meint die Autonomie der Kunst, die seit Karl Philipp Moritz für die moderne Kunsttheorie grundlegend ist.[302] Daß diese Autonomie den Künstler oft zum Einzelgänger macht, zum Außenseiter werden läßt, darf nicht vergessen machen, daß dieses Außenseitertum ein sozial erlaubtes und in vielen Fällen hoch angesehenes Außenseitertum ist: Künstler werden wegen ihrer Geradlinigkeit und Unabhängigkeit innerhalb der Gesellschaft geschätzt und geehrt und als Vorbilder empfohlen.

Seine Unabhängigkeit hat Walser sich teuer erkauft; er war sich dessen bewußt, daß er dabei einem bestimmten gesellschaftlichen Topos vom großen Künstler entsprach oder doch zu entsprechen versuchte. Er wußte, daß gegenwärtiger Mißerfolg die Chance, allerdings nicht die Gewißheit zukünftigen Erfolges in sich birgt.

In dem Prosastück *Für die Katz* von 1928/29 sagt er dies unumwunden.[303] »Die Katz« ist für ihn die gesamte »Zivilisationsmaschinerie«, die er mit kaltem Hohn zurückweist, besonders ist es aber »der Betrieb selber«, der Literatur- und Kulturbetrieb. Walser: »Ich nenne die Mitwelt Katz; für die Nachwelt erlaube ich mir nicht, eine familiäre Bezeichnung zu haben.«[304] Die Nachwelt sieht er also nicht geringschätzig, sondern respektvoll und hoffnungsvoll an. Er lehnt zwar den Hochmut ab, der viele sprechen läßt: »Es ist für die Katz«, denn: »als wären nicht alle Menschen von jeher für sie tätig gewesen.« Seine ganze Hoffnung ruht aber doch auf der Nachwelt, die den großen Künstler erst erkennen kann; das sagt er zwar nicht ausdrücklich, aber das klingt an: »Alles, was geleistet wird, erhält zuerst sie (die Katz); sie läßt sich's schmekken, und nur was trotz ihr fortlebt, weiterwirkt, ist unsterblich.«[305] Und das ist doch, wenn er es auch nicht ausdrücklich sagt, sein Ziel: unsterbliche Werke zu schaffen.

Robert Walser steht in der Tradition des sozialen Bildes vom wahren Dichter und Künstler, wie es sich in der Moderne, also seit etwa 200 Jahren, herausgebildet hat, und nur die Radikalität, mit der er es in Leben und Werk vertritt, ist außergewöhnlich – die Radikalität, die ihn die gesamte gegenwärtige Kultur als »Zivilisationsmaschinerie« ablehnen läßt und jede Art von Bindung und Gemeinschaft, so daß er bis zur Einsamkeit des Einzelgängers und des Einsiedlers getrieben wird. Diese Radikalität steht freilich auch noch in einem anderen, älteren Zusammenhang, den ich schon aufgezeigt habe: dem christlichen. Auch der Gedanke der Autonomie der modernen Kunst, etwa bei Karl Philipp Moritz, hat religiöse Wurzeln, worauf Robert Minder hingewiesen hat.[306] Der mystische Weg nach Innen, den Moritz im Pietismus kennenlernte, ließ das Individuum seine einzigartige Unabhängigkeit gewinnen: nur in sich selber fand es Gewißheit. Institutionen – Kirche, Theologie, Staat – hatten ihm nichts vorzuschreiben. Nicht umsonst tendierte die Mystik immer zur Ketzerei, nicht umsonst führte sie in unserem Jahrhundert zur Anarchie, bei Gustav Landauer etwa. Nicht umsonst hieß jene Zeitschrift der Anthroposophen Willy Storrer und Hans Reinhart *Individualität*. Denn auch Rudolf Steiners Anthroposophie steht in der Tradition dieses Weges nach Innen: das Individuum ist ihr das Höchste. Daß die Anthroposophie zu Verfestigung, Hierarchie und Glaubenseifer führte, als sie sich institutionalisierte, ist der Gegenstand von Walsers Kritik. Wirft er doch dem Kollegen Steffen vor, daß er von der innerweltlichen Askese abgefallen sei, betrachtet man den Aufsatz *An einen Poeten* genauer; er wirft ihm vor, daß er bequem geworden sei.

Und deshalb hat er auch den Zugang zur Wahrheit, nämlich »die überzeugende Stimme« verloren. Denn darin muß doch das Ziel von Walsers Streben gesehen werden; Askese, Unabhängigkeit, Unbedingtheit waren ihm nicht um ihrer selbst willen wichtig, sondern um des Zieles willen, dem sie dienten: das wahre Wort zu finden. Auch darin ist die alte religiöse Struktur zu erkennen: dem Worte dienen, das bleibt als Ziel erhalten, wenn es auch nunmehr nicht das Wort Gottes ist, wenigstens nicht ausdrücklich, sondern das Wort der Poesie.

Gerade Walsers Texte für die *Individualität* geben Zeugnis von diesem poetisch-religiösen Zusammenhang, weshalb ich noch kurz auf sie eingehen will, bevor ich zu seinen dezidierten Äußerungen zur Poetik komme. *Der Kuß II*, den Therese Breitbach in der *Individualität* las, worauf Walser ihr die erwähnte ironische Antwort schickte, ist die Beschreibung eines dermaßen intensiven und selbstvergessenen Kusses, einer Versenkung zweier Wesen ineinander, daß nicht erst der Ort der Veröffentlichung an die Mystik denken läßt.[307] In der Mystik ist ja oft die weltliche Liebe zwischen Mann und Frau Metapher für die himmlische Liebe zwischen Gott und Mensch – von Mechthild von Magdeburg bis hin zu Robert Musils Ulrich und Agathe in *Der Mann ohne Eigenschaften* ist dies jedenfalls eine übliche Metapher für Gottfindung und Selbstfindung. In einem anderen Prosastück Robert Walsers, das zuerst den Titel *Der Kuß* trägt – es ist deshalb als *Der Kuß I* in der Gesamtausgabe vermerkt –, ist der Kuß tatsächlich die Bezeichnung für ein mystisches Erlebnis.[308] Während die Augen geschlossen sind, sieht der Ich-Erzähler mit seinen inneren Augen aus unermeßlichen Weiten etwas auf ihn herabstürzen, was er den Kuß nennt, der aber – wie er am Schluß des Textes ausdrücklich sagt – von dem Kuß, den zwei Geliebte sich geben, deutlich unterschieden ist. In dem Prosastück *Der Kuß I* spricht Walser ohne Ironie, in *Der Kuß II* dagegen macht er von der Ironie Gebrauch – und die Metapher »Kuß« wird in *Der Kuß II* nicht mehr so deutlich von ihrer üblichen nichtmetaphorischen Verwendung getrennt wie in *Der Kuß I*.

In *Der Kuß II* wird die Versunkenheit abrupt unterbrochen und schließlich abgebrochen. Der Ehemann der Frau, die der Ich-Erzähler so selbstverloren küßt, tritt nämlich auf und es kommt zu einer wenig erfreulichen Szene: »Jetzt aber sah uns ihr Gatte. Aber lassen Sie mich Ihnen um Gottes willen erst rasch noch etwas von dem Flüstern sagen, das der Armen entquoll, die mir in den Armen lag...«[309] Durch dieses »Jetzt aber sah uns ihr Gatte« wird die Schilderung des Kusses unterbrochen, die Stimmung ist dahin, wenn sie dann wieder aufgenommen wird. Die Stilebenen wurden gewechselt: von einer hohen, melodramatischen auf eine der Boulevard-Komödie oder des Schwanks, wo Ehemann und Nebenbuhler einander verprügeln.

Das, was Walser zu sagen hat in seinen Texten, die er in der *Individualität* veröffentlichte, ist so fern nicht von dem, was dort sonst gedruckt wurde, aber *wie* er es sagt, das trennt ihn von allen anderen, die dort veröffentlichten, auch von Hermann Hesse, Alfred Mombert, Wilhelm von Scholz, also Nicht-Anthroposophen, die in dieser Zeitschrift humorlos und pathetisch schrieben. *Der Kuß* ist der erste Aufsatz, den Walser in der *Individualität* publizierte; *Ferienreisen* ist der zweite. »Der mit sich Ringende«, »Der um seine Entwicklung besorgte«, wie die Abschnitte in diesem Aufsatz überschrieben sind, ist eine Figur, die gut in das Heft sich einfügt[310], das u.a. eine allegorische Dichtung von Heddy Petyrek-Gabriel enthält *Ibrahim ben Edhem* (mit »Edhems Geist«, »Der Unbekannte«, »Der Heilige« als Figuren) oder Gustav Gampers *Die Brücke Europas* (»Mein Ich ist Heiligtum; es birgt den Quell des Lebens...«, »...Ich glaube an Begegnung: ein Meister wird es sein, der auf dem Pfad des Geistes zu mir tritt«). Walsers ironische Darstellung hebt ihn aus dem Heft heraus, das zumindest stellenweise in den Niederungen des Kitsches sich bewegt. Walser hat in dem Text *Ferienreise* wiederum eine Invektive gegen die pathetische Tendenz des Blattes, in dem er schreibt, versteckt – und zwar unter dem Titel »Der Autor erlaubt sich eine Bemerkung«:

»Gebildete sind schon froh, wenn etwas getan wird, und wenn, was geschieht, nicht übel ist. Sensationsbegierde ist ein Zug von Durchschnittlichkeit. Der Durchschnitt verlangt in einem fort Außerordentliches. Um scheinbar Uninteressantes interessant zu finden, bedarf es eines Quantums Begabung. Eine große Begebenheit rüttelt auch einen Trottel auf; die kleine, die bescheidene entgeht seinem Mangel an Geübtheit im Schauen. Anständigkeit, Bravheit kommen keinen anderen so klein, so unbedeutend vor wie den Kleinlichen, Unbedeutenden, denen nur Gaunereien usw. bedeutend zu sein scheinen. Es gibt Leute, die ihre minderwertige Sorte von Vertrauen nur Mitbürgern schenken, die doch mindestens schon Juwelen zu stehlen auf den hohen Einfall kamen. Ich lasse nun wieder meiner Figur das Wort.«[311]

»Der Durchschnitt verlangt in einem fort Außerordentliches«, das heißt doch: immer muß es etwas Großes sein, was in großem Stil vorgetragen wird, damit das Mittelmaß sich begeistert. Heilige und Geister oder doch – wie in dem Stück von Albert Steffen, das in einem anderen Heft der *Individualität* in Auszügen gedruckt wurde – »der Geistesforscher« und der »Chef des Generalstabs« sollen auftreten, also alles bedeutende Menschen, die aber dann doch allzu oft bedeutungslose Banalitäten sagen. Robert Walser stellt dem seine Poetik entgegen, die ganz dem entspricht, was er an anderen Stellen als sein Erziehungsprogramm entwickelt: Bescheidenheit, Kleinsein; im Einfachen, im Unscheinbaren bleiben. Gerade darin steht er ja in der Tradition der Mystik, die in dem Kleinsten das Größte zu sehen vermag, in einem Stein oder einer Pflanze die ganze Welt.

Walsers Dialektik, daß Kleinsein die wahre Größe sei, gilt für ihn im Leben wie in der Kunst. In dem umfangreichen Prosastück *Eine Ohrfeige und Sonstiges* – ich habe es schon erwähnt – vertrat er dieses Programm mit Worten, die sich immer wieder bei ihm finden: »Man müsse vom geringsten Gegenstand schön reden lernen, was besser wäre, als über einen reichlichen Vorwand sich ärmlich auszudrücken.«[312] In dem Aufsatz *Einige Worte über das Romanschreiben* wiederholt er das: »...lieber Geringfügiges groß als Großzügiges unbedeutend zu behandeln.«[313]

Nun geht er bei dieser Formulierung merkwürdigerweise davon aus, daß Großzügiges groß zu behandeln unmöglich sei, denn das wäre doch das eigentlich Angemessene, nämlich daß Kleines klein und Großes groß dargestellt werde und das entspräche auch den Regeln der alten Rhetorik und Poetik. Tatsächlich scheint Walser der Meinung zu sein, daß dies unmöglich oder doch fast unmöglich ist. Er beginnt mit dem Regelfall, den er in der Literatur seiner Zeit kennengelernt hat, daß Großes unzureichend dargestellt wird, und stellt sein Programm dagegen: dann lieber Kleines groß, also mit großer Kunstfertigkeit darstellen, und zwar so, daß keine Mühe zu erkennen ist, keine Anstrengung. Die Anstrengung ist da zu erkennen, wo einer vergeblich Großes groß darzustellen sucht. In dem kleinen Aufsatz *Einige Worte über das Romanschreiben* hat er dieses Programm, in Kritik zeitgenössischer falscher »Großartigkeiten«, knapp und klar erläutert:

»Es gibt also Romanautoren, die, mit kleinem Geist ausgestattet, gern in die Großartigkeiten laufen, was man natürlich beim Lesen der betreffenden Bücher sogleich bemerkt und als ärmlich empfindet. Dagegen benimmt sich der mit großem Geiste ausgestattete Romanschriftsteller so: er spaziert gern mit seinem hellen, umsichtigen und großen Geiste im kleinen und bescheidenen Milieu herum, fühlend oder wissend, daß es sich gut ausnimmt und eine Wirkung des Schönen, ja sogar des Erhabenen hat, wenn sein Leser zu der sehr angenehmen Empfindung kommen kann, der Autor tummle sich gutmütiger- oder humorvollerweise in Gebieten, über die er fröhlich hinauszuschauen vermöge; er besitze gewissermaßen ein Vermögen, das er nicht anzutasten nötig habe, er sei etwas wie ein in Wahrheit reicher Herr. Jedes wahrhaft gute, sanfte Friedens- und Bildungsbuch, ich meine, jeder wirklich gute Roman, hinterläßt solchen Eindruck der Nichtüberspannung und Nichtüberanstrengung der Kunst- und Geisteskraft. Gewissermaßen sind es in einem Buche die Ungesagtheiten, die wie eine blühende Sprache anmuten, es ist ein Duft, eine Wohlhabenheit, die uns gefällt. Ich möchte demnach im Interesse eines wirklich bleibenden Wertes ihrer Bücher den Romanschriftstellern raten, lieber Geringfügiges groß als Großzügiges unbedeutend zu behandeln.«[314]

Der wichtigste Gesichtspunkt dieser Ausführung sind »die Ungesagtheiten«: diese Ungesagtheiten, die ausgesagt werden sollen, die aber nicht direkt, sondern nur indirekt zum Ausdruck gebracht werden können. Das Paradoxon, das Nicht-Sagbare zu sagen, ist das Kernproblem der modernen Sprachkritik in Literatur und Philosophie, es ist das Problem, das die Modernen zur Rezeption der alten Mystiker führte, weil diese die einzigen in der europäischen Tradition waren, die bereits dieses »Sprachproblem« kannten: davon im letzten Kapitel dieses Buches. Aber kehrt Walser nicht, genau betrachtet, das alte Sprachproblem – das Unsagbare sagen – im zitierten Aufsatz um? Das Sagbare *nicht* zu sagen und es gerade *dadurch* zu sagen, das bringt »die blühende Sprache« der Poesie hervor. Walser ist unter den Sprachkritikern der Moderne ein Anhänger jener Richtung, die der Sprache vertraut und die der Richtung derjenigen, die der Sprache mißtraut bis zum Sprachverzicht, entgegensteht. Walser traut der Sprache mehr zu als den Menschen, die sie sprechen. Sein Vertrauen zur Kraft der Sprache, die sich erst entfaltet, wenn wir uns ihr völlig anvertrauen, steht in der romantischen Tradition des Novalis. Wird die Sprache nur auf die rechte Weise benutzt, oder besser: vertraut man sich ihr nur richtig an, dann wird sie schon zu sprechen beginnen, vielleicht sogar gerade dadurch, daß sie »verstummt«.

Mutter und Kind, im Sonderheft *Die Welt des Kindes* der *Individualität* 1928/29 veröffentlicht, endet mit dem Satz: »In bezug auf die Sprache gehört es mit zu ihrer Schönheit, daß sie sich, wenn sie versagt, wirksam zeigt, im Verstummen zu verstehen zu geben fähig sei, sie sei da.«[315] Merkwürdig dieser Satz in Syntax und Semantik, eher verdreht, eher unschön, als wolle er in seiner Satzfigur die Art des Verstummens andeuten, aber auch die Unsicherheit des Sprechers, ob der Satz das deutlich genug sage, was er sagen soll. »Wenn sie versagt«, zeigt die Sprache sich noch wirksam; zeigt sie sich gerade dann wirksam? Und: »im Verstummen« ist sie fähig, zu erkennen zu geben, daß sie da sei. Zeigt sie gerade im Verstummen ihre Fähigkeit?

Walsers Poetik ist zunächst gegen die herrschende Poetik seiner Zeit gerichtet, gegen das falsche Pathos, gegen die große und leere Geste; da mögen Steffen, Hesse, Mombert, Wilhelm von Scholz in der *Individualität* Beispiele solcher Poetik sein oder die Expressionisten. Walsers Poetik ist aber mehr als eine Polemik gegen die verbreitete Literatur seiner Zeit, sie wäre sonst in der Parodie oder der Satire stecken geblieben; sie geht vom grundlegenden Problem der modernen Poesie aus, wie es am schärfsten zuerst in der deutschen Romantik als »romantische Ironie« definiert wurde; seine Poetik schließt Walser nicht als Sonderfall aus der Moderne aus, sondern sie gliedert ihn in die Moderne ein – im Gegensatz zu vielen seiner erfolgreichen Zeitgenossen, die diese Poetik nicht vertraten. Hermann Hesse, der Walser schätzte, hat die Maxime moderner Poesie in dem *Tractat vom Steppenwolf* innerhalb seines Romans *Der Steppenwolf* ausgesprochen; er nennt sie dort Humor.[316] Nur mit diesem »Humor« gelinge es, das »Unmögliche« zu bewältigen. Hermann Hesse, den Walser nicht schätzte[317], ist es nicht gelungen, das, was er im *Tractat* als

Programm formulierte, in der Praxis des Romans *Der Steppenwolf* einzulösen. Er wußte es. Der Roman endet mit der Hoffnung: »Einmal würde ich das Lachen lernen«, das heißt, er hat es *nicht* gelernt.[318]

Was hat Hesse mit diesem »Humor«, diesem »Lachen« gemeint? Hesse sieht zunächst dieselbe soziale Konstellation, wie Walser: den romantischen Gegensatz von Bürger und Künstler, den Künstler als herausragende Individualität, als Außenseiter, als »Steppenwolf«, der dennoch sich nicht ganz vom Bürgertum zu befreien vermag, an das er schon per definitionem als dessen Gegensatz gebunden ist. Hesse meint, einigen wenigen »Überragenden« gelänge es doch, darüber hinaus »ins Kosmische« vorzustoßen. Anderen, nicht ganz so Überragenden, den »höchstbegabten Unglücklichen«, bleibe nur eines: der »Humor«.[319] Walser würde wohl nur diese zweite Möglichkeit gelten lassen, – vom »Kosmischen« zu sprechen, widerspräche seiner Poetik. Hesse nennt Humor: »In der Welt zu leben, als sei es nicht die Welt, das Gesetz zu achten und doch über ihm zu stehen, zu besitzen, ›als besäße man nicht‹, zu verzichten, als sei es kein Verzicht – alle diese beliebten und oft formulierten Forderungen einer hohen Lebensweisheit ist einzig der Humor zu verwirklichen fähig.«[320]

Das ist Walsers Programm, nur hat er es im Unterschied zu Hesse – der insofern eine tragische Figur ist, als er um das Ziel weiß, es aber nicht erreicht – in Leben und Werk verwirklicht. Freilich bedurfte dies der großen Anstrengung, die er in dem Aufsatz *Über den Charakter des Künstlers* beschreibt, einer Anstrengung, die an der Leichtigkeit der Texte nicht zu spüren sein sollte:

»Vertraulich sein kann er nicht, Mensch sein darf er nicht. Er kann und darf beides, aber… es ist immer eine Frage da, ein Gedanke, ein Geist, ein Fortlaufendes, und es bricht immer in ihm, es tönt, und er bildet sich ein, immer bildet er sich ein, treulos zu sein an einem schönen, unbezwinglichen, gräßlichen Etwas, das da ist und nie da ist, das nie da ist, weil es selbst ist, weil er das selbst ist, was da ist und immer fortgeht.

So lebt er in fortlaufenden überzarten Sorgen, die ihm die gesunden Sinne zu verrücken drohen.«[321]

Hier beschreibt Walser den ungeheuren Zwang, unter den er sich gestellt sah. Und aus diesem Zwang heraus hat er seine

Poetik entwickelt: das Unmögliche möglich zu machen. Und insofern ist diese Poetik auch nicht aus der Tradition der Moderne entstanden, sondern er ist zu ihr aus eigener Erfahrung gekommen, so wie andere Schriftsteller vor oder nach ihm zu ähnlichen Ansichten aus ähnlichen Erfahrungen kamen – seit der zweiten Hälfte des 18. Jahrhunderts, seit dieser Zeit, als die Einheit von Welt und Weltanschauung, von Kirche und Staat, von Gruppen- und Einzelidentität endgültig zerfallen war, seit diesem Beginn der Moderne. Aus den alten Trümmern erstand die Individualität, die frei sein will und einsam sein muß. Weltanschauung und Ideologien gaukeln ihr nur illusionäre Sicherheiten vor, Institutionen bieten ihr einen trügerischen Halt. Der einzelne ist ganz auf sich gestellt. Das ist die historische Grundlage der Walserschen Poetik. Davon noch im letzten Kapitel dieser Arbeit. Die Walsersche Poetik selbst ist am besten als Sprachproblem zu erfassen: als der Versuch, zwischen Scylla und Charybdis hindurchzusteuern, zwischen der Scylla des pathetischen Geschwätzes und der Charybdis des dumpfen Schweigens. Da bleibt nur das »Geplauder«, das unabsichtliche Sprechen im Sinne des Novalis, oder das »Verstummen«, also die Sprache an ihre Grenze führen, aber nicht darüber hinaus; es ist ein Versuch, an der Grenze entlang zu balancieren z.B. mit Hilfe von Paradoxa. »Wer, wer hilft ihm, zu erglühen? Den Übergang zu finden ins Unermessene? Das Kleinste mit dem Größten zu verbinden?« heißt es in *Über den Charakter des Künstlers*.[322]

Auch für Walser bedeutet Ironie – Hesse nennt es Humor –, das Unvereinbare zusammenzubringen, die Gegensätze zu überwinden, letztlich: das Unaussprechliche auszusprechen. Für ihn stellt sich aber das Problem auf eine merkwürdig verdrehte Weise; das Unaussprechliche auszusprechen, heißt für ihn: das »Aussprechliche« *nicht* auszusprechen und es gerade dadurch auszusprechen, also es nicht unmittelbar, sondern nur mittelbar zum Ausdruck zu bringen. Das heißt, daß die Aussage des Textes gerade an der Aussparung erkennbar sein muß – siehe unsere Interpretationsmühen am *Jakob von Gunten*. Daß die Aussage auf eine ganz bestimmte Weise nicht ausgesagt wird, hat notwendig zur Folge – soll der Leser sie überhaupt bemerken –, daß die Aussage gerade an dieser bestimmten Weise erkennbar oder doch erahnbar sein muß. Sie muß also »angedeutet« werden. So kann auch bei Walser – wie bei Kafka, aber welch ein unterschiedlicher Kontext! – die Sprache nur »andeutungsweise« gebraucht werden. Alle stilistischen Techniken Walsers, wie sie etwa Martin Jürgens zusammengestellt hat[323] – die Diskontinuität des Erzählten, die Reflexion des Erzählers über das Erzählte, die Leseranrede, das »Darauflosschriftstellern« – kommen nicht aus artistischer Spielerei, sie dienen alle einem Ziel, das nur im Paradoxon auszudrücken ist, das Sagbare nicht zu sagen und es gerade dadurch zu sagen und damit auch das Unsagbare zu sagen. In einem Brief an Frieda Mermet vom 27. Dezember 1928 hat Walser die Erfahrung zum Ausdruck gebracht, die ihn zu diesem Paradoxon seiner Poetik führte: »Ich machte folgende Erfahrung auf dem Gebiet meiner Schriftstellerei: am farbigsten wirken Prosastücke gerade dann, wenn nichts von Farben darin gesagt wird. ... Das, was man nicht erwähnt, lebt am lebhaftesten, weil jedes Erwähnen, Andeuten irgend etwas von dem Betreffenden wegnimmt, ihn's (sic!) angreift, mithin vermindert.«[324]

9. Kafka und Walser
Zeitgenossen

Franz Kafka und Robert Walser: in ihrer Individualität, in ihrer so scharf in Leben und Werk herausgearbeiteten Individualität zeigt sich ein Allgemeines.

Unterschiedlich sind sie von Herkunft; der eine aus einer jüdischen Familie Prags, der andere aus einer reformierten Familie Biels, stammen sie aus zwei entlegenen Winkeln der deutschen Sprache, in denen heute kaum noch deutsch gesprochen wird; in Prag spricht man nur noch tschechisch, in Biel vor allem französisch. Sie haben Werke von großer Eigenart geschaffen, die kaum miteinander vergleichbar sind. Sie haben ihr Leben mit eigenwilliger Unbedingtheit gelebt. Der eine, Walser, fühlte früh schon eine Bedrohung, mehr in sich als in der Umwelt, mit der er spät und nach langen Kämpfen eine Art Waffenstillstand schloß, indem er sich aus dem Leben zurückzog und aus der Literatur – nicht gerade freiwillig. Der andere, Kafka, spürte früh »die Wunde«, als sie noch gar nicht da war, an der er dann starb[325]; die Krankheit sei Sieg und Niederlage zugleich für ihn; Niederlage wohl, weil es ihm nicht gelungen war, die gestellte Aufgabe zu bewältigen; Sieg, weil es ihm gelungen war, sich aus diesem Leben herauszuziehen.

Da wäre dann doch ein beiden gemeinsamer Gesichtspunkt. Ich will nicht alle Unterschiede und Ähnlichkeiten zwischen beiden aufführen. Nur drei Gesichtspunkte, die die beiden zusammenführen und zugleich über sie hinausführen, will ich festhalten. Der erste Gesichtspunkt: die Unbedingtheit, die Konsequenz in der Anlage des Lebensplans, bei Walser an seinen Dichterporträts abzulesen, die immer auch Selbstentwürfe waren[326], bei Kafka im Tagebuch am fortlaufend protokollierten Kampf. Es ist wohl gerade die Kompromißlosigkeit – gegen sich selbst und gegen andere –, die wir an ihnen bewundern, die Radikalität ihres Lebens. Das mag das übergroße Interesse an ihrer Biographie, das oft das Interesse an ihrem Werk verdeckt, erklären. Es ist ein Interesse, das letztlich auch eine religiöse Wurzel hat. Es ist im Laufe unserer Religionsgeschichte entstanden: das Interesse am vorbildlichen Leben der Heiligen. Ich finde kein anderes Beispiel in unserer Geschichte, das mit der Art, wie hier Leben geplant und durchgehalten wurde und wie hier Leben bewundert und bemitleidet wird, annähernd vergleichbar wäre.[327] Heiligenlegenden auch im Selbstentwurf der Autoren, die mehr oder weniger bewußt sich in der religiösen Tradition sahen. Walser nannte das Dichten ein Beten (»Beten ist ja wie Dichten.«)[328] und Kafka auch (»Schreiben als Form des Gebets.«)[329] Wenn wir Leser das Leben der Poeten bewundern, sind wir uns dagegen der religiösen Herkunft unserer Bewunderung, die uns nach säkularisierten Heiligenlegenden verlangen läßt, nicht mehr bewußt.

Daß ich bei meiner Untersuchung der beiden Autoren immer wieder auf religiöse Wurzeln stoße, ist zunächst in den beiden selbst begründet, eben in ihrer wie auch immer gearteten religiösen Haltung, einer ins Ästhetische gewendeten religiösen Haltung; daß sie nicht beten, sondern schreiben, ist dabei eine wichtige Veränderung des alten Betens. Es wird seinen Grund aber auch darin finden, daß religiöses Denken, religiöses Verhalten das älteste, das am längsten in Europa eingeübte ist – eben seit der Entstehung Europas aus dem jüdisch-hellenistisch-christlichen Kulturraum. Kafka steht in der Tradition des Judentums, Walser steht in der Tradition des Christentums. Das unterscheidet beide voneinander: daß sie aber beide dermaßen von ihrer Tradition geprägt sind, vereint sie wieder. Es ist der zweite Gesichtspunkt, der ihnen Gemeinsames erbringt: die Haltung zur jeweiligen Tradition. Bei Kafka eine Negation der Tradition bis zum »Nullpunkt«, und gerade darin nimmt er die Tradition ernst, ernster als die meisten, die sie naiv fortzusetzen meinen; bei Walser eine ironisch gebrochene Übernahme der Tradition, und gerade darin nimmt er sie ernst, daß er sie nicht ernst zu nehmen vorgibt, ernster jedenfalls als die meisten, die nur vorgeben, sie ernst zu nehmen. So verändern beide das Alte, daß es kaum wiederzuerkennen ist, auch selten wiedererkannt wird von Lesern und Interpreten; durch diese Veränderung wird das Alte zu einem Neuen, das es bisher so nicht gab; es ist eine Erneuerung der Tradition durch Kritik und Negation.

Walser: »In der Kunst gibt es nie etwas zu erneuern, nur neu zu erfassen, nie etwas zu reinigen, nur selber reinlich zu sein, nie neue Werte zu schaffen, nur selber versuchen, wertvoll zu sein. Dilettanten aber sind gerade mit größter Vorliebe Neuerer, Reiniger und Welt-Umstürzer, während es doch in der breiten und weiten Welt durch sie nie etwas wird zu verbessern geben.«[330] Solche Dilettanten waren Kafka und Walser nicht. Walser pocht hier auf Reinlichkeit, auf Reinheit des Lebens – das ist auch im Sinne Kafkas: dieses Ideal des reinen und bis zum Opfertod unbedingten Lebens ist es, das mich an die Heiligenlegende erinnert, die das gefühlvolle Mitleid des Lesers hervorruft. Unser Interesse am Leben der beiden – da prüfe jeder sich selbst – ist ja nicht ohne Sentimentalität und Selbstgefälligkeit.

»In der Kunst gibt es nie etwas zu erneuern, nur neu zu erfassen.« Meist formulieren wir ja alte Geschichten neu, auch wenn wir es nicht wissen. Ich habe deshalb zu Beginn dieser Arbeit die Neuformulierungen alter Geschichten durch Kafka und Walser untersucht, damit an ihnen dieser Vorgang deutlich werde und das Vorgehen der beiden Autoren. Auf welch eigenwillige Weise haben sie die alten Geschichten neu erzählt: das Zerbrechen der Struktur, das Spielen mit den Möglichkeiten der Struktur macht die Struktur überhaupt erst bewußt. Und darin haben die beiden wiederum ein Gemeinsames – das ist mein dritter Gesichtspunkt –; sie haben es nicht nur miteinander, sondern mit allen anderen genuin modernen Autoren gemeinsam: die Reflexion der Darstellung in der Darstellung selbst. Diese Reflexion führt zur Reflexion des Sprechens und Denkens überhaupt, sie führt zur Sprachkritik, der Frage nach den Möglichkeiten und Bedingungen der Sprache. Diese Sprachkritik als Erkenntniskritik ist das zentrale Problem der modernen Literatur und Philosophie, und gerade dieses Problem bringt wiederum eine alte religiöse Konstellation zur Aktualität: das Sprachproblem der Mystiker. Einen Ausblick auf diese zeitgenössische Situation, in der Kafka und Walser stehen, will ich im letzten Kapitel dieser Arbeit geben; er ist notwendig, damit deutlich vor Augen tritt, daß die beiden Autoren Kafka und Walser nicht zwei entlegene Spinner sind, die sich auf eigenartige Weise mit der religiösen Tradition auseinandersetzen, sondern daß es gerade diese ihre Eigenart ist, die sie in das Allgemeine hineinführt und ihren Anteil an der Moderne ausmacht.

Eine abschließende Bemerkung sei mir erlaubt zu den Schwierigkeiten der Interpretation von Kafka und Walser. Kafka ist auf den ersten Blick der schwierigere von beiden, weil sein Werk hermetisch scheint. Die Sekundärliteratur zu Kafka bietet ja viele Exempel der Ratlosigkeit. Doch wenn der Interpret den Schlüssel zu Kafkas Werk gefunden hat, schließt sich mit einem Mal alles auf und eines erhellt das andere. In dem hermetischen Werk steckt eine Art System, das sich – wie kompliziert es auch ist – nach und nach erschließen läßt. Das gilt für die Werke Kafkas ab 1912. Seine frühen Fragmente – *Beschreibung eines Kampfes* und *Hochzeitsvorbereitungen auf dem Lande* – sind dagegen noch unfertig, d. h., in ihnen hat er sein System noch nicht ausgearbeitet; sie sind uneinheitlich, vielfältig; sie lassen sich kaum auf einen Nenner bringen.

Genauso stellt sich mir das gesamte Werk Robert Walsers dar: als vielfältig, als »komplex«. Die Motive sind zwar begrenzt, schon *Geschwister Tanner* enthält fast alles, was spät in *Der Räuber* rekapituliert wird, aber die Bedeutungswelt der Texte ist uneinheitlicher, gewissermaßen unsystematischer als die Kafkas, so daß Walser, der auf den ersten Blick der leichtere Autor zu sein scheint, auf den zweiten Blick als der schwierigere, weil weniger zielbewußte Autor sich herausstellt. Mehr als bei Kafka muß man bei ihm mit der Gleichzeitigkeit verschiedener Bedeutungsebenen, mit Bedeutungsverschiebungen und Überlappungen rechnen, was ich etwa an der Figur des Herrn Benjamenta aus *Jakob von Gunten* zu verdeutlichen versuchte. Die Art der Darstellung des Räuber-Romans – die jetzige Fassung wäre wohl nicht die endgültige Fassung Walsers gewesen, der Roman wurde aus einem Entwurf entziffert –, diese verschlungene Art der Darstellung ist durch genaue Lektüre relativ leicht zu entflechten – verglichen mit den relativ schwierigen Bedeutungskomplexen, die dargestellt werden. Die Wiederholungen in den Walserschen Texten sind ja selten redundant, sie bringen meist neue Bedeutungsvarianten. Freilich gibt das, was dem Interpreten das Handwerk erschwert, dem Leser den Reiz bei der Lektüre.

Ausblick

10. Die Entstehung der Moderne aus dem Geist der Mystik und der Rationalität

Seit dem Kampf der Aufklärung des 18. Jahrhunderts gegen die christlichen Kirchen ist deren Einfluß auf das öffentliche Leben, das sie früher fast allein bestimmten, erheblich zurückgegangen. Die Aufklärung des 18. Jahrhunderts, die nur gelten lassen wollte, was »vernünftig« ist, und die Naturwissenschaften des 19. Jahrhunderts, die nur gelten lassen wollten, was empirisch überprüfbar ist, haben in ihren populären Fassungen Welterklärungen geliefert, die nicht nur die christliche Welterklärung in Frage stellten, sondern sie beiseite drängten, so daß sie erhebliche Schwierigkeiten hatte und immer noch hat, sich öffentlich zu rechtfertigen.

Wenn der öffentliche Einfluß der christlichen Kirchen stark zurückgegangen ist, so heißt das noch nicht, daß der Glaube an Gott in gleichem Maße zurückgegangen ist. Und es heißt erst recht nicht, daß die Religion in gleichem Maße obsolet geworden ist. Eine sowohl von theologischer als auch von atheistischer Seite häufig vorgenommene Gleichsetzung muß aufgebrochen werden, damit deutlich wird, daß der landläufige Widerspruch von »Moderne« und »Mystik« kein Widerspruch zu sein braucht. Die übliche Gleichsetzung setzt Christentum und Religion, institutionalisierte Kirche und Glauben an Gott, Glauben an Gott und Glauben überhaupt in eins.

Es gibt sehr wohl Glauben an Gott außerhalb der Kirche, und es gibt sehr wohl religiösen Glauben, der nicht Glauben an Gott ist; natürlich gibt es Religion, die nicht-christlich ist; es gibt Religion ohne Glauben. Diese Differenzierungen sind notwendig, damit wir erkennen, was in der Moderne unter »Mystik« zu verstehen ist: es ist in der Regel ein Glauben ohne Gott und außerhalb der Kirche.

Die Mystik tritt in der europäischen Geschichte der Neuzeit dann auf, wenn der »Alleinvertretungsanspruch« der Kirchen, der aus der erwähnten Gleichsetzung kommt, fragwürdig geworden ist. Das ist in der Zeit des Humanismus und der Renaissance, im 18. Jahrhundert und wiederum zu Beginn unseres Jahrhunderts der Fall.

Ein Beispiel für die Grundlegung der Moderne gegen Ende des 18. Jahrhunderts liefert Robert Minder in seiner Untersuchung über Karl Philipp Moritz: *Glaube, Skepsis und Rationalismus.*[331] Das ästhetische Programm der modernen Kunst, das Moritz als erster formuliert hat, entwickelt er aus der mystischen Tradition, die er in der pietistischen und quietistischen Erziehung seiner Kindheit kennengelernt hat. Moritz' mystische Erziehung führt über die rationale Ausbildung zur ästhetischen Theorie. Mit seiner Schrift *Über die bildende Nachahmung des Schönen*, einem kleinen Aufsatz von 1788, legt Moritz eine Arbeit vor, die »in ihrer Unscheinbarkeit ein ganzes Programm« darstellt, »mit dem das Kunstdenken von Jahrhunderten verabschiedet wird«, wie Peter Szondi schreibt.[332] Der Aufsatz postuliert die Autonomie des Kunstwerks, seine Selbständigkeit, seine Freiheit von äußeren Zwecken; das Kunstwerk trägt nach Moritz »seinen Zweck in sich selbst«. Damit ist es von der Indienstnahme für Staat und Kirche befreit, befreit von seiner seit Aristoteles festgeschriebenen Aufgabe, dem Nutzen und dem Vergnügen zu dienen. Fortan soll es nur noch sich selbst dienen.

Robert Minder weist nach, daß diese Ästhetik von Moritz, das poetische Programm der deutschen Klassik und Romantik gleichermaßen, mittelbar aus den Schriften der Madame Guyon, dem geistigen Haupt des Quietismus, hervorgegangen ist. Bisweilen gibt es zwischen den Schriften von Moritz und denen der Madame Guyon fast wörtliche Übereinstimmungen. Fordert die Guyon, daß man Gott »auch ohne Genuß«, also selbstlos, lieben müsse, so fordert Moritz dasselbe vom Künstler und vom Betrachter des Kunstwerkes: »das Schöne (lasse) sich nur um seiner selbst willen von der Hand des Künstlers greifen.« Und das »Vergessen seiner selbst« angesichts Gottes, das Madame Guyon erwartet, wird bei Moritz zum »Vergessen unserer Selbst bei Betrachtung eines schönen Werkes«.[333] So gleitet das ursprünglich religiöse Verhalten zum ästhetischen Verhalten hinüber, in einem komplizierten Verwandlungsprozeß, der das Ursprüngliche im Neuen durchschimmern läßt: das Religiöse im Ästhetischen, zwar um seines Glaubensinhalts beraubt, aber doch als Haltung bewahrt. Die Kunst gewissermaßen als Aufhebung der Religion, d. h. die Religion endet zwar in der Kunst, aber die Kunst bewahrt die Religion auf – und dies nicht nur gegen ihre Verächter, sondern auch gegen ihre Sachwalter.

Der Weg des Karl Philipp Moritz von der Mystik über die rationale Einsicht zur ästhetischen Theorie, wie Robert Minder ihn beschreibt, ließe sich auch so erfassen, wie David Baumgardt den Weg der Philosophie von Kant über Franz von Baader zu Hegel beschreibt: als der Weg von der These (Rationalismus Kants) über die Antithese (Mystik Baaders) zur Synthese Hegels, der beide fortführte bzw. zusammenführte.[334] Bei Moritz wäre dann die These die mystische Erziehung, die Antithese die rationale Durchdringung, die Synthese die Kunstanschauung. Man mag diese Dialektik für eine überspitzte Formulierung halten. So viel jedoch ist sicher: die Moderne entsteht um die Wende des 18. zum 19. Jahrhundert aus dieser Spannung von Mystik und Rationalismus, die sich streckenweise miteinander verbünden – gegen die Autoritäten von Staat und Kirche – und sich streckenweise miteinander streiten – als zwei miteinander unvereinbare Denkweisen, die dennoch aufeinander angewiesen sind.

Mystik und Rationalität seien die Pole unserer Zeit, schreibt Musil in unserem Jahrhundert; die Pole: damit will er sagen, sie schließen einander nicht aus, sie ergänzen einander.[335] Die Geschichte der modernen Kunst und Philosophie in Deutschland, also die Geschichte der letzten 200 Jahre, dürfte das belegen: von Schelling und Hegel über Schopenhauer und den frühen Nietzsche bis zu Wittgenstein und Heidegger, um die philosophische Reihe zu nennen.

Zu Beginn unseres Jahrhunderts bringt die Krise des Rationalismus eine Wiederentdeckung der Mystik; doch ist das nichts Neues, bedenkt man die Situation zur Zeit des Karl Philipp Moritz. Es ist die Wiederholung der damaligen Konstellation: damals wehrten sich die »Modernen« sowohl gegen die Dogmatik der christlichen Kirchen als auch gegen die Dogmatik der Popular-Aufklärung; in unserem Jahrhundert führte sowohl die fortdauernde Krise christlicher Weltanschauung als auch die Krise der Erklärungen von Materialismus und Darwinismus zu einem neuen Interesse an der »alten« Mystik.

Die »alte« Mystik

Was ist unter der »alten Mystik« zu verstehen? Die Antwort auf diese Frage füllt Bände. Wir müssen uns mit einigen Stichworten begnügen: Die Tradition mystischen Denkens führt von der Spätantike (dem Neuplatoniker Plotin) über die Kirchenväter (etwa Dionysius Areopagita), über das Hochmittelalter (Bernhard von Clairvaux, Hildegard von Bingen), über die Renaissance (Kepler, Paracelsus), über das 18. Jahrhundert (Franz von Baader, Schelling) bis in die Gegenwart als ein unterschwelliger Strom, der das offizielle Denken begleitet. In dieser Tradition ist sowohl die Art des Denkens, die den Mystiker vom rationalen Denker unterscheidet, als auch die Art der Aussagen, die die Mystiker machen, erstaunlich konstant geblieben – bei aller Vielfalt der Epochen und der Denker.

Zu den Aussagen: die ganze Welt wird als Offenbarung des Göttlichen gesehen, sowohl der Mensch selbst, sein Geist, seine Seele, sein Körper, als auch der gesamte Kosmos. Das Seiende bildet eine Stufenfolge vom Niedrigsten, der toten Materie, bis zum Höchsten, dem eigentlichen Sein, das außerhalb alles Geschaffenen steht und zugleich sich in alles Geschaffene ergießt: in alle Materie, in alle Lebewesen, in Pflanzen, Tiere, Menschen und Engel.

Alles Geschaffene – und damit kommen wir bereits zur Art des Denkens – hat Anteil am höchsten Sein, das in allem Geschaffenen enthalten ist: das Göttliche ist in jedem Seienden, also auch im Menschen selbst. Dieses Göttliche gilt es zu erkennen und durch es hindurch zu dem zu gelangen, von dem es ausgegangen ist: zu dem höchsten Sein.

Die Trennung zwischen dem Göttlichen, das in der Welt ist, und dem, das als höchstes Prinzip außerhalb steht, ist scharf: das Göttliche in der Welt ist leicht erfahrbar, das *jenseits* der Welt ist kaum zugänglich – außer in den seltenen und kurzen Momenten der Einheit, der »unio mystica«, die zu erreichen das Ziel des Mystikers ist.

Um dieses Ziel zu erreichen, schlägt der Mystiker einen bestimmten Weg ein: den des Loslassens von allem Äußeren, das ihn ablenken könnte, den der inneren Gelassenheit, also der Abwesenheit von eigenem Wünschen und Wollen, den des Wartens. Denn diese »unio« kann nicht gewollt werden, sie wird gegeben. Schon bei der Beschreibung des Weges, nicht erst bei der Beschreibung des Ziels, tritt das »Sprachproblem« des Mystikers auf. Wie kann dieser Weg, den er gehen will und zugleich nicht will, mit Worten beschrieben werden?

Nehmen wir als Beispiel Meister Eckhart, den bedeutendsten deutschen Mystiker und einen der bedeutendsten deutschen Philosophen (so unterschiedliche Denker wie Hegel und Heidegger sind gleichermaßen von ihm abhängig). Er sagt:

»Solange der Mensch noch in der Verfassung steht, daß er den *Willen* hat, Gottes allerliebsten Willen erfüllen zu wollen, solange hat er nicht die Armut, von der wir sprechen wollen; denn dieser Mensch hat ja noch einen Willen, mit der er dem Willen Gottes Genüge tun will, und das ist das Rechte nicht. Denn soll der Mensch wahrhaft arm sein, so muß er seines geschöpflichen Willens so ledig sein, wie er's war, als er noch nicht war. Und ich sage euch bei der ewigen Wahrheit, solange ihr den *Willen* habt, den Willen Gottes zu erfüllen, und solange ihr noch irgendein Begehren habt nach der Ewigkeit und nach Gott, solange seid ihr noch gar nicht geistlich arm. Denn das ist nur ein armer Mensch, der *nichts* will und *nichts* begehrt.

Da ich noch stand in meiner ersten Ursache, da hatte ich keinen Gott – da gehörte ich mir selber. Ich wollte nichts, ich begehrte nichts, denn ich war da ein lediges Sein und ein Erkennender meiner selbst nach göttlicher Wahrheit. Da wollte ich mich selbst und wollte nichts anderes; was ich wollte, das war ich, was ich war, das wollte ich – hier stand ich Gottes und aller Dinge ledig. Als ich aber aus meinem freien Willen herausging und mein geschaffenes Wesen empfing, da hatte ich einen Gott; denn ehe die Kreaturen waren, war Gott nicht Gott; er war, was er war.«[336]

Hier ist zunächst die Beschreibung des schwierigen Weges, der abweicht von dem, was üblicherweise Weg zu Gott genannt wird, ja sich sogar ausdrücklich negativ von diesem Weg abhebt: etwas ganz anderes ist gemeint mit dem Zustand der »Armut«.

Der zweite, noch wichtigere Punkt ist Eckharts Gottesbegriff. Alle Vorstellungen von Gott, alle Bilder, die wir uns von ihm machen, weist Eckhart zurück. Sein Begriff von Gott ist so umfassend und zugleich derart jenseits aller Begrifflichkeit, daß er von keinem Atheismus eingeholt werden kann, denn der Atheismus trifft immer nur Gottesvorstellungen, die Eckhart auch ablehnt, nicht aber Gott selbst, der die Vielfalt und die Einheit ist, der aber eigentlich nicht zu benennen ist.

Eckhart unterscheidet zwischen Gott als dem Göttlichen in

der Welt und der Gottheit als dem höchsten Sein außerhalb der Welt. Den Gott (in der Welt) muß ich überwinden, um die Gottheit (außerhalb der Welt) zu erreichen. Habe ich dieses Ziel erreicht, bin ich jenseits von Gott und innerhalb der Gottheit. Ich bin im höchsten Sein, ich bin selbst das höchste Sein. Wie wäre davon in unserer Sprache, die von dem Geschaffenen redet, zu sprechen?

Hier vollends tritt das »Sprachproblem« des Mystikers auf, denn das, was außerhalb der Welt ist, ist außerhalb unseres üblichen Denkens und unserer Sprache: es ist eigentlich nicht auszusprechen. Eckhart löst dieses »Sprachproblem« durch die Neuschöpfung von Worten (Gottheit etwa ist ein solches), durch den Gebrauch von Metaphern (Bildern) oder Paradoxa. Etwa: »Gott ist ein Wort, ein ungesprochenes Wort.« Oder: »Alles, was geschaffen ist, ist nicht.« (Es »ist nicht«, weil eigentlich nur das höchste Sein »ist«.) Da bei der Gottheit die Kategorien unseres Denkens nicht zutreffen, kann Eckhart auch sagen, die Gottheit »ist und ist nicht«. Eckhart: »Es ist Eines und ist viel zu unnennbar, denn daß es einen Namen haben könnte, ist viel zu unbekannt, denn daß man es erkennen könnte.«

Dazu der Theologe Dietmar Mieth: »Gott in sich selbst ist eben nicht ›Gott‹, wie ihn sich der Mensch als Schöpfer und Herrn vorstellt; er ist Gott ohne jede Vorstellung.« Und: »Die Vorstellung von ›einer Person für sich‹ im Himmel ist es ja gerade, die uns heute den Glauben an Gott verleidet, weil sie aus Gott eine ›Figur‹ macht statt einer Bewegung.«[337]

Hier wird die Aktualität Eckharts bezeichnet: er wird gerade in unserem Jahrhundert aufgegriffen, weil an ihn auch derjenige anknüpfen kann, der die Vorstellung vom »persönlichen Gott« nicht akzeptieren kann; aber auch derjenige, dem die überlieferte christliche Glaubenslehre fragwürdig geworden ist, da Eckhart zeigt, daß über das höchste Sein eigentlich nicht zu sprechen ist: und auch derjenige, der die Kirche ablehnt, kann hier anknüpfen, da Eckhart vom »göttlichen Funken« spricht, den jeder in sich selbst trägt und selbst erkennen muß.

Von hier aus kann auch die Bedeutung des griechischen Wortes »myein«, von dem das Wort »Mystik« abstammt, verstanden werden: »myein« heißt »die Augen verschließen«, aber auch »den Mund verschließen«. »Die Augen verschließen«

meint, daß man die Wahrnehmung der äußeren Realität einstellen muß, um sich ganz auf die »innere Wahrnehmung« zu richten. »Den Mund verschließen« meint, daß man über das, was man dann wahrnimmt, nicht sprechen kann oder soll. Die in die »Mysterien« Griechenlands Eingeweihten hatten ein Schweigegebot zu befolgen.

Der Mystiker sucht die Begegnung mit dem Göttlichen, die unmittelbare Erfahrung des Göttlichen. Er ist nicht zufrieden mit dem, was ihm in der Glaubenslehre mitgeteilt wird, er will es selbst erfahren. Wenn er es erfahren hat oder meint, es erfahren zu haben, kann er folgerichtig an das Göttliche nicht mehr »glauben«. Er »glaubt« es nicht, weil er es »weiß«, weil er es »erfahren« hat. Der Mystiker erstrebt also nicht den Glauben, wiewohl alle alten Mystiker immer vom vorhandenen Glauben ausgehen und ihn nie völlig verlassen, wie sehr sie sich auch in ihren Gedanken vom vorgefundenen Glaubensgut entfernen mögen; der Mystiker erstrebt nicht Glauben, er erstrebt Wissen, Erfahrung.[338]

Die »neue« Mystik

Was ist nun aus der Tradition dieser »alten« Mystik für die Schriftsteller und Philosophen, für die Maler und Musiker unseres Jahrhunderts bedeutsam? In der Zeit vor und nach dem Ersten Weltkrieg fanden die großen »Revolutionen« in der Literatur (Dada, Surrealismus, Expressionismus), in der Malerei (»abstrakte« Malerei), in der Musik (atonale Musik, Zwölfton-Reihe) und in der Philosophie (Wittgenstein, Heidegger) statt. Die politischen Revolutionen (marxistische und faschistische) fanden fast gleichzeitig statt, ebenso wie die Wende in der Physik (Relativitätstheorie, Quantentheorie), die als eine zweite kopernikanische Wende bezeichnet wird. Wir stehen heute gegen Ende des Jahrhunderts noch ganz im Banne dieser Umwälzungen, denen bisher nichts wesentlich Neues hinzugefügt wurde.

In drei Punkten ist die Rezeption der »alten« Mystik in unserem Jahrhundert zusammenzufassen:

1. Religion ohne Glauben an einen persönlichen Gott, ja Religion ohne jeglichen Glauben. Ein religiöses Buch im Stande des Unglaubens sei sein *Mann ohne Eigenschaften*, sagt Ro-

bert Musil. Die religiöse Grundsituation wird beibehalten, aber sie wird ihres alten Inhalts beraubt. Die Struktur wird beibehalten: das ist nicht nur die Frage nach dem Sinn des Lebens in der Welt – sie wäre auch als philosophische Fragestellung aufrechtzuerhalten –, sondern auch das Festhalten am Numinosen, also an einer dem Menschen übergeordneten, wirkenden Kraft, dem »Göttlichen«, oder wie auch immer diese Kraft zu bezeichnen wäre. In der Regel wird sie nicht benannt.

2. Das Sprachproblem, der vielleicht wichtigste Punkt für die Rezeption der »alten« Mystik. Die Sprache selbst, nicht nur ihr Gebrauch, wird in Zweifel gezogen. Sie mag für den Alltag ihren Nutzen haben, aber die großen Fragen der Metaphysik sind in der Sprache nicht zu behandeln. Hier gaukelt sie uns etwas vor, weil wir meinen, wo ein Wort ist, sei auch ein Begriff. Die grundlegenden Probleme – was ist Wirklichkeit, was ist der Sinn der Welt? – sind nicht zu lösen, weil unsere Sprache nicht ausreicht, sie tatsächlich zu erfassen. Das Eigentliche bleibt unsagbar. Das Schweigen ist ihm am ehesten angemessen. Hier wiederholt sich das »Sprachproblem« des alten Mystikers auf neue Weise.

3. Die Frage nach der Erkenntnis, die mit dem zweiten Punkt eng verknüpft ist. Die sinnliche Wahrnehmung hat ihre Grenze, die Sprache hat ihre Grenze, die rationale Vernunft hat ihre Grenze. Jenseits dieser Grenze gibt es etwas, über das jedoch keine vernünftigen Aussagen gemacht werden können. Vielleicht ist dieses »Jenseits der Grenze« auf eine vom rationalen Erkennen unterschiedene Art zu erkennen, im »anderen Zustand«, wie Musil ihn im Unterschied zum rationalen Zustand nennt, in dem Zustand, den der Mystiker beschreibt?

Dies sind die drei Punkte, die eng miteinander verknüpft sind; die Art des Denkens der »alten« Mystiker interessiert also, ihre Aussagen dagegen über Gott und den Kosmos, über den Menschen und die Natur werden nicht berücksichtigt. Robert Musil ironisiert sogar in seinem *Der Mann ohne Eigenschaften* diese Aussage der Mystiker. Was ihn interessiert – kapitellang sprechen Ulrich und seine Schwester Agathe über die Mystik, vor allem Meister Eckhart –, ist der Vorgang der mystischen Schau, der Vorgang nicht-rationaler Erkenntnis, von dem er genaue, also rationale Beschreibung wünscht. Wenn die Mystiker von der Beschreibung des Vorgangs, von der Schau, zum Geschauten kommen, folgt er ihnen nicht mehr:

»Denn von diesem Augenblick an erzählen sie uns natürlich nicht mehr ihre schwer beschreiblichen Wahrnehmungen, in denen es keine Haupt- und keine Tätigkeitsworte gibt, sondern sprechen in Sätzen mit Subjekt und Objekt, weil sie an ihre Seele und an Gott wie an zwei Türpfosten glauben, zwischen denen sich das Wunderbare öffnen wird. Und so kommen sie zu diesen Aussagen, daß ihnen die Seele aus dem Leib gezogen und in den Herrn versenkt werde, oder daß der Herr in sie eindringe wie ein Liebhaber...

Das irdische Vorbild ist dabei ja unverkennbar; und diese Beschreibungen gleichen jetzt nicht mehr ungeheuren Entdeckungen, sondern bloß noch den etwas gleichförmigen Bildern, mit denen ein Liebespoet seinen Gegenstand ausschmückt, über den es nur eine Meinung geben darf: mich wenigstens, der ich zur Zurückhaltung erzogen bin, spannen diese Berichte auf die Folter, weil die Auserwählten gerade in dem Augenblick, wo sie versichern, daß Gott zu ihnen gesprochen habe..., es unterlassen, mir zu sagen, was ihnen mitgeteilt worden sei; und tun sie es doch einmal, so kommen bloß persönliche Angelegenheiten heraus oder bekannte kirchliche Nachrichten.«[339]

Musil wendet sich auch gegen eine verbreitete Art von schwärmerischer Gefühlsmystik, die er »Schleudermystik« nennt und die er in der Gestalt der Diotima und des Kaufmanns und Schriftstellers Arnheim, der »die Seele gleich einer Brieftasche am Busen trägt«, karikiert. Dieses gefühlvolle und leichtfertige Geschwätz von Mystik lehnt er ab; es geht ihm um die »taghelle Mystik«, die er immerhin für möglich hält. In seiner Erzählung *Die Amsel* ist ihm vielleicht eher als in seinem großen Roman die Beschreibung einer mystischen Schau gelungen, denn dort redet er nicht darüber wie im *Mann ohne Eigenschaften*, dort stellt er dar.

Überhaupt erhebt sich die Frage, ob die Künstler, die ich noch nennen werde, tatsächlich Mystiker waren oder ob sie sich nur für die Mystik interessierten und darüber reflektierten. Die Frage ist schwer zu beantworten, wenn die Künstler nicht Auskunft geben über eigene mystische Erfahrung, was selten geschieht. So ist also die Rezeption der »alten« Mystik und deren Reflexion, für die es Indizien genug gibt, noch nicht von vornherein Anhaltspunkt für das Vorhandensein mystischer Schau.

Die Indizien für die Rezeption sind zahlreich, wiewohl wenig bekannt in der Öffentlichkeit, die immer noch weitgehend an bestimmten rationalistischen und mechanistischen Vorurteilen des 19. Jahrhunderts hängt, während die wichtigen Künstler, Philosophen und Naturwissenschaftler längst darüber hinaus sind. Musil stellt fest, was heute so gut zutrifft wie zu seiner Zeit, daß die öffentliche Meinung um gut hundert Jahre hinter dem zurück sei, »was gedacht wird«. Für Musil ist der Mensch der Zukunft »Mathematiker und Mystiker« zugleich[340]; Musil betrachtet keineswegs das rationale Denken als Alternative zum mystischen, sondern als Ergänzung.

Die leere Transzendenz

Bereits bei Baudelaire im 19. Jahrhundert, also bei dem ersten modernen Lyriker, finden wir die Struktur, die dann die Literatur, vor allem die Lyrik, bis in unsere Tage bestimmt. Die Rezeption der Mystik ist keine spezifisch deutsche Angelegenheit, sondern eine europäische.

In seinem Buch *Die Struktur der modernen Lyrik* schreibt Hugo Friedrich: »Das Ziel des Dichters heißt: ›ankommen im Unbekannten‹, oder auch so formuliert: ›das Unsichtbare besichtigen, das Ungehörte hören‹. Wir kennen diese Begriffe. Sie stammen von Baudelaire und sind, dort wie hier, Stichworte der leeren Transzendenz. Auch Rimbaud gibt ihnen keine nähere Bestimmung bei.«[341] Bei Baudelaire, bei Rimbaud, bei Mallarmé sieht Friedrich diese Struktur. Sie ist einmal gekennzeichnet durch das Sprachproblem; bei dem Versuch, »das Unsagbare zu sagen«, nehmen die Lyriker zu Paradoxa und zu hermetischer Metapher ihre Zuflucht. Sie ist zum andern gekennzeichnet durch die »leere Transzendenz«, also durch das Festhalten an einer Transzendenz und dem Verweigern jeder Aussage darüber.

Es ließen sich weitere Beispiele aus der Lyrik anführen. Ich will auf drei zeitgenössische deutsche Lyriker verweisen, damit die Kontinuität der Entwicklung von Baudelaire bis in die Gegenwart ersichtlich wird. Günter Eich, der Sinologie studiert und Gedichte aus dem Chinesischen übersetzt hat, war zunächst vom deutschen Mystiker Jakob Böhme beeinflußt, wandte sich dann aber der östlichen Mystik zu. Nach seinem Japan-Besuch veröffentlichte er den Band *Anlässe und Stein-*

gärten, der an einen japanischen Zen-Brauch (»Steingärten«) erinnert. Der gewollte Unsinn seiner letzten Texte, *Maulwürfe*, könnte in die Tradition des Zen eingeordnet werden.

Die »leere Transzendenz«, wie Friedrich sie nennt, entfernt sich von der christlichen Offenbarungsreligion und nähert sich der asiatischen Mystik. Die Entleerung führt unwillkürlich zu dieser Annäherung. Die Annäherung kann jedoch auch gesucht werden, wie bei Eich oder bei Heidegger. Heideggers Philosophie ist entscheidend von Meister Eckhart geprägt, in seinen späteren Jahren wandte Heidegger sich auch dem Taoismus zu.

Der zweite zeitgenössische Lyriker, den ich hier nennen will, ist Peter Huchel, der vor allem durch Jakob Böhme beeinflußt wurde, wie er selbst gesagt hat. Er schrieb u. a. ein Gedicht *Alt-Seidenberg*, das vom ersten mystischen Erlebnis Böhmes, das er noch als Kind in seinem Geburtsort Alt-Seidenberg hatte, spricht.

Der dritte Lyriker ist Paul Celan, der an die jüdische Mystik anknüpft, wie sie in den großen Untersuchungen von Gershom Scholem aufgearbeitet worden ist. Bei Celan finden sich wörtliche Zitate aus Scholems Arbeiten.

Die Kritik der Sprache

Im deutschen Sprachraum setzt die Sprachkritik später ein als in Frankreich, aber auch gründlicher, insofern sie mit einer voluminösen philosophischen Arbeit beginnt: den drei Bänden *Beiträge zu einer Kritik der Sprache* des Prager Juden Fritz Mauthner, der vom Journalismus und der Belletristik zur Sprachphilosophie kam. Sein Werk hatte nicht die von ihm erhoffte Wirkung in der Philosophie, aber dafür eine starke Wirkung in der Literatur. Auf ihm fußt Gustav Landauer, dessen Sozialismus und Anarchismus aus mystischer Überzeugung kam. *Skepsis und Mystik* heißt seine im Anschluß an Mauthner und diesem gewidmete veröffentlichte Arbeit, in der für ihn die Konsequenz der radikalen Sprachkritik Mauthners nicht das Schweigen ist, sondern die »neue starke Aktion«, die politische Tat.[342]

Mauthner hatte auch Wirkung auf den mit Landauer befreundeten Martin Buber, der eine Sammlung mystischer

Texte herausgab: *Ekstatische Konfessionen*, die wiederum Musil als Vorlage dienten. 247 versteckte mystische Zitate haben Literaturwissenschaftler im *Mann ohne Eigenschaften* entdeckt, alle aus Bubers Sammlung.[343] Buber, der auch sehr eigenwillig die Sagen der Chassidim ins Deutsche übersetzte, sieht zunächst in der Mystik Selbstbegegnungen. Erst später entwickelt er sein dialogisches Prinzip von »Ich und Du«, der Begegnung zwischen Gott und dem Menschen. Aber sein Sprachzweifel bleibt weiterhin bestehen; er meint, man könne von Gott nicht in der dritten Person sprechen, man könne ihn nur erfahren in dieser Ich-Du-Beziehung, eben als Du; also auch hier ist noch die alte mystische Konstellation vorhanden.

Hugo von Hofmannsthals *Ein Brief* des fiktiven Lord Chandos, von den Literaturwissenschaftlern meistens als wichtiges und einziges Zeugnis der Sprachkrise nach der Jahrhundertwende bewertet, ist nur ein Zeugnis unter vielen und nicht einmal das bedeutendste. Auch dieser *Brief* ist nicht ohne Einfluß von Mauthners Sprachkritik entstanden; Hofmannsthal kannte die beiden ersten Bände von Mauthners sprachkritischem Werk, er korrespondierte mit ihm, bei ihm fand er die Erläuterung seines eigenen Problems.[344] Wie »modrige Pilze« zerfallen dem Poeten Chandos die Worte im Mund, heißt es in dem Brief. Sein Zweifel an der poetischen Sprache führt ihn zum Zweifel an der Sprache überhaupt. Alles wird ihm zum Gerede, das das Sein der Dinge nicht trifft, sondern von ihm wegführt. Er verstummt. Im Schweigen offenbaren sich ihm schließlich die Dinge auf eine ungeahnte Weise; beschreiben kann er das nicht.

Ähnliche Überlegungen lassen sich auch bei Rilke finden. Auch Gustav Sack und Christian Morgenstern wurden, wenigstens zeitweise, durch Mauthners Sprachkritik beeinflußt. 1930, als er mitten in der Arbeit an *Finnegans Wake* war, ließ sich James Joyce von Samuel Beckett aus Mauthners Sprachkritik vorlesen. Auch Becketts eigene Arbeiten, die in immer weiterführender Reduktion zu wenigen Grundsituationen gelangen und schließlich im Verstummen enden, dürften noch den Einfluß Mauthnerscher Sprachkritik zeigen.

Oswald Wiener, der nach seinem von allen bisherigen Werken abweichenden Roman *Die Verbesserung von Mitteleuropa* nichts mehr schreibt, beruft sich ausdrücklich auf Mauthner.[345] Er gehörte zur Wiener Gruppe, die in den fünfziger und sechziger Jahre an Sprachzertrümmerung und Sprachspiel anknüpft, wie sie von den Dadaisten 1916 in Zürich begonnen wurden.

Dadaismus

Der Zürcher »Ober-Dada«, Hugo Ball, ist ebenfalls von Mauthner beeinflußt worden. Halten wir kurz bei ihm inne, um auf einen Zusammenhang hinzuweisen, der gewöhnlich in Dada-Darstellungen übergangen wird. In seinem Tagebuch *Flucht aus der Zeit* schreibt er unter dem 23. Juni 1916: »Ich habe eine neue Gestaltung von Versen erfunden, ›Verse ohne Worte‹, oder Lautgedichte, in denen das Balancement der Vokale nur nach dem Werte der Ansatzreihe erwogen und ausgeteilt wird.«[346] Ball gibt ein Beispiel:

»gadji beri bimba
glandridi lauli lonni cadori
gadjama bim beri glassala
glandridi glassala tuffm i zimbrabim
blassa galassasa tuffm i zimbrabim...«

Es sind also sinnlose Aneinanderreihungen von Vokalen und Konsonanten; sinnlos meint: sie haben keine Bedeutung, sie sagen nichts. Die Art des Vortrags dieses musikalischen Sprechgesangs ist deshalb wichtig. Ball: »Ich weiß nicht, was mir diese Musik eingab. Aber ich begann meine Vokalreihen rezitativartig im Kirchenstile zu singen...« Erst nachträglich wird es ihm bewußt, daß er bei seinem Vortrag den Stil der katholischen Kirche nachahmte. Wie der Priester in der Messe den lateinischen Wechselgesang vorträgt, so rezitierte Ball. Die religiöse Haltung behielt er bei, allerdings ironisierte er sie; den religiösen Gesang übernahm er, allerdings von jeder Bedeutung entleert. Er sagte nichts mehr: »leere Transzendenz«.

Ball hat bald genug von dieser »Bouffonerie und Donquichotterie«, wie er es nennt. Er gründet im März 1917 ein zweites Kabarett, die Galerie Dada, nachdem er das vorherige, das Cabaret Voltaire, verlassen hat. Diese zweite Phase des Zürcher Dadaismus wird meist von Literarhistorikern übergangen, die am Buffo-Spiel des ersten Kabaretts festhalten. Ball zur Gründung der Galerie Dada im Tagebuch: »Die Barbarismen des Kabaretts sind überwunden. Zwischen Voltaire und Galerie Dada liegt eine Spanne Zeit, in der sich jeder nach Kräften umgetan und neue Eindrücke und Erfahrungen gesammelt hat.« Zuvor zitiert er aus den Tagebüchern des romantischen Mystikers Franz von Baader: »Das ganze Geheimnis, unseren Geist von seinem Nachtwerk abzuziehen, ist oft nur – ihm etwas zum Spielen zu geben.«[347]

Die vierte Soirée vom 12. Mai 1917, die Ball in seiner Galerie Dada veranstaltet, heißt »Alte und Neue Kunst« und führt die Verbindung, die hier zwischen alter und neuer Mystik aufgezeigt wird, als Programm vor: Bilder von Kandinsky und Klee, Vorträge von Hans Arp und Tristan Tzara, Lesungen aus Mechthild von Magdeburg, aus Jakob Böhme und anderen alten Mystikern. Hugo Ball in der nächsten Tagebucheintragung:

»Zu Schwester Mechthild: Warum müssen wir soweit zurückgreifen, um Beruhigung zu finden? Warum graben wir die tausendjährigen Fetische aus? Sind die Erschütterungen so schwer, daß der Schock bis in die fernsten Zeiten und bis in die höchsten Höhen des Gedankens reicht? Nur die aufgeräumtesten und reduziertesten Dinge können uns noch Freude machen.«[348]

Die abstrakte Malerei

Hugo Ball bewunderte Picasso, Modigliani, Klee und Kandinsky. Das sollte uns Anlaß geben, einen Blick auf die Malerei der Zeit zu werfen. Die »abstrakte« Malerei, also die Malerei, die auf eine Abbildung der äußeren Realität verzichtet, um eine andere Realität darzustellen, ist fast gleichzeitig an verschiedenen Orten Europas entstanden, ohne daß unmittelbare Einflüsse in allen Fällen nachzuweisen wären: Kandinsky und Klee in München, der Tscheche Kupka in Paris, Malewitsch in Rußland. Alle diese Maler, die eine Umwälzung in der Malerei von einem bisher unbekannten Ausmaß herbeiführten, haben ihre Arbeit mystisch begründet oder gedeutet. Kandinsky tat das, wie bereits erwähnt, in seiner berühmten Programmschrift der abstrakten Malerei *Über das Geistige in der Kunst* von 1911, in der er die neue Malerei als den mystischen Weg nach Innen bezeichnet.[349] Klees Haltung läßt sich in seinen Tagebüchern und in vielen Unterschriften seiner Bilder finden; nur ein Beispiel für viele ist der Satz: »Man verläßt die Welt von Diesseits, um in der Welt von Jenseits zu bauen, die ein uneingeschränktes Ja sein kann.«

Eines der ersten abstrakten Bilder von František Kupka heißt *Kosmischer Frühling*, es ist 1911 entstanden. Kupka steht in der pythagoreisch-mystischen Tradition: in den Farben und Formen will er die Formen und die Bewegungen erfassen, die allem zugrundeliegen. Marcel Brion schreibt in seiner *Geschichte der abstrakten Malerei* über Malewitsch: »Die Formen, die er schafft, sind solche, vor denen ein chinesischer Weiser meditieren würde. Sie führen zum Tao, dem All-Einen, und allein der Name Suprematismus, den der russische Maler seinem Werk gab, zerstreut jeden Zweifel.«[350]

Die abstrakte Malerei ist eine Annäherung des Zeichensystems der Malerei an das der Musik. Frühe abstrakte Werke Kupkas heißen *Fuge*. Das Zeichensystem der Musik hat keine genaue Bedeutung in dem Sinne, daß einem bestimmten Ton oder einer bestimmten Tonfolge eine festgelegte Bedeutung entspräche. Ähnliches erstrebt die abstrakte Malerei, indem sie sich von der Last, genaue Bedeutung zu vermitteln, befreit. Bedeutung heißt hier, ein Bild zu schaffen, das ein Abbild der äußeren Realität ist, das also etwas »bedeutet«, z. B. ein Landschaftsbild oder ein Porträt.

Die radikale Abkehr vom Abbild befreit das Bild von den bisherigen festgelegten Bedeutungen und macht es frei für neue, nicht festgelegte Bedeutungen. Je einfacher und elementarer Farben und Formen in den Bildern erscheinen, um so offener und umfassender sind die Bedeutungen, die sie hervorrufen können. Die Bedeutungen werden jedoch nicht mitgeteilt; dem abstrakten Bild sieht nichts anderes »ähnlich«. Es zieht die Aufmerksamkeit von der Oberfläche der Abbilder weg zu elementaren Formen. Es ist Anlaß zur Betrachtung, zur Meditation. Insofern hat jedes abstrakte Bild eine Nähe zur Mystik; es lädt ein zur Meditation und will zum Wesentlichen hinführen. Dieses Wesentliche selbst aber sagt es nicht aus. Man kann die gesamte abstrakte Kunst unseres Jahrhunderts eine religiöse Kunst im Sinne der »neuen« Mystik nennen.

Ein Beispiel aus der Musik muß wenigstens angeführt werden: Arnold Schönberg, lange mit Kandinsky befreundet, hat das bisherige Zeichensystem der Musik revolutioniert; zuerst kam er zu einer atonalen Musik und dann zur Zwölftonreihe, die Ordnung und Freiheit miteinander zu verbinden sucht. Schönberg suchte nach einer neuen Musik, nicht um etwas Neues um des Neuen willen zu schaffen; er erstrebte eine Erneuerung der Musik, damit ein neues und tieferes Verständnis der Welt möglich sei; er wollte in bisher unbekanntes Gebiet vorstoßen, um es zugänglich zu machen. In den neuen Gesetzen der Musik sollte besser als bisher die Schönheit und die Ordnung der allem Geschaffenen zugrundeliegenden Gesetzmäßigkeit erkennbar werden.

In seiner Oper *Moses und Aron* hat Schönberg das Sprachproblem, das alte mystische und das neue, dargestellt: es ist ein religiöses und ein künstlerisches Thema zugleich. Das Gebot »Du sollst dir kein Bild von Gott machen!« hat ja seinen Grund darin, daß kein Bild, das wir uns machen könnten, Gott angemessen wäre. Als Aron dennoch ein Bild Gottes anfertigt, wird ihm ein blödes Kalb daraus. Das muß in seiner symbolischen Bedeutung gesehen werden: nicht daß Aron einen anderen Gott den Juden vorstellte, ist der Grund für den Zorn des Moses, sondern daß er ihnen überhaupt ein Bild von Gott vorstellte. Alle Bilder, die wir uns von Gott machen können, sind letztlich nicht viel anders als dieses Kalb. Damit ist zugleich die Verantwortung des Künstlers ausgesprochen. Richtet er sich nach der Auffassung der Menge, muß er Kälber liefern, richtet er sich nach dem, was er darstellen sollte, muß er anderes bieten. Die Oper endet mit dem Satz des Moses: »Wort, o Wort, das mir fehlt.« Moses ist eine Sprechrolle im Gegensatz zur Gesangsrolle Arons. Der Sprachzweifel wird hier demonstriert: die Musik verstummt, wenn Moses spricht, und schließlich verstummen die Worte auch. Die Oper ist Fragment geblieben.

Die Sprachphilosophie

Gehen wir noch einmal zu Fritz Mauthner zurück, um den zentralen Gesichtspunkt, den Sprachzweifel, beim Rückgriff auf die alte Mystik genauer zu erläutern. Mauthners Kritik richtet sich zunächst gegen die philosophische Abstraktion und gegen die theologische Terminologie, geht aber dann gegen jeden wissenschaftlichen Sprachgebrauch, gegen jeden Versuch, die Wirklichkeit in Worten zu erfassen. Die Worte gaukeln uns ein Bild vor, meint er, das wir für Wirklichkeit halten. So wie die Theologen behaupteten, dem Wort »Gott« entspräche eine Realität, ohne daß dies der Fall wäre, so behaupteten auch die Physiker, »Kraft« oder »Stoff« seien Realitäten, ohne daß dies der Fall sei. In beiden Fällen liege das gleiche vor: nichts entspreche den Worten in Wirklichkeit, alle »Wesenheiten« seien nichts als Einbildungen. Da sei es am besten, gar nicht die Sprache zu benutzen, also zu schweigen; hier zitiert Mauthner Meister Eckhart.

In seiner Kritik der Popular-Aufklärung des Materialismus und des Psychologismus (das »Unbewußte« als metaphysische Wesenheit) ist Mauthner am stärksten: er entlarvt sie als »schlechte Metaphysik«. Mauthner: »Für die Aufklärung der Halbgebildeten hat der Materialismus viel getan.« Der Materialismus unterscheidet sich im Prinzip nicht vom Idealismus, gegen den er sich wendet; die allem zugrundeliegende Idee ist jetzt die Materie. Und Materie ist auch nur ein Wort, von dem wir meinen, daß ihm in der Realität etwas entspräche. Das aber ist immer unser Irrtum, daß wir meinen, wo ein Wort sei, sei auch eine Realität, die vom Wort bezeichnet werde.

Leider bringt seine Maßlosigkeit Mauthner um den Ertrag seiner immensen Arbeit. Er unterscheidet nicht zwischen logisch richtigen und logisch falschen Sätzen, nicht zwischen den mathematischen Formeln und ihrer umgangssprachlichen Erläuterung. Die Erläuterung kann nur unscharf oder metaphorisch sein. Er berücksichtigt zu wenig das grundlegende Problem der Sprachkritik: die Kritik der unzureichenden Sprache muß in eben dieser Sprache vorgenommen werden, kann also nur unzureichend sein. Mauthner sieht es zwar – er sagt etwa, Sprachkritik sei nur durch Lachen möglich –, aber er lacht nicht, sondern schreibt. Und er schreibt ziemlich nachlässig, so daß ihm die Fehler unterlaufen, die er an anderen mit Recht tadelt: Schlagworte, unscharfe Begriffe, fahrlässige Beweisführung.

Ludwig Wittgenstein

Ludwig Wittgenstein, der Mauthners Sprachkritik kannte und ablehnte, hat in einigen seiner Äußerungen doch Ähnlichkeit mit Mauthner; freilich stehen die Äußerungen in anderem Zusammenhang: »Der ganzen modernen Weltanschauung liegt die Täuschung zugrunde, daß die sogenannten Naturgesetze die Erklärungen der Naturerscheinungen seien. So bleiben sie bei den Naturgesetzen als etwas Unantastbares stehen, wie die älteren bei Gott und dem Schicksal.«[351]

Wittgenstein unterscheidet in seinem *Tractatus logico-philosophicus* zwischen Sätzen, die Aussagen über einzelne Sachverhalte machen, und Sätzen, die Aussagen über die Welt als Ganzes machen. Die letzteren weist er als sinnlos zurück. In aller Schärfe zieht er die Grenze zwischen den logischen Sätzen, die sinnvolle Aussagen machen, und den anderen Sätzen, die sinnlos sind.

In ebensolcher Schärfe sieht er das von Mauthner übergangene Grundproblem der Sprachkritik: die Bedingungen der sinnvollen Sätze, also der logischen Sätze, die einzelne Sachverhalte meinen, müßten in Sätzen zum Ausdruck gebracht werden, die über die Logik als solche sprechen. Das wären aber nach Wittgensteins Auffassung »sinnlose« Sätze: »Der Satz kann die gesamte Wirklichkeit darstellen, aber er kann nicht das darstellen, was er mit der Wirklichkeit gemein haben muß, um sie darstellen zu können – die logische Form. Um die logische Form darstellen zu können, müßten wir uns mit dem Satze außerhalb der Logik aufstellen, das heißt außerhalb der Welt.« Wir sind aber in der Welt. »Der Sinn der Welt muß außerhalb ihrer liegen.« Wir können ihn also nicht erreichen, nicht aussprechen.

Mit dieser radikalen Position weist Wittgenstein die transzendentale Sprachkritik ebenso zurück wie die Metaphysik als philosophische Erkenntnistheorie. Von den Bedingungen der Möglichkeit sinnvoller Rede zu sprechen ist unmöglich; vom Sinn der Welt zu sprechen ist unmöglich. Doch: wovon hier nicht gesprochen werden kann, das »zeigt sich«: »Es gibt allerdings Unaussprechliches. Dies zeigt sich, es ist das Mystische.«[352]

Der Sinnlosigkeitsverdacht gegen die Metaphysik, die Zurückweisung der Metaphysik als theologisch explizierte Offenbarung ebenso wie als philosophische Disziplin, ist letztlich all denen gemeinsam, die hier als Anhänger der Mystik auftreten. Wenn unsere rationale Erkenntnismöglichkeit begrenzt ist, können wir nichts aussagen über das, was jenseits dieser Grenze ist. Das heißt aber nicht, daß es jenseits dieser Grenze nicht etwas gibt. Nur können wir nicht sinnvoll darüber sprechen. Alle, die darüber sprechen wie über etwas, was diesseits der Grenze ist, reden Unsinn, weil sie über etwas reden, über das man nicht reden kann.

Man kann es – vielleicht manchmal – auf jene, dem rationalen Erkennen entgegengesetzte, die mystische Weise, erkennen. Doch über diese läßt sich nicht sprechen. Wittgenstein: »Wovon man nicht sprechen kann, darüber muß man schweigen.«[353]

Gerade die Ablehnung der Metaphysik führt also zur Mystik, die auch als »negative Theologie« bezeichnet wird, weil sie die Gottheit nur durch Negation oder Paradoxa auszusprechen wagt, also durch stilistische Wendungen, die die Grenze des in der Sprache Sagbaren bezeichnen, indem sie gegen diese Grenze anrennen. Negationen, die besagen: all das, was ist, also all das, was ich sagen kann, ist es *nicht*. Es ist also ein anderes, das ich nicht sagen kann.

Für Paradoxa finden wir die besten Beispiele bei Franz Kafka, aber auch Wittgensteins *Tractatus* ist eine einzige, große, paradoxe Gedankenfigur. Denn die Sätze, mit denen er seinen *Tractatus* beginnt, seine sieben Hauptthesen (»Die Welt ist alles, was der Fall ist« etc.), ja der gesamte *Tractatus*, verfallen dem Sinnlosigkeitsverdacht seines Verfassers. Schließlich wird hier doch das Verhältnis von Sprache und Welt im Ganzen zur Sprache gebracht, von dem er ausdrücklich sagt, daß man es nicht sagen kann, sondern daß es sich nur zeigen kann. Das ist dem Autor bewußt, weshalb er am Ende sagt: »Meine Sätze erläutern dadurch, daß sie der, welcher mich versteht, am Ende als unsinnig erkennt, wenn er durch sie – auf ihnen – über sie hinaufgestiegen ist. (Er muß sozusagen die Leiter wegwerfen, nachdem er auf ihr hinaufgestiegen ist.)«[354]

Martin Heidegger

In der Ablehnung der Metaphysik stimmen im übrigen die beiden Philosophen Wittgenstein und Heidegger überein, so groß ansonsten die Unterschiede ihrer Philosophien sind. Auch Heidegger richtet sich gegen die Metaphysik, und zwar nicht nur gegen die christliche, wie er etwa im Brief *Über den Humanismus* sagt: »Keine Metaphysik, sie sei idealistisch, sie sei materialistisch, sie sei christlich, kann ihrem Wesen nach, und keineswegs nur in den versuchten Anstrengungen, sich entfalten, das Geschick noch ein-holen, dies meint: denkend erreichen und versammeln, was in einem erfüllten Sinn von Sein jetzt ist.«[355] Auch der Subjektivismus sei »metaphysischer Subjektivismus«, meint er, und er sei wie die anderen in der »Seinsvergessenheit« versunken. Denn alle reduzieren sie das Seiende auf eine ihm zugrundegelegte Konstruktion, sei es die Idee, die Materie oder das Subjekt der Erkenntnis, sprechen aber nicht vom »Sein« selbst. Wie aber wäre von diesem unverstellt zu sprechen?

Auch bei Heidegger tritt das Wahrheitsproblem als Sprachproblem auf; auch er formuliert das Problem in einem Rückgriff auf die mystische Tradition. Heideggers Position, die ihn die gesamte europäische Philosophie seit Platon zurückweisen läßt, ist doch nicht ohne Vorbilder. Karl-Otto Apel nennt Fichte und Schelling, aber auch Meister Eckhart und Jakob Böhme. In dem Dialog *Zur Erörterung der Gelassenheit* greift Heidegger ausdrücklich auf Eckhart zurück.[356] »Gelassenheit« ist ein Begriff Eckharts, den Heidegger in anderer Bedeutung benutzt und doch auch wieder in ähnlicher: Gelassenheit ist bei Eckhart die erste Stufe auf dem Weg zu Gott, bei Heidegger die erste Stufe auf dem Weg zum Denken. Auch was dann bei Heidegger folgt, erinnert an die Mystik: die Freiheit vom Willen, das Warten, die Grenze der Sprache.

»Jede Beschreibung müßte das Genannte gegenständlich vorführen.« Dieses gegenständliche Vorstellen – ich stelle mir einen Gegenstand vor, also die Subjekt-Objekt-Relation – muß gerade überwunden werden. »Was wir benennen, ist zuvor namenlos.« Es muß aber nicht namenlos bleiben. Nur kann es nicht mit herkömmlichen Namen benannt werden. Hier ist Heideggers Neuschöpfung von Worten, die manchmal belächelt wird, konsequent: wenn Neues benannt werden soll, kann es nicht mit den herkömmlichen Worten benannt werden. Die Alternative zur Resignation der Sprachskepsis ist die Schöpfung von neuen Worten, bei Heidegger allerdings nicht von gänzlich neuen Worten, sondern von solchen, die aus bisherigen durch Rückgriff auf die Wortgeschichte abgeleitet werden. Das ist also keine Wortspielerei, sondern eine Konsequenz der Sprachskepsis, die bei Heidegger *nicht* zum Schweigen führt. Karl-Otto Apel erläutert das so:

»Immer wenn der Mensch aus seinen Lebensbezügen heraus das Verständnis eines Seienden in seinem Wesen gewinnt, hat sich das Sein schon in das Haus einer Sprache gefügt. Und wäre auch, psychologisch analysiert, das intuitiv geschaute Wesen zunächst noch nicht aussprechbar, so ist es doch, im Maße es überhaupt als distinktive Bedeutung aus dem einen ›Sein‹ sich entfaltet, schon in den Bannkreis eines Sprachgefüges gekommen. Dies tritt besonders in den paradoxen Formulierungen der Mystik hervor, wo das Unaussprechliche via negationis et eminentiae zum Aufleuchten gebracht wird. So kann Heidegger im Ernst von der Sprache als ›Haus‹ des Seins oder auch als der ›lichtend-verbergenden Ankunft des Seins‹ reden.«[357]

Die paradoxen Formulierungen in der Mystik, bei Heidegger und bei Kafka versuchen, über die klassische Logik hinwegzuspringen – besonders über deren »Satz vom ausgeschlossenen Dritten« –, um der Wahrheit näherzukommen, die in dieser Logik nicht faßbar ist.

Das Sprachproblem der Physik

Das Erstaunliche ist nun, daß diese Fragestellung, nämlich das Sprachproblem, das die Grundlage unseres Sprechens, Denkens und Erkennens berührt, fast zur gleichen Zeit, in der es in Literatur und Philosophie erörtert wird, auch in der Physik auftritt. Die Literatur und die Philosophie zeigen hier ihre wahre Aktualität, die darin besteht, daß sie fast zur gleichen Zeit das Sprachproblem als Erkenntnisproblem reflektieren wie die Physik, ja sogar früher als die Physik, denn in Literatur und Philosophie wurde es seit Jahrhundertbeginn erörtert, in der Physik erst mit Beginn der Quantenphysik in den zwanziger Jahren.

Werner Heisenberg hat dieses Sprachproblem der Quantenphysik dargelegt: es ist einmal der Zweifel, ob den herkömmlichen Worten in der Realität überhaupt etwas entspricht, also die Frage nach den Bedeutungen der Worte.

»So haben sich die Physiker allmählich wirklich daran gewöhnt, die Elektronenbahnen und ähnliche Begriffe nicht als eine Wirklichkeit, sondern als eine Art von ›potentia‹ (Möglichkeit) zu betrachten. Die Sprache hat sich, wenigstens in einem gewissen Ausmaße, schon an die wirkliche Lage angepaßt. Aber es ist nicht eine präzise Sprache, in der man die normalen logischen Schlußverfahren benützen könnte; es ist eine Sprache, die Bilder in unserem Denken hervorruft, aber zugleich doch auch das Gefühl, daß die Bilder nur eine unklare Verbindung mit der Wirklichkeit besitzen, daß sie nur die Tendenz zu einer Wirklichkeit darstellen.«[358]

Eine »unklare Verbindung« mit der Wirklichkeit! Zum andern ist es die Grenze der Logik, die gesprengt wird. Auch hier – wie bei den Mystikern, den alten und den neuen – wird die Gültigkeit des »Satzes vom ausgeschlossenen Dritten« bezweifelt. Heisenberg: »In der klassischen Logik wird angenommen, daß, sofern eine Behauptung überhaupt Sinn hat, entweder die Behauptung oder die Negation der Behauptung korrekt sein muß ... In der Quantentheorie muß offenbar dieses Gesetz ›Ein Drittes gibt es nicht‹ abgeändert werden.«[359]

Bei Heisenberg ist von Mystik nicht die Rede; die Situation jedoch, die er nennt, ist vergleichbar mit der des Mystikers, was in beiden Fällen zum Sprachproblem führt. In der Mikrophysik und in der Astrophysik werden mit Hilfe der neuen Instrumente unbezweifelbare empirische Daten gewonnen, Daten über die Wirklichkeit, die noch in den Formeln der Mathematik, jedoch nicht mehr in unserer Sprache, in unserer Umgangssprache, formuliert werden können. Es fehlen die Begriffe; die Logik kommt an ihre Grenzen, d.h. auch, die Deutung im Sinne einer theoretischen Zusammenschau wird unmöglich. Diesen »chaotischen« Zustand in der Mikrophysik, wie er ihn ausdrücklich nennt, hat Wolfgang Stegmüller auf eindrucksvolle und dem Nicht-Physiker verständliche Weise dargelegt.[360] Ein Beispiel für den Versuch, das ursprünglich als unteilbar angenommene Atom, das in eine große Zahl von Elementarteilchen geteilt scheint, in einem »Atom« dieses »Atoms«, also in einem Elementarteilchen, zu finden, sind die »Quarks«. Das sollen nach einer Theorie die Bausteine des Atoms sein. Nach dieser »Quarks«-Theorie soll es drei »Quarks« geben, dazu noch die entsprechenden »Antiquarks«. »Quark« ist übrigens, so Stegmüller, keine Abkürzung für einen technischen Fachausdruck: »Das Wort ist vielmehr einem Märchen von James Joyce entnommen, wo es ungefähr dasselbe bedeutet wie ›Dreikäsehoch‹ oder ›Knirps‹.«[361] Ein »Quark« hätte, wenn es ihn gäbe, merkwürdige Eigenschaften: »Ein Quark wäre ungefähr dreimal so schwer wie ein Proton oder ein Neutron, obzwar sowohl ein Proton als auch ein Neutron jeweils aus drei solchen Quarks bestehen.«³⁶² Stegmüllers zusammenfassende Darstellung der Situation in der Mikrophysik lautet:

»Es besteht die Neigung, zu sagen: ›Irgendeine Art von korrekter Antwort *muß* es doch geben!‹ In unserer Epoche allgemeiner Wissenschaftsgläubigkeit wird man dies vielleicht sogar für selbstverständlich halten. So bleibt es wohl dem Philosophen – von seinen Gegnern ›Skeptiker‹ genannt – vorbehalten, diesen Optimismus mit einem Fragezeichen zu versehen. Es ist schon erstaunlich genug, wie tief die Physiker in das Phänomen ›Materie‹ einzudringen vermochten, ungeachtet dessen, daß uns hier alle anschaulichen Vorstellungen im Stich lassen. Woher wissen wir, daß uns nicht letzten Endes auch das mathematische Abstraktionsvermögen im Stich lassen wird? Die *Hoffnung*, daß es dazu nicht kommen wird, kann den Physikern niemand nehmen; denn keine endliche Zeitspanne erfolgloser Versuche reicht für einen Beweis dafür aus, daß der Erfolg sich nicht einstellen *kann*. Die *Garantie*, daß eine endgültige Klärung der Natur der Materie möglich sein wird, kann den Physikern aber auch niemand geben. Es ist nicht ausgeschlossen, daß am Ende der Elementarteilchenforschung das große Schweigen stehen wird.«

Das Schweigen auch in der Physik? Zumindest die Frage nach der Grenze der Erkenntnis, nach der Grenze der Rationalität, nach der Grenze des Sagbaren, tritt hier auf, und zwar mit einer Radikalität, die diejenige in den Künsten und der Philosophie noch übertreffen könnte. Denn auf welchem Gebiet, wenn nicht in der Physik, haben wir zuverlässige Kenntnisse, empirisch geprüfte, exakt formulierte Kenntnisse, Musterbeispiele der Rationalität?

Wenn Physiker sich der Mystik zuwenden, wie etwa Fritjof Capra, der eine Analogie zwischen moderner Physik und Zen-Buddhismus sieht, ist das mehr als eine Mode.³⁶⁴ Und es ist älter als eine Mode. Der bedeutende Physiker Wolfgang Pauli, ein Freund Heisenbergs, der mit ihm und anderen die Quantentheorie ausbaute, beendete 1955 seinen Vortrag *Die Wissenschaft und das abendländische Denken* mit dem Satz: »Entgegen der strengen Einteilung der Aktivitäten des menschlichen Geistes in getrennte Departements seit dem 17. Jahrhundert halte ich die Zielvorstellung einer Überwindung der Gegensätze, zu der auch eine sowohl das rationale Verstehen wie das mystische Einheitserlebnis umfassende Synthese gehört, für den ausgesprochenen oder unausgesprochenen Mythos unserer eigenen, heutigen Zeit.«³⁶⁵

Anhang

Robert Walser
Die deutsche Sprache

Einst war sie stark und groß, ihr Blick, ihre Gebärden waren herrlich, doch kam eine Zeit, wo sie sich vergaß, sie ließ sich mißbrauchen, und da wurde sie häßlich. Die, die sie redeten, machten sie zum Ausdrucksmittel für alles Banale, so daß alle Welt sich über ihre Erniedrigung lustig machte. Die schöne Gestalt fiel zusammen. Was vorbildlich gewesen, wurde zum Spottbild. Der prächtige Baum verdorrte, und dabei gefiel sie sich noch, so schlecht war sie geworden. Die Schmach dauerte lange. Einige dachten, daß sie dem Tode nahe sei, und sie hatten recht. Sie starb, d. h. sie schlich hin wie eine Tote. Niemand glaubte, daß sie je wieder zu Kräften käme. Sie verlor all ihren Liebreiz, klang trocken, hart und albern und diente fast ausschließlich zu Barschheits- und Schneidigkeitszwecken. Ihre verdorbene Stimme war das denkbar Mißlichste, den meisten grauste es vor ihr. Ja, sie war krank und liegt nun zertreten, doch es leben Leute, die sie lieben wie immer, und ihr treu bleiben wollen, denn sie denken, sie sei unausrottbar und werde ihre Schönheit wiedergewinnen. Ganz im stillen, wo es unscheinbar und dunkel ist, pflegen sie sie, damit sie gesunde. Sicher wird sie wieder aufstehen und duften und blühen und ihren Frühling haben und tönen wie Vögleinstimmen. Das will erlebt sein, und die an sie glauben, müssen Geduld haben. Jetzt ist sie müd und schläfrig, die Glieder sind matt, die Worte klaglos. Sie scheint gelähmt, wird aber wieder springen und tanzen und die Behendigkeit besitzen, die sie früher besaß. Nur warten, bis sie wiederhergestellt ist. Sie ist verirrt, sie weint, wird aber den Weg finden und hellauflachen. Dann wird sie sein wie ein sommerlicher Garten und wie eine wiederauferstandene Sonne, rings um sie wird es heiter sein, reich und gut und kraftvoll. Und weich und natürlich. Dann kennt sie sich wieder, und alle haben Freude an ihr. Über die Erde und alle Dinge wird sie stürmen wie der beseligende Wind.

Die Niedergeschlagene wird fröhlich sein. Lust und Trost wird empfinden, wer sie reden hört. Vielleicht geschieht es dann, daß ich unter einer Tanne im Grase liege und sie küsse und wieder ihr Dichter bin.

Anmerkungen

1 Zitiert nach Peter Szondi, *Einführung in die literarische Hermeneutik*, Studienausgabe der Vorlesungen. Band 5. Frankfurt a. M. 1974, S. 173.
2 Roland Barthes, *Introduction à l'analyse structurale des récits* in: *Poétique du récit*, Paris 1977. Und R. Barthes, *Elemente der Semiologie*, Frankfurt a. M. 1979.
3 Manfred Titzmann, *Strukturale Textanalyse*, München 1977.
4 Max Brod, *Kafka liest Walser*, in: Katharina Kerr (Hg.), *Über Robert Walser*, 1. Band, Frankfurt a. M. 1978, S. 85/6.
5 Carl Seelig hat auf seinen Wanderungen Robert Walser zweimal auf Kafka angesprochen, worauf Walser nur mürrisch reagierte: »Robert winkt ab, er kenne Kafkas Werke kaum.« (S. 58) Und: »Robert winkt ab, in Prag gebe es doch Aufregenderes zu lesen als Walsereien« (S. 115). Laut Carl Seelig, *Wanderungen mit Robert Walser*, Frankfurt a. M. 1977.
6 Franz Kafka, *Brief an Direktor Eisner*, in: K. Kerr (Hg.), *Über Robert Walser*, 1. Band, S. 76/77.
7 Ebenda, S. 76.
8 Ebenda, S. 76.
9 Robert Walser, *Über den Charakter des Künstlers. Das Gesamtwerk*, hg. von Jochen Greven, Band VIII, S. 57.
10 Ebenda, S. 57.
11 Ebenda, S. 57.
12 Zitiert nach Karl Pestalozzi, *Nachprüfung einer Vorliebe. Franz Kafkas Beziehung zum Werk Robert Walsers*, in: K. Kerr (Hg.), *Über Robert Walser*, 2. Band, Frankfurt a. M. 1978, S. 94
13 Robert Musil, *Die Geschichten von Robert Walser*, in: K. Kerr (Hg.), *Über Robert Walser*, 1. Band, S. 90.
14 Robert Walser, *Briefe*, hg. von Jörg Schäfer unter Mitarbeit von Robert Mächler, Frankfurt a. M. 1979, S. 65.
15 Zitiert nach Karl Pestalozzi, a.a.O., S. 96.
16 K. Pestalozzi, a.a.O., S. 104.
17 Robert Walser, *Ovation*, in: *Das Gesamtwerk*, Band I, S. 284/5.
18 R. Musil, a.a.O., S. 90.
19 Franz Kafka, *Auf der Galerie*, in: *Sämtliche Erzählungen*, hg., von Paul Raabe, Frankfurt a. M. 1970, S. 129.
20 Robert Walser, *Die Geschichte vom verlorenen Sohn*, in: *Das Gesamtwerk*, Band VIII, S. 258.
21 *Lukas*, 15. Kapitel, 11-32.
22 Franz Kafka, *Heimkehr*, in: *Sämtliche Erzählungen*, S. 320.
23 Zu Handlung (»action«) und Erzählweise (»narration«) siehe Ro-

land Barthes, *Introduction à l'analyse structurale des récits*, a.a.O.
24 Heinz Politzer, *Franz Kafka. Der Künstler*. Frankfurt a. M. 1978, S. 16ff.
25 Robert Walser, *Der verlorene Sohn*, in: *Das Gesamtwerk*, Band XI, S. 106-109.
26 Robert Walser, *Über den Charakter des Künstlers*, in: *Das Gesamtwerk*, Band VIII, S. 57.
27 Robert Walser, *Frau Wilke*, in: *Das Gesamtwerk*, Band III, S. 99f.
28 Jochen Grevens richtige Feststellung von Walsers totaler Kultur- und Gesellschaftskritik müßte in diesem Zusammenhang gesehen werden: als alter Topos »Natur versus Kultur«. Dann würde Greven auch nicht ein solcher Ausrutscher passiert sein wie die Behauptung, Robert Walser gerate in die Nähe »völkischer«, »nationalistischer« Ideologie, wozu es im ganzen Werk Walsers keinen einzigen Anhaltspunkt gibt. Siehe Jochen Greven, *Figuren des Widerspruchs. Zeit- und Kulturkritik im Werk Robert Walsers*, in: K. Kerr (Hg.), *Über Robert Walser*, 2. Band, S. 175.
29 Robert Walser, *Saul und David*, in: *Das Gesamtwerk*, Band IX, S. 124-128.
30 Franz Kafka, *Das Stadtwappen*, in: *Sämtliche Erzählungen*, S. 306/7.
31 1. Buch *Moses* 11, 1-9.
32 Franz Kafka, *Poseidon*, in: *Sämtliche Erzählungen*, S. 307/8.
33 Gershom Scholem, *Zum Verständnis der messianischen Idee im Judentum*, in: G. Scholem, *Über einige Grundbegriffe des Judentums*, Frankfurt a. M. 1970, S. 126ff.
34 G. Scholem, a.a.O., S. 130.
35 Franz Kafka, *Der Jäger Gracchus*, in: *Sämtliche Erzählungen*, S. 285-288.
36 Zur Terminologie siehe M. Titzmann, a.a.O., S. 124.
37 Franz Kafka, *Das Schweigen der Sirenen*, in: *Sämtliche Erzählungen*, S. 304-305.
38 Stéphane Moses macht darauf aufmerksam, daß der Aufbau dieses Textes Ähnlichkeit mit dem der jüdischen Midraschim hat, die eine Sentenz aufstellen und anhand einer Bibelstelle belegen und auslegen. Siehe Stéphane Moses, *Le Silence des Sirènes*, in: *The Hebrew University Studies in Literature*, Vol. 4, No 1, Spring 1976, p. 48-70. – Die Vorgehensweise und das Ergebnis dieses Aufsatzes haben mich in meiner eigenen Arbeit befördert und bestätigt.
39 Franz Kafka, *Hochzeitsvorbereitungen auf dem Lande und andere Prosa aus dem Nachlaß*, in: *Gesammelte Werke*, hg. von Max Brod, Taschenbuchausgabe in sieben Bänden, Frankfurt a. M. 1976, Band 6, S. 70.
40 Franz Kafka, *Prometheus*, in: *Sämtliche Erzählungen*, S. 306.

41 Claude Lévi-Strauss, *Die Struktur der Mythen,* in: *Strukturale Anthropologie,* Frankfurt a. M. 1972, S. 239.
42 Franz Kafka, *Tagebücher 1910-1923,* in: *Gesammelte Werke,* a. a. O., Band 7, S. 124.
43 Franz Kafka, *Josefine, die Sängerin oder Das Volk der Mäuse,* in: *Sämtliche Erzählungen,* S. 172.
44 Franz Kafka, *Der Prozeß,* in: *Gesammelte Werke,* a. a. O., Band 2, S. 9. – Hinfort die Seitenzahlen der zitierten Stelle in Klammern im Text.
45 E.T.A. Hoffmann, *Phantasiestücke in Callots Manier,* IX. *Kreisleriana, 4. Nachrichten von einem gebildeten jungen Mann. Schreiben Milos, eines gebildeten Affen, an seine Freundin Pipi in Nordamerika,* in: *Sämtliche Werke,* 1. Band, Darmstadt 1963, S. 296-304.
46 Franz Kafka, *Ein Bericht für eine Akademie,* in: *Sämtliche Erzählungen,* S. 147-155.
47 Franz Kafka, *Die Verwandlung,* in: Sämtliche Erzählungen, S. 56-99.
48 E.T.A. Hoffmann, *Phantasiestücke in Callots Manier,* VII. *Der goldene Topf. Ein Märchen aus der neuen Zeit,* a. a. O., S. 181-255.
49 Siehe Kapitel 1.1. dieser Arbeit.
50 Damit keine Mißverständnisse entstehen: das entspricht nicht meiner Meinung, sondern der Darstellung im Roman.
51 Klaus Wagenbach, *Franz Kafka in Selbstzeugnissen und Bilddokumenten,* Reinbek 1964, S. 81: »...unter dem zweideutigen Namen Fräulein Bürstner...«. Weiterhin S. 82: »Die Frauengestalten bei Kafka sind gewissermaßen als Huren konzipiert...«
52 Franz Kafka, *Tagebücher 1910-1923,* in: *Gesammelte Werke,* a. a. O., Band 7, S. 229.
53 Ebenda, S. 230.
54 Ebenda, S. 231.
55 Ebenda, S. 230.
56 Ebenda, S, 241.
57 Ebenda, S. 230.
58 Ebenda, S. 232/3.
59 Ebenda S. 247.
60 Franz Kafka, *Hochzeitsvorbereitungen auf dem Lande und andere Prosa aus dem Nachlaß,* a. a. O., Band 6, S. 30.
61 Franz Kafka, *Tagebücher,* S. 42-45.
62 Ebenda, S. 247.
63 Ebenda, S. 252.
64 Melchior Schedel, *Weltchronik,* Nürnberg 1492. Reprint 1975 durch Verlag Konrad Kölbl, Grünwald bei München.
65 Gershom Scholem, *Die jüdische Mystik in ihren Hauptströmungen,* Frankfurt a. M. 1980 S. 43-86

66 Ebenda, S. 57.
67 Franz Kafka, *Tagebücher*, a.a.O., S. 252.
68 Max Brod, *Nachwort zur ersten Ausgabe*, in: Franz Kafka, *Das Schloß*, a.a.O., Band 3, S. 347. Brod spricht allerdings von einem »sehr entfernten und ironisch gleichsam auf ein Minimum reduzierten« Anklang an Goethes Wort.
69 Franz Kafka, *Hochzeitsvorbereitungen auf dem Lande und andere Prosa aus dem Nachlaß*, a.a.O., S. 83.
70 Ebenda, S. 87.
71 Ebenda, S. 88.
72 Ebenda.
73 Ebenda, S. 74.
74 Ebenda, S. 92.
75 Ebenda, S. 86.
76 Franz Kafka, *Hochzeitsvorbereitungen auf dem Lande und andere Prosa aus dem Nachlaß*, a.a.O., S. 65/66.
77 Heinz Politzer, *Franz Kafka*, a.a.O., S. 278ff.
78 Franz Kafka, *Tagebücher*, S. 130.
79 H. Politzer, *Franz Kafka*, a.a.O., S. 290. Politzer spricht von »gnostischer« und »hermetischer« Anschauung und verweist ebenfalls auf die von Scholem erläuterte »Merkaba«-Mystik. Kafka bringe eine »nihilistische Wendung« (S. 293). Daß Kafkas Negation nicht nihilistisch ist, weil die Negation seiner Meinung nach in die Position umschlagen muß, die Finsternis der Welt in das Erscheinen des Messias, werde ich noch ausführlicher in den Kapiteln 7.1. und 7.2. erläutern. Politzer ist hier Kafka sehr nahe, meine ich, zieht aber nicht die notwendigen Konsequenzen für die Interpretation des gesamten Romans, ja, des gesamten Werkes.
80 G. Scholem, *Hauptströmungen der jüdischen Mystik*, a.a.O., S. 58.
81 Ebenda, S. 60.
82 Ludwig, Wittgenstein, *Tractatus logico-philosophicus*. Frankfurt a.M. 1979[14], S. 111, 6.41
83 Ebenda, S. 114, 6.432.
84 Robert Walser, *Jakob von Gunten. Ein Tagebuch*, Frankfurt a.M. 1980. – Hinfort zitiere ich nach dieser leicht erreichbaren Ausgabe; die Seitenzahlen füge ich in Klammern in den Text ein.
85 Robert Walser, *Geschwister Tanner*, Roman, Frankfurt a.M. 1981, S. 211: »Mein Geist gibt sich mit Serviettenfalten und Messerputzen ab und das Schiefe ist, es gefällt mir.«
86 Klaus Peter Philippi, *Robert Walsers »Jakob von Gunten«*, in: *Der Deutschunterricht. Beiheft* I, 1971, S. 54/5.
87 Hans Hiebel, *Robert Walsers »Jakob von Gunten«*, in: K. Kerr (Hg.), *Über Robert Walser*, 2. Band, S. 320.

88 H. Hiebel. a.a.O., S. 310.
89 Martin Walser, *Selbstbewußtsein und Ironie. Frankfurter Vorlesungen*, Frankfurt a.M. 1981, S. 115-152
90 Dagmar Grenz, *Die Romane Robert Walsers. Weltbezug und Wirklichkeitsdarstellung*, München 1973 (phil. Diss.), S. 94-97.
91 Hans Holderegger, *Robert Walser. Eine Persönlichkeitsanalyse anhand seiner drei Berliner Romane*, Zürich 1973 (phil.Diss.).
92 Susanne Sethe, *Robert Walsers »Jakob von Gunten« als religiöse Dichtung*, Köln 1976 (phil.Diss.).
93 Werner Kraft, *Die Idee des Verschwindens bei Robert Walser*, in: *Text und Kritik*, Nr. 12/12a, 2. revidierte Auflage, März 1965, S. 21-32.
94 Raymond Lauener, *Robert Walser ou du Primauté du Jeu*, Bern 1970.
95 Dirk Rodewald, *Robert Walsers Prosa. Versuch einer Strukturanalyse*, Bad Homburg 1970.
96 Erich Fromm, *Die Kunst des Liebens*, Berlin 1980.
97 Ebenda, S. 122.
98 Ebenda, S. 123.
99 Ebenda.
100 Ebenda, S. 124.
101 Ebenda, S. 127.
102 Siehe, R. Barthes, *Elemente der Semiologie*, a.a.O., S. 75ff.
103 1. *Moses*, 39,9.
104 1. *Moses*, 28,12.
105 1. *Moses*, 32,27-29.
106 1. *Moses*, 35, 10.
107 1. *Moses*, 46, 1-3.
108 Beispiele dazu in Martin Bubers Sammelband *Ekstatische Konfessionen*, Jena 1909.
109 Meister Eckhart, *Warum wir sogar Gottes ledig werden sollen*, in: *Rationalität und Mystik*, hg. von Hans Dieter Zimmermann, Frankfurt a.M. 1981, S. 293. – Siehe auch die Anmerkung dort S. 376/7.
110 Ebenda, S. 294.
111 Ebanda, S. 295.
112 Siehe den Sammelband *Rationalität und Mystik. Mit Beiträgen von E. Bloch, M. Buber, M. Heidegger, W. Heisenberg, F. Kafka, W. Kandinsky, G. Landauer, F. Mauthner, R. Musil, L. Wittgenstein.*
113 Rudolf Steiner, *Theosophie. Einführung in übersinnliche Welterkenntnis und Menschenbestimmung*, Dornach 1962, S. 134ff.
114 Ebenda, S. 137.
115 Ebenda, S. 138.
116 Martin Heidegger, *Zur Erörterung der Gelassenheit*, in: *Rationa-*

lität und Mystik, a.a.O., S. 177-201.
117 R. Steiner, a.a.O., S. 140.
118 Ebenda, S. 142.
119 Rudolf Otto, *West-östliche Mystik. Vergleich und Unterscheidung zur Wesensdeutung,* Gütersloh 1979.
120 L. Wittgenstein, a.a.O., S. 115, 6.521-6.522.
121 Hans Dieter Zimmermann, *Robert Walser über Hölderlin,* in: *Hölderlin-Jahrbuch 1982/1983,* Tübingen 1983, S. 134-146.
122 Robert Walser, *Brentano* I, in: *Das Gesamtwerk,* Band I, S. 321.
123 Carl Gustav Jung, *Die Archetypen und das kollektive Unbewußte,* in: *Gesammelte Werke,* Band 9, Olten 1971.
124 Robert Walser, *Geschwister Tanner,* a.a.O., S. 306-332.
125 Heinrich von Kleist, *Über das Marionettentheater,* in: *Erzählungen,* 3. Band. (Verlag Bruno Cassirer) Berlin 1924, S. 96ff. – Walser, der Kleist liebte und mehrere Prosastücke über ihn schrieb, wird den Aufsatz gekannt haben.
126 Martin Walser, a.a.O., S. 139.
127 Novalis, *Schriften, 2. Band. Das philosophische Werk I.,* hg. von Richard Samuel, Stuttgart 1960, S. 672.
128 Siehe Daisetz Teitaro Suzuki, *Leben aus Zen,* Frankfurt a.M. 1982.
129 Franz Kafka, *Tagebücher,* a.a.O., S. 224.
130 Franz Kafka, *Briefe an Milena,* hg. und mit einem Nachwort versehen von Willy Haas, Frankfurt a.M. 1955, S. 15.
131 Ebenda, S. 36.
132 Franz Kafka, *Tagebücher,* a.a.O., S. 154.
133 Zitiert nach Stéphane Moses, *Das Kafka-Bild Gershom Scholems,* in: *Merkur,* Heft 9, September 1979, S. 863.
134 Max Brod, *Über Franz Kafka,* Frankfurt a.M. 1974.
135 Franz Kafka, *Briefe an Felice und andere Korrespondenz aus der Verlobungszeit,* hg. von Erich Heller und Jürgen Born, Frankfurt a.M. 1976, S. 460.
136 Zitiert nach S. Moses, a.a.O., S. 862.
137 Franz Kafka, *Hochzeitsvorbereitungen auf dem Lande und andere Prosa aus dem Nachlaß,* a.a.O., S. 89.
138 Zitiert nach S. Moses, a.a.O., S. 863.
139 Hans Mayer, *Walter Benjamin und Franz Kafka. Bericht über eine Konstellation,* in: *Literatur und Kritik,* Heft 140, 1979, S. 579-597.
140 S. Moses, a.a.O.
141 Gershom Scholem, *Judaica 1,* Frankfurt a.M. 1981 – *Judaica 2,* Frankfurt a.M. 1982. – *Judaica 3,* Frankfurt a.M. 1981. – *Hauptströmungen der jüdischen Mystik,* a.a.O. – *Über einige Grundbegriffe des Judentums,* a.a.O.

142 S. Moses, a.a.O., S. 862.
143 Zitiert nach S. Moses, a.a.O., S. 865/6.
144 Franz Kafka, *Tagebücher*, a.a.O., S. 405/6.
145 M. Brod, *Über Franz Kafka*, a.a.O., S. 279.
146 Ebenda, S. 278. – Siehe auch Brods Hinweise in seinem Buch *Der Prager Kreis*, Frankfurt a.M. 1979, S. 113-115.
147 Siehe H. Mayer, a.a.O., S. 587.
148 Franz Kafka, *Tagebücher*, a.a.O., S. 62.
149 Ebenda, S. 348/9.
150 Ebenda, S. 351/2.
151 Ebenda, S. 162.
152 Ebenda, S. 355.
153 Ebenda, S. 365.
154 Ebenda, S. 425/6.
155 Ebenda, S. 349.
156 Franz Kafka, *Hochzeitsvorbereitungen auf dem Lande und andere Prosa aus dem Nachlaß*, a.a.O., S. 65.
157 G. Scholem, *Judaica 1*, a.a.O., S. 7/8.
158 Ebenda, S. 33.
159 Ebenda, S. 10.
160 Ebenda, S. 24/5.
161 Ebenda, S. 27.
162 Ebenda.
163 Franz Kafka, *Das Schloß*, a.a.O., S. 243ff.
164 H. Mayer, a.a.O., S. 595.
165 G. Scholem, *Judaica 1*, S. 29.
166 Zitiert nach H. Mayer, a.a.O., S. 535.
167 H. Mayer, a.a.O., S. 595/6.
168 Franz Kafka, *Hochzeitsvorbereitungen auf dem Lande und andere Prosa aus dem Nachlaß*, a.a.O., S. 89
169 Günter Stemberger, *Das klassische Judentum*, München 1979, S. 160.
170 Franz Kafka, *Tagebücher*, a.a.O., S. 60/1.
171 Zitiert nach S. Moses, a.a.O., S. 867.
172 S. Moses, a.a.O., S. 866.
173 Ebenda.
174 Günter Stemberger, *Der Talmud. Einführung – Texte – Erläuterungen*, München 1982, S. 67.
175 G. Stemberger, *Der Talmud*, a.a.O., S. 129/30.
176 Franz Kafka, *Hochzeitsvorbereitungen auf dem Lande und andere Prosa aus dem Nachlaß*, a.a.O., S. 82.
177 Siehe Fritz Mauthner und Ludwig Wittgenstein im Sammelband *Rationalität und Mystik*, a.a.O., S. 37-67 und S. 114-129.
178 Hugo Bergmann, *Die Heiligung des Namens*, in: *Vom Judentum*,

hg. vom Verein jüdischer Hochschüler Bar Kochba in Prag. Leipzig 1913, S. 39. – G. Scholem, *Judaica 3*, a.a.O., S. 15.
179 G. Scholem, *Judaica 3*, S. 9.
180 *Exodus*, 3, 6-14.
181 Franz Kafka, *Hochzeitsvorbereitungen auf dem Lande und andere Prosa aus dem Nachlaß*, a.a.O., S. 62.
182 G. Stemberger, *Das klassische Judentum*, a.a.O., S. 170.
183 G. Scholem, *Über einige Grundbegriffe des Judentums*, a.a.O., S. 9.
184 Ausschnitt aus Plotin, *Die erkennenden Wesenheiten und das Jenseitige*, in: *Rationalität und Mystik*, a.a.O., S. 235-248.
185 G. Scholem, *Über einige Grundbegriffe des Judentums*, a.a.O., S. 28.
186 Hans Jonas, *Gnosis und spätantiker Geist*, Göttingen 1966². – Das Zitat aus, *Der Begriff der Gnosis* (Teildruck aus *Gnosis und spätantiker Geist*), Göttingen 1930, S. 12.
187 Karel Kosík, *Hašek a Kafka*, Plamen v 1963, S. 99. – H. Politzer, *Franz Kafka*, a.a.O. S. 550.
188 H. Politzer, a.a.O., S. 369.
189 *Apostelgeschichte* 4, 36.
190 Klaus Wagenbach, *Kneipenszene mit Frieda. Über die »Kritische Ausgabe« der Werke Franz Kafkas*, in: *Der Spiegel*, Nr. 35, 30. August 1982, S. 160-162. – Wagenbach vertrat früher die Ansicht, das böhmische Schloß Wossek sei Vorbild des Romans. Max Brod hat dagegen entschieden auf Friedland hingewiesen. – M. Brod, *Der Prager Kreis*, a.a.O. S. 121/2.
191 G. Scholem *Hauptströmungen der jüdischen Mystik*, a.a.O., S. 194.
192 Ebenda, S. 257.
193 Ebenda, S. 265.
194 Ebenda, S. 309.
195 Alexander Eliasberg, *Sagen polnischer Juden*, München 1916.
196 Franz Kafka, *Hochzeitsvorbereitungen auf dem Lande und andere Texte aus dem Nachlaß*, a.a.O., S. 88.
197 Ebenda, S. 90.
198 Ebenda, S. 31.
199 Ebenda, S. 66.
200 Ebenda, S. 65.
201 Franz Kafka, *»Er«. Aufzeichnungen aus dem Jahre 1920*, in: *Beschreibung eines Kampfes*, Gesammelte Werke, Band 5, S. 216-222.
202 Franz Kafka, *Betrachtungen über Sünde, Leid, Hoffnung und den wahren Weg* (Titel von Max Brod für die von Kafka in Reinschrift durchnumerierten Aphorismen), in: *Hochzeitsvorbereitungen auf dem Lande und andere Prosa aus dem Nachlaß*, Gesam-

melte Werke, Band 6, S. 30-40.
203 Marthe Robert, *Das Alte im Neuen. Von Don Quichotte zu Franz Kafka*, München 1968, S. 154.
204 Max Brod, *Über Franz Kafka*, a.a.O., S. 150.
205 M. Robert, a.a.O., S. 154.
206 Peter U. Beicken, *Franz Kafka – eine kritische Einführung in die Forschung*, Frankfurt a.M. 1974, S. 180, auch Anmerkung 9
207 Franz Kafka, *Hochzeitsvorbereitungen auf dem Lande und andere Prosa aus dem Nachlaß*, a.a.O., S. 64: »Zölibat und Selbstmord stehen auf ähnlicher Erkenntnisstufe, Selbstmord und Märtyrertod keineswegs, vielleicht Ehe und Märtyrertod.«
208 Sören Kierkegaard, *Furcht und Zittern*, in: *Gesammelte Werke*, Vierte Abteilung, Düsseldorf 1955.
209 Ebenda, S. 12.
210 Ebenda, S. 129.
211 Franz Kafka, *Betrachtungen* a.a.O., S. 34. – Hinfort ohne Beleg, da die Betrachtungen durchnumeriert und deshalb auf den 10 Seiten (S. 30-40) leicht zu finden sind.
212 Zitiert nach Martin Walser, *Selbstbewußtsein und Ironie*, a.a.O., S. 187.
213 Zitiert nach Martin Walser, a.a.O., S. 188.
214 Ebenda.
215 S. Kierkegaard, *Furcht und Zittern*, a.a.O., S. 129.
216 Brief von Milena Jesenská an Max Brod: »Gewiß steht die Sache so, daß wir alle dem Augenschein nach fähig sind zu leben, weil wir irgendeinmal zur Lüge geflohen sind, zur Blindheit, zur Begeisterung, zum Optimismus, zu einer Überzeugung, zum Pessimismus oder zu sonst etwas. Aber er ist nie in ein schützendes Asyl geflohen, in keines. Er ist absolut unfähig zu lügen, so wie er unfähig ist, sich zu betrinken. Er ist ohne die geringste Zuflucht, ohne Obdach. Darum ist er allem ausgesetzt, wovor wir geschützt sind. Er ist wie ein Nackter unter Angekleideten. Es ist das alles nicht einmal Wahrheit, was er sagt, was er ist und lebt. Es ist solch ein determiniertes Sein an und für sich, von allen Zutaten entledigt, die ihm helfen könnten, das Leben zu verzeichnen – in Schönheit oder in Elend, einerlei. Und seine Askese ist durchaus unheroisch – hierdurch allerdings um so größer und höher. Jeder ›Heroismus‹ ist Lüge und Feigheit. Das ist kein Mensch, der sich seine Askese als Mittel zu einem Ziel konstruiert, das ist ein Mensch, der durch seine schreckliche Hellsichtigkeit, Reinheit und Unfähigkeit zum Kompromiß zur Askese gezwungen ist.« Max Brod, *Über Franz Kafka*, a.a.O., S. 200.
217 M. Walser, a.a.O., S. 190.
218 Franz Kafka, *Briefe 1902-1924*, hg. von Max Brod. Frankfurt

a. M. 1958. S. 236.
219 G. Scholem, *Judaica 1*, a.a.O., S. 49.
220 Ebenda, S. 49/59.
221 G. Scholem, *Hauptströmungen der jüdischen Mystik*, a.a.O., S. 257.
222 Die »Er«-Aufzeichnungen habe ich durchnumeriert, es sind 29, durch Absätze deutlich voneinander getrennt. Hinfort zitiere ich sie mit dieser meiner Nummer.
223 L. Wittgenstein, *Tractatus logico-philosophicus*, a.a.O.
224 Fanz Kafka, *Briefe 1902-1924,* a.a.O., S. 238.
225 Ich spreche hier vom Wittgenstein des Tractatus, nicht von dem der späteren Arbeiten.
226 Das wirft auch ein Licht auf Kafkas ambivalente Haltung zu seinem eigenen Werk; immer unzufrieden damit und immer bemüht darum, widmete er seine ganz Lebenskraft diesem Werk und wäre doch bereit gewesen, große Teile davon zu vernichten; siehe der testamentarische Wunsch an Brod. Die Ambivalenz seiner Haltung bringt schon der erste Brief an Rowohlt von 1912 zum Ausdruck: »...hatte ich manchmal die Wahl zwischen der Beruhigung meines Verantwortungsgefühls und der Gier, unter Ihren schönen Büchern auch ein Buch zu haben.« (Klaus Wagenbach, *Franz Kafka in Selbstzeugnissen und Bilddokumenten, a.a.O., S.* 85.) – Siehe auch Joachim Unseld, *Franz Kafka. Ein Schriftstellerleben. Die Geschichte seiner Veröffentlichungen*, München 1982.
227 Robert Mächler, *Robert Walser und das Christentum*, in: K. Kerr (Hg.), *Über Robert Walser*, Band 2, a.a.O., S. 115.
228 Robert Walser, *Das Gesamtwerk*, Band XI, S. 236.
229 R. Mächler, *Robert Walser und das Christentum*, a.a.O., S. 115.
230 Robert Walser, *Das Gesamtwerk*, Band XI, S. 235.
231 Robert Walser, *Geschwister Tanner*, a.a.O., S. 95ff.
232 Robert Walser, *Jakob von Gunten*, a.a.O., S. 58.
233 Robert Walser, *Das Gesamtwerk*, Band XI, S. 236.
234 R. Mächler, *Robert Walser und das Christentum*, a.a.O., S. 116.
235 Ebenda S. 116.
236 Robert Walser, *Das Gesamtwerk*, Band XI, S. 235
237 Ebenda, S. 237.
238 Ebenda.
239 Ebenda.
240 Robert Walser, *Das Gesamtwerk*, Band VII, S. 20.
241 Ebenda.
242 Robert Walser, *Das Gesamtwerk*, Band VII, S. 284-287.
243 Robert Walser, *Das Gesamtwerk*, Band III, S. 382.
244 Ebenda.
245 Dieter Borchmeyer, *Dienst und Herrschaft. Ein Versuch über*

Robert Walser, Tübingen, 1980, S. 63.
246 Robert Walser, *Das Gesamtwerk*, Band III, S. 383.
247 Ebenda, S. 382/3.
248 Robert Walser, *Das Gesamtwerk*, Band VIII, S. 155ff.
249 Ebenda, S. 155/6.
250 Ebenda, S. 157.
251 Ebenda, S. 159.
252 Ebenda, S. 160.
253 Ebenda, S. 164.
254 Ebenda, S. 165.
255 Robert Walser, *Das Gesamtwerk*, Band IX, S. 63.
256 Ebenda, S. 65.
257 Robert Walser, *Das Gesamtwerk*, Band II, S. 319.
258 D. Borchmeyer, a.a.O., S. 66.
259 R. Mächler, a.a.O., S. 124.
260 Max Weber, *Die protestantische Ethik I. Eine Aufsatzsammlung*, hg. von Johannes Winckelmann, Gütersloh 1981, S. 136
261 Ebenda, S. 137.
262 Ebenda, S. 139.
263 Ebenda, S. 143.
264 Ebenda, s. 145.
265 Ebenda, s. 160.
266 Robert Walser, *Das Gesamtwerk*, Band III, S. 118.
267 Robert Walser, *Das Gesamtwerk*, Band X, S. 254.
268 R. Mächler, a.a.O., S. 117.
269 Robert Walser, *Geschwister Tanner*, a.a.O., S. 95/6.
270 Zitiert nach R. Mächler, a.a.O., S. 122.
271 Zitiert nach R. Mächler, a.a.O., S. 122.
272 Siehe Robert Musil, *Heilige Gespräche. Beginn. Heilige Gespräche. Wechselvoller Fortgang.* (Aus dem Roman *Der Mann ohne Eigenschaften*), in: *Rationalität und Mystik*. a.a.O., S. 145-176.
273 Robert Walser, *Das Gesamtwerk*, Band IX, S. 64.
274 Robert Walser, *Das Gesamtwerk*, Band X, S. 517.
275 Zitiert nach R. Mächler, a.a.O., S. 120.
276 Siehe dazu die einschlägigen Bibelstellen: »Will mir jemand nachfolgen, der verleugne sich selbst.« (*Matthäus* 16,24) – »Wer sich selbst erhöht, der wird erniedrigt, und wer sich selbst erniedrigt, der wird erhöht.« (*Matthäus* 23,12)
277 Robert Walser, *Das Gesamtwerk*, Band X, S. 518.
278 Ebenda, S. 520.
279 Ebenda, S. 521.
280 Zur »Disposition« siehe Kapitel XIV »Disposition und Motivation« in: H.D. Zimmermann, *Vom Nutzen der Literatur. Vorbereitende Bemerkungen zu einer Theorie der literarischen Kommunika-*

tion, Frankfurt a.M. 1979², S. 79-87.
281 Robert Walser, *Das Gesamtwerk*, Band X, S. 529.
282 Siehe dazu R. Mächler, *Das Leben Robert Walsers. Eine dokumentarische Biographie*, Frankfurt a.M. 1976, S. 77-79.
283 Albert Steffen, *Robert Walser: Große kleine Welt*, in: K. Kerr (Hg.), *Über Robert Walser*, Band 1, a.a.O., S. 146/7.
284 Robert Walser, *Das Gesamtwerk*, Band VIII, S. 55-57.
285 Robert Walser, *Das Gesamtwerk*, Band X, S. 264-266.
286 Robert Walser, *Das Gesamtwerk*, Band XI, S. 15-20.
287 Zitiert bei R. Mächler, a.a.O., S. 78.
288 Robert Walser, *Das Gesamtwerk*, Band XI, S. 19.
289 Ebenda, S. 19/20.
290 Gerade an Albert Steffen ist das zu erkennen. Sein Theaterstück *Der Chef des Generalstabs* ist geprägt von solcher Unterwerfung unter die Autoritäten der Institutionen des Staates und des Militärs. In: *Individualität*, 2. Jg., 1./2. Buch, S. 112ff.
291 Robert Walser, *Das Gesamtwerk*, Band XI, S. 252/3.
292 *Individualität*, hg. von Willy Storrer und Hans Reinhart. Jg. 1926 im Verlag Freies Geistesleben, Dornach/Lörrach-Stetten. – Jg. 1927 im Verlag Amalthea, Zürich/Wien/Leipzig. – Jg. 1928/29 im Verlag Freies Geistesleben, Dornach/Lörrach.
293 1. Jg., 1. Buch: *Der Kuß*, S. 29ff. (Foto S. 148ff.). – 3. Buch: *Die Ferienreise*, S. 26ff. und Buchbesprechung über Max Pick, S. 113/4. Im 3. Buch auch Rezension von Walsers Band *Die Rose*, S. 125/6. – 4. Buch: *Studie II* (über Jesus), S. 41ff. – 2. Jg., 4. Buch (Sonderheft *Die übersinnliche Welt und ihre Erkenntnis*): *Brief an einen Verleger*, S. 188/9. Und Hans Wilhelm Keller: *Robert Walser*, S. 116/7. – 3. Jg., 1./2. Buch: *Eine Art Novelle, An einen Poeten*, S. 151ff. – *Hier wird kritisiert*, S. 308/9. Und Walter Kern, *Der 50jährige Robert Walser*. – 4. Buch (Sonderheft *Die Welt des Kindes*): *Mutter und Kind*, s. 120ff.
294 Hans Wilhelm Keller, *Robert Walser*, in: *Individualität*, 2. Jg., 4. Buch, S. 116/7.
295 R. Mächler, a.a.O., S. 79.
296 R. Mächler, a.a.O., S. 79.
297 Robert Walser, *Das Gesamtwerk*, Band XI, S. 252.
298 Ebenda, S. 252.
299 Ebenda, S. 253.
300 Ebenda.
301 Siehe H.D. Zimmermann, *Die Aktualität der Romantik. Zum Beispiel E.T.A. Hoffmann*, in: *Berlin zwischen 1789 und 1848. Facetten einer Epoche, Katalog der Ausstellung der Akademie der Künste*, Berlin 1981, S. 53-62.
302 Siehe H.D. Zimmermann, *Trivialliteratur? Schema-Literatur!*,

Stuttgart 1982², S. 52-55.
303 Robert Walser, *Das Gesamtwerk*, Band XII, S. 432-4.
304 Ebenda, S. 433.
305 Ebenda, S. 434.
306 Robert Minder, *Glaube, Skepsis und Rationalität. Dargestellt aufgrund der autobiographischen Schriften von Karl Philipp Moritz*, Frankfurt a. M. 1974.
307 *Individualität*, 1. Jg., 1. Buch, S. 29ff. – Robert Walser, *Das Gesamtwerk*, Band X, S. 335-8.
308 Robert Walser, *Das Gesamtwerk*, Band II, S. 24-6.
309 Robert Walser, *Das Gesamtwerk*, Band X, S. 337.
310 *Individualität*, 1. Jg., 3. Buch.
311 Robert Walser, *Das Gesamtwerk*, Band X, S. 487.
312 Robert Walser, *Das Gesamtwerk*, Band III, S. 382.
313 Robert Walser, *Das Gesamtwerk*, Band X, S. 264/5.
314 Ebenda.
315 Robert Walser, *Das Gesamtwerk*, Band XII, S. 137.
316 Hermann Hesse, *Der Steppenwolf*, Frankfurt a. M. 1974.
317 Dazu Siegfried Unseld, *Robert Walser und seine Verleger*, in: K. Kerr (Hg.), *Über Robert Walser*, 2. Band, a.a.O., S. 349-359.
318 H. Hesse, *Der Steppenwolf*, a.a.O., S. 237.
319 Ebenda, S. 61.
320 Ebenda, S. 62.
321 Robert Walser, *Das Gesamtwerk*, Band VIII, S. 56.
322 Ebenda, S. 57.
323 Martin Jürgens, *Robert Walser. Die Krise der Darstellbarkeit*, Kronberg 1973.
324 Zitiert nach M. Jürgens, a.a.O., S. 140.
325 Siehe die Belege bei Klaus Wagenbach, *Franz Kafka*, a.a.O., S. 107/8.
326 H.D. Zimmermann, *Robert Walser über Hölderlin*, a.a.O. – Auch Bernhard Böschenstein, *Zu Robert Walsers Dichterporträts*. in: *Von Angesicht zu Angesicht. Porträtstudien. Festschrift für Michael Stettler*, Bern 1983, S. 286-292.
327 Bestätigt wird dies durch die ersten modernen Künstlerporträts, nämlich die von Wilhelm Heinrich Wackenroder *Herzensergießungen eines kunstliebenden Klosterbruders*, in: *Werke und Briefe*. Heidelberg 1967, S. 7-131. – Wackenroder lobt die Kunst der Meister, spricht aber fast nur von deren Leben statt von deren Malerei; die Lebensläufe aber hat er ausdrücklich nach dem Vorbild der Heiligenlegenden geschrieben.
328 Robert Walser, *Die Gedichte II*, in: *Das Gesamtwerk*, Band IX, S. 65.
329 Franz Kafka, *Hochzeitsvorbereitungen auf dem Lande und an-*

dere Prosa aus dem Nachlaß, a.a.O., S. 252.
330 Robert Walser, *Dilettanten*, in: *Das Gesamtwerk*, Band VIII, S. 52-55.
331 Robert Minder, *Glaube, Skepsis und Rationalismus*, a.a.O. – Das Kapitel 10 ist ein um diesen Zusatz über Karl Philipp Moritz erweiterter und um einen Passus über Kafka gekürzter Aufsatz, der im Heft 39 der *Herrenalber Texte* (hg. von Wolfgang Böhme, Karlsruhe 1982) erschien; er geht zurück auf einen Vortrag in der Evangelischen Akademie Bad Herrenalb.
332 Peter Szondi, *Poetik und Geschichtsphilosophie I. Antike und Moderne in der Ästhetik der Goethezeit. Studienausgabe der Vorlesungen*, Band 2. Frankfurt a.M. 1974, S. 98.
333 R. Minder, *Glaube, Skepsis und Rationalismus*, a.a.O., S. 251/2.
334 David Baumgardt, *Franz von Baader und die philosophische Romantik*, Halle 1927.
335 Robert Musil, *Tagebücher, Aphorismen, Essays und Reden*, Hamburg 1955, S. 237.
336 Zitiert nach *Rationalität und Mystik*, a.a.O., S. 294.
337 Dietmar Mieth, *Christus – das Soziale im Menschen. Texterschließung zu Meister Eckhart*, Düsseldorf 1972, S. 117, S. 115.
338 Bei genauer Betrachtung der Mystik wären natürlich wichtige Unterscheidungen zu treffen, nicht nur historische. Wenigstens könnten die philosophische Weltsicht (Kosmogonie) und die philosophische Methode (Dialektik) gesondert werden. Innerhalb der mystischen Erfahrung, die durchaus unabhängig von dieser Philosophie auftreten kann und diese unabhängig von ihr, wären intensive Gefühlserlebnisse (»Schleudermystik« im Sinne Musils) deutlich als *nicht*mystisch zurückzuweisen. Vieles, was als mystische Erfahrung auch heute ausgegeben wird, dürfte nichts anderes sein als die Erfahrung des eigenen Gefühlsapparats. Innerhalb der eigentlichen mystischen Erfahrung (»der andere Zustand« Musils) wären Einheitserlebnisse (Einheit mit der Welt, in der Welt ganz darinnen sein, nämlich ohne die Distanz des subjektiven Bewußtseins) wiederum zu trennen von ekstatischen Erlebnissen (aus der Welt heraustreten, aus der Welt herausgerissen werden). Letzteres scheint Ähnlichkeit mit Erfahrungen bei Todesgefahr zu haben, von denen Menschen berichten, die kurze Zeit klinisch tot waren, oder solche, die im Berg abgestürzt sind. (Siehe dazu die Dokumentation in: R.A. Moody, *Leben nach dem Tode* Reinbek 1977, und R. Messner, *Todeszonen*, Köln 1981.)
339 Zitiert nach *Rationalität und Mystik*, a.a.O., S. 16.
340 R. Musil, *Der Mann ohne Eigenschaften*, Hamburg 1965^7, S. 770. – Siehe auch Dietmar Goltschnigg, *Mystische Tradition im Roman Robert Musils*, Heidelberg 1974.

341 Hugo Friedrich, *Die Struktur der modernen Lyrik. Von Baudelaire bis zur Gegenwart*, Hamburg 1956, S. 46.
342 Mauthner und Landauer in, *Rationalität und Mystik*, a.a.O.
343 Bubers Einleitung zu seinem Sammelband in *Rationalität und Mystik*, a.a.O.
344 Siehe dazu den *Briefwechsel von Hofmannsthal und Mauthner*, hg. von Martin Stern, in: *Hofmannsthal-Blätter*, H. 19/20, 1978, S. 21-41, sowie den *Briefwechsel Hofmannsthal – Landauer*, hg. von Norbert Altenhofer, a.a.O., S. 43-90.
345 Oswald Wiener, *Die Verbesserung von Mitteleuropa*, Hamburg 1969. Seit dem Erscheinen des Buches betreibt Wiener eine Kneipe in West-Berlin und private Studien zum Sprachproblem.
346 Hugo Ball, *Die Flucht aus der Zeit*, Luzern 1946, S. 98
347 Ebenda, S. 143.
348 Ebenda, S. 159.
349 Der erste Teil von Kandinskys zweiteiliger Schrift in *Rationalität und Mystik*, a.a.O., S. 96ff.
350 Marcel Brion, *Geschichte der abstrakten Malerei*, Köln 1960, S. 102.
351 L. Wittgenstein, *Tractatus logico-philosophicus*, a.a.O., S. 110, 6.371-372.
352 Ebenda, S. 115, 6.522.
353 Ebenda, S. 115, 7.
354 Ebenda, S. 115, 6.54.
355 Martin Heidegger, *Über den Humanismus*, Frankfurt a.M. 1975.
356 M. Heidegger, *Zur Erörterung der Gelassenheit*, in: *Rationalität und Mystik*, a.a.O., S. 177ff.
357 Karl-Otto Apel, *Transformation der Philosophie*, Band 1. Frankfurt a.M. 1976, S. 97. Siehe auch Otto Pöggeler, *Mystische Elemente im Denken Heideggers und im Dichten Celans*, in: *Herrenalber Texte*, Heft 39, hg. v. W. Böhme, Karlsruhe 1982, S. 32-59
358 Werner Heisenberg, *Physik und Philosophie*, Berlin 1981, S. 151-152.
359 Ebenda, S. 152.
360 Wolfgang Stegmüller, *Hauptströmungen der Ggenwartsphilosophie*, Band II, Stuttgart 1975.
361 Ebenda, S. 359.
362 Ebenda
363 Ebenda, S. 361/2.
364 Fritjof Capra, *Physik und östliche Mystik – ein zeitgenössisches Weltbild*, Bern 1977.
365 Wolfgang Pauli, *Aufsätze und Vorträge über Erkenntnistheorie*, Braunschweig 1961, S. 112.

Bibliographie

I

Franz Kafka

Gesammelte Werke, hg. von Max Brod. Taschenbuchausgabe in sieben Bänden, Frankfurt a.M. 1976.
Sämtliche Erzählungen, hg. von Paul Raabe, Frankfurt a.M. 1970.
Briefe 1902-1924, hg. von Max Brod, Frankfurt a.M. 1958.
Briefe an Milena, Hg. und mit einem Nachwort versehen von Willy Haas, Frankfurt a.M. 1966.
Briefe an Felice und andere Korrespondenz aus der Verlobungszeit, hg. von Erich Heller und Jürgen Born, Frankfurt a.M. 1976.

Robert Walser

Das Gesamtwerk, hg. von Jochen Greven, 12 Bände. Zürich und Frankfurt a.M. 1978.
Jakob von Gunten. Ein Tagebuch, Frankfurt a.M. 1980.
Geschwister Tanner. Roman, Frankfurt a.M. 1981.
Briefe, hg. von Jörg Schäfer unter Mitarbeit von Robert Mächler, Frankfurt a.M. 1979.

II

Karl-Otto Apel, *Transformation der Philosophie*, Band 1. Frankfurt a.M. 1976.
Hugo Ball, *Die Flucht aus der Zeit*, Luzern 1946.
Roland Barthes, *Introduction à l'analyse structurale des récits*, in: *Poétique du récit*, Paris 1977.
–, *Elemente der Semiologie*, Frankfurt a.M. 1979.
David Baumgardt, *Franz von Baader und die philosophische Romantik*, Halle 1927.
Peter U. Beicken, *Franz Kafka – eine kritische Einführung in die Forschung*, Frankfurt a.M. 1974.
Hugo Bergmann, *Die Heiligung des Namens*, in: *Vom Judentum*, hg. vom Verein jüdischer Hochschüler Bar Kochba in Prag, Leipzig 1913, S. 32-43.
Wolfgang Böhme (Hg.), *Mystik ohne Gott?*, Herrenalber Texte, H. 39, Karlsruhe 1982.

Bernhard Böschenstein, *Zu Robert Walsers Dichterporträts*, in: *Von Angesicht zu Angesicht. Porträtstudien. Festschrift für Michael Stettler*, Bern 1983, S. 286-292.
Dieter Borchmeyer, *Dienst und Herrschaft. Ein Versuch über Robert Walser*, Tübingen 1980.
Marcel Brion, *Geschichte der abstrakten Malerei*, Köln 1960
Max Brod, *Über Franz Kafka*, Frankfurt a.M. 1974.
–, *Nachwort zur ersten Ausgabe*, in: Franz Kafka, *Das Schloß, Gesammelte Werke*, hg. von Max Brod, Taschenbuchausgabe in sieben Bänden. Frankfurt a.M. 1976. Band 3, S. 347-354.
–, *Kafka liest Walser*, in: Katharina Kerr (Hg.), *Über Robert Walser*, 1. Band, Frankfurt a.M. 1978, S. 85-86.
–, *Der Prager Kreis. Mit einem Nachwort von Peter Demetz*, Frankfurt a.M. 1979.
Martin Buber, *Ekstatische Konfessionen*, Jena 1909.
–, *Ekstase und Bekenntnis*, in: Hans Dieter Zimmermann (Hg.), *Rationalität und Mystik*, Frankfurt a.M. 1981, S. 85-95.
Fritjof Capra, *Physik und östliche Mystik – ein zeitgenössisches Weltbild*, Bern 1977
Meister Eckhart, *Warum wir sogar Gottes ledig werden sollen*, in: Hans Dieter Zimmermann (Hg.), *Rationalität und Mystik*, Frankfurt a.M. 1981, S. 292-298.
Alexander Eliasberg, *Sagen polnischer Juden*, München 1916.
Hugo Friedrich, *Die Struktur der modernen Lyrik. Von Baudelaire bis zur Gegenwart*, Hamburg 1956.
Erich Fromm, *Die Kunst des Liebens*, Berlin 1980.
Dietmar Goltschnigg, *Mystische Tradition im Roman Robert Musils*. Heidelberg 1974.
Dagmar Grenz, *Die Romane Robert Walsers. Weltbezug und Wirklichkeitsdarstellung*, München 1973 (phil. Diss.).
Jochen Greven, *Figuren des Widerspruchs. Zeit- und Kulturkritik im Werk Robert Walsers*, in: Katharina Kerr (Hg.), *Über Robert Walser*, 2. Band, Frankfurt a.M. 1978, S. 164-193.
Martin Heidegger, *Über den Humanismus*, Frankfurt a.M. 1975.
–, *Zur Erörterung der Gelassenheit*, in: Hans Dieter Zimmermann (Hg.), *Rationalität und Mystik*, Frankfurt a.M. 1981, S. 177-201.
Werner Heisenberg, *Physik und Philosophie*, Berlin 1981.
Hermann Hesse, *Der Steppenwolf*, Frankfurt a.M. 1974.
Hans H. Hiebel, *Robert Walsers »Jakob von Gunten«*, in: Katharina Kerr (Hg.), *Über Robert Walser*, 2. Band, Frankfurt a.M. 1978, S. 308-345.
Hugo von Hofmannsthal, *Briefwechsel mit Fritz Mauthner*, hg. von Martin Stern, in: *Hofmannsthal-Blätter*, H. 19/20, 1978, S. 21-41.
–, *Briefwechsel mit Gustav Landauer*, hg. von Norbert Altenhofer,

in: *Hofmannsthal-Blätter,* H. 19/20, 1978, S. 43-90.
E.T.A. Hoffmann, *Phantasiestücke in Callots Manier, IX. Kreisleriana, 4. Nachrichten von einem gebildeten jungen Mann. Schreiben Milos, eines gebildeten Affen, an seine Freundin Pipi in Nordamerika,* in: *Sämtliche Werke,* 1. Band, Darmstadt 1963, S. 296-304.
–, *Phantasiestücke in Callots Manier, VII. Der goldene Topf. Ein Märchen aus der neuen Zeit,* in: *Sämtliche Werke,* 1. Band. Darmstadt 1963, S. 181-255.
Hans Holderegger, *Robert Walser. Eine Persönlichkeitsanalyse anhand seiner drei Berliner Romane,* Zürich 1973 (phil. Diss.)
Individualität, hg. von Willy Storrer und Hans Reinhart. Jg. 1926 im Verlag Freies Geistesleben. Dornach/Lörrach-Stetten. – Jg. 1927 im Verlag Amalthea. Zürich/Wien/Leipzig. – Jg. 1928/29 im Verlag Freies Geistesleben. Dornach/Lörrach.
Hans Jonas, *Gnosis und spätantiker Geist,* Göttingen 1966²
Martin Jürgens, *Robert Walser. Die Krise der Darstellbarkeit,* Kronberg 1973
Carl Gustav Jung, *Die Archetypen und das kollektive Unbewußte,* in: *Gesammelte Werke,* Band 9, Olten 1971.
Wassily Kandinsky, *Über das Geistige in der Kunst,* in: Hans Dieter Zimmermann (Hg.), *Rationalität und Mystik,* Frankfurt a.M. 1981, S. 96-113.
Hans Wilhelm Keller, *Robert Walser,* in: *Individualität,* 2. Jg. (1927), S. 116-117.
Walter Kern, *Der* 50jährige Robert Walser, in: *Individualität,* 3. Jg. (1928/28), S. 151-152
Katharina Kerr (Hg.), *Über Robert Walser,* 3 Bände, Frankfurt a.M. 1978.
Sabine Kienlechner, *Negativität der Erkenntnis im Werk Franz Kafkas. Eine Untersuchung zu seinem Denken anhand einiger später Texte,* Tübingen 1981.
Sören Kierkegaard, *Furcht und Zittern,* in: *Gesammelte Werke,* Vierte Abteilung, Düsseldorf 1955.
Heinrich von Kleist, *Über das Marionettentheater,* in: *Erzählungen,* 3. Band, Berlin 1924, S. 96-108.
Karel Kosík, *Hašek a Kafka,* Plamen v. 1963.
Werner Kraft, *Die Idee des Verschwindens bei Robert Walser,* in: *Text und Kritik,* Nr. 12/12a., 2. Auflage, März 1975, S. 21-32.
Gustav Landauer, *Skepsis und Mystik,* in: Hans Dieter Zimmermann (Hg.), *Rationalität und Mystik,* Frankfurt a.M. 1981, s. 68-84.
Raymond Lauener, *Robert Walser ou la Primauté du Jeu.* Bern 1970.
Claude Lévi-Strauss, *Die Struktur der Mythen,* in: *Strukturale Anthropologie,* Frankfurt a.M. 1972, S. 226-254.
Robert Mächler, *Das Leben Robert Walsers. Eine dokumentarische*

Biographie, Frankfurt a.M. 1976.
–, *Robert Walser und das Christentum*, in: Katharina Kerr (Hg.), *Über Robert Walser*, 2. Band, Frankfurt a.M. 1978, S. 115-124.
Fritz Mauthner, *Wissen und Worte*, in: Hans Dieter Zimmermann (Hg.), *Rationalität und Mystik*, Frankfurt a.M. 1981, S. 37-67.
Hans Mayer, *Walter Benjamin und Franz Kafka. Bericht über eine Konstellation*, in: *Literatur und Kritik*, Heft 140 (1979), S. 579-597.
Reinhold Messner, *Todeszonen*, Köln 1981.
Dietmar Mieth, *Christus – das Soziale im Menschen. Texterschließung zu Meister Eckhart*, Düsseldorf 1972.
Robert Minder, *Glaube, Skepsis und Rationalität. Dargestellt aufgrund der autobiographischen Schriften von Karl Philipp Moritz*, Frankfurt a.M. 1974.
R.A. Moody, *Leben nach dem Tode*, Reinbek 1977.
Stéphane Moses, *Le Silence des Sirènes*, in: *The Hebrew University Studies in Literature*, Vol. 4, No 1, Spring 1976, p. 48-70.
–, *Das Kafka-Bild Gershom Scholems*, in: *Merkur*, Heft 9, September 1979, S. 862-867.
Robert Musil, *Tagebücher, Aphorismen, Essays und Reden*, Hamburg 1955.
–, *Der Mann ohne Eigenschaften*, Hamburg 1965[7].
–, *Die Geschichten von Robert Walser*, in: Katharina Kerr (Hg.), *Über Robert Walser.*, 1. Band, Frankfurt a.M. F1978, S. 89-91.
Novalis, *Schriften*, 2. Band, *Das philosophische Werk I*, hg. von Richard Samuel, Stuttgart 1960.
Rudolf Otto, *West-östliche Mystik. Vergleich und Unterscheidung zur Wesensdeutung*, Gütersloh 1979.
Wolfgang Pauli, *Aufsätze und Vorträge über Erkenntnistheorie*, Braunschweig 1961.
Karl Pestalozzi, *Nachprüfung einer Vorliebe. Franz Kafkas Beziehung zum Werk Robert Walsers*, in: Katharina Kerr (Hg.), Über Robert Walser, 2. Band, Frankfurt a.M. 1978, S. 94-114.
Klaus Peter Philippi, *Robert Walsers »Jakob von Gunten«*, in: *Der Deutschunterricht*, Beiheft 1, 1971.
Plotin, *Die erkennenden Wesenheiten und das Jenseitige* (Ausschnitt), in: Hans Dieter Zimmermann (Hg.), *Rationalität und Mystik*, Frankfurt a.M. 1981, S. 235-248.
Otto Pöggeler, *Mystische Elemente im Denken Heideggers und im Dichten Celans*, in: *Herrenalber Texte*, H. 39, *Mystik ohne Gott?*, hg. v. W. Böhme, Karlsruhe 1982, S. 32-59.
Heinz Politzer, *Franz Kafka. Der Künstler*, Frankfurt a.M. 1978.
Marthe Robert, *Das Alte im Neuen. Von Don Quichotte zu Franz Kafka*, München 1968.
Dirk Rodewald, *Robert Walsers Prosa. Versuch einer Strukturanalyse*,

Bad Homburg 1970.
Melchior Schedel, *Weltchronik*, Nürnberg 1493. Reprint 1975 durch Verlag Konrad Kölbl. Grünwald bei München.
Gershom Scholem, *Über einige Grundbegriffe des Judentums*, Frankfurt a. M. 1970.
–, *Die jüdische Mystik in ihren Hauptströmungen*, Frankfurt a.M. 1980.
–, *Judaica* 1, Frankfurt a.M. 1981.
–, Judaica 2, Frankfurt a.M. 1982².
–, *Judaica* 3, Frankfurt a.M. 1981.
Carl Seelig, *Wanderungen mit Robert Walser*, Frankfurt a.M. 1977.
Susanne Sethe, *Robert Walsers »Jakob von Gunten« als religiöse Dichtung*, Köln 1976 (phil. Diss.).
Wolfgang Stegmüller, *Hauptströmungen der Gegenwartsphilosophie*, Band II. Stuttgart 1975.
Albert Steffen, *Der Chef des Generalstabs*, in: *Individualität*, 2. Jg. (1927), 1./2. Buch, S. 112-127.
–, *Robert Walser: Große kleine Welt*, in: Katharina Kerr (Hg.), *Über Robert Walser*, 1. Band, Frankfurt a.M. 1978, S. 146-147.
Rudolf Steiner, *Theosophie. Einführung in übersinnliche Welterkenntnis und Menschenbestimmung*, Dornach 1962.
Günter Stemberger, *Das klassische Judentum*, München 1979.
–, *Der Talmud. Einführung – Texte – Erläuterungen*, München 1982.
Daisetz Teitaro Suzuki, *Leben aus Zen*, Frankfurt a.M. 1982.
Peter Szondi, *Poetik und Geschichtsphilosophie I. Antike und Moderne in der Ästhetik der Goethezeit. Studienausgabe der Vorlesungen*, Band 2, Frankfurt a.M. 1974.
–, *Einführung in die literarische Hermeneutik. Studienausgabe der Vorlesungen*, Band 5, Frankfurt a.M. 1975.
Manfred Titzmann, *Strukturale Textanalyse*, München 1977.
Joachim Unseld, *Franz Kafka. Ein Schriftstellerleben. Die Geschichte seiner Veröffentlichungen*, München 1982.
Siegfried Unseld, *Robert Walser und seine Verleger:* in: Katharina Kerr (Hg.), *Über Robert Walser*, 2. Band, Frankfurt a.M. 1978, S. 349-359.
Wilhelm Heinrich Wackenroder, *Herzensergießungen eines kunstliebenden Klosterbruders*, in: *Werke und Briefe*, Heidelberg 1967, S. 7-131.
Klaus Wagenbach, *Franz Kafka in Selbstzeugnissen und Bilddokumenten*, Reinbek 1964.
–, *Kneipenszene mit Frieda. Über die »Kritische Ausgabe« der Werke Franz Kafkas*, in: *Der Spiegel*, Nr. 35, 30. August 1982, S. 160-162.
Martin Walser, *Selbstbewußtsein und Ironie. Frankfurter Vorlesungen*, Frankfurt a.M. 1981.

Max Weber, *Die protestantische Ethik I. Eine Aufsatzsammlung*, hg. von Johannes Winckelmann, Gütersloh 1981.
Oswald Wiener, *Die Verbesserung von Mitteleuropa*, Roman. Hamburg 1969.
Ludwig Wittgenstein, *Tractatus logico-philosophicus*, Frankfurt a.M. 1979[14].
–, »*Der Sinn der Welt muß außerhalb ihrer liegen,*« in: Hans Dieter Zimmermann (Hg.), *Rationalität und Mystik*, Frankfurt a.M. 1981, S. 114-129.
Hans Dieter Zimmermann, *Vom Nutzen der Literatur. Vorbereitende Bemerkungen zu einer Theorie der literarischen Kommunikation*, Frankfurt a.M. 1979[2].
–, *Die Aktualität der Romantik. Zum Beispiel E.T.A. Hoffmann*, in: *Berlin zwischen 1789 und 1848. Facetten einer Epoche. Katalog der Ausstellung der Akademie der Künste*, Berlin 1981, S. 53-62.
–, (Hg.) *Rationalität und Mystik*, Frankfurt a.M. 1981.
–, *Trivialliteratur? Schema-Literatur!* Stuttgart 1982[2].
–, *Robert Walser über Hölderlin*, in: *Hölderlin-Jahrbuch 1982-1983*, Tübingen 1983, S. 134-146.

Register der erwähnten Werke von Kafka und Walser

Kafka

Auf der Galerie 20, 21, 23ff.
Bericht für eine Akademie 94
Betrachtung 20, 21
Betrachtungen über Sünde, Hoffnung und den wahren Weg 215, 223ff.
Beschreibung eines Kampfes 281
Brief an den Vater 192
Das Schweigen der Sirenen 69ff.
Das Urteil 14, 21, 114
Das Stadtwappen 61ff.
Das Schloß 64, 71, 93, 123, 126, 198, 209ff.
Der Jäger Gracchus 66ff.
Der Heizer 21
Der Prozeß 17, 71, 79ff., 136, 199, 208, 210, 262
Die Verwandlung 84, 95
Er 215, 223ff.
Ein Landarzt 21
Eine kaiserliche Botschaft 208
Gibs auf 37ff., 64, 83, 125
Heimkehr 33ff., 61
Hochzeitsvorbereitungen auf dem Lande 281
Josefine, die Sängerin oder das Volk der Mäuse 75
Poseidon 64, 65
Prometheus 71ff.
Tagebuch 115ff., 186ff.
Vor dem Gesetz 128, 130ff., 202, 208

Walser

An einen Poeten 264, 267ff.
Aufsätze 21, 41
Bedenkliches 246
Brentano I 176
Brentano II 176, 257
Das Schmerzensantlitz 249
Der Gekreuzigte 249, 250
Der reiche Jüngling 260
Der Kuß I 271
Der Kuß II 271, 272
Der Räuber 281
Der rote Faden 246
Der verlorene Sohn 42ff., 55, 61
Der Vollendete 249
Die Gedichte II 254, 258, 259
Die Kindheit 244
Die Geschichte vom verlorenen Sohn 27ff., 41
Ein Poet 244
Eine Ohrfeige und Sonstiges 249ff., 273
Einige Worte über das Romanschreiben 263, 273ff.
Eine Art Novelle 263, 265
Etwas über Jesus 244, 245ff.
Ferienreisen 272
Für die Katz 269
Frau Wilke 51, 61
Gebirgshallen 18
Gedichte 21
Geschwister Tanner 18, 19, 137, 176ff., 245, 258
Hölderlin 257
Jakob von Gunten 17, 18, 136ff., 245, 248, 254, 256/7, 277
Jesus, Unerklärlicher 249
Kleine Dichtungen 21
Mutter und Kind 275

Walser

Ovation 21ff., 52
Saul und David 55ff., 74
Studie II 260
Über den Charakter des
    Künstlers 19, 51, 263, 276ff.
Vier Bilder 251ff., 258
Weinenden Herzens 248/9
Wir sehen ihn lächeln 249

edition suhrkamp. Neue Folge

Abelshauser, Wirtschaftsgeschichte der Bundesrepublik Deutschland 1945–1980 241
Abisch, Im Futurum perfectum 163
Achebe, Ein Mann des Volkes 84
Achebe, Okonkwo oder das Alte stürzt 138
Afonin, Im Moor 96
Alter, Nationalismus 250
Alves, Maanja 159
Alves, Neigung zum Fluß 83
Antes, Poggibonsi 1979–1980 35
Arlati, Auf der Reise nach Rom 53
Aron/Kempf, Der sittliche Verfall 116
Backhaus, Marx und die marxistische Orthodoxie 43
Badura (Hg.), Soziale Unterstützung und chronische Krankheit 63
Barthes, Das Reich der Zeichen 77
Barthes, Die Rauheit der Stimme. Interviews 1962–1980 126
Barthes, Elemente der Semiologie 171
Barthes, Leçon/Lektion 30
Bayrle, Rasterfahndung 69
Becher, Der rauschende Garten 187
Beckett, Flötentöne 98
Beckett, Mal vu, mal dit / Schlecht gesehen, Schlecht gesagt 119

Benjamin, Das Passagen-Werk 200
Benjamin, Moskauer Tagebuch 20
Bernhard, Die Billigesser 6
Beti, Remember Ruben 145
Biesheuvel, Der Schrei aus dem Souterrain 179
Blanchard/Koselleck/Streit, Taktische Kernwaffen 195
Blankenburg (Hg.), Politik der inneren Sicherheit 16
Blasius, Geschichte der politischen Kriminalität in Deutschland 1800–1980 242
Bloch, Abschied von der Utopie? 46
Bloch, Was schadet und was nutzt Deutschland ein feindlicher Sieg 167
Blok, Die Mafia in einem sizilianischen Dorf 1860–1960 82
Böhmler, Drehbuch mit Tonspur 91
Böni, Alvier 146
Böni, Der Johanniterlauf 198
Böni, Hospiz 4
Bohrer (Hg.), Mythos und Moderne 144
Bohrer, Plötzlichkeit. Zum Augenblick des ästhetischen Scheins 58
Bornhorn, America oder Der Frühling der Dinge 25
Bornhorn, Der Film als Wirklichkeit 154
Brasch, Engel aus Eisen 49
Braun, Geschichten von Hinze und Kunze 169

Brodsky, Der Tatbestand und seine Hülle 114
Bürger (Hg.), Zum Funktionswandel der Literatur 157
Bürger/Bürger/Schulte-Sasse (Hg.), Aufklärung und literarische Öffentlichkeit 40
Bürger/Bürger/Schulte-Sasse (Hg.), Zur Dichotomisierung von hoher und niederer Literatur 89
Bulla, Weitergehen 2
Buro/Grube, Vietnam! Vietnam? 197
Buselmeier, Der Untergang von Heidelberg 57
Buselmeier, Radfahrt gegen Ende des Winters 148
Calasso, Die geheime Geschichte des Senatspräsidenten Dr. Daniel Paul Schreber 24
Carpentier, Stegreif und Kunstgriffe 33
Casey, Racheträume 70
Chi Ha, Die gelbe Erde und andere Gedichte 59
Cortázar, Reise um den Tag in 80 Welten 45
Cortázar, Ultimo Round 140
Der religiöse Faktor 147
Ditlevsen, Die Gesichter 165
Ditlevsen, Sucht 9
Ditlevsen, Wilhelms Zimmer 76
Doi, Amae – Freiheit in Geborgenheit 128
Dorst, Mosch 60
Duerr (Hg.), Versuchungen. Aufsätze zur Philosophie Paul Feyerabends 44
Duerr (Hg.), Versuchungen. Aufsätze zur Philosophie Paul Feyerabends. 2. Bd. 68
Duras/Porte, Die Orte der Marguerite Duras 80
Ebel/Held, Krieg und Frieden 149
Eisenbeis (Hg.), Ästhetik und Alltag 78
Elias, Der bürgerliche Künstler in der höfischen Gesellschaft 12
Enzensberger, Die Furie des Verschwindens 66
Esser, Gewerkschaften in der Krise 131
Esser/Fach/Väth, Krisenregulierung 176
Feyerabend, Erkenntnis für freie Menschen 11
Frank, Der kommende Gott 142
Furtado, Brasilien nach dem Wirtschaftswunder 186
Geyer, Deutsche Rüstungspolitik 1860–1980 246
Glöckler, Seitensprünge 36
Glück, Falschwissers Totenreden(t) 61
Goffman, Geschlecht und Werbung 85
Good (Hg.), Von der Verantwortung des Wissens 122
Hänny, Zürich, Anfang September 79
Handke, Phantasien der Wiederholung 168
Hart Nibbrig/Dällenbach (Hg.), Fragment und Totalität 107
Heider, Schülerprotest in der BRD 158

Heimann, Soziale Theorie des Kapitalismus. Theorie der Sozialpolitik 52
Hennig, Der normale Extremismus 162
Henrich, Fixpunkte der Kunst 125
Hentschel, Geschichte der deutschen Sozialpolitik 1880–1980 247
Heusler (Hg.), Afrikanische Schriftsteller heute 92
Hochstätter, Kalt muß es sein schon lang 95
Hörisch, Gott, Geld und Glück 180
Hohendahl/Herminghouse (Hg.), Literatur der DDR in den siebziger Jahren 174
Jackson, Annäherung an Spanien 1898–1975 108
Jendryschik, Die Ebene 37
Jestel (Hg.), Das Afrika der Afrikaner. Gesellschaft und Kultur Afrikas 39
Jestel (Hg.), Der Neger vom Dienst. Afrikanische Erzählungen 28
Johnson, Begleitumstände. Frankfurter Vorlesungen 19
Joyce, Penelope. Das letzte Kapitel des ›Ulysses‹ 106
Joyce, Ulysses 100
Kahle (Hg.), Logik des Herzens. Die soziale Dimension der Gefühle 42
Kaltenmark, Lao-tzu und der Taoismus 55
Kamper/Wulf (Hg.), Das Schwinden der Sinne 188
Kamper/Wulf (Hg.), Die Wiederkehr des Körpers 132
Kenner, Ulysses 104
Kickbusch/Riedmüller (Hg.), Die armen Frauen 156
Kirchhoff, Body-Building 5
Klöpsch/Ptak (Hg.), Hoffnung auf Frühling. Moderne chinesische Erzählungen I 10
Kluge, Schlachtbeschreibung 193
Kluxen, Geschichte und Problematik des Parlamentarismus 243
Knopf (Hg.), Brecht-Journal 191
Koch, Intensivstation 173
Köhler u. a., Kindheit als Fiktion. Fünf Berichte 81
Kolbe, Abschiede und andere Liebesgedichte 178
Kolbe, Hineingeboren. Gedichte 1975–1979 110
Koppe, Grundbegriffe der Ästhetik 160
Krall, Schneller als der liebe Gott 23
Kris/Kurz, Die Legende vom Künstler 34
Kroetz, Frühe Stücke/Frühe Prosa 172
Kroetz, Nicht Fisch nicht Fleisch. Verfassungsfeinde. Jumbo-Track. Drei Stücke 94
Kubin (Hg.), Hundert Blumen. Moderne chinesische Erzählungen II 10
Laederach, Fahles Ende kleiner Begierden 75
Laederach, In extremis 161
Lao She, Das Teehaus 54
Lautmann, Der Zwang zur Tugend 189
Lee, Russisches Tagebuch 194

Lehnert, Sozialdemokratie zwischen Protestbewegung und Regierungspartei 1848–1983 248
Leisegang, Lauter letzte Worte 21
Lem, Dialoge 13
Leroi-Gourhan, Die Religionen der Vorgeschichte 73
Leutenegger, Lebewohl, Gute Reise 1
Lévi-Strauss, Mythos und Bedeutung 27
Lezama Lima, Die Ausdruckswelten Amerikas 112
Link-Salinger (Hyman) (Hg.), Signatur G. L.: Gustav Landauer im »Sozialist« 113
Löwenthal, Mitmachen wollte ich nie. Ein autobiographisches Gespräch 14
Luginbühl, Die kleine explosive Küche 103
Lukács, Gelebtes Denken 88
Malkowski, Das weiße Schloß 29
Marechera, Das Haus des Hungers 62
Marschalck, Bevölkerungsgeschichte Deutschlands im 19. und 20. Jahrhundert 244
Martin/Dunsing/Baus (Hg.), Blick übers Meer 129
Marx, Enthüllungen zur Geschichte der Diplomatie im 18. Jahrhundert 47
Mause, Lloyd de, Grundlagen der Psychohistorie 175
Mayer, Versuche über die Oper 50
McKeown, Die Bedeutung der Medizin. Traum, Wahn oder Nemesis? 109
Meier, Die Ohnmacht des allmächtigen Dictators Caesar 38
Menninghaus, Paul Celan. Magie der Form 26
Mercier, Beckett/Beckett 120
Moshajew, Die Abenteuer des Fjodor Kuskin 72
Müller-Schwefe (Hg.), Von nun an. Neue deutsche Erzähler 3
Muschg, Literatur als Therapie? 65
Ngũgĩ wa Thiong'o, Der gekreuzigte Teufel 199
Ngũgĩ wa Thiong'o, Verborgene Schicksale 111
Niederland, Folgen der Verfolgung: Das Überlebenden-Syndrom. Seelenmord 15
Paz, Der menschenfreundliche Menschenfresser 64
Paz, Suche nach einer Mitte 8
Pazarkaya (Hg.), Der große Rausch. Türkische Erzähler der Gegenwart 102
Piven/Cloward, Aufstand der Armen 184
Platschek, Porträts mit Rahmen. Aufsätze zur modernen Malerei 86
Prokop, Medien-Wirkungen 74
Pruss-Kaddatz, Wortergreifung. Zur Entstehung einer Arbeiterkultur in Frankreich 115
Pusch (Hg.), Feminismus. Inspektion der Herrenkultur 192
Rahnema (Hg.), Im Atem des Drachen. Moderne persische Erzählungen 93

Ribeiro, Die Brasilianer 87
Ribeiro, Unterentwicklung, Kultur und Zivilisation 18
Ribeiro, Sargento Getúlio 183
Rippel (Hg.), Wie die Wahrheit zur Fabel wurde. Nietzsches Umwertung von Kultur und Subjekt 130
Rodinson, Die Araber 51
Rubinstein, Nichts zu verlieren und dennoch Angst 22
Rutschky (Hg.), Errungenschaften. Eine Kasuistik 101
Saage, Rückkehr zum starken Staat? 133
Schleef, Die Bande 127
Schwacke, Carte blanche 164
Sebeok/Umiker-Sebeok, »Du kennst meine Methode« 121
Senghaas, Von Europa lernen 134
Sinclair, Der Fremde 7
Sloterdijk, Kritik der zynischen Vernunft 99
Sorescu, Abendrot Nr. 15 136
Steinweg (Red.), Das kontrollierte Chaos. Die Krise der Abrüstung 31
Steinweg (Red.), Der gerechte Krieg. Christentum, Islam, Marxismus 17
Steinweg (Red.), Die neue Friedensbewegung 143
Steinweg (Red.), Die neue internationale Informationsordnung 166
Steinweg (Red.), Faszination durch Gewalt. Politische Strategie und Alltagserfahrung 141
Steinweg (Red.), Hilfe + Handel = Frieden? Die Bundesrepublik in der Dritten Welt 97
Steinweg (Red.), Rüstung und soziale Sicherheit 196
Steinweg (Red.), Unsere Bundeswehr? Zum 25jährigen Bestehen einer umstrittenen Institution 56
Steinweg (Red.), Vom Krieg der Erwachsenen gegen die Kinder 190
Struck, Kindheits Ende. Journal einer Krise 123
Tabori, Unterammergau oder Die guten Deutschen 118
Tendrjakow, Sechzig Kerzen 124
Thompson, Die Entstehung der englischen Arbeiterklasse 170
Trevisan, Ehekrieg 41
Veil, Die Wiederkehr des Bumerangs 137
Vernant, Die Ursprünge des griechischen Denkens 150
Vobruba, Politik mit dem Wohlfahrtsstaat 181
Vogl, Hassler 182
Voigt (Hg.), Abschied vom Recht? 185
Wagner (Hg.), Literatur und Politik in der VR China 151
Walser, Selbstbewußtsein und Ironie. Frankfurter Vorlesungen 90
Wambach (Hg.), Der Mensch als Risiko 153
Wambach (Hg.), Die Museen des Wahnsinns und die Zukunft der Psychiatrie 32

Wehler, Grundzüge der amerikanischen Außenpolitik 1750–1900 254
Wehler, Preußen ist wieder chic ... 152
Weiss, Notizbücher 1960–1970. Zwei Bände 135
Weiss, Notizbücher 1971–1980. Zwei Bände 67

Winkler, Die Menscher 177
Wippermann, Europäischer Faschismus im Vergleich 1922–1982 245
Wollschläger liest »Ulysses« 105
Zschorsch, Der Duft der anderen Haut 117
Zschorsch, Glaubt bloß nicht, daß ich traurig bin 71